现代地理学新探

科学观 · 应用观 · 教育观

（增订本）

朱鹤健　著

海峡出版发行集团 | 福建人民出版社
THE STRAITS PUBLISHING & DISTRIBUTING GROUP | FUJIAN PEOPLE'S PUBLISHING HOUSE

空袋子难以直立

寄望青年朋友们，响应新时代的召唤，勤奋学习，刻苦钻研，立志成才，为中华民族复兴伟业贡献力量。

朱鹤健

作者简介

朱鹤健，福建师范大学教授，原校长，国际欧亚科学院院士，我国著名地理学与土壤地理学家。曾任国家教育委员会首届高校地理学教学指导委员会委员、中国自然资源学会常务理事、热带亚热带地区资源研究专业委员会主任，全国高校土壤地理研究会会长，福建省自然资源学会理事长。他是一位师者，从教 70 年，任福建师范大学地理学博士点首届学术带头人，此前兼任华东师范大学博士生导师。尽心教书授业，获评全国教育系统劳动模范，获国家级教学成果二等奖、国家教委高等学校优秀教材一等奖。他致力于土壤学与地理学交叉及现代地理学学科本质研究，并在自然资源开发利用与生态环境建设中实践。于 1985 年出版《世界土壤地理》，成为我国传播土壤系统分类的先行者，参与全国土壤系统分类研究项目研究并获国家自然科学奖二等奖。潜心科学研究，享受国务院政府特殊津贴，获评全国优秀科技工作者，获中国地理科学成就奖、中国资源科学成就奖。他也是一名推动社会变革的改革者，为福建农业发展、城乡建设建言献策。倾心服务社会，受聘福建省人民政府顾问，获评福建省首届科技优秀专家、福建农业科技先进个人，获福建省政府科技工作者优秀建议奖。

摘自福建师范大学《校友通讯》2022 年建校 115 周年专刊，有删节

本书简介

精选作者在期刊和网络上发表的文章，以及部分未公开发表的文稿，以现代地理学科学观、应用观和教育观为主轴，系统化归纳梳理结集成册。本书与作者 2018 年在科学出版社出版的《地理学思维与实践》一脉相承，但又凸显两个新认识：一是提出现代地理学独立性本质在于本体交叉性，对复杂的社会问题有更深的洞察力；二是思考培养文理思维兼备的新型地理学人才，以适应新时代的要求。全书四篇：第一篇畅述探索现代地理学过程中的内在动力与外在条件；第二篇宣讲树立本体交叉科学观必定引申出服务社会的应用观和培养文理思维兼备新型地理学人才的教育观，本体交叉科学观是“三观”之本，驱动现代地理学成为一门富有魅力的独立学科；第三篇以作者应用现代地理学研究范式于农业实践的案例，论证服务社会是地理学存在的根基；第四篇从顶层设计、培养目标、专业结构和学风四个方面思考高校地理学专业的教育改革创新，以期培养出文理思维交融的新型地理学人才。综观全书，不仅渗透着作者大学任教 70 年来对于学科精髓的深刻理解，还充盈着对教书育人的透彻思考，因此不仅对地理学人有一定指导意义，还能对各级各类教育教学工作者有所启迪。

增订本自序

本书发行以来，我收到许多读者的反馈。读者的鼓励成为我继续探索现代地理学本质的动力。他们的建议加深我对现代地理学的认知。因此探索现代地理学本质得以持续进行，不时冒出充实或修订前期说法的念头，认识正在不断深化中。随之，对地理学人树立“三观”（科学观、应用观、教育观）的认知也有提高。增订本除了做了文字再加工外，还表达了我对现代地理学的再认识，具体如下。

地理学立论要破除单一决定论的思想框框，以“见地及人”思维为主轴，构建“空间格局（载体）—系统过程（机制）—人地关系（动力）”三元耦合的交叉科学体系，从理论多样性向整体性转型，从边缘学科交叉向本体交叉提升，凸显地理学科的独特性，现代地理学将以独特的魅力学科挺立于科学之林。

现代地理学人要心存“服务不到位，学科会崩溃”的危机感，把服务社会视为地理学存在的生命根基。又要有“地理不讲‘理’，学科立不起”的认识，肯定基础研究是地理学服务社会的根基。践行“微入宏出”“落‘地’有声”的特色思维，驱动“两个根基”齐头并进，保证现代地理学不仅攀登国际学术高峰，又彰显其魅力，成为解决国计民生问题的利器。

高等学校地理学专业要加强软实力、硬实力两个维度的教育，以期培养出新型地理学人才。家国情怀是软实力，家国情怀是学好、用好地理学的重要思想基础，学好地理学必然萌生家国情怀，两者是互动的。地理学人以家国情怀去解决实际问题，可在不断解决这些实际问题的过程中增强自己的家国情怀，这是发展现代地理学的重要思想基础。地理学的人文理融合思维是硬实力，也是发展现代地理学的关键。新型地理学人要树立地理学本体文理交叉科学观、服务社会的应用观和培养新型地理学人才的教育观。此“三观”是实现文理思维融合的重要保证。因此高等学校地理学专业要以强化软—硬实力，培养“三观”地理学人为目标，从顶层设计入手，优化专业结构，更新课程内涵。因此，要构建文理思维深度交融的新型地理学高等教育体系。在这个构建过程中，要着力打破自然地理与人文地理的壁垒，不仅做到二者知识的交叉，更重要的是塑造二者交融的思维。新型地理学人才要从传统以通晓地理风土人情知识为主要要求，延伸到能以现代地理学理论思辨问题，并有深度应用的实践能力，成为难以为其他学科所替代的、契合国家建设需求的专业人才。

增订本更鲜明表达我对地理学成为独特魅力学科的渴望和地理学革新的构思，强调地理学人树立“三观”之重要。地理学博大精深，真正理解现代地理学，我相去甚远。上述这些见解只是一管之见，仅起抛砖引玉作用。我以为见不到太阳的植物长不大，学术思想只有在大众的锤炼下才能成熟。有了这个信念，我才有勇气抛“砖”。现在探索现代地理学已成为我生活的一部分，人虽老，情未了，刹也刹不住，曾以春蚕到死丝方尽自勉。老天给我的时间少之又少，怎样利用有限的时间继续走好地理探索之路，成为我当前思索的主题。出版增订本只为了继续向读者讨教，促进我继续前行，共为发展现代地理学而献力。

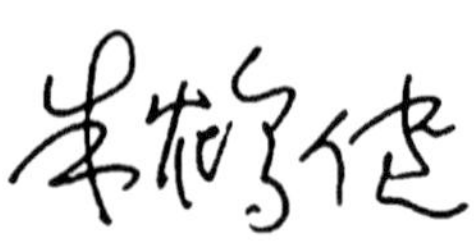

2025 年 4 月于福州寓所

初版自序

我从1953年在大学任教至今已有70年，在这70年教学生涯中，后30年是面对博士生授课，从师徒式面授到正儿八经编教材开班上课。这30年的教学生涯实际是探索现代地理学的过程。从土壤地理学向地理学跨越，从字面看两个学科都有“地理”两字，看似很接近，其实是从理科思维转向文理思维交融，要来个大转弯，颇费心思。其间还经历过土壤学与地理学两个学科间的交叉的过渡期，一路探索留下许多足迹。以下三本出版物可以作为这个跨越过程的指示性标记：1992年高等教育出版社出版的《土壤地理学》，认识局限于土壤地理学微观研究的理科思维水平上；2006年科学出版社出版的《土壤学与地理学交叉研究》，认识扩展到两门学科间的交叉，着力于土壤学微观分析与地理学宏观综合相结合；2018年科学出版社出版的《地理学思维与实践》，表述我对现代地理学的三个重新认识：（1）重新认识现代地理学是交叉学科，其他学科无法替代；（2）重新认识服务社会是地理学生存的根基，“微入宏出”是通向服务社会的渠道；（3）重新认识现代地理学人必须兼备文理思维，夯实地理学特色思维基础知识，学会交叉。初步触摸到现代地理学是什么，做什么和学什么，为培育现代地理学科学观、应用观、教育观打下基础。

《地理学思维与实践》这本书出版后，我没有停步，依旧行走在现代地理学认知的道路上，又取得两点新的心得体会：（1）从交叉性提升到本体交叉性，字面上虽然只多“本体”两字，认识上却有质的提升。提升之处在于认定现代地理学知识结构体系本身涵盖自然科学与社会科学的双重性质，文理思维交叉渗透到其核心思想和方法论上，呈现自然属性，加深对现代地理学独立性的理解。提出现代地理学是由核心思维脉络体系与方法论脉络体系复合构成知识结构体系，具有本体交叉的思维脉络特质，显示现代地理学是一门富有魅力的独立学科，挺立在科学之林。(2) 以科学观、应用观、教育观新思维认识现代地理学，用“三观”视角诠释前期设计的地理学研究范式和“地理人”概念模型，看得更深，对研究复杂地理景象具有更强的洞察力，为其他学科所难以企及，可成为解决国民经济问题的利器。还看出现代地理学更强的独立性，表现于独立的研究范式和“见地及人”“微入宏出”“落‘地’有声”的特色思维。意识到中国现代地理学的发展最关键问题在于地理学人对“三观”能否取得共识。有了“三观”共识，地理学人必能挺起腰杆亮出地理学的牌子办学，在服务社会中发展现代地理学。“三观”理念是发展现代地理学，预防其潜在危机发生的需要，可成为地理学人的有效身份证。本体交叉科学观是“三观”之本，有了本体交叉科学观必定引申出服务社会的应用观和培养文理思维交融新型地理学人才的教育观。

探索的进展使我更了解现代地理学，也更热爱现代地理学，增添当地理学人的光荣感，但同时又有几分忧愁感。光荣感来自现代地理学既充满活力又令人神往的魅力。这魅力表现在观察与研究问题自然表现出多学科、多因素、多方法、多角度的综合和文理思维交融的特色，这是其他学科所不及的。复杂的综合体需要这门学科来解决。地理学者以其文理思维交融的知识储备和科学判断能力，通过大量关于资源、环境和社会经济发展态势的综合，带来对人地关系的无与伦比的洞察力，将会获得对国家资源、环境和生态方面特征的深刻认识，成为国家各级政府的思想库和专家库的重要成员，为地方、区域、国家、全球等不同尺度问题的预测、规划、决策和优化作出贡献。因此，当一名地理学者是很光荣的，大有用武之处。忧愁感源于中国现代地理学潜藏着几分生存危机。地理学在美国出现过浮沉史，曾有哈佛大学地理学系之死的逆境，又有重新发现地理学的顺境。说明这门学科不认真对待，会面临生存危机。当前中国一些高校地理学院系改名，一些地理学人研究不突出地理学特色，社会上一些人质疑地理学没有形成统一的理论体系，其技术应用和方法也多借鉴其他学科，不能作为一门独立学科。好端端的地理学，一些人把它视为高冷学科。这些迹象表明中国地理学有潜在的生存危机。作为一名地理学人，我对此有些担心，好像一块石块压在心上，沉甸甸的。

于是，我萌发再写一本以现代地理学“三观”为主题的书的念头，作为之前出版的《地理学思维与实践》的续集，把自己的想法公之于众。此时我才发现自己老了，精力不济，于是只好寻求相对简便的办法，把30年探索现代地理学过程留下的足迹，包括文章与讲稿，以“三观”为主轴，提取相关材料，按“三观”视角诠释现代地理学，整理成册出版，以此了却一桩心事。探索穿越30年的时光隧道，正处在我人生的老年期，学术研究本应偃旗息鼓，福建师范大学却为我提供持续探索的很好条件，在出版本书之际，谨向福建师范大学各级领导表示感谢。我兼任华东师范大学区域地理学博士生导师期间得到陈吉余、李春芬两位先生的学术指导。陈吉余先生与陈述彭先生联名推荐我加入国际欧亚科学院，使我获得更广阔的学术空间，我深深地怀念他们。30年与博士生的教学互动，得到年轻人的创新活力的滋润，深感我对博士生的掏心付出，也成长了自己。我“三观”的育成得力于上述各方面的呵护和激励，幸福感油然而生。由于现代地理学科学观、应用观和教育观的“三观”内在是相互联系的，我又是在不同时间和空间表述，有些论点相互引用，现在结集成册，发现有些论点和实例在书的前后有了重复。我在统稿时尽力做到能删就删，但有些文章删去这些重复，单篇文章就不能立论。这是文集带来的缺陷，我只能在每篇篇首加个提要，阐明“三观”总体看法；各章章末都附小结，概述各章内容或设置本章用意，强化章之间的联系，让读者更好理解，也弥补上述缺陷。各文章并未刻意统一形式，而是保持历史原貌，以存其真。

这部专著可能有些零散，但总体表达了我的想法，达到把探索心得体会公之于众的初心，并含有这样的期盼：(1) 社会上一些人对现代地理学是一门独立学科的质疑有了答案，能正确认识现代地理学；(2) 地理学人树立现代地理学科学观，挺着腰杆，亮出现代地理学牌子办学；(3) 地理学成为解决国计民生问题的利器，地理学者成为各级政府专家库、思想库成员，积极投身于国民经济主战场；(4) 地理学在解决本土问题中，攀上现代地理学国际前沿高峰。本书各篇都有附录，附录之文都是他人之作，但都与本篇的主旨关联，从中窥见领导、师辈、友人和学生对我论点、工作精神与方法的肯定、鼓励与期待，我的许多想法正是在这些爱的沐浴下促成的。因此每篇附录之首都有关联词，以示每篇附录与主题关联之处。整理这部书稿时，我已届高龄。众所周知，高龄老人精力有限，书中疏漏与缺点在所难免，敬请读者指正。现在探索现代地理学已成为我生活的一部分，人虽老，情未了，刹也刹不住。我以春蚕到死丝方尽自勉，认真倾听读者的意见，持续探索远行。

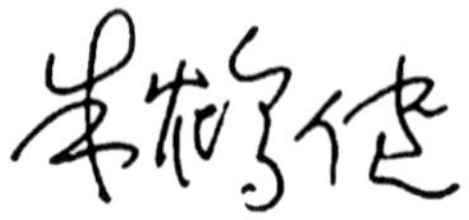

2023 年 2 月于福建师范大学地理科学学院

目　录

第一篇　新探历程

第二篇　科学观

第三篇　应用观

第四篇　教育观

第一篇

新探历程

本篇概述我30年来探索现代地理学的科学观、应用观和教育观的“三观”的过程。《走在探索现代地理学的路上》一文可看出我开辟新路认识现代地理学的背景。《再论现代地理学是什么，做什么，学什么》是我在发表《现代地理学是什么，做什么，学什么》一文后继续探索后的产物，结合附录文章可以看出我怎样以新视角来认识现代地理学。

在野外开展土壤调查（1985 年）

在实验室指导首届博士生实验（1991 年）

第一章　走在探索现代地理学的路上*

一、探索路上的三个认知阶段

我对现代地理学探索之路，经历了朦胧认知、学科交叉认知和本体交叉认知三个阶段。

（一）朦胧认知阶段

我原是讲授土壤地理学课程的，土壤地理学是地理学的一个分支。为加强地理性，我在授课中压缩了土壤学基础知识，强化土壤分布和分类内容。科学研究也按这个思路执行。1976 年，我研究了高产水稻土的地理分布（朱鹤健，1985a），获得福建省科学大会奖。20 世纪 80 年代，我研究了福建戴云山脉、武夷山脉两个大山带的红壤垂直分布规律，成果在《土壤学报》等刊物上发表，被国内同行广为引用，成为中国南方山地红壤垂直分布规律的一个样本，同时也引起国外同行的关注。在非洲工作期间，我从英国学者提供的土壤图件与调查资料中接触到美国土壤系统分类制，这是 20 世纪 60 年代崛起的土壤分类新思维、新技术，当时国内知者甚少。我回国后，竭力普及与践行这个新的土壤分类制，一方面出版《世界土壤地理》，介绍这个新的土壤分类制（朱鹤健，1985b）；另一方面应用这个新分类制研究福建土壤，并从中发现了变性土。这个研究成果在《土壤学报》、*Pedosphere* 等系列中、英刊物发表，引起了国内外同行瞩目，被广为引用（朱鹤健等，1989；Zhu et al.，1995），还被国际土壤学会收录进资料库。日本土壤学家久马一刚在 *Pedosphere* 期刊撰文提到“首次了解来自中国的变性土信息”。同时，我参加了“国家自然科学基金重点项目中国土壤系统分类研究”

---

* 本文写于 2023 年 1 月，改定于 2025 年 3 月。

中富铁土、铁铝土、雏形土、淋溶土的研究工作，该项目成果获得了国家自然科学奖二等奖。这些研究都只局限于土壤本身的属性，虽然做了大量的微量研究，但均不触及地理学的人地关系理论，我也自以为这就是地理学的一部分。这反映了我对地理学的认知处于朦胧状态。

（二）学科交叉认知阶段

1991 年国务院批准我为区域地理学博士生导师，当时我所在的福建师范大学尚未获得博士学位授予权，我挂靠在华东师范大学招收博士生，当上区域地理学博士生导师，我有心将学术思维转向地理学。但此时只做到把土壤学的微观分析与地理学的宏观综合相结合，停留在两个学科之间的交叉，而且还自认为已认识地理学，实际上这只是学科交叉。

（三）本体交叉认知阶段

我在学科交叉认知的基础上继续探索，博取各家之长，通过系统性整理，创新性、形象化构建现代地理学知识体系，获得三个重新认识：（1）重新认识现代地理学是交叉学科，任何学科无法替代；（2）重新认识服务社会是地理学生存的根基，“微入宏出”是通向服务社会的渠道；（3）重新认识现代地理学人必须文理思维兼备，夯实地理学特色思维基础知识，学会交叉。在三个重新认识基础上，经过一番探索，我对现代地理学的认识又有新的提高，从现代地理学交叉性提升到本体交叉性，文字上虽然只多“本体”两字，认识上却有质的提升。本体交叉是指现代地理学内在具有自然科学与社会科学的交叉本性，文理思维交叉成为现代地理学的自然属性，为众多学科所罕见。现在倡导自然科学与社会科学交叉，而现代地理学本体就具有这种交叉性质，应成为有魅力的独立学科，挺立在科学之林。目前出现一些高校地理学院轻率易名和地理学人研究不突出地理学特色的偏向，大都与其对地理学是独立学科的认识不足有关。因此，强调现代地理学本体交叉性，明确现代地理学是一门独立学科，具有现实意义。

二、探索路上的三盏明灯：读书瘾、农业梦和教学心

读书瘾、农业梦和教学心恰似三盏明灯，照亮我探索现代地理学之路的方向。

（一）读书瘾

我平日或多或少都得看一些书，如同散步一样成为我生命活动中的必修课。读的书多是本学科专业书，其间缺少了修身养性、娱乐消遣的功能，却有自我陶醉的作用。多日不读书，心中总觉空荡荡，不好受。出差在机场、车站等候室喧闹环境中，也能静下心看书，可称之为读书瘾。关于我读书，经历了由被动读书到主动读书的过程。青年时在考试指挥棒下读书，只读老师要考的那些内容，应对考试。再多一些书，就不想读。读书被禁锢在考试的范围内。当老师后，刚开始也只为完成教学任务去读书，读的书只限于一本教材，只求读透这本书，上课时能朗朗上口，不忘词，就感到心满意足。总之，很长一段时间，都是在外力的逼迫下被动读书。随后教学、科研遇到一些难题需要破解，为寻求答案去读书，这时候才有一些主动搜索知识的想法，做资料卡片、读书笔记，为特定目标广泛收集资料。也正是这个时候，才出现主动学习外文的劲头，还带来读书的快乐感。特别是读书有了成效，还带来成就感的愉悦，又激发我再读书。例如，在读书有所得后编写了特色教材，1992 年首次出版，1995 年获国家教委高等学校优秀教材一等奖，就这么一着，又促使我读好些书，继续对教材做了精加工，补充新观点、新成果，驱动我去修订再版。2010 年第二版和 2018 年第三版教材相继出版，均列入国家级规划教材，其中第二版还获评全国优秀地理图书。这是读书成就感推动我主动读书的例子。主动读书意在更好地完成教学和科研的特定目的。主动读书假以时日，会发现书中各家说法不一致，或说法我不甚理解，为追索知识真谛，竟发展到自动读书。所谓自动读书是指在没有任何任务情况下，也会自拟一个问题去读书索求解答。犹似惯性运动，想刹也刹不住，控制不了自己。古人说，学海无涯苦作舟。到了自动读书时已不是这种心境。每当难题通过读书而获解决，或一种想法通过读书开阔视野，另辟天地，其乐无穷，何苦之有。读书已成为我探索现代地理学的一盏明灯，为我持续照亮现代地理学探索之路。

（二）农业梦

我一生一直保持教师身份，但却有好多时间待在农村里。这一方面是因为我从事的专业，教学、科研都必须到农村实践；而另一方面是在我青壮年时期，国家政策要求青年知识分子必须去农村锻炼，与农民“三共同”（同吃、同住、同劳动）。“三共同”的经历使我体会到农民的艰辛、农业的脆弱和农村的落后。

心中燃起了三个疑问：农民辛勤劳动为什么回报很低，增收的途径在何方？自然界植物总是低等植物向高等植物演进，土壤随之“自肥”起来，为什么人们种田竟发生越种土壤越贫瘠的现象，怎么能做到种田越种土壤越肥？为什么贫困地区的土壤侵蚀会特别严重，而且治理后又会复发？在农村里我又见证了农民的淳朴作风，劳动时特别照顾我；我病了上山为我挖草药，此情此景永生难忘。正是这段刻骨铭心的经历，把我这个长期待在校园里的人装上“三农”心，于是苦苦寻求上述三个问题答案成为我的学术梦想。成了博士生导师之后，我有机会组建学术团队，首先想到把解决上述三个问题作为我的学术团队研究的主题，成为我探索现代地理学的又一盏明灯，照明我探索的路。这盏明灯使我应用地理学理论在闽东南地区特色农业发展与信息化和长汀县水土保持两个问题上，分别坚持15年和22年之久，投入一切情感，挖掘一切潜能，产生主动的、积极的、支撑自己不断前进的力量，不仅取得农业致富的一些有效途径，而且充实和丰富现代地理学的理论。这又说明人生有追梦，就会最大限度地实现自我。农业梦恰似一盏明灯，为我持续照亮现代地理学探索之路。

（三）教学心

我1953年初入教坛，教过本科生、硕士生和博士生，把教书当作事业来追求。教书的目标定为“只为桃李芳”，期盼自己培育的对象能够成才，超越自己，青出于蓝而胜于蓝。学生的进步成为快乐的源泉，带来一种“耕耘忙作乐”的愉悦感。每当我遇到不愉快事情的时候，投入教学，一切烦恼皆烟消云散，于是我争着教书。担任行政工作再忙，我宁可开夜车，也不耽搁教书。步入老年依然眷恋讲坛，传道授业更起劲，对学生牵挂更专注。即使跌到骨伤，也忍痛上课。掏心付出成为我不断前行的动力。醉心教学，乐此不疲。此时“成就学生”一直搁在我的心头上，“追思生平事，荣辱悉忘光。犹记擎桅杆，后生好远航”，全身心把教书育人的担子挑起来，开心地过着简单重复的授课日子而不厌烦。正因为有掏心付出这一动力，教博士生由师徒式的面授，发展到编教材正儿八经面对二三十位博士生上课，至今已30年。掏心付出倒逼充实自己，不仅激励我读好书，还成为积极支撑自己不断前进的力量。坚持30年与博士生的教学互动，汲取年轻人的创新活力，我深感对博士生的掏心付出，也成全了自己。在教学实践中，分享着年轻人的活力与创新所给予的滋养剂。这个滋养剂激发我对地理学思想理论体系的思考与总结，使得我对地理学思想理论体系的形成与发展有了科学、系统、全面的理解和把握，所构思的现代地理学思维脉络体系就更加清晰与丰满，造就我在高龄仍能著书，实是掏心付出的回馈。教学心亦恰似一盏明灯，为我持续照亮现代地理学探索之路。

三、探索路上的三根支柱：耐力、实力和智力

耐力、实力和智力恰似三根支柱，支撑着我在探索现代地理学之路上继续远行。

（一）耐力

耐力来自坚持。不积跬步，无以至千里；不积小流，无以成江海。"坚持"要有"三不精神"：认定目标不动摇，遇到困难不放弃，简单重复不厌烦。我把这"三不精神"用在探索现代地理学上。

先说认定目标不动摇。当我确定应用地理学理论服务农业目标之后，不赶时髦，心无旁骛，沿着认定目标远行。我的 15 年闽东南沿海地区特色农业发展研究实践、22 年长汀水土保持的研究实践、8 年教学改革成果和 30 年坚持向博士生授课这四桩事，就是一种耐力表现，也是"坚持"的见证。再说遇到困难不放弃。当我开始应用地理学理论服务农业工作就遇到困难，困难源于社会对地理学的偏见，以为地理学是高冷学科，对农业不会有所作为。我在遇到这一困难时，不是转向走纯学术道路，专心去写论文；而是顶着困难，在"发展闽东南特色农业，提高农业效益""发展冬季生产，挖掘土地生产潜力""发展信息农业，改造传统农业"三个问题上，应用地理学的独特视角去研究，所取成果在本书的第三篇《应用观》中有表述。这体现于试验区农民受益，相关行政管理部门确认为可转化成果予以推广，并分别在"十五""十二五"规划发展献计献策活动中获奖，而我个人也获得"福建省农业先进个人""福建省科学工作者优秀建议奖""福建省人民政府顾问"等荣誉。这是遇到困难不放弃的收获，也是耐力支撑的成果。最后说说简单重复不厌烦。以《土壤地理学》教材为例，为了出版一本新体系的教材，我在 1985 年就出版了《世界土壤地理》，为新教材的诞生做准备，经七年酝酿，《土壤地理学》于 1992 年在高等教育出版社出版，1995 年获得国家教育委员会颁发的高等学校优秀教材一等奖，后在 2006 年进行了第二次修订，2018 年进行了第三次修订。我为这本教材付出了大量精力，可谓精雕

细刻。由于它的内容新颖、系统性强，也一直成为地理学系列教材中的精品。

2018 年出版的《地理学思维与实践》一书，也经过一番磨炼，酝酿始于 1992 年，2011 年才有雏形。经过 5 年重复，2016 年定型，2017 年再做修订，2018 年出版。看似简单重复，实是精品必经之路。上述看出以“三不精神”为内涵的耐力恰似一根支柱，支撑着我继续探索在现代地理学之路上。

（二）实力

实力来自岁月留痕，明代地理学家徐霞客几乎走遍祖国的名山大川，不是游山玩水，而是每天都记下了当天的见闻，这些笔记有着丰富的科学内容和很高的文学价值，其中关于石灰岩地貌的考察和研究，比欧洲早一个多世纪。积累起来终成实力。我认真对待每个经历，课堂教学、野外实践、科学研究、文献阅读、下乡调研、学术会议等心得体会都及时记录，形成知识财富，不断充实我的人生。本书出版的实力就是来自岁月留痕，也证明实力恰似一根支柱支撑着我在探索现代地理学之路上远行。

（三）智力

智力来自思考，勤于思考是所有科学家必备的心理素质，思考就会增长智慧，就像常用的钥匙会发亮的道理一样。思考的价值在于打破思维定式，不“人云亦云”。把握住科学准则，敢为人先，说别人没说过的话，做别人没做过的事，想别人没想到的东西，思考不停才能梦想必成。创新来自思考。善于思考，才能创新。思考是树，创新是果，树长得好，才能硕果累累。我读书既尊重前人研究成果，还思考催生新见解、新想法，这是读书升华的重要阶段。催生新见解的过程蕴藏许多期盼，有顺产，也会有难产，不管怎样，犹如父母总盼着婴儿的降生。这时会利用各种时间，调动自己所积累的知识催生新见解。奇怪的是，我的一些新见解往往是在半夜醒来时产生的。我编写的《土壤地理学》教材的崭新体系及《地理学思维与实践》一书中若干新论点就是在思考中诞生的。这表明思考产生智力，恰似一根支柱支撑着我在探索现代地理学之路上远行。

四、探索路上获新知

我探索现代地理学，理解到人地关系思维是灵魂，系统思维是支柱，空间思维是本色之后，又萌生新思，提出地理学人要树立本体文理交叉科学观、服务社会的应用观和培养文理思维交融新型人才的教育观，认为此“三观”是实现现代地理学独立性的重要保证。现将“三观”诠释如下：

现代地理学本体交叉科学观认为现代地理学知识结构体系本身具有文理思维交融的特质，观察与研究问题自发践行独立的研究范式与特色思维。地理学人研究问题以人地关系论、系统论和空间论三者交融形成核心理论脉络为指导思想，实践“见地及人”特色思维，凸显地理学的独立特色。这是地理学有别于其他学科，尤其是地球科学中其他分支的最大分水岭。

服务社会的应用观认为人类只有真正了解与认识到地球表层的自然地理景象变化的机理，才谈得上保护生存环境，造福自己。地理不讲“理”，学科立不起。基础研究是地理学服务社会的根基。若现代地理学只止于机理研究，而未从中提炼宏观策略成果，则难以成为解决国民经济问题的利器，在社会上就没有显示度，学科也难立足。为此，地理学人必须把服务社会视为地理学存在的生命根基，心存“服务不到位，学科会崩溃”的危机感，实践“微入宏出”特色思维，搭起基础研究与社会服务的“桥梁”，实现“两个根基”齐头并进。

培养文理思维交融新型地理学人才的教育观认为高校地理学专业必须确立新定位，从两个方面提升，培养拥有三个“能力”的地理学专业人才。

“新定位”：凭借地理学科专业教育与育人目标有着天然联系的优势，以家国情怀与文理深度交融新定位，从顶层设计入手，构建文理思维深度交融的新型地理学高等教育体系。

“二提升”：从两个方面提升，在培养目标上，从培养地理学教师和研究人员的固有模式，提升到培养出具有全球视野、家国情怀，担当人类社会可持续发展与构建人类命运共同体建设的新型专业人才。在知识结构上，从传授地理风土人情知识为主线，提升到以文理深度交融为目标，优化专业结构，深化课程内涵。培养出拥有三个“能力”，成为其他学科不可替代的国家建设的专业人才。

“三能力”：现代地理学学子除通晓地理风土人情知识外，还要拥有三个“能力”：①能以现代地理学理论思辨问题，并有深度应用的实践能力；②能为各级政府预测、规划、决策和优化国计民生的重大问题；③能以全球视野，结合国家需求立足实地，实践“落‘地’有声”特色思维，以“区域响应”的方式，攀登国际学术高峰。

【小结】本章讲述我从土壤地理学的理学思维转变为地理学文理思维交融的内在动力和外在条件，其间经历可归纳为“勇于探索，思索求真”八个字。有探索的愿望，才有不断思索的动力；有不断思索的动力，才能到达真实的彼岸。探索过程最禁忌的是“人云亦云”。华罗庚说过：“人做了书的奴隶，便把活人带死了。把书作为人的工具，则书本上的知识便活了，有了生命力了。”我这个思维转变起于1991年任区域地理学博士生导师，届时年已花甲，为了做到名副其实，我全力以赴，不懈努力探索，至今已32年。可以说，探索不是年轻人的专利，老年人也应该有这个权利。

第二章　再论现代地理学是什么，做什么，学什么*

笔者原是从教土壤地理学，1991 年兼任华东师范大学区域地理学博士点导师后，才开始全面学习地理学。探索地理学的历史如果从 1991 年算起，至今也有 33 年，由土壤地理学到地理学，经历了理科思维向文理交融思维的蜕变。笔者将地理学分散的知识点和概念进行归纳、梳理及系统化综合，博取各家之长，于 2018 年出版了《地理学思维与实践》一书，并于 2021 年在中国地理学会公众号发表了《现代地理学是什么、做什么、学什么》一文，阐述探索现代地理学的心得。随后继续探索，屡有新启发。2023 年又出版专著《现代地理学新探：科学观 · 应用观 · 教育观》，持续更新自己的部分理念。本文基于新理念，再论现代地理学是什么、做什么、学什么（下文简称“三个什么”）。

一、提出现代地理学“三个什么”的历史背景与现实意义

地理学是一门非常古老的学科，被誉为科学之母（Barrous H H, 1923）。早期地理学只是各地风土人情的记录，因与百姓生活息息相关而为百姓所追逐。古代人把有广博学问称为“上通天文、下知地理”。我国国土辽阔，地理学有着广阔的发展天地。以《水经注》《山海经》《徐霞客游记》为代表的我国地理学著述，自古就有广泛的影响，堪称世界地理文化的瑰宝。作为科学的地理学，从 1871 年柏林大学成立地理学系算起，也有 100 多年的历史了。纵观地理学的发展史，不同时段出现了不同的主导思想。20 世纪 30 年代中期，空间思维成为地理学的主导思想。到了 20 世纪后半叶，人地关系思维因此成为地理学的主导思想。20 世纪 70 年代以来，系统论被引入地理学并成为现代地理学的主导思想之一，孕育了地理学的现代化特征。于是地理学流行三个论点：一是区域论，地理学是

---

* 本章原刊于《中学地理教学参考》2024 年第 25 期。

一门空间科学（Hartshorne R, 1958）；地理学一直将空间作为核心概念（哈维，1996）。二是交叉论，地理学家致力于让地理学成为自然科学与社会科学之间独特的桥梁（霍洛韦等，2008）。三是综合论，地理学存在的理由在于综合（约翰斯顿，2010）。地理学主导思想与论点的多元化，致使知识点与概念分散化，地理学者面对内容庞杂的地理学，只能研究其中的某些方面，各有偏重，对地理学的理解也有了分歧，因此人们对地理学的定义难以形成完整统一的认识（林超，1981），地理学作为独立学科挺立在学科之林也受到若干质疑。一些人质疑地理学的技术和方法是借鉴其他学科的，认为其没有形成统一的理论体系，不算一门独立学科。地理学被认为科学性不足，充斥着对名山大川等琐碎知识的机械记忆（Bauer B O, 1996）。一些人把地理学者看成"杂家"。一些地理学人因此对学科本身的信心打了折扣。正如陆大道所指出的："地理科学在国家和社会的影响力及显示度下降了。学术界对于地理学这门学科的认同感也在下降。一些从事地理科学研究和教学的学者，能不用地理科学学科名称的也就不用了。他们甚至将自己从事几十年研究的学科和领域的名字都改掉了，转而加盟到更加有诱惑力的学科队伍。"（陆大道，2015）这些情况表明，再论地理学是什么、做什么、学什么具有现实意义。

二、现代地理学是什么？独特学科：独立研究范式+本体文理交叉性

现代地理学是一门独特学科，其中，"独"表现为具有独立的研究范式，"特"表现为本体文理交叉性，这在众多学科中是罕见的。

（一）地理学是一门具有独立研究范式的学科

一门独立学科的基本要素是特定的研究对象与独立的研究范式。地理学具有特定的研究对象，即地球表层系统中各要素的相互作用过程。地理学是地球科学的分支，而地球科学还有其他分支。地理学成为独立学科更重要的依据是其拥有与地球科学其他分支不同的研究范式。地理学研究范式包含理论体系、研究方法和着落点。

（1）地理学理论体系是由一系列的核心理论和方法论构成的知识体系。人地关系论、系统论和空间论三者相互依存，形成核心理论脉络。人地关系论是灵

魂，系统论是支柱，空间论是本色。地理学者研究任何问题都以此为指导思想，凸显地理学的独立特色。此外，还有区域、生态、景观生态、区位和数量五个方法论相互依存形成另一种思维脉络。这五个方法论与人地关系理论交叉，既孕育新的理论，又表现出一定的具体性和实践性，造就地理学的另一特色。

（2）地理学研究方法概括起来有实地调查与室内工作两个部分，尤其擅长应用数字化手段进行系统分析和空间分析，对复杂问题研究特别见长。系统论寻求整体效应，系统分析首先要识别系统的组成要素；其次要定义系统要素之间的关系；最后要分析系统的整体效应。一切系统都包括组成、结构、功能三个部分。笔者以系统观认识土壤，把土壤看作一个从形态、物质组成、结构和功能上可以剖析的物质实体，而且为物质流与能量流所贯穿的一个开放性体系（朱鹤健，1985b）。传统的土壤学与土壤地理学教材是以土壤发生学观点来认识土壤的。教材通常先介绍岩石的类型与性质，再介绍岩石经过风化作用形成成土母质，最后介绍成土母质经过成土作用形成土壤。笔者的《土壤地理学》别开生面，一改传统教材的写法，以系统观编写而成，从土壤系统组成、结构、功能和开放性四个方面展开，形成了土壤学基础的新体系，初版教材荣获国家教委高等学校优秀教材一等奖。以教材建设为切入点，延伸到整个课程改革，构建土壤地理学系统化教学体系，荣获高等教育国家级教学成果二等奖。该教材第二版被评为全国优秀地理图书，第二、三版分别被列入“十一五”“十二五”普通高等教育本科国家级规划教材，从中可以看出系统观和系统分析实践带来的新收获。以空间分析探讨地理空间的差异性、多维性、关联性和异质性，是探索地理空间优化、生产力合理布局的最佳方法。

（3）地理学“坐落”在自然科学与社会科学交叉点上，这也是学科的着落点。地理学的这一研究范式明显有别于其他学科，自然界的整体性与社会的复杂性需要这种研究范式，任何学科都无法替代。这就是地理学成为独立学科的依据。为了清晰阐明地理学这一研究范式的结构及其内在关联性，笔者塑造了“地理人”概念模型（图 2-1）。

“地理人”概念模型把核心理论脉络模拟成人体的“中枢神经”，把五个方法论脉络模拟成“躯干”的“五脏”，将系统分析和空间分析模拟为人的“双手”，将实地调查和室内工作模拟为人的“双腿”。“中枢神经”指挥“五脏”和“四肢”运行，期盼“五脏”各自从不同视角审视地理景象，从原则性高度来分

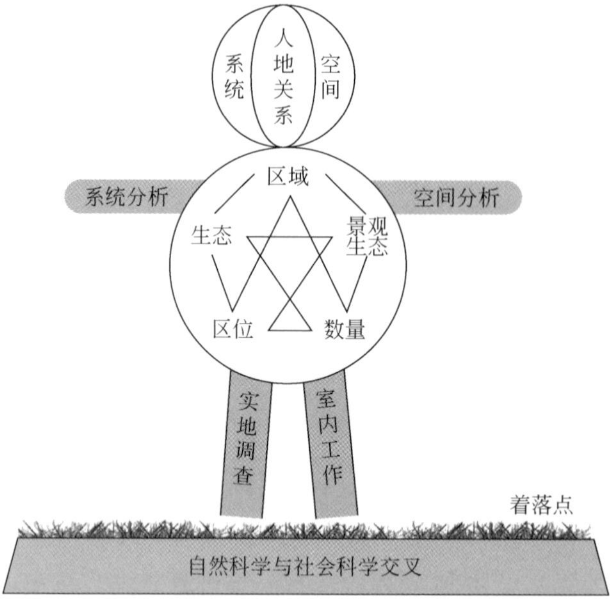

图 2－1　现代地理学研究范式的“地理人”概念模型

析问题。两只手运行达到“妙手生花”，两条腿走路，不致“跛脚”。这都体现出地理学研究范式内在的关联性。“地理人”概念模型旨在形象化地展示地理学研究范式的内涵，使人们更好地理解地理学并应用于实践，认清地理学是一门独立的科学。

（二）地理学的特殊性在于本体文理交叉

地理学是一门介乎自然科学与社会科学之间的交叉性学科，许多人理解地理学交叉性只局限于学科间的交叉，如以地理学区域概念与其他学科交叉派生出土壤地理学、植物地理学等许多分支学科，与产业交叉又派生出工业地理、农业地理等许多分支。仅人文地理学就可列出 30 多门分支（林超，1981）。似乎地理学与任何学科都会沾上边，用这样的交叉性理解地理学，使地理学失之筋骨，站不起身来；也使地理学新辈迷茫，找不到方向。事实上，地理学交叉性并不局限于学科间的交叉，还表现在本体文理交叉性上，即在其理论体系中潜藏着文理交叉的学科本质，这是众多学科中所罕见的。这表现为：在核心理论脉络中，人地关系论既与系统论交叉，又与空间论交叉，这是地理学本体文理交叉的最重要的方式。人地关系论与系统论交叉构成人地系统，把人地关系上升到人地系统的层次上研究，用生态系统的理论研究人地关系，由分析性思维向系统性思维转换，把生物与环境的关系类推为人类与自然环境的关系。于是，人地系统论包含若干生态系统论，包括系统与要素、整体与局部、结构与功能、有序与无序、信息与载体、反馈与控制、调节与协同、渐变与突变、平衡与发展等系列理论。但人地系统又高于生态系统，人类在参与自然界物质运动中表现出很强的主体性，因此人地系统复杂性大大高于生态系统，人地系统是最高级别的复杂巨系统，涵盖了人类社会经济系统和地理环境系统两个子系统，兼有自然和社会双重特性。在地理学领域，一切对象都毫无例外地发生在特定的空间中，因此人地关系论又与空间论交叉。吴传钧（1991）提出的人地关系地域系统，Hubbard 等（2002）提出的“空间是通过‘社会—空间关系’不断生产出来的”，都属于人地系统论与空间论交叉的见解。基于这样的见解，通过区划和类型划分认识地表形态结构，进而研究空间中自然与人文现象的互动方式，形成自然环境差异性与生产力水平相结合的空间单元，以求地理空间优化、生产力合理布局，是通向理解和协调人地关系的桥梁。刘彦随等（2024）基于这一见解，构建的人地系统功能分区—类型分类—强度分级探测理论与方法体系，为科技支撑人地系统协调与可持续发展战略，促进人与自然和谐共生和全面乡村振兴决策提供了科学依据。笔者以地理学空间观研究长汀水土保持，因研究区南北环境不同，自然植被恢复与社会经济条件存在一定差异，由此提出治理模式与空间相协调的治理方案，以提升水土保持建设水平，打下水土保持持续性的良好基础（朱鹤健，2013）。以上实例均是地理学本体文理交叉特质良好实践效果的佐证。

地理学方法论脉络中也涵盖文理交叉特质。区域论以空间中自然与人文现象的互动方式来体现。其他方法论均通过人地关系论与其他学科的理论交融而形成次生理论。其中，生态方法论借助于生态学原理，构建人地系统的次生理论；景观生态方法论借助于景观生态学的空间异质性理论，构建空间格局优化的次生理论；区位方法论借助于经济学的区位理论，构建地域分工理论、经济地域运动理论等次生理论；数量方法论借助于信息学的定量化理论，构建定量与定性相结合的次生理论。这些交叉形成的次生理论都体现了地理学的本体文理交叉特质。这是地理学的又一特殊性。正如陆大道（2015）所说：“地理科学具有双重性质，既不同于纯自然科学，也不同于纯社会科学。在各门科学之中，地理学确实很特殊。”

三、现代地理学做什么？双重任务：基础研究+社会服务

数、理、化、天、地、生被称为“自然科学”，主要任务是进行基础研究。

其中的“地”，有人误认为是地理学，实则为地球科学。地球科学是以地球系统（包括大气圈、水圈、岩石圈、生物圈和日地空间）的过程与变化及其相互作用为研究对象的基础学科。地理学虽是地球科学中的分支，但是与地球科学中其他分支却有不同之处，地理学不仅研究地球表层系统中各要素的相互作用过程，而且与人类经济活动紧密相连，“见地及人”是地理学有别于地球科学中其他分支的最明显分水岭。地理学不仅要具有一般的科学形象，还具有自身的科学标准，唯科学主义在地理学中是行不通的（孙俊等，2011）。基础研究是地理学服务社会的根基，服务社会是地理学存在的生命根基，两个“根基”齐头并进，才是完整的现代地理学。

（一）基础研究是地理学服务社会的根基

基础研究是地理学服务社会的根基，是指人类只有真正了解与认识到地球表层的自然地理景象变化的机理，才谈得上保护生存环境、造福自己。笔者选择我国农业发达的南方农村地区具有典型代表意义的福建省漳浦县马坪镇为试验区，突破土地利用以单“兵种”和以经济效益为最高目标的传统做法，应用生态系统的整体效应和良性循环原理，构建农业资源耦合生产模式，取得了明显的生态和经济效益。通过以能值理论为基础的微观研究，得出生态生产力的新理念，为生态补偿提供了科学依据。通过以系统动力学方法为基础的研究，对马坪镇资金分配和用地分配提出对策和预测，达到了最优控制的目的。这些都说明了基础研究的重要性。

（二）服务社会是地理学存在的生命根基

地理学是经世致用的学科，主要解决环境、资源、社会重大发展战略问题，服务社会是地理学存在的生命根基。如果地理学只停留在基础研究，而不从基础研究成果中提炼出宏观策略并服务社会，则不仅失去了地理学应有的魅力，也失去了学科存在的价值。因此，地理学必须在研究“地”和“理”的基础上提炼出宏观策略，服务于社会。宏观策略建立在微观机理研究的基础上，可称为“微入宏出”，这有别于纯社会科学，凸显了地理学的学科特色。对此，笔者编了个顺口溜说明其关系：“地理不讲‘理’，学科立不起；讲‘理’不出‘宏’，学科难得红。”前半句的意思是地理学不做机理探求，难成特色独立学科；后半句的意思是只探求机理，不将其提炼成宏观决策成果，学科难得社会认可。总之，突出“致用”特色，指向国家需求，做到“微入宏出”，是地理学通向社会的特色思维。还必须强调的是：“微入宏出”要与“落‘地’有声”相伴，“落‘地’有声”中的“地”是指“三实”，即实地、实事和实果，这也是地理学的特色思维，既是服务社会的必要，又是夯实学科生命根基的需要。美国哈佛大学地理系因脱离社会需求，加之自然地理与人文地理的学术纷争，终于1948年轰然“倒闭”（叶超等，2019）。直至20世纪后期，美国地理学界加强了与社会的联系，地理学才重新被发现，并被确定为美国学校教育的核心课程，与自然科学比肩（美国国家研究院地学环境与资源委员会 地球科学与资源局重新发现地理学委员会，2002）。在这样的大背景下，哈佛大学地理系于2006年“复活”，所得教训是地理学只有与社会关联才能存在与发展。在中华人民共和国成立后的相当长一段时间内，许多地理学者面对人类社会发展的诸多现实问题，提出战略性的答案，奉献社会，成为各级政府决策部门思想库和专家库的重要成员，在社会发声，赢得社会认同（宋情、冷硫影，2005）。地理学研究呈现一派繁荣景象，在社会上有很高的显示度。黄秉维把全球环境变化与区域环境变化相结合，研究全球环境变化情况下中国自然地带的推移变化，并由此提出农业与能源利用应采取的积极对策（郑度、杨勤业，2005）。这正是“地”“理”“宏”一体化研究模式的典范。这表明地理学研究不仅要把握国际前沿，更应紧密结合国家需求，解决本土实际问题。只有这样，才能使社会了解和认同地理学。因此，地理学必须倡导“地”“理”“宏”一体化的研究模式，发挥“基础研究+社会服务”的双重作用，深化基础研究的同时关注社会发展，做到既服务大局，又发展学科自身。

四、现代地理学学什么？两项核心素养：家国情怀+文理融合思维

地理学的使命应由地理学人来完成，地理学人的学术素养关系到地理学的发展。基于地理学特殊的本体文理交叉性，以及承载“基础研究+社会服务”双重任务的现实状况，地理学人必须具有家国情怀和文理融合思维两项核心素养，这是地理学人软、硬实力的表现。

（一）家国情怀是地理学人的软实力

家国情怀与地理学天然依存，家国情怀是学好、用好地理学的重要思想基

础，学好地理学必然萌生家国情怀。对此笔者有切身的体会，这里以利用地理学范式研究福建特色农业发展路径的实例来说明。福建省人均耕地面积曾位居全国靠后位置，耕地资源十分紧缺，但其地处南亚热带和中亚热带地区，是全国土地生产潜力最大的区域之一。然而，福建省农业资源利用率偏低，耕地的复种指数低，土壤肥力下降、农民收入低等问题突出。这种省情激发笔者去探求一条节约农业资源、增加农民收入的路径。笔者先从福建农业生态系统稳定性与土地生产潜力着手，确认闽东南地区以发展亚热带果树为特色农业的条件最为成熟。在明晰这个思路之后，提出了“关于加强闽东南农业开发力度，建设特色农业开发带”的建议，得到政府部门支持，在两个乡镇开展实践，研究成果被列入可转化为生产的项目予以推介，笔者也受聘为福建省人民政府顾问，这不仅为进一步深化研究创造了有利条件，也使笔者增强了家国情怀。随后，推广工作由点及面、逐级扩大，相继进行了漳州市、闽东南地区、福建省的特色农业模式和宏观布局研究，最终构建了镇（马坪）—市（漳州）—地区（闽东南）—省（福建）不同空间尺度四级特色农业研究体系。这个过程历经 15 年之久，节节提升，得益于家国情怀与地理学的良性互动，笔者从中也领悟到，地理学人心怀家国情怀去解决本土问题，可在不断解决这些实际问题的过程中增强自己的家国情怀。

（二）文理融合思维是地理学人的硬实力

地理学人的另一个核心素养是文理融合思维，可视为硬实力。为此，地理学人要树立地理学本体文理交叉的科学观、服务社会的应用观和培养文理思维交融地理学人才的教育观。此“三观”是实现文理思维融合的重要保证。Daniels 等（2008）认为，地理学是 21 世纪的一个关键学科，人类面临的许多挑战多处于人类社会与自然环境的界面上。只有拥有文理交融思维，才好揭示界面隐含的大量未被开发的地理信息，进而深化地理科学的理论。地理学家的具身性形象是一个对该领域自然和社会两个维度都有所掌握的研究者。（凯斯特洛特、巴尼奥利，2024）文理融合思维正是地理学家的具身性形象。文理融合思维涵盖上述“见地及人”“微入宏出”“落‘地’有声”三个特色思维。地理学人要用好这三大特色思维，在解决社会经济问题与促进学科发展上独显身手，发挥其他学科难以替代的作用。笔者引导博士生运用文理融合思维去研究乡村振兴，重新评估福建农业资源与环境，在发展特色农业和水土保持等方面提出了许多崭新的概念与措施，得到了社会赞誉。例如，2000 年第一批参加长汀水土保持研究项目的陈志彪博士，如今已成为教授，还于 2019 年获得了全国脱贫攻坚奖创新奖，这说明地理学人掌握文理融合思维之重要。文理思维融合首先要谋求自然地理学与人文地理学的深度融合，且不只是知识的融合，更重要的是文理融合思维的塑造，达到知识融合与文理融合思维的有效衔接和良性互动。新型地理学人应该具有全球视野、家国情怀、文理思维融合的促进人类社会可持续发展与建设人类命运共同体的专业担当。除通晓风土人情外，还要学会将地理学基本理论与研究范式用于生产实践，具有为国计民生重大问题进行预测、规划、决策和优化的能力，以及成为各级政府的思想库和专家库成员的基本素养。

【小结】现代地理学是一门独特学科，在众多学科中是罕见的。“独”表现为具有独立的研究范式；“特”表现为本体文理交叉性。本体文理交叉性是指其理论体系中潜藏着文理交融的学科本质，这是其他众多学科所没有的。自然界的整体性与社会的复杂性需要这种研究范式，任何学科都无法替代。

基础研究是地理学服务社会的根基。人类只有真正了解与认识到地球表层自然地理景象的变化机理，才谈得上保护生存环境、造福自己。服务社会是地理学存在的生命根基。如果地理学只停留在基础研究，而不将基础研究成果提炼成宏观策略并服务社会，不仅会失去地理学应有的魅力，也将失去其自身存在的价值。发展现代地理学必须从基础学科的误区中走出来，承载“基础研究+社会服务”的双重任务，实现“两个根基”齐头并进。

地理学人的核心素养是“家国情怀+文理融合思维”。新型地理学人应该具有全球视野、家国情怀、文理思维融合的促进人类社会可持续发展与建设人类命运共同体的专业担当。除通晓风土人情外，还要学会将地理学基本理论与研究范式用于生产实践，具有为国计民生重大问题进行预测、规划、决策和优化的能力，以及成为各级政府的思想库和专家库成员的基本素养。

第三章　刍议地理学学科特质及其人才成长

——朱鹤健教授访谈录*

编者按：2022 年，时值福建师范大学北京校友会为庆祝母校 115 年校庆，委托厦门丹山影视有限公司录制《闽师大道》影视片。在录制前，总制片人卢炳坤对朱鹤健教授进行了采访，记录如下。

问：在您 69 年的从教生涯里，您曾有过离开教育行业的念头吗？是什么让您一直满怀热情地站在大学的三尺讲台之上？

答：我在大学教书 69 年，教过本科生、硕士生、博士生，感悟父母爱子成才，倾心付出，那是天性，自然而生。教师爱生成才，掏心付出，那是“师性”，需要修炼。教书不易，教好书更难，难在把心搁在哪里。是把心搁在自己，将教书当作职业，为自己成长而教书呢？还是把心搁在学生，将教书当作事业来追求，为成就学生而教书呢？只有这个问题解决了，才能真正教好书。我教书修炼到掏心付出经历过很长时光。初入教坛，把教书当作职业，为自己成长而教书。以为教书只是按照现有教材与讲授大纲，按部就班地去讲课，课终考试，评上成绩，就算是完成教学任务。实践结果表明，这样的授课方式，没完全把学生成才装在心里，会使许多学生落入死记硬背，对基本理论、基本概念不求甚解，落入“应试”的陷阱。这使我明白真正教好书，心中要存着育人的责任感，于是逐渐培养爱学生、爱教育、爱读书之心，把教书当作事业来追求。教书目标定为“只为桃李芳”，育人理念凸显出来，期盼自己培育的对象能够成才，超越自己，青出于蓝，而胜于蓝。学生的进步成为我快乐的源泉，带来一种“耕耘忙作乐”的愉悦感。即使行政事务繁忙，宁可“开夜车”，也不耽搁教书。步入老年，我依然眷恋讲台，对学生牵挂更甚，为此醉心教学，乐此不疲。此时“成就学生”一直搁在我的心头上，“追思生平事，荣辱悉忘光。犹记擎桅杆，后生好

* 本文写于 2022 年 10 月。

远航”，全身心把教书育人的担子挑起来，开心过着年复一年的授课日子而不厌烦。掏心付出更成为不断前行的动力。如今传道授业更起劲，成就学生之心更迫切：即使跌到骨伤，也忍痛上课；指导学生更主动，想学生之所想，急学生之所急，积极解学生之难。这也让我感受到实现自我价值所带来的快乐，更明白教书不只是单纯传授知识与技能，更重要的是要把育人理念渗透到教学的各个环节。爱学生、爱教育、爱读书——这“三爱”与我结了逾半个世纪之情，此情调度一切的情感，挖掘一切的潜力，积极地主动地支持自己不断地前进。现在此情仍未了，愿今后的道路与“三爱”随行。

问：您认为“地理学拥有世界上所有学科所没有的非常独特的思想方法”，这个学科独特的地方在哪？这个学科什么样的气质一直吸引您投身于这一领域？

答：我原是学习土壤地理学，以后转攻地理学。表面看来，两者都有“地理”二字牵连。但这实际上要求我在学术思想上由理科思维转向文理思维融合的很大跨越。我秉持认定目标不动摇，遇到困难不放弃，简单重复不厌烦的“三不精神”，通过爱读书、勤实践两个途径，花了 30 个春秋努力去实现这个转变。坚持给我耐力，岁月留痕予我实力，常动脑筋赐我智力。尽管这个跨越我做得不完美，但把地理学定位在自然科学与社会科学的交叉点上，以文理融合思维，我总结出地理学的三大特色思维：第一，地理学在任何场合见到地理现象都联想与人的关系，而且要引导向人的有利方面着想，形成“见地及人”的特色思维。第二，地理学既研究“地”，即研究区域某个时段内的地理现象，又研究“理”，采用多样化的实验手段揭示地理景象变化的机理。通过机理探求，以宏观决策成果出手，服务社会。于是我提出“地理不讲理，学科立不起；讲理不出宏，学科不得红”的说法，强调“微入宏出”特色思维的重要性。也就是说，地理学必须深入对地理现象做微观研究，同时要在微观研究的基础上做出宏观决策服务社会，因为服务社会是地理学存在的生命根基。第三，地理学还有“落‘地’有声”的特色思维，“落‘地’有声”的含义是地理学研究要落到实处，才会在社会上铿锵有声。“落‘地’有声”的“地”是指“三实”，即特定空间（实地）、实际问题和实际效果三个内容，这样地理学才有社会的显示度。地理学拥有这三大特色思维，在解决经济与科学发展问题上独显身手，显示出其他学科难以替代的作用。我又把地理学分散的知识点进行系统化，构建了现代地理学思维脉络体系，彰显地理学独特的研究范式。我引导博士生发挥地理学文理思维融合的优势，以地理学特色思维和研究范式去研究振兴乡村。例如，重新评估福建农业资源与环境，得出许多崭新的概念，得到社会赞誉。随后，总结长汀水土流失治理经验，提出“三个转变”宏观策略，被福建省水利厅认定有独到见解，采纳实施，由此提高了地理学的社会显示度。这些宏观策略都出于学术团队对长汀水土保持多方面的微观研究，包括承担国家支撑计划一项，国家自然科学基金 5 项，3 本专著，130 多篇论文，其中论文他引的次数达到 1200 多次。正因为这些宏观决策都建立在微观研究成果基础上，言之有理有据，易被采纳。我以此告诫学生，地理学微观研究很重要，但不要只满足于微观研究发表论文，还要提炼宏观决策服务社会，否则会断了地理学的生命线。地理学的魅力驱使我一直坚持下去。

问：在您看来，当代的地理学科教师，需要具备什么样的品质，才能担起育人的重任？

答：我认识到教师不是简单的教书匠，不能只传授专业知识，还要教授学生为人处世的道理。为人师表悬于心头，我不断提醒自己行为举止规范。注重自己的道德修养，给学生做个好榜样，做到言传身教，正面影响学生的世界观、人生观、价值观，把育人理念渗透到教学的各个环节。我把课堂当作育人的主战场，在两个方面下功夫。一是精选课堂内容，用心讲好学科精髓。用灵活的语言把本课程必讲的基本原理与知识、难点和思考点等讲清讲透，使学生不仅听懂，而且入脑成思维，成为指导实践的利器。二是将学科发展的重点问题凝练成靶子，通过课堂讨论、提问等形式，启发学生思考。解除学生“亦步亦趋、人云亦云”的思想束缚，调动学生的主动学习能力。再辅以作业点评，阐明我的观点，形成师生学术思想的交锋，使课堂呈现师生共议问题的氛围，让学生深化对事物本质的认识，并给他们留下足够的思考空间去探索、去发现。这两点要求教师不仅饱览群书，还要洞悉学科发展前沿，把握教学难点与学科生长点，才可能凝练靶子让学生打。这不仅会给学生更多的思考，还会使整个教学与时代的发展相协调，保证教学质量。

我认为实践教学是育人的好场所。“堂中授论理，野外寻验方”，引导学生运用学过的理论与知识解释野外现场，这也检验课堂教学的成效。地理学所研究的人地系统不是一个纯自然的系统，它有许多不确定因素，野外实践有时会出现与课堂所授的典型规律异样的情况。正因为如此，实践教学成为思路出新的好机会，教师要引导学生观察并解释这些异常情况，最大限度地提高学生的观察能力和思维能力。因此，野外实习不容小觑，应该由有经验的教师承担。为了有一个良好的教学实践基地，我与同事们经过十多年大量系统的调查研究，弄清福建省两个大山带的垂直分布，两相对比，最终确定以武夷山作为本科生的野外实习基地。这个实习基地至今已有 40 年历史，形成了一套实践教学规范。博士生的实践教学不仅要引导思考、答疑解惑，更要使创新成为主旋律。我在闽东南与闽西各设立博士生工作基地，引领创新，创新落在三个点上：一、实践建立在博览已有研究成果的基础上，设计起点要高，不做低级重复；二、实践需要鲜明的理论指导，以理论为魂；三、坚持以学科视角观察问题，讲究文理知识的储备，从地理学特色思维上寻求创新空间，凸显地理学本色。我指导博士生研究还关注“二特”，即发挥区域特色与学生个人学术特长。举一个例子，美国路易斯安那州立大学博士生 Chris Coggins 向教育部申请来我校做博士论文。这缘于我曾在该校所做的“中国湿润亚热带地区山地开发与管理”的学术讲座引起他的兴趣，请我指导他的论文。我从“二特”视角考虑，选择人为干扰相对较小的闽西梅花山地区为基地，突出福建区域特色，这不是一般地区所能做到的。又鉴于他在土地利用方面已有一定知识基础，确定学位论文题目为“土地利用的变迁与农业生态稳定性的关系”。研究成果表现独特，学位论文不仅在路易斯安那州立大学通过，而且在美国出版社出版。我尝到“二特”的好处，也用于指导其他博士生，于是“二特”成为我指导博士生“取胜”的一张处方。

我把教材视为育人的好载体，编写了适合本科生、博士生学习的教材。本科生《土壤地理学》教材由高等教育出版社出版，从体系和内容两方面创新入手，我做了长期的探索。1985 年出版的《世界土壤地理》为这个构思打下基础，初步构建了新教材体系。三年后，我确立了教材的编写大纲并继续在教学实践中求索，最终于 1992 年出版《土壤地理学》，前后历时七年。这本教材于 1995 年获得国家教委高等学校优秀教材一等奖，以后经历二次修订，第二版和第三版都作为国家级规划教材发行，第二版还于 2019 年被评为第二届全国优秀地理图书（普通高等教育教材）。2018 年我又为博士生写了“地理学思维与实践”这门课的教材，由科学出版社出版。该书强调地理学要突出交叉思想，回归学科经世致用本色，用实例论述地理学是什么、做什么、学什么，给学生留有很大思考空间。博士生经历本科和硕士两个层次的地理教育，听了我的课仍觉得有新意。虽然博士生课程目前不要求有配套教材，但编写这本教材使我讲课更加主动，用力在说理与引发学生思考上，那些叙述性内容、具体研究方法都可让学生们自学，课堂效率顺势提高了。编写教材是“育人盼腾骧”的要务，尽管出版教材的绩效远不及课题立项、科研论文等，但我仍希望教师要重视教材建设，因为它关系到人才培养的大事。上面所述皆出于“掏心付出”，其动力又来自“成就学生”的思想基础。由此，我体会到做一名教师必须把育人理念悬在心头。

问：当代的地理学科学子应该是什么样的人？应该成为什么样的人？

答：地理学拥有“见地及人”“微入宏出”“落‘地’有声”这些特色思维，要求地理学者不仅要有理科思维，还要有文科思维。现有高校地理学专业通常包括自然地理学、人文地理学和地理信息科学三个二级学科，由于现有课程体系不重视地理学是自然科学与社会科学交叉这一定位，致使学生对地理学认识“分割化”，走单一化道路。这具体表现于：自然地理学专业止于地理环境的自然规律研究，片面追求“纯科学”，见地不及人；人文地理学专业走纯社会科学道路，出宏不入微，失去地理学特色；地理信息科学专业专注定量分析，忽视人地系统复杂性对定性分析的必要要求，致使成果失真。这些问题弱化了地理学科学子解决实际问题的能力。近年来我多次在地理刊物与地理教育会议上提出高校地理学科改革振兴的意见：从顶层设计入手，在培养目标上，突破原有培养地理学教师和研究人员的狭窄框框，凭借地理专业教育与家国情怀有着天然联系的优势，以家国情怀与地理学特色思维交融新定位，构建新型高校地理学科。为此必须明晰地理学科知识结构，在办学中确立地理学是自然科学与社会科学交叉这一定位，以文理深度交叉融合的理念，优化专业结构，建设符合新时代要求的各类创新课程。首先，着力改变历史上自然地理学与人文地理学对立的格局，谋求两者融合，创设文理思维融合的“金课”，务使人文地理学研究联系自然环境基底，自然地理学研究做到“见地及人”。在现有基础课与专业课两级布局的基础上，无论哪个专业，在上专业课前必须修读这门金课，培育学生“三保”与“三防”的地理学学术特质：保持“见地及人”思维，防止落入单一化陷阱；保持“微入宏出”思维，服务社会，防止走纯自然科学的道路，或只停留在社会科学概念上的描述，失去地理学特色；保持定量分析与定性分析相结合思维，做到地理学“落‘地’有声”，防止只专注看似精准的定量分析，忽视实地验证和定性分析，致使研究成果空泛失真。新型地理学人才必须具有全球视野、家国情怀，建设人类社会可持续发展与人类命运共同体的专业能力。在广大学子中，务求地理学特色思维深入人心。他们应积极投身于国民经济的主战场，具有针对关乎国计民生的重大问题做出预测、规划、决策和优化的能力，争取成为国家各级政府的思想库和专家库的重要成员，成为社会经济发展的中流砥柱。虽然我多次呼吁，但就目前所见，仍收效甚微。这是我的心头事，我还会继续奔走。

问：请您说几句以勉励当代大学青年教师、学生。

答：寄望青年朋友们，响应新时代的召唤，不要在奋斗的时光选择安逸，要心怀国家，勤奋学习，刻苦钻研，立志成才。作为地理人，要夯实家国情怀和地理学特色思维两个思想基础，挑起宣传、实践现代地理学魅力的担子，为中华民族复兴伟业贡献力量。

【小结】这篇访谈录话题多样化，从中可看出我的心头事。追索现代地理学科学观悬于心头，地理学服务社会有待推动，高校地理学科必须改革振兴。我已高龄，写作出书十分费力。上述心头事驱动我出版这本书。

附　录

关联词

在探索路上，我得到领导、长者、同事和学生们的帮助和鼓励，驱动我不断探索、持续前行。本附录选择的三篇，作者从不同角度对我鼓励，可从中看到我在探索路上所受到关爱。陈述彭院士鼓励道：“坚持深入分析基础上的综合和综合指导下的分析思路，通过土壤学的微观研究与地理学宏观分析，去探索地球系统陆地表层的自然过程，达到了融会贯通，得心应手，出神入化，游刃自如的境界。”我还得到青年朋友的信任和爱护。福建师范大学党委宣传部程惠斌写道：“朱鹤健教授深深地感受到土地对于人民的重要性，便树立了自己守候土地的理想。用长期的探索表达对真理的热爱，用朴素的坚守阐述科学研究的价值。”

中国科技网报道：“地理科学学院举办‘瀚海明塔’学生成长领航行动启动仪式暨第一期主题活动，首期活动邀请了我国著名地理学与土壤地理学家、国际欧亚科学院院士、福建师范大学朱鹤健教授。他从出版《地理学思维与实践》一书说起，与广大师生分享自己在地理学方面的独特见解及人生感悟。”会后学生表示：“朱老师的分享给了我很多启发。”这些鼓励是我开辟新路认识现代地理学的精神力量。这只是新近的几篇文字，实际上一路上都遍洒这样爱的阳光，使我到了高龄仍坚持探索。

附录一　陈述彭院士：《土壤学与地理学交叉研究》序*

朱鹤健教授的又一部力作问世。这既是一部融合土壤学与地理学的系统科学专著，又是一部凝聚产、学、研于一身的大师文集。

朱教授是与新中国同步成长的科学家和教育家；他是福建省首届优秀专家，全国教育系统劳动模范。为创建研究型大学，组建重点学科和科研中心，培养本

---

* 本文写于 2005 年 12 月 12 日，作者系中国科学院院士、福建省人民政府顾问。

科生和研究生，呕心沥血，桃李遍天下！他经常到生产第一线去调查研究，发现科学问题，宣传推广适用技术，针对福建省可持续发展战略，他提出了“三种模式”“四重战略”“五色开发”等方案。他长期坚持在教学第一线，主张“课堂授论理，课外觅验方”，从土壤属性入手去认识土壤。他建立博士生实践基地，提高学生的野外观察和实验室动手能力。师生互动，教学相长。他的身教言传，充分体现了研究型大学的大师风范。精读这部文集，正如他自己所指出：可以从中看到一位教育工作者，为探索、构建新的交叉体系所作的努力！

为促进土壤学与地理学的交融、汇合，朱教授不断开拓新的研究领域和学科发展空间。他通过深入的区域调查实践，去把握世界性的普遍规律。他通过定性与定量的系统分析，去研究生态区划的环境、生态与文化指标体系，制定生态补偿的办法。他曾深入农村体验农民的生产和生活，又曾翻译名著，掌握美国土壤诊断分类法。他精通同位素、土壤物理、土壤化学分析技术，对水稻土作出了全新的诠释；又通过薄片鉴定，对变性土系列提出了新认识。以武夷山与戴云山作对比，指出本地区红壤未有灰化作用，游离铁对红壤鉴别有重要意义。阐明特定地理环境对土壤特性变异的关系，提出了多种土壤的空间变异模型。总之，他以土壤地理学与土地资源学为主轴，坚持深入分析基础上的综合和综合指导下的分析思路，通过土壤学的微观研究与地理学宏观分析，去探索地球系统陆地表层的自然过程，达到了融会贯通，得心应手，出神入化，游刃自如的境界。从而实现了时序、空间、生态的三耦合，设计了从马坪镇、漳州市、闽东南到福建全省的空间多层次的实验系统；总结了从调查、试验到评估、规划、管理的科学作业流程。这些宝贵的经验，来之不易。既要有高屋建瓴的真知灼见，又要有求真务实的实践能力。所以说这是地学大师的贡献，朱教授是当之无愧的。因为，朱教授所走过的正是一条符合中国国情、自主创新的道路，正是大师们走向成功的星光大道，正是研究型大学的典范。

朱教授和他的研究群体，不仅对“三农”问题有深厚的关切，对福建土地资源、生态经济、数字农业作出了系统性的贡献，对海峡两岸经济带、季风热带、亚热带生态、红黄壤水土保持研究取得了显著的技术经济和社会效益；而且，对落实科学发展观和区域协调发展，五个统筹，加强土地资源管理、循环经济和信息化、现代化工程，都是很有参考价值的。

感谢福建省的领导和同行专家们，让我有机会多次到福建考察学习，并担任一点咨询工作。妈祖的人文精神和武夷山的自然风貌，对我启发良多，感人至深，地灵人杰，出大人才，出大成果，并非偶然。谨此表示祝贺！写出自己的学习心得，与读者共享，当然是义不容辞，深感荣幸的事了。

附录二　福建师范大学：半生土地半生书*

泥巴，这种看上去平凡得让人忽略的东西，在朱鹤健教授眼里，是蕴藏了老百姓福祉的研究对象。他一手执锹，一手执笔，尽心投进这些“泥疙瘩”里。开发土壤研学海，诲人不倦千里灯，与土壤结缘几十载，润物细无声。

追索国际前沿，落地本土实践

1943 年，朱鹤健 12 岁，就读于省立福州初级中学。时值抗日战争，民不聊生。福州初级中学为了躲避战乱，被迫搬进了远离城市的沙县洋溪村深山里。国家被侵的愤慨，学习道路的艰难，食不果腹的生活苦楚，让有强烈爱国之心的朱鹤健立下了为国而学的决心，他深深地感受到土地对于人民的重要性，自小便树立了守候土地的理想。

新中国成立后，朱鹤健成为国家培养的第一代大学生，毕业后在大学里任教，从研究土壤资源入手，让“泥巴”成为造福人民的财富。

心系教研的几十年间，凭借对土壤的热爱和坚持，他把脚踏过的地方、手捧过的泥土变成了“黄金”。

他生长在福建，红土地养育了他，因此对红壤情有独钟。他求索国际前沿，引进新思维、新技术在本土实践的求新精神，要从他研究红壤的故事说起。

1973 年，国家派朱鹤健到非洲考察，在这一年多的时间里，他穿梭于稀树草原、沼泽地和原始森林之间研究红壤。非洲的热带红壤最为典型，朱鹤健观察并掌握了这个土壤的性状及其生产特性。回国后，他对福建戴云山脉、武夷山脉两个大山带的红壤进行系统性研究，发现其垂直分布规律，撰写文章并在系列刊物上发表。这篇研究成果被国内同行广为引用，成为中国南方山地红壤垂直分布规律的一个样本，引起国外同行的关注。美国路易斯安那州立大学邀请朱鹤健去讲学，该校的博士生 Chris Coggins 听他讲述红壤研究成果后，产生了强烈的兴趣，便向国家申请来我校做博士论文。在朱鹤健的指导下，Chris Coggins 在闽西梅花山研究红壤开发利用，他的博士学位论文不仅顺利在学校通过，还得以在美国出版。

可以说，研究红壤是朱鹤健学术人生的起点。

---

* 本文作者系福建师范大学党委宣传部程惠斌，原载于福建师范大学公众号，2022 年 5 月。

他在非洲工作期间，从英国学者提供的土壤图件与调查资料中接触到美国土壤系统分类制，这是土壤地理学20世纪60年代崛起的土壤分类新思维、新技术，当时国内知者甚少。他回国后，竭力普及与践行这个新的土壤分类制，一方面出版《世界土壤地理》介绍这个新的土壤分类制，另一方面应用这个新分类制研究福建土壤，并从中发现了变性土。这个研究成果在《土壤学报》、*Pedosphere*等中、英文刊物发表，引起了国内外同行瞩目，广为引用，被国际土壤学会收入资料库。日本土壤学家久马一刚在*Pedosphere*期刊撰文提到“首次了解来自中国的变性土信息”。朱鹤健还参与了中国科学院南京土壤研究所的“中国土壤系统分类研究”国家自然科学基金重点项目，该项目成果获得了国家自然科学奖二等奖。

从朱鹤健出版的20部著作中抽取的一些著作，可以看出他的学术研究领域是从土壤地理学入手，跨越到土壤学与地理学交叉，再跨越到地理学的历程。他追求的不仅是理论的创新，更关心的是服务社会的成果。

1985年出版的《世界土壤地理》，全面介绍了美国土壤系统分类制及其在世界各地的应用，被同行广为应用并高度赞扬，成为中国介绍美国土壤系统分类的先行者。1992年出版的《土壤地理学》获得国家教委高等学校优秀教材一等奖；该书第二版列入“十二五”国家级规划教材，获得全国优秀地理图书（普通高等教育教材）。1997年出版的*Sustainable Development and Land Utilization*一书展示了中国土地的利用方式，发展中国家的学者视其为一本好教材，并盛赞中国土地利用方式的适用性。1999年出版的《福建省山区草地生态系统持续发展研究》论述了种草应成为一种产业，并预测农业发展的未来。2006年出版的《土壤学与地理学交叉研究》，指出交叉是创新的源泉，展示他推动两学科交叉前沿性应用理论和技术体系的成果。2009年出版的《农业资源系统耦合模拟与应用》，创建中国南方农业资源系统耦合新技术体系，提出农业系统耦合应成为农业科技创新的重点。2013年出版的《长汀水土保持研究》，创建水土保持的地理学研究范式，在水土保持的理论和技术上均有突破。2018年出版的《地理学思维与实践》，把地理学分散的知识点系统整理成现代地理学思维脉络体系，并提出服务社会是地理学存在与发展的生命根基。

值得一提的是，这个跨越是在朱教授人生高龄阶段中进行的，这更让我们深切地体会到他的勤奋、艰辛和毅力。

耕耘忙作乐，只为桃李芳

朱鹤健教授自 1953 年进入教坛，69 年坚持教学生涯，三尺讲台未变，曾经浓密的黑发已换成满头银霜，而他讲课精力却不减当年。

朱鹤健讲课生动有趣，深得学生欢迎。听过他讲课的学生都说："朱老师的课讲得特别好，道理说得深，表达好接受。有些道理说得津津有味，耐人思索；有些道理说得生动有趣，启发人生。"在他给地理科学学院师生做"地理人生"的学术报告照片中，我们通过听众的表情，可以感受到他富有感染力的讲课艺术。朱鹤健把这种功力归功于"把课堂作为育人的主平台""掏心付出是教师最美的修炼"的信念。他 91 岁高龄仍专注于教学，致力传道授业解惑，他常说的一句话是：教师的成就感来自"成就学生的同时又成长自己"。他以己之身作岸边的风雨灯塔，为一批批求知探索的"新地理人"指引方向。朱鹤健说："我长期在野外调查与农村实践，锻炼出较好的体力与吃苦耐劳的工作精神，这是我今天虽然高龄，仍有精力讲课和写书的原因。"

在学生心中，朱鹤健是位宽厚仁爱的长者。他关心学生的生活和发展，是最受学生欢迎的老师之一。朱鹤健对学生的生活关心得细致入微，有位学生这样说："逢年过节，不是我们先给老师送礼物，倒是他送东西给我们。朱老师自己生活很朴素，主张东西够用就行。为了和学生们更好地沟通交流，朱老每逢节日都会给学生们发电子邮件，一个也不落下。春节前夕，学生们还收到朱老师寄来的明信片，上面写着新一年的计划：'加强锻炼，继续服务'。"这些细节，对学生们来说，都是"润物于无声"的感动和示范。

教书育人，是一项伟大的事业，在朱鹤健眼里，是初心使命的自然呈现。他在《土壤学与地理学交叉研究》著作的自序中说："我曾有过这样的心情表述：'奋蹄催鞭急，育人盼腾骧。耕耘忙作乐，只为桃李芳。'每见一批批学生毕业，就像农夫喜见丰收一样，策励我再作耕耘……如今步入老年，依然眷恋讲坛，醉心教学，有人不甚理解，诚是'犹记擎桅杆，后生好远航'。这都出于爱学生、爱教育之心怀。"这也彰显了他掏心付出的情怀。

微入宏出

朱鹤健是师者，却并不把身份局限在教师上。他把促进农民富裕当成自己学术团队研究的主题，面向社会，走进农村，去解决农业现实问题，坚持把教学、科研与振兴农村紧紧相联系。

他以地理学特色思维对福建资源与环境作了重新评估，破除传统观念的束缚，取得崭新成果。例如，为解决福建“人多地少”的矛盾，团队于1996年调查分析了全省土地生产潜力，结果表明，在耕地生产潜力方面，闽东南地区是闽西北地区的1.7~1.8倍；而前者宜园荒地的面积是后者的3倍。在此基础上，朱鹤健提出“挖掘闽东南地区生产潜力，建设闽东南特色农业带”的建议，被福建省相关管理部门所采纳。

他指导学术团队将研究成果绘成各式图件，提供给农业管理部门开展分区分类指导生产，满足农业生产需要。例如，为服务福建冬季生产，在分析福建省水热资源的基础上，深入研究福建省气候因素中的薄弱环节——低温寒害，从而绘制出全省冬季气候资源聚类空间分布图，指出福建冬季气候一般可相当于中国东北地区农业生产的正季气候，并倡议“开发利用冬闲地，绿化农田全覆盖”，以解决人多地少的矛盾；为提高土壤质量，分析土壤质量的动态变化，绘制全省土壤养分与污染的综合区划图，提供给相关管理部门以有针对性地管理土壤；为合理布局农业，编制全省农业生态系统稳定性空间分布图，建议“建立有序的农业生态空间格局”；为开发山区，编制全省山区地域区划图、山区草地资源开发利用模式地域分布图等，为农业管理部门发展山区经济提供科学依据……这些研究成果直接推动了农业生产的区域化、专门化和产业化，饱含着他浓浓的爱国之情和乡土情怀。

在漳浦县马坪镇和长汀县村民的眼里，朱鹤健是他们农业技术的“指导者”，更是走向美好生活的“引路人”。他在这两个县分别建立了博士生工作基地，根据区域特色和博士生特长，以地理学视角，通过多学科、多因素和多方法交叉观察问题，从学科界面与社会需求两个角度寻求创新空间。他确定了农业资源系统耦合和长汀水土保持创新性变革两项研究主题，让博士生接力研究，集成研究成果，不仅满足了博士生毕业的学术要求，又解决了社会实际问题。

2000年，朱鹤健指导马坪镇制订农业发展规划，根据农业系统耦合的原理，改变了原有简单的农业生态系统结构，践行农业资源系统耦合新技术体系。在四年践行期中，农民年人均纯收入增长率从8.8%提高到16%。通过一系列微观研究，他概括出三个创新性的学术见解：一是农业资源耦合也是一种生产力，将区域内各种农业资源通过不同角度耦合，可以收到少投资多产出的效益；二是把农业系统耦合作为农业科技创新的重点，使耦合技术如同生物技术、信息技术一样在农业科技创新中发挥作用；三是在农田的总效益中，生态效益占过半，要重视农田生态生产力，探索“生态补偿”的路子。这些创新性见解不仅助力了当地农业生产发展，村民因此增产增收，四位博士生也在研究中获益，顺利毕业。福建省发展和改革委员会把该研究成果列入可转化为生产的项目推介，在漳州市推广，获得明显效益。

2000 年，长汀县治理水土流失被列入福建省为民办实事的项目之一。朱鹤健响应号召，在长汀建立博士生工作基地，四代人薪火相传，“扎寨”下来，与长汀人民携手共同参与新一轮水土保持实践。他应用地理学特色思维和研究范式，跳出历史上治山、治水局限于纯技术的治理陷阱，至今已有 22 年。在这个过程中，朱鹤健设计长汀水土保持地理学研究范式，以地理学独特视角，从时间、空间、序度、变化四大地理学研究要素出发，开展多因子、多角度、多方法综合研究，揭示水土流失深层次的原因，并在此基础上，提出水土保持在理念、策略和技术上转变的创新性意见。这“三个转变”意见在 2012 年“总结推广长汀水土流失治理经验座谈会”上交流时，反响热烈，被福建省水利厅采纳实施。

2021 年，朱鹤健在“中国·长汀水土保持高质量发展论坛”上发言，以地理学的独特思维，总结 22 年的实践经验。提出“三个基于”和“三变”结果：基于地理学人地关系观，提出水土保持与为民解困联动，变“要我治理”为“我要治理”；基于地理学空间观，创建生态有序布局，扫除治理盲点，变无序治理为有序布局；基于地理学系统观，实施区域整体开发策略，突破“孤身”治理藩篱，变点式“孤身”治理为区域整体开发。这“三变”开辟了一条水土保持的新路子，为水土保持工作提供了独到的经验。

朱鹤健服务社会的另一方式是向政府献计献策。他于 1996 年提出“福建农业可持续发展的跨世纪走向”的意见，随后参与编写《福建省可持续发展行动方案》；1999 年提出“应用地理信息系统为政府决策以服务”的建议，获福建省政府科技工作者优秀建议奖；2001 年提出“开展‘数字资源’建设”的建议，在为福建“十五”发展献计献策征文活动中获奖；2004 年受聘福建省人民政府顾问，拟定福建数字农业实施意见，在漳州市设点示范，推动数字农业发展；2005 年提出把发展特色农业作为解决“三农”问题突破口的建议，及至 2011 年在福建省“十二五”规划建言献策活动中获奖。他的宏观决策建立在微观研究成果基础上，言之有理有据，易被采纳，他把这个思路称之“微入宏出”，并以此告诫学生，不要只满足于微观研究发表论文，还要提炼宏观决策以服务社会，否则会断了地理学的生命线，这恰好表达了他服务社会的赤子之心。

不负盛世，奋斗其时

朱鹤健今年 91 岁，党龄已达 67 年。

他充满感情地说："人生过得好，奉献是个宝。"因为他认为自己的成长归功于党的教育。这位耄耋学者，用他的箴言和行动拥护党的领导，积极为党培养接班人。他鼓励学生们：要响应新时代的召唤，勤奋学习、刻苦钻研、立志成才；作为地理人，要主动挑起宣传、实践现代地理学魅力的担子，为中华民族复兴伟业贡献力量。

朱鹤健于 2018 年出版的《地理学思维与实践》著作在学术界和社会反响很好，评价很高。该书从酝酿到出版经历了 16 个年头，书出版时他已经 87 岁高龄。有人好奇："这么高龄为什么还有兴趣出书?"

朱鹤健回答，之所以还有兴趣出书，一方面在于"地理学的魅力激起了我的责任感"，他在"地理学落'地'才有声"一文中提到，"地理学在国民经济建设战场上可以大显身手，为地方、区域、国家和全球等不同尺度问题的预测、规划、决策和优化作出贡献"；另一方面则在于他对党的感恩之心。他曾说："我经常提醒自己：生逢盛世当不负盛世，生逢其时应奋斗其时。"他认为，"人有了信念，就会指引正确的人生方向，调动一切情感，挖掘一切潜能，产生主动的、积极的、支撑自己不断前进的力量，最大限度地实现自我"。这个信念，正是朱鹤健教书、写书的精神支柱。

至于为什么还有能力出书，朱鹤健则归功于"三不精神"——认定目标不动摇、遇到困难不放弃、简单重复不厌烦。"坚持给我耐力，岁月留痕给我实力，常动脑筋给我智力"，这是朱鹤健高龄还能出书的答案。

附录三　中国科技网：朱鹤健教授讲述"地理人生"感悟*

"与青年朋友交谈是我的最爱，掏心讲故事，别嫌不谦卑。"15 日，福建师

* 本文由记者谢开飞采写，原刊于中国科技网，2019 年 5 月 15 日。

范大学地理科学学院举办“瀚海明塔”学生成长领航行动启动仪式暨第一期主题活动。首期活动邀请了我国著名的地理学与土壤地理学家、国际欧亚科学院院士、福建师范大学朱鹤健教授。他从出版《地理学思维与实践》一书说起，与广大师生分享自己在地理学方面的独特见解及人生感悟。

记者了解到，福建师范大学地理科学学院“瀚海明塔”学生成长领航行动是该学院贯彻“立德树人”根本任务，培育“时代新人”的新举措、新载体，旨在邀请校内外各领域有较大知名度、较强影响力和较好榜样示范作用的各界人士与青年大学生畅谈人生成长经历、分享人生感悟、交流思想看法，进而引导青年大学生坚定理想信念、锤炼品德行为、增强责任担当意识；帮助青年大学生增强成长动力、练就过硬本领，鼓励他们勇于砥砺奋斗，成为合格的社会主义事业建设者和接班人。

为什么如此高龄还有兴趣和能力出书呢？88 岁高龄的朱鹤健教授围绕这两个问题谈道：“地理学的魅力激起了我的责任感，而心怀感恩是我行动上的驱动力。懂得坚持给我耐力、岁月留痕给我实力、常动脑筋给我智力。”提及地理学，朱鹤健教授感叹，地理学是非常有魅力的学科。“见地及人”是任何自然科学所不及的，“微入宏出”是任何社会科学所不及的，地理学成为自然科学与社会科学之间独特的桥梁，它指向了社会最迫切的需要。

在朱鹤健教授的分享过程中，“坚持”二字常被提及。《地理学思维与实践》一书从酝酿到出版经历了 16 个年头，朱教授将这 16 年的坚持总结为“三不精神”——认定目标不动摇、遇到困难不放弃、简单重复不厌烦。此外，他以自己的经历告诫青年们不要在该奋斗的时光选择安逸：“我是新中国培养的第一代大学生，人民哺育了我，要懂得感恩。新时代是奋发、奋斗、奋进的时代。我不能坐享改革开放红利，人虽老，情未了，应有所作为。‘犹记擎桅杆，后生好远航’悬于心头。这个信念迸发出的力量，是如今教书、写书的精神支柱。有了信念，就会指引正确的人生方向，调动一切情感，挖掘一切潜能，产生主动的、积极的、支撑自己不断前进的力量，最大限度地实现自我。”

朱鹤健教授寄语青年朋友：习近平新时代中国特色社会主义思想的阳光普照大地，处处生机盎然。同学们应响应新时代的召唤，勤奋学习，刻苦钻研，立志成才。作为地理人，要挑起宣传、实践现代地理学魅力的责任，为中华民族复兴伟业贡献力量！

“朱老师的分享给了我很多启发，其中最深刻的是‘三不精神’，我相信这定会在我接下来的成长过程中给我信念。希望越来越多名师能够与我们面对面，给我们的启示将成为我们成长路上的宝贵财富。”活动现场一名青年学生说。

福建师范大学地理科学学院党委书记张虎表示，党和国家历来高度重视青年、关怀青年、信任青年，始终坚持把青年作为党和国家事业发展的生力军。地理科学学院也高度重视青年学生的全面成长成才，认真学习贯彻习近平新时代中国特色社会主义思想和全国高校思想政治工作会议精神，不断引导学生在实现中华民族伟大复兴中国梦的实践中，在学校、学院的新征程中砥砺奋斗。

福建师范大学地理科学学院党委副书记邱海锋表示，希望青年学子能够珍惜韶华、不负青春，通过与名师的对话和交流，提高内在素质，锤炼过硬本领，使自己的思维视野、思想观念、认识水平向名师看齐，准确把握时代坐标，主动对接国家需求，知行合一、学以致用，有担当、有作为，努力为实现中国梦作出更大贡献。

第二篇

科学观

本篇明晰现代地理学的独特性本质在于本体交叉性。现代地理学是由核心思维脉络体系与方法论脉络体系复合构成知识结构体系，体系本身就赋有文理交融的特质，成为体系的自然属性，呈现本体交叉性特征。本体交叉性是高级复杂的综合，表现更突出的独特性，即独立的研究范式和“见地及人”“微入宏出”“落‘地’有声”的特色思维。本篇以实例论证本体交叉科学观对研究复杂综合体具有很强的洞察力，为其他学科所不及，显示现代地理学是一门富有魅力的独立学科，挺立在科学之林。《追寻现代地理学科学观》一文是由2011年、2019年和2021年三个年份的博士生课程小结综合而成，表明我对现代地理学科学观认知的过程不是一蹴而成，而是需要时间自我磨炼才能达成。树立本体交叉科学观必定引申出服务社会的应用观和培养文理思维兼备新型地理学人才的教育观。本体交叉科学观是“三观”之本，驱动地理学人服务社会，积极投身于国民经济建设主战场。这也是发展现代地理学，预防地理学潜在危机发生的需求。《自然地理学与人文地理学深度融合：地理学革新的枢纽》一文提出自然地理学与人文地理学深度融合的含意不止这两个分支学科知识的融合，更重要的是通过文理融合思维的塑造，让其成为地理学创新的枢纽。这一提法是从另一侧面强调现代地理学的独特性本质在于本体交叉性。《为什么出版〈地理学思维与实践〉?》一文，对现代地理学既“独”又“特”做了解说，增强现代地理学的本体交叉性的理解。文中还附有沈镭研究员对本访谈的评说。

在美国路易斯安那州立大学讲学（1992 年）

在长汀试验区与博士生合影（2003 年）

第四章　追寻现代地理学科学观*

多学科交叉往往是科学新的生长点，它的优势在于思维交融，促进综合性解决复杂问题，整合资源，容易取得原创性的重大突破。地理学以任何地理景象无不落在特定空间上为依据，确定地理学是人类活动的空间科学，提出区域概念。区域概念与其他学科交叉派生出土壤地理学、植物地理学等许多分支学科，与产业交叉又派生出工业地理、农业地理等许多分支。显然，地理学研究对象庞杂，地理学家林超（1981）提出仅人文地理学就可列出 30 多门分支学科。面对内容庞杂的地理学，地理学者多研究其中的某些方面，各有偏重，因此对地理学的理解也有所分歧，对地理学的定义就难以形成完整统一的认识。地理学甚至受到部分人的质疑，认为其缺乏统一的理论体系，且在技术应用和方法方面也多借鉴其他学科，未将其视为独立学科。地理学应如何以一门具有独特魅力和影响力的学科在科学界立足？面对这一问题，本人在讲授博士生“地理学思维与实践”课程中，通过师生互动孜孜探求地理学科学观的答案。这个答案分别见于 2011 年、2019 年和 2021 年 3 个年份为博士生开设的“地理学思维与实践”的课程小结。2011 年小结题为“地理学存在的理由在于综合”，2019 年小结题为“现代地理学的魅力来自独特性”，2021 年小结题为“现代地理学独特性本质在于本体交叉性”，从中看出我对现代地理学的认知正在逐步深化中，最新答案是开辟新路，从本体交叉性认识现代地理学。本体交叉科学观认为现代地理学知识结构体系本身赋有文理思维交融的特质，观察与研究问题自然迸发现代地理学的特色思维，这是其他学科所无法取代的，有力佐证现代地理学确是一门有魅力的独立学科，足以回应社会一些人对现代地理学的质疑。本体交叉科学观不是一蹴而就，而需要通过几个认识阶段和时间磨炼才能达成。犹如酿酒必须经过若干工序和相当时间的酝酿一样，完整的现代地理学科学观也应该包括“地理学存在的理由在于综

* 本文原刊于《亚热带资源与环境学报》2023 年第 2 期。

合”和“现代地理学的魅力来自独特性”“现代地理学的独特性本质在于本体交叉性”3个部分。推介这3个部分内容，旨在强调地理人首先要树立好现代地理学科学观，这是发展现代地理学的硬性需求。树立好科学观必定引申出服务社会的应用观和培养文理思维兼备新型地理学人才的教育观，足见科学观是“三观”之本，这些认知的提出旨在推动：（1）稳固现代地理学作为一门独立学科的地位，重新认识现代地理学；（2）地理人树立了现代地理学科学观，挺起腰杆，亮出现代地理学牌子办学；（3）地理学成为解决国计民生问题的利器，地理学者成为各级政府专家库、思想库成员，积极投身于国民经济主战场；（4）地理学在解决本土问题的过程中，攀上现代地理学国际前沿的高峰。

一、地理学存在的理由在于综合

地理学是一门古老的科学，被誉为“科学之母”。科学的特色之一是强调综合，英国地理学家约翰斯顿在《地理学与地理学家》一书中提出：“地理学存在的理由在于综合。”（Hartshorne R，1958）综合思维是把研究对象视作一个整体，全面、广角地看待研究对象，其原意来源于纺织技术，现今“综合思维”便可引申为将不同部分、不同事物的属性融合为一个整体，并全面地看待。用地理学的综合思维研究地球表层，可以通过多要素综合分析以达到全面看待问题。地球表层系统是一个多要素组成及要素之间相互联系的综合体，包括水圈、大气圈、生物圈、岩石圈四大圈层。这四大圈层均有各自的学科领域，地理学与这些专门的学科不同，地理学是研究这四大圈层之间的相互作用关系及其机理，多要素综合分析成为地理学的主要方向，以“全球气候变暖”为例，气象学关注“天上”，主要任务是观察与预报天气，地理学则不然，既看“天上”，又看“地下”，将“天上”变暖和“地下”温室气体排放增多相联系，由于人口增多、城市化加快导致植被覆盖率降低，以及工业生产排放废气，导致温室气体增多。再者自然界火山喷发，造成了甲烷等温室气体增多，而“天上”变暖导致“地下”一系列变化：极端气候频发，强降水事件发生频率增加，全年雨量分布不均，受干旱影响地区增多，造成干旱、洪涝等自然灾害发生频率增加，气候变暖也使南北极冰川融化，导致海平面上升、荒漠化，同时给生态系统和农业生产带来严重影响，将威胁到人类的生存，这都在地理学的审视范围之内，把全球气候变暖与大气圈、岩石圈、生物圈、水圈这四大圈层联系起来，由四大圈层系统相互作用形成的正负反馈，以及其综合作用对人类土地利用形成的影响，最终形成地理学研究的主题——土地利用与覆被变化（Land-Use and Land-cover Change，LUCC）。国际上关于土地利用变化的研究始于1992年联合国制定的“21世纪议程”，而随后于1995年，国际地圈生物圈计划（IGBP）和全球变化人类行动计划（IHDP）联合提出“土地利用/土地覆被变化”研究计划，使LUCC研究成为全球变化研究的前沿和热点。1999年，*Land-use and Land-cover change（LUCC）：implementation strategy* 的发表突出了土地利用过程、土地利用/覆被变化的自然及人文响应、全球和区域的综合模型建立的研究主题，并注重将LUCC研究与可持续发展问题相联系（Lambin E F et al.，1999）。由此，LUCC研究热度不断上升，众多国际组织及国家全球变化研究机构投身该领域，地理学者成为研究的主力军，但其研究视角不仅局限于自然因素，还涉及政治、经济和外交等方面，并与国际社会关注点紧密相连，形成综合研究的独特视角。就全球气候变化而言，不仅参与《联合国气候变化框架公约》的出台，《京都议定书》的制定，而且在哥本哈根大会、巴黎会议等备受世界各国与社会各界关注的国际会议上发声，并参与国际地圈生物圈计划（IGBP）、世界气候研究计划（WCRP）、全球变化人类行动计划（IHDP）、国际生物多样性计划（DIVERSITAS）、生态系统千年评估计划（MA）等国际重大科学计划的研究内容的制订，上述这些组织除研究全球气候变化（气候变暖、海平面上升、大气化学组成、碳循环）外，还包括土地利用，水循环，碳、氮、磷生物地球化学过程，人地关系协调，海洋生物保护，海洋污染监测，海岛开发等陆地生态系统。这些问题提供了地理学综合研究的广阔空间。中国地理学者强调应从多学科、多因素、多方法、多角度地开展综合研究。吴传钧（2008）认为地理学是以人地关系地域系统为研究核心，“人”包含人的数量、质量和人的活动（包括生活活动和生产活动），“地”是一个由多要素紧密结合而构成的地理环境，必须以综合视角开展研究。史培军等（2006）认为人地系统不仅具有综合性和区域性，还兼具脆弱性、风险性、恢复性与适应性，对人地相互作用的研究应强调综合性。除了要加强人地系统中自然、社会、经济等各方面协调发展的研究，并预测其中某些因素的变动对整个系统可能造成的影响及系统间的物质、能量转化方向的变化，同时还应深入开展人类活动对环境变化影响程度的研究，区域环境变化机理和社会经济发展机理的研究，以及环境调控和环境变化预测研究等。进入20世纪70年代以来，系统思维被引入地理学，将传统地理学的“部分相加等于整体”的“机械的综合”“线性的综合”的分析性思维提升到现代地理学的系统思维方式的综合上。系统思维方式的综合强调“整体大于部分相加之和”的非线性综合。这样才能使人们更好地站在全局的高度上，系统地、综合地考察事物，着眼于全局来认识和处理各种矛盾问题，实现最佳化的总体目标。

陆大道（2015）指出：人地关系地域系统是一个非常复杂的系统，这样的系统不可能得以精确的测量，也无法按要求的精度进行调控。要全面认识这个系统，必须开展综合集成研究。他提出国家和区域未来发展的功能定位必须开展自然—经济社会—生态区划。本人运用系统思维方式的综合原理，在闽南地区漳浦县马坪镇开展农业资源系统耦合研究，提高农业资源的利用率，实现少投入、多产出。新时期中国地理学者从系统思维方式的综合视角，在长江三角洲、环渤海沿岸、珠江三角洲地区等沿海开放区域，开展区域开发与空间布局的研究，改变传统的发展模式和增长方式，开拓资源产业化市场，使经济和社会发展与人口、资源、生态环境之间相互协调，建立资源节约型的社会，使区域的能流、物流、人流、技术流、信息流得到合理流动和分配，从而提高区域持续发展的能力，彰显地理学综合思维的魅力。中国是当今世界上经济发展最快的国家之一，也是环境和资源利用强度较大的国家。鉴于中国人口总量大、环境压力大，人均资源占有量远低于世界人均水平，环境、生态、经济、人口与资源面临的问题十分严峻。在历史发展过程中，中国的自然结构和社会经济结构曾经发生过剧烈变化，并付出过巨大代价，突出地表现为人地关系紧张。当前中国不仅需要应对全球环境变化、全球经济一体化及全球地缘政治结构变化等国际形势变化，还面临着推进新型城镇化进程、实现产业优化升级、缓解资源环境压力、优化国土资源利用、实现区域高质量发展等国内的现实需求。日益复杂的人地关系引发的一系列重大的理论问题和实际问题，为地理科学新的研究领域、新的学科发展提供了良好机遇。系统思维方式的综合研究为形势发展所要求，而地理学拥有系统思维方式的综合优势正适应了这一要求，开阔了研究视野。现代地理学拥有对人类与环境相互作用的无与伦比的洞察力，其研究内容的深度和广度都有很大的发展。人地关系的研究在注重生态观点的同时，社会化和人文化的倾向都得以强化，以人类—环境动态的综合思维开展研究（吴传钧，1991；陆大道，2003；刘春腊等，2014）。

二、现代地理学的魅力来自独特性

纵观地理学的发展史，不同时段出现了不同的主导思想。20 世纪 30 年代中期，德国、法国、美国等西方近代地理学家如洪堡（Alexander von Humboldt）、李特尔（Carl Ritter）、拉采尔（Friedrich Ratzel）、李希霍芬（Ferdin and von Richthofen）、赫特纳（Alfred Hettner）、白吕纳（Jean Brunhes）、亨丁顿（Ellsworth Huntington）等都强调地理学研究区域及其对地理要素的因果关系，提出地理学是人类活动空间科学，这个时段空间思维成为地理学的主导思想。到了20世纪后半叶，人类面临人口、资源、环境、经济等问题，"因""果"双方都涉及"人"，意识到地理环境的变化主要由人类活动所引起，必须正确处理人类与环境的相互关系，人地关系也成为地理学的主导思想。进入20世纪70年代以来，系统论被引入地理学，系统论的关键是把研究对象的各个组成部分看成密不可分的整体。系统思维将传统地理学的分析性思维提升到现代地理学的系统性思维，孕育着地理学的现代化特征，为此成为现代地理学的主导思想。面对地理学的多元主导思想，博取各家之长，把地理学许多分散的知识点和概念，通过系统思维的方式加以综合，形象化构建现代地理学知识结构体系，凸显现代地理学的独特性。

其中，"独"表现于独立理论与研究范式，"特"表现于特色思维。现从重新认识地理学是一门独特学科谈起。

（一）重新认识地理学是一门独特的学科

地理学是一门十分古老的学科，也是人类最早熟悉的知识之一。古代人把有广博学问的人称为上通天文，下知地理。作为科学的地理学，以1871年柏林大学成立地理学系作为建立近代地理学的标志算起，也有100多年的历史了。在其发展过程中，尽管经历许多争议，但始终以自然科学与社会科学交叉的特有视角，在解决经济与科学发展问题上独显身手，显示出其他学科无法替代的作用，为人类文明作出了独特的贡献。1997年由美国国家研究院地学、环境与资源委员会地球科学与资源局组成的重新发现地理学委员会（2002）编撰了《重新发现地理学——与科学和社会的新关联》一书，由美国国家学术出版社出版，书中采用大量实例展示美国教育界、商业界、研究人员和决策者运用地理学的视角和方法妥善地处理科学问题和解决社会需求，该书使地理学在美国科学界和社会赢得广泛的认同，取得斐然成就。在国家教育改革中，美国政府将地理学（Geography）确定为美国教育的核心课程，与自然科学（Science）和数学（Mathematics）相提并论，促进了美国地理学的大发展。从此在美国，不仅主修地理学的本科生数量增加，而且地理学的从业人数与社会地位也有了明显的提高，地理学的独特性在美国发扬光大。中国国土辽阔，地理学有着广阔的发展天地。以《水经注》《山海经》《徐霞客游记》为代表的地理学著述自古就有广泛的影响，堪称世界地理文化的瑰宝。不足的是，中国公众对地理学的认识较为片面，甚至把地理与“风水”相提并论，认为地理学家就是“风水先生”。随着现代地理学传入中国，学校开始设置地理学课程，最初的内容大多局限于介绍各地的自然风光、人口物产，于是地理学者被视为只是会看地图、画地图的先生。1949 年以来，地理学先辈竺可桢、黄秉维创建了中国地理学科体系，中国的地理学才成为独立的学科，并结合国民经济发展的需要得到不断的发展。随后，开辟了“3S”技术（GIS、RS、GPS）的应用领域，使中国现代地理学取得了长足的进步，建立了现代化学科体系，地理学以全新的面貌呈现在世人面前。1986 年钱学森院士正式提出发展地理科学的建议，将地理科学列为十大现代科学技术之一，与自然科学、社会科学等处于同等地位，将地理科学视为自然科学通向社会科学的桥梁，凸显地理学的独特性。

既然地理学在中国受到广泛关注，为何我还谈重新认识地理学是一门独特的学科呢？那是因为地理学还潜藏着危机，一些人认为地理学没有完整的理论体系，仅是一种以技术实践为基础的意识形态。一门科学不具备自己的理论体系，无异于失去了挺立的脊梁，肯定立不起身来。地理学挺立于世有 100 多年的历史，肯定有自身的理论体系支撑着这座大厦。事实上，地理学的理论随其发展过程正在不断发展充实。自然界的整体性需要这门学科，例如提高区域持续发展的能力，使区域经济发展、社会进步、资源环境支持和可持续发展能力之间实现理想的、相互协调发展的优化组合状态，任何单一学科都难解决，唯独既联系着自然，又联系着社会的地理学可以胜任。这说明交叉是地理学独特性的表现。以下论述地理学独特性的“独”和“特”的含义。

（二）地理学的独立研究范式

地理学作为一门独立科学，必须有明确的研究范围、完整的研究对象、独立的理论、完善的研究方法和特有的应用领域。知识体系和思维方式的科学与哲学，规范着人们的所思所想和所作所为，即规范着人们的价值评价和价值选择（孙正聿，1998）。本人在博士生教学实践中，一直探索着这个问题，学习了众多地理学名家的论述，把地理学中许多分散的知识点进行系统整理，经过归纳—梳理—整合的过程，将其融合在一起，称之为“现代地理学思维脉络体系”，包括核心思维、方法论、研究方法和着落点四个部分，作为地理学的独立研究范式。范式中核心思维包括人地关系、系统和空间。这三个思维串联成一个思维脉络，“思维脉络”一词是受系统思维方式的综合启发而生成的，意指一连串的思维融会贯通为一体，如同山脉一样，由众多山体串联而成。三个思维在思维脉络中各有其功能。人地关系思维是灵魂，统揽全局，研究任何问题都要想到人地关系。系统思维是支柱，因有系统思维方式的综合支撑才发展与完善了现代地理学。空间思维是本色，地理学起源于空间思维。三者有序排列并相互依存在核心思维脉络中。本范式还包含区域、生态、景观生态、区位和数量五个方法论。范式中列出野外调查、室内工作、系统分析、空间分析等研究方法。这些只是主要的研究方法，地理学研究还需要应用一般科学的研究方法。地理学研究面向地球表面最复杂的系统，解开这个系统之谜，需要系统分析、空间分析和数量分析。系统分析、空间分析必然应用数量分析，数量分析是一种潜在的研究方法。为了更形象地表达其间的内在联系，又塑造了“地理人”概念模型：把核心思想脉络模拟为人体的“中枢神经”，五大方法论相互联结模拟成为“躯干”的“五脏”。系统分析和空间分析模拟为人的双手，地理人要学会用好两只手做事，实现“妙‘手’生花”。野外调查和室内工作模拟为人之两腿，寓意地理人要学会用两条腿走路，不可“跛脚”。“中枢神经”指挥“五脏”和“四肢”运行，阐明其间的内在关联性，体现现代地理学的内在整体性。整个躯体坐落在自然科学与社会科学的交叉上，反映了现代地理学的特征。这种知识形象化的尝试只是为了便于理解现代地理学的独立性，是否妥当，有待评说。这一研究范式绘成的“地理人”模型概念见第二章图 2－1。

（三）地理学的特色思维

地理学的特色思维脱离不了科学基本思维，例如系统思维、分析综合思维、演绎归纳思维等，与基本思维紧密相依，或者是在其基础上发展起来的。英国逻辑学家摩根说过：“每一门科学的繁荣无不是将其繁荣建立在其自身的符号意义之上。”这里的符号即意味着“特色”。地理学有了“特色思维”，才不会与其他学科相混同，失去学科的独立地位。地理学的特色思维可概括为“见地及人”“微入宏出”和“落‘地’有声”3 种。

1. “见地及人”思维

地理学主要研究地球表层系统中各要素的相互作用过程，但任何研究都不应脱离“人”，在任何场合都要落实到地理现象与人的关系上，而且要引导向人有利的方面发展，可谓之“见地及人”，务求生态—经济系统的协同进化（厉以宁、章铮，1995；张淑焕，2000；高群，2003）。国内外许多学者按客观规律揭示了可持续发展基础及其本质属性是一种人地关系最优化的体现（Clark and Munn，1987；Graf，1992；Goudie，1994；Onish，1994；Common，1995；蔡运龙，1998；叶岱夫，2001）。如何和谐自然环境与人类文化的关系已成国际地理学界所面临的主要任务（陈静生，1994）。我们把生态系统的整体效应和良性循环原理应用于研究人地关系，造就循环型社会，实现社会可持续发展（关琰珠、朱鹤健，2003）。一些学者提出的“人类圈”“智能圈”“社会圈”“技术圈”丰富了人地关系的内涵（杨青山、梅林，2001）（图4-1）。

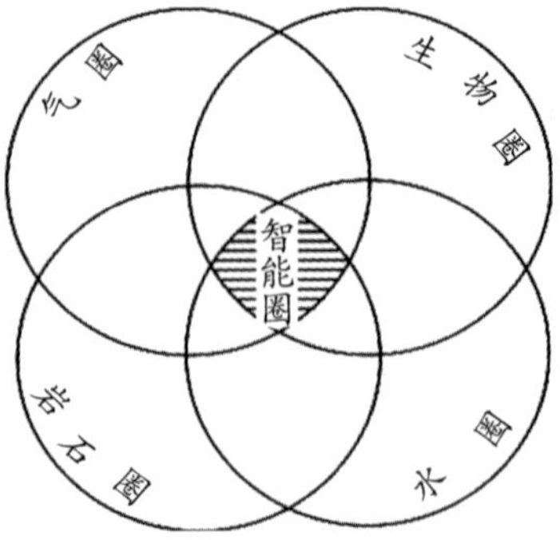

图4-1 现代地理学“见地及人”示意

当前中国推进国民经济建设的各个方面都涉及人地关系变化带来的一系列重大理论和实际问题。例如，全国许多城市曾一度出现“开发区”热，将区域空间结构的研究过于抽象化，注重工程技术的应用，却忽略了具有重大决策作用的软件技术的综合思维，因此产生许多问题。开发区修建的大马路、上下水管道、住宅区等不能发挥作用，又占用了大片土地、耕地，浪费资金，造成很大损失。因此只考虑技术硬件，不全面考虑社会、人文条件，区域开发难有实效，佐证“见地及人”的必要性。

从本人的生态建设研究实践中看出，只有研究问题接上“人气”，才会想着解决实际问题，结出果实。当弄清生态系统整体性、结构性、物质能量循环、动态平衡这些道理之后，就想到研究生态服务功能的价值化，于是应用生态服务价值评价福建农田生态服务功能，结果表明：在农田的总效益中，生态效益占51%，经济效益占49%。这说明农田不仅提供农产品，还有生态服务功能，由此萌生生态生产力的概念，认为种植业应如同林业一样，要发挥其生态服务功能，把农业内涵从传统农业只局限于生产功能的思想束缚，延伸拓展到生态服务功能。进一步考虑生态补偿问题，用生态服务价值评价长汀3年土壤侵蚀所造成的经济损失，并设定这个损失皆由各户农民分摊。估算结果表明：土壤侵蚀较严重的1988年，每户农民分摊数要大于家庭总收入；到了2000年，水土流失治理有了一定成效，土壤侵蚀所造成的经济损失有所下降，但每户农民分摊数还占家庭总收入的25%；即使在侵蚀情况有明显好转的2007年，每户农民分摊数仍占家庭总收入的8.43%。由此得出结论：生态补偿若仅靠当地农民的财力治理土壤侵蚀，会有局限性，也不符合社会公平原则，于是追寻现实生态补偿的做法，分析了长汀生态建设经济投入状况。分析的结果是：长汀至今所有对水土流失治理的经济投入都不是严格意义上的生态补偿，更近似于“补贴”“补助”或扶贫等类型的救助形式。这种经济投入有明显的不足之处，表现在补偿对象定位不清，利益分享没有落实在主要利益相关者（即农民）身上，难以调动农民对水土保持的积极性，出现边破坏边治理的现象。这是造成当前普遍存在的生态建设效果难以持续的一个重要原因。据此提出，应尽快建立规范的生态补偿制度，以协调生态建设中的利益分配问题，使生态建设和经济发展进入良性循环。对生态建设的研究不应满足于机理层面上，而是要把它引申到与人利害相关的实际问题上。这就是“见地及人”思维指导的结果，可由此体会到“见地及人”思维是解决实际问题的一把钥匙。

再举一个例子，传统水土流失治理的误区在于将水土保持视为一门自然科学技术。水土流失的研究及治理局限于从自然要素层面和单项技术应用上进行，社会科学介入较少。一项水土保持工程完成了，满足于青山不挂白，未注重农民增收，因此再次被破坏的可能性一直存在。事实证明，不解决农民当前急迫的民生问题，再好的治理模式也难以巩固。只有长汀县水土保持工作具备“见地及人”的思维，才能从原先固守的治山、治水的条条框框中走出来，将农民增收、民生问题贯穿于水土保持工作的全过程，有序地实施民生性—协调性—持续性的“三步走”治理方案。2000年，长汀经济发展水平低，人均GDP仅有3783元，土壤侵蚀率却高达22.7%。这一阶段的水土保持应强调民生性。从解决民生的急迫问题入手，提出“放下斧头，扛上锄头”口号，由政府出资补贴，引导农民以煤、电、沼等能源代替木柴，保证农民的生活燃料，解决乱砍滥伐问题。鼓励农民开发性治理荒坡地，将土壤侵蚀区改良为经济作物区，以增加农民收入，提高农民治理水土流失的自觉性和实际能力，变“要我治理”为“我要治理”。2007年，人均GDP升高至13813元，此时水土保持应注重协调性，关注治理模式与空间的相互协调，提高水土保持水平，土壤侵蚀率下降到14%。2017年，人均GDP进一步提高，达57135元，此时水土保持强调持续性。将水土保持工作纳入新农村建设，推动土壤侵蚀治理与农村经济结构调整相结合，推进生态恢复产业化，使整个生态系统进入良性循环，土壤侵蚀率再度下降到8.36%。从治理的全过程可以看出，治理土壤侵蚀必须以水土保持产业化为主线，以增加农民实际收益为目标，构建水土保持与精准扶贫互动的链条。在一次讨论长汀水土保持会议上，我提出民生问题，认为农民增收应贯穿于水土保持工作的全过程，走水土保持产业化的道路。一位领导同志肯定道："您的意见说明您心中存有老百姓，有很高的思想境界。"我说："这不是我的思想境界高，而是应用了地理学的'见地及人'学术思维。"上述两例说明研究问题接上"人气"，终收实效。

2. "微入宏出"思维

"微入宏出"的含义是从微观研究入手，得出宏观策略成果，这也是地理学的特色思维。地理学面对人类社会发展的诸多现实问题，要作出具有战略性的回答（吴传钧，1991；陆大道，2003；刘春腊等，2014）。地理学既研究"地"，即地理现象；又研究"理"，采用多样化的实验手段揭示地理景象变化的机理。例如借鉴生物学、化学、物理学的先进方法：测试、分析与模拟等技术用于微观识别与甄别地理过程；建立遥感对地观测系统和典型地理单元长期定位、半定位观测网络，研究典型地区地理要素、地理格局和过程的变化；开展室内外模拟实验，剖析地理环境的复杂性等。地理学探明机理之后，应从中提炼出宏观策略成果。这是地理学贡献社会的重要形式。20世纪80年代，中国许多资源是可以无偿使用的，因此造成许多浪费。当时地理学者率先提出了"资源节约型社会"的概念，为中国资源管理与经济发展作出了重要贡献。由地理学者撰写的《中国可持续发展战略报告》《中国区域发展报告》等成果已成为制定国策的依据。这些报告与概念都是在微观研究成果中提炼出来的，有别于纯社会科学。本人在应用地理信息系统对福建土地资源做了大量微观研究基础上，提炼出建设闽东南特色农业带的建议，被福建省相关管理部门所采纳，并于1999年写了"应用地理信息系统为政府决策服务"的建议，由此获得福建省人民政府授予的科技工作者优秀建议奖。如果没有大量微观研究，就无法提出针对性强的建议。如果止步于微观研究，就更没有社会影响力，本研究团队的特色农业和信息化研究早就夭折，不可能坚持15年来取得硕果。后来，又通过物理、化学和生物分析，以及应用"3S"现代化研究手段，对长汀水土保持开展了大量的中微观研究，获得丰富的第一手数据，从中提炼出生态恢复的策略思考，其中包括实施顺乎天时、调控地利、致力人和的3个策略；实现观念、策略、技术的3个转变；推进技术瓶颈、空间局限、体制障碍的3个突破。这个思路在2012年"总结推广长汀水土流失治理经验座谈会”上交流，引起广泛关注。会后，福建省水利厅发文称："朱教授提出的‘三个转变’的论点和对今后具体工作的建议已在今年我省的水土流失治理中被采纳，其对于长汀乃至全省的水土流失治理工作都具有重要的指导意义，值得全省水土保持系统工作者认真学习借鉴。”试想，倘若长汀水土保持研究只止于机理层面，专心去写论文，不提炼宏观策略成果，怎能触动管理部门，在社会上产生影响？以上两例彰显“微入宏出”思维的功效。“微入宏出”思维实际上是起于研究地理现象，通过机理探求，终以宏观策略成果出手，这是地理学服务社会的一种特有的思想方法，“地”“理”“宏”构成一体，缺一不可。对此我编了个顺口溜说明其间的利害关系，“地理不讲‘理’，学科立不起，讲理不出‘宏’，学科难得红”。第一句意思是地理学不做机理探求，难成独立学科；第二句意思是只探求机理，而不提炼成宏观策略成果，学科难以获得社会认可。所见地理学研究报告中，有些研究不从研究结果中提炼宏观策略成果，自诩纯自然科学；或借用他人研究提出宏观策略成果，张冠李戴，宏观策略成果表现一般化，这都断了为社会作出贡献之路，也失去了地理学的特色。由此体会到“微入宏出”思维是地理学通向社会之桥。

3. “落‘地’有声”思维

“落‘地’有声”思维的含义是：地理学研究不要只浮在自然规律、遥感解释和数学模型的“云”层上，而要下落到特定空间（实地）、实际问题和实际效果的“地”面上，所谓“三实”。模型的结构和参数很重要，只有专家群体基本满意，建模过程才能结束（戴汝为、李耀东，2004）。这不是指“浮云”研究不重要，而是只有“浮云”研究，没有后续的“落地”研究就无法突出地理学的特色，也可能迷途到其他学科去，失去地理学的声音。因此地理学必须强调“落‘地’有声”思维，而且成为特色思维。地理学要“落‘地’有声”，对此本人体会最深的是地理学应在农业发声，农业需要地理学，地理学者在农业中大有用武之地，能提出农业界人未曾有过的观点。地理学的同行未必都有这个体验，而农业界人士也未必都有这个感觉，因此仍有很大发展空间，要大力宣传。

地理学“落‘地’有声”具有三层意义。地理学落地的第一层含义是落在特定空间（实地）。即任何地理现象都有一定的分布区域，地理学的一切对象都毫无例外地发生在特定的空间中，地理学以区域为其研究核心（Hartshorne R，1959），空间是地理学的核心概念（哈维，1996）。地理学研究全球、区域、地方等不同空间差异性的机制及如何利用机制再造符合人类需要的空间环境。因此地理学者必须拥有区域自然结构和社会经济结构的综合知识，成果才有特色。从长汀水土流失治理研究中总结出多种治理模式，如封山育林、生态林草、低效林改造、工程改造、农业良性循环等。若脱离自然社会经济条件的特定空间，必然推崇农业良性循环模式。农业良性循环模式的确是个好模式，但在恶劣生态条件下，盲目复合经营许多农作物，无法收到实际效益，只能先行林草治理。因此在水土流失治理研究中不能脱离特定空间，而必须根据特定空间设计不同的治理模式。水土流失特定空间表现为不同的水土流失程度与经济水平的组合，各种空间组合都有各自适应的治理模式，能与特定空间相适应的治理模式就是好模式。水土流失区存在着空间差异性，就有多种模式共存的可能性。地理学研究要落在特定空间（实地），才会发声，才见实效。

地理学落地的第二层含义是落在实际问题上。“国家需求”应成为地理学者关注的重点（徐冠华等，2013）。地理学是经世致用的科学，地理学研究不仅要把握国际前沿，更应注重国家需求，立足于实地，解决本土实际问题。中国地理学前辈以任务带学科来研究地理学，提出地理人要有国际前沿的视野，发展国家的情怀，解决现实问题的视角。他们紧密结合国家需求，把主要力量投入国民经济主战场，取得直接或间接影响人类福祉和社会发展的成果，在社会上发声，使人们了解和认同地理学在科学体系中的重要地位和作用。例如黄秉维先生从地理学视角率先倡导和开展了农业生态系统的研究，并对农业实践产生重要影响。在这一思想指导下，地理学者相继提出了桑基鱼塘、蔗基鱼塘、镶嵌农林复合系统等因地制宜的农业生产模式，都取得了很好的经济和环境效益。陆大道院士在城市化方面进行系统研究，提出宏观决策，推进新型城镇化进程。众多地理学者成为政府智库的重要成员，为国计民生的重大问题出谋划策，一系列铿锵有声的成果，恰似一把利器，直接或间接影响人类福祉和社会发展。本人将地理学思维运用于福建农业的许多方面：在 15 年致力于闽东南地区特色农业发展与信息化的研究与 19 年致力于长汀水土保持研究的成果中，所做设计、研究路线与具体方法，体现出特定的“地理学思维”。在调研福建省水热资源的基础上，深入研究福建气候中的不利因素——低温寒害，绘制出冬季气候资源聚类空间分布图，为冬种布局提供科学依据；分析福建省土壤质量的动态变化，绘制土壤养分与污染的综合区划图，为农业清洁生产提供科学依据；应用洛伦茨曲线与基尼系数，研究福建农民人均纯收入的区域差异，为农业合理布局与农村平衡发展提供科学依据。此外，编制了农业生态系统稳定性空间分布图、山区地域区划图、山区草地资源开发利用模式地域分布图。上述成果都是运用地理学的思维对福建省的资源与环境开展重新评估，为实现农业生产的区域化、专门化和产业化提供科学依据。这些科研成果多次为多位福建省领导所肯定，并为相关管理部门所接纳。

地理学落地第三层含义是落在实际效果上。传统地理学十分重视实地考察。地理学家组织和参与完成了一系列重大的关于中国自然资源、农业、城乡发展方面的调查研究任务，其中包括大规模的地区综合考察与治理、综合自然区划、农业区划、国土规划等研究。同时建立了许多长期野外观测与研究台站网络，从中获得第一手的观察数据，监测中国资源环境动态，留下经世致用的实际成果，在生产实践中产生了很大的经济效益和社会效益，彰显实地考察效应。地理学在高新技术的支持下，焕发出新的活力。卫星遥感、全球定位系统与地理信息系统的进步，使得地理学的综合集成有了定量化的技术保证。借助于这些新技术，地理学表现为以遥感解释为主要手段，以机理探讨为主要内容，以数学模型表达为主要特色的现代化特征。于是，地理学者不出门便可获得各种数据，通过数学模型即可运算得出各种结论与预测，也为各类学术产出开辟方便之门。这一便利使一些地理人醉心室内工作，热衷数学模型运算，而忽视艰苦耗时的实地考察与验证。许多过去的野外调查、试验站观测等工作过程，改为在网络及信息新技术方面下功夫，这将有损地理学的实际效果。因为现代地理学研究对象是“开放且复杂的巨系统”，不像自然科学系统、技术系统和工程系统那样具有高度确定性，这一特征决定了地理学研究不能只专注于数学模型的应用与精准的定量分析，还要结合实地观测验证与定性分析。由于野外和实验获取的数据难以满足模型参数设置的要求、误差累积和不确定性增加等原因，而影响模型精度，限制土壤侵蚀模型的应用（Fu B J et al.，2006）。地理学研究不可只依靠遥感解释和计算机运作，还需要深入实地考察。遥感影像解译的数据一定要根据具体区域的情况加以验证，寻求实际效果，否则地理学者又会沦为风水先生。由此本人体会到当运用高新定量化技术手段实现“高飞”时，不要忘记保证“着陆”的实地考察与定性分析手段，讲究定性判断与定量计算相结合，才不会空泛失真。

三、现代地理学的独特性本质在于本体交叉性

“地理学思维与实践”课程集中了长期的教学经验和研究成果，课程伊始对地理学的认识只停留在“地理学存在的理由在于综合”，寻求多要素观察和研究

问题；随后博取各家之长，通过系统性整理，创新性地构建现代地理学知识结构体系，认定这是一门独立学科，又形象化地构建现代地理学思维脉络体系“地理人”概念模型，展示了现代地理学立于自然科学和社会科学的交叉点上，彰显现代地理学独特的交叉性特征。于是撰写了《地理学思维与实践》一书，强调现代地理学是一门交叉性独立学科。此时本人将现代地理学的交叉性理解为用文理融合思维观察和研究问题，概括为“见地及人”“微入宏出”“落‘地’有声”的特色思维。实际上，许多学者对地理学的交叉性做了各式的表述（葛绥成，1948；李春芬，1948；卡列斯尼克，1957；李旭旦，1979；詹姆斯，1982；左大康，1990 ；任美锷，1990；张九辰，1999；王恩涌，2000；葛全胜等，2003）。霍洛伟等（2008）认为地理学成为自然科学与社会科学之间独特的桥梁。因此当前地理学最重要的问题是要找出学科的主心骨，也就是要确立本学科特色的知识结构体系。进一步探索，对现代地理学的认识又有新的提高，从现代地理学交叉性提升到本体交叉性。虽然只是字面上多了“本体”两字，在认识上却有质的提升，提升之处在于文理交融思维渗透到现代地理学知识结构体系中的核心思想和方法论上，这为众多学科所鲜见。现代地理学的核心思维包括人地关系、系统和空间。这三者相互交叉依存，有序排列，是现代地理学本体交叉的一种形式。另一种形式是强调方法论的创新（陈红兵，2008；彭廷、蔡运龙，2005），方法论显示出其强大的生命力（培根，2017）。现代地理学的区域、生态、景观生态、区位和数量五个方法论之间交叉成方法论脉络体系。其中，除区域论以空间差异性为指导而建立起原生理论外，其他方法论都运用人地关系理论与其他学科的理论交叉而形成次生理论。其中，生态方法论借助于生态学原理，构建人地系统的次生理论；景观生态方法论借助于景观生态学的空间异质性理论，构建空间格局优化的次生理论；区位方法论借助于经济学的区位理论，构建地域分工理论、经济地域运动理论等次生理论；数量方法论借助于信息学的定量化理论，构建定量与定性相结合的次生理论。这些方法论作为理论，即便面对繁芜丛杂的现象，也能有重大发现，反映了现代地理学本体交叉性的魅力。现代地理学本体交叉性不仅从文理交融的视角观察与研究问题，而且其知识结构体系本身就具有文理交融的特质，该特质成为体系的自然属性，呈现本体交叉性特征。本体交叉性是高级复杂的综合，表现更突出的独特性，涵盖曾在班级做过的“地理学存在的理由在于综合”和“现代地理学的魅力来自独特性”两个课程小结的全部内容。总之，现代地理学是由核心思维脉络体系与方法论脉络体系复合构成的知识结构体系，具有本体交叉的思维脉络特质。其独特性不仅善于与多学科交叉，而且有文理思维交融的“自发性”，显示现代地理学是一门富有魅力的独立学科，挺立在科学之林。经实践观察，本体交叉科学观对研究复杂综合体具有很强的洞察力，这是其他学科所不及之处。地理学者必须树立本体交叉科学观，才能走好地理路，现代地理学才能成为解决国民经济问题的利器，这是我探索现代地理学的最新心得体会。现代地理学本体交叉科学观还应该成为地理人的要求。曾有博士生向我建议：若能更早聆听您的授课，则更早受益。接受过地理学本科和硕士研究生教育的博士生对现代地理学应成为独立学科等内容还有需求，反映中国高校地理学教育对学科本体性质教育的缺失，启发本人思考中国高校地理学教育改革振兴之路，倡导树立培养文理思维交融新型地理学人才的教育观。又看到一些地理学人醉心于模型写论文的现实，触动本人呼吁地理学回归经世致用的本色，发表服务社会才是地理学存在的生命根基的应用观。然而树立这“二观”必先树立科学观，因为树立本体交叉科学观必定引申出服务社会的应用观和培养文理思维交融新型地理学人才的教育观。本体交叉科学观是“三观”之本，驱动地理学人服务社会，积极投身于国民经济建设主战场。现代地理学能否在社会上有很高的显示度而挺立在科学之林，关键在于地理人对现代地理学的本体交叉科学观能否取得共识。树立本体交叉科学观是发展现代地理学，预防地理学潜在危机发生的必然要求。

【小结】根据以地理学理论应用于农业的长期实践所取得的独特实效，提出现代地理学是由一系列核心思维与方法论构成的知识结构体系。该体系文理交融的思维，不仅可用于观察与研究问题，而且渗透到体系内核心思维与方法论中，呈现本体交叉性特征，成为体系的自然属性。经实践观察，本体交叉科学观对研究复杂综合体具有更强的洞察力，这是其他学科未有的特性，显示现代地理学是一门富有魅力的独立学科，挺立在科学之林。树立本体交叉科学观必定引申出服务社会的应用观和培养文理思维兼备的新型地理学人才的教育观。本体交叉科学观是“三观”之本，驱动地理学人服务社会，挺身在国民经济建设的主战场。这也是发展现代地理学，预防地理学潜在危机发生的必然要求。

第五章　自然地理学与人文地理学深度融合：地理学革新的枢纽*

笔者原是从教土壤地理学，1991 年兼任华东师范大学区域地理学博士点导师才开始全面学习地理学。笔者坚持对博士生授课，先采取师徒式面授，随后福建师范大学有了地理学博士点，博士生和导师增多，笔者便对包括其他导师指导的博士生在内开班授课，且正儿八经编写教材。对博士生授课实际也是探索现代地理学的过程。虽然笔者是由土壤地理学转身到地理学，但探索地理学的历史从 1991 年算起，至今也有 33 年，经历理科思维向文理交融思维的蜕变。2018 年和 2023 年分别写成两本书出版，表述探索现代地理学的心得。《热带地理》编辑部发起“自然地理与人文地理如何走向融合”讨论，与笔者上述著述中的论题有某些关联，谨将论点参加讨论，企求批评指正。

本文提出自然地理学与人文地理学深度融合，其含义不只这两个分支学科知识的融合，更重要的是文理融合思维的塑造。“思维”是人类认知客观事物特质的高级概括。文理思维融合了，两分支学科知识融合将迎刃而解。自然的整体性与社会复杂性需要地理学文理融合思维这一特质才能解决问题，任何学科都无法替代，这是地理学的独特魅力所在。文理融合思维涵盖三个特色思维：一是地理景象研究与人类经济活动紧密相连，所谓“见地及人”思维，这是地理学特色思维的主脉，研究问题的主导思想；二是从微观研究入手，通过机理探求，以宏观决策成果出手，所谓“微入宏出”思维，引导地理学服务社会，彰显地理学基础应用学科的特质；三是坚持研究要着落实处，实处是指特定空间（实地）、实际问题和实际效果的三个“实”上，以求成果在社会上掷地有声，所谓“落‘地’有声”思维，这体现出地理学的空间理念与务实学风，是地理学的本色思维。英国逻辑学家摩根说过：“每一门科学的繁荣无不是建立在其自身的符号意义之上。”这里所指的符号即意味着“特色”。地理学有了这三个特色思维符号，

---

* 本文原刊于《热带地理》2024 年第 8 期。

就不会混同于其他学科，而展现其独特的魅力。魅力又生动力，于是文理思维融合成为地理学革新的枢纽，催生地理学的新定位，提升地理学人的学术素养，创新高等教育培养出新型地理学人才，驱动地理学由脆弱学科转向独立的魅力学科。这场讨论涉及地理学兴衰大事，也是有待解决的急事。1948 年美国哈佛大学地理系轰然倒下（叶超等，2019），经历“重新发现地理学”过程（美国国家研究院地学、环境与资源委员会地球科学与资源局重新发现地理学委员会，2002），2006 年才得复苏，这个教训，应引以为鉴。

一、地理学新定位为本体文理交叉的基础应用学科

地理学被认为是一门交叉学科，许多学者对地理学的交叉性做了各式的表述（葛绥成，1948；李春芬，1948；卡列斯尼克，1957；李旭旦，1979；詹姆斯，1982；左大康，1990；任美锷，1990；张九辰，1999；王恩涌，2000；葛全胜等，2003）。有代表性的说法认为，地理学成为自然科学与社会科学之间独特的桥梁（霍洛弗等，2008）。所谓桥梁，即只局限于学科间的交叉。如以地理学区域概念与其他学科交叉派生出土壤地理学、植物地理学等许多分支学科；与产业交叉又派生出工业地理、农业地理等许多分支学科。因此地理学研究内容庞杂，林超（1981）说仅人文地理学就可列出 30 多门分支。似乎地理学与任何学科都会沾上边，用这样的交叉性理解地理学，将使地理学失去筋骨，站不起身来，也使地理学新辈迷茫，找不到方向。Bauer（1996）指出：地理学的科学性不足，充斥着对名山大川等琐碎知识的机械记忆。社会一些人质疑地理学技术应用和方法只是借鉴其他学科，没有形成统一的理论体系，不认为是一门独立学科，而且把地理学者看成“杂家”。地理学者面对内容庞杂的地理学，只能研究其中的某些方面，各有偏重，对地理学的理解也有分歧。因此地理学的定义难以形成完整统一的认识（林超，1981）。在这样混沌的认知中，地理学又作为地球科学的一部分。地球科学是以地球系统（包括大气圈、水圈、岩石圈、生物圈和日地空间）的过程与变化及其相互作用为研究对象的基础学科。于是，地理学被归为基础学科并列入自然科学行列。但是地理学虽是研究地球表层系统的一门学科，然而与地球表层系统其他相邻学科等却有不同之处，地理学不仅研究地球表层系统中各要素的相互作用过程，而且与人类经济活动紧密相连。“见地及人”是地理学有别于地球表层系统其他相邻学科最明显的分水岭。地理学被归入理科行列之

后，加剧自然地理与人文地理的分割，失去文理思维融合独特性的魅力。面对这样的现状，地理学必须重新定位。从自然地理学与人文地理学深度融合出发，提出如下新定位。

（一）地理学是本体文理交叉的学科

当前中国推进国民经济建设的各个方面都涉及人地关系变化带来的一系列重大理论和实际问题。如何融合自然环境与人类文化的关系已成国际地理学界所面临的主要任务（陈静生，1994）。地理学定位只局限于学科间的交叉已不适应客观需求，必须扩延至本体文理交叉。因为地理学的知识结构体系中，以人地系统为主轴，蕴含文理交叉的特质，而且渗透入髓，成为体系的自然属性，这为其他学科所罕见，独显学科魅力。学界有一些论述，如地理学务求生态—经济系统的协同进化（厉以宁等，1995；张淑焕，2000）；地理学揭示了可持续发展基础及其本质，是一种人地关系最优化的体现（Clarkand，1987；Graf，1992；Goudie，1994；Onish，1994；Common，1995；蔡运龙，1998；叶岱夫，2001）；“人类圈”“智能圈”“社会圈”“技术圈”丰富了人地关系的内涵（杨青山等，2001），都与本体文理交叉的含义一脉相承。只有明晰地理学是本体文理交叉的学科，才能把地理学的独特性树立起来。

（二）地理学是基础应用学科

基础研究对地理学至关重要。地理学既研究“地”，即研究区域某个时段内的地理现象；又研究“理”，采用多样化的实验手段揭示地理现象变化的机理。所谓“地理不讲理，学科立不起”，说明地理学微观探索地理现象发生机理之重要。但地理学学科研究主要面对环境、资源、社会重大发展战略问题，服务社会是地理学存在的生命根基。Daniels 等（2008）指出：地理学是 21 世纪的一个关键学科，人类面临的许多挑战多处于人类社会与自然环境的界面上。而这个界面关系国计民生，最能显示地理学的魅力。如果地理学只停留在基础研究，而不将基础研究成果提炼出宏观策略用于实践、服务社会，不仅会失去地理学应有的魅力，也会失去其本身存在的价值。地理学只有突出“基础研究+经世致用”的特色，指向国家需求，做到“落‘地’有声”，才显魅力。我国在相当长时期内，地理学走的是紧密结合国家需求，“以任务带学科”的路子，把主要力量投入国民经济主战场，做出了一系列重要成果，这些成果掷地有声，余音犹在，可作为地理学“落‘地’有声”的表现。由此可以看出：地理学只能定位为基础应用学科，使其成为解决社会经济问题的利器，才能生存与发展。这与上述的本体文理交叉定位相衔接。

地理学新定位迸发出新活力，是其他学科所无法替代的。这在笔者的长汀水土保持实践中得到验证（朱鹤健，2013）。2000 年，笔者以地理学三个特色思维为指导，参与长汀水土保持研究，四代人薪火相传，至今 23 年。研究以“见地及人”思维为主轴，对水土流失治理过程所折射出来的矛盾用人地关系和谐论加以探究，认定水土流失源于贫困，又是贫困之源，人地关系失衡是水土流失的主因，突破半个世纪以来长汀水土保持只局限于治山、治水的技术治理藩篱，构建水土保持与发展经济互动的链条，形成“水土保持既得于民又惠于民”的良性循环，破解跨越“生态鸿沟”的难题，催生经济与生态两全其美的新局面。又在“微入宏出”的特色思维下，把水土流失视为一种地理景象，对其进行了大量微观研究，探明水土流失景象空间分布及其变化规律。又在这些微观研究成果中，提炼出观念、策略和技术“三个转变”的宏观策略。该策略在 2012 年 5 月 17 日的“总结推广长汀水土流失治理经验座谈会”上交流，在众多水土保持专家群中，地理学思维备受赞誉，会场气氛反响热烈，地理学的三个特色思维解决水土保持的独特功能得到充分肯定。这项研究不仅提出水土保持创新性变革意见在实践中产生可信赖、可操作、可重制的实果，而且在学术上也取得丰硕成果，包括 5 项国家自然科学基金课题的总结报告、出版 3 部专著和发表 131 篇学术论文，其中论文的他引总频次高达 1237 次。郑度（2013）肯定本研究发挥“基础研究+经世致用”的双重功能，他指出：在学术上，为全球环境变化的区域响应研究提供亚热带山地生态系统脆弱区生态恢复的典型案例，丰富了地理学关于环境演变的理论内涵；在实践上，为该研究区正在开展的以水土保持为中心的生态环境建设提供战略性指导和实用性建议，为决策部门制订和实施相应措施提供科学依据。此例可看出地理学三个特色思维是实现文理思维融合的重要内容，应成为新型地理学人的重要标记。

二、树立本体文理交叉科学观，提升地理学人的学术素养

地理学的使命应由地理学人来完成，地理学人的学术素养关系到地理学的发展。地理学人必须把握住地理学本体文理交叉的基础应用学科这一定位，蓄积地

理学的特色知识结构，以特色激发活力。但是现在有一些地理学人偏离了这一定位。陆大道（2015）指出："地理科学在国家和社会的影响力及显示度下降了。学术界对于地理学这门学科的认同感也在下降。一些从事地理科学研究和教学的学者，能不用地理科学学科名称的也就不用了，他们甚至将自己从事几十年研究的学科和领域的名字都改掉了，转而加盟到更加有诱惑力的学科队伍。"面对这一情况，必须倡导地理学人树立地理学本体文理交叉科学观，提升地理学人的学术素养。也就是说做一个合格的地理学人要安上"地理心"：让"家国情怀+文理融合思维"在自己心中自由流淌。做好"地理梦"：让地理学人在解决本土问题中出大理论，登上现代地理学国际前沿。地理学家的具身性形象是一个对该领域自然和社会两个维度都有所掌握的研究者（凯斯特洛特 C、巴尼奥利 L，2024）。树立本体文理交叉科学观正是地理学人的具身性形象，并由此引申出服务社会的应用观和培养文理思维兼备的新型地理学人才的教育观。本体文理交叉科学观是"三观"之本。地理学人"三观"学术素养是有效的驾驶证，驾驭自然和人文两大分支学科深度融合。同时地理学自然和人文两大分支学科深度融合又提升地理学人"三观"学术素养，两者呈良性互动。

三、创新地理学高等教育，培养新型的地理学人才

中国地理学高等教育蓬勃发展。据不完全统计，全国共有 320 多所大学开设地理学专业，拥有地理学博士学位、硕士学位授予单位的数量分别超过 40 家和 90 家，地理科技工作者及在校学生近 20 万人，高等院校成为培养地理学专业人才的重要阵地（中国地理学会，2021）。令人关切的是，自 20 世纪 90 年代以后，国内高校地理学科呈独特性不断下滑的趋势，表现为以地理学命名的院系逐渐减少（陆大道，2015）。中国地理学会（2021）曾发出规范全国高校地理科学机构名称的倡议。当前地理学高等教育中的突出问题是自然地理学专业与人文地理学专业走不到一起来，表现为自然地理学专业专注于自然地理环境的教学，见地不及人；人文地理学专业走纯社会科学道路，出"宏"不入"微"，两者都失去地理学的特色。而地理信息科学专业专注定量分析，忽视人地系统复杂性对定性分析的必要要求，致使成果失真，一些人对地理学的信心大打折扣。似此情况培养出的地理学人才很难达到上述地理学人安上"地理心"、做好"地理梦"的基本学术素养，也不适应地理学对整体性自然体与复杂性社会问题的研究要求。为此

提出地理学高等教育创新的三点意见：

（1）地理学自然和人文两大分支学科深度融合应成为地理学高等教育创新的重点之一。从顶层设计入手，在培养目标上，突破原有培养地理学教师和研究人员的狭窄框框，凭借地理专业教育与育人理念有天然联系的优势，以“家国情怀+文理思维融合”的新目标，构建新型地理人才培养体系。新型地理学人才必须具有全球视野、家国情怀、文理思维融合的建设人类社会可持续发展与人类命运共同体的专业能力。

（2）以文理融合思维，优化专业结构，更新课程设置和内涵，突出地理学特色思维教育，强化服务社会学风。所有专业都设置基本学术素养金课①，然后再进行专业知识教育，务求地理学自然和人文两分支知识融合与文理融合思维有效衔接和良性互动。

（3）突出人才特色，使本体文理交叉科学观成为地理学人的基本学术素养。地理学人要安上“地理心”，做好“地理梦”。除原定通晓地理风土人情外，还要学会在生产实践中运用地理学基本理论与研究范式，具有为国计民生的重大问题进行预测、规划、决策与优化的能力和成为国家各级政府的思想库和专家库成员的基本素养。

【小结】自然地理学与人文地理学深度融合，塑造文理融合思维，作为地理学革新的枢纽，催生地理学新定位，提升地理学人的学术素养，创新地理学高等教育，驱动地理学由脆弱学科转向独立的魅力学科。这是关系地理学兴衰存亡的大事，也是有待解决的急事。地理学新定位应是本体文理交叉的基础应用学科，既要求地理学人树立“三观”，即本体文理交叉科学观、服务社会的应用观和培养文理思维兼备的新型地理学人才的教育观，也要求创新地理学高等教育，培养出新型地理学人才，以“家国情怀+文理思维融合”为新目标，构建新型地理人才培养体系。

---

① 金课指具有高阶性、创新性和高挑战度的课程。

第六章　为什么出版《地理学思维与实践》?*

《地理学思维与实践》发行以后，得到读者热烈反响。除赞誉高龄写书外，还对书中的学术见解提出问题。福建师范大学地理科学学院徐玲琳老师归纳整理成几个问题对本书作者朱鹤健教授进行访谈。访谈录在福建师大校内反馈给师生，并在科学出版社公众号赛杰奥刊出。中国科学院地理科学与资源研究所研究员、中国自然资源学会副理事长沈镭博士见到本访谈录后，逐条写了读后感。

问：《地理学思维与实践》2018 年发行以来，颇受读者与社会关注，这本书怎么写成的？

答：自 1991 年以来，我向地理学博士生授课，开始只是以地理学的视角研究农业资源利用为内容，并与博士生一起实践。年复一年的讲课与实践使得我逐步增强了对地理学的理解，又不断收获地理学在农业中应用的果实，讲课内容不断充实，于是在 2011 年把这个课程定名为“地理学思维与实践”。课程不仅讲述我对地理学的理解，还把我在闽东南与闽西两地围绕特色农业发展与信息化与水土保持两个主题进行长期持续的研究成果作为案例融入课程。案例反映了我为特定的课题应用地理学思维所做的设计、研究路线与具体方法，展示了形式化语言、图解模式和数学模式，体现“地理学的灵魂是人地关系思维”“地理学的支柱是系统思维”“地理学的本色是空间思维”的地理学核心理念，看到“地理学思维”所结出的果实。从成果中提炼出宏观决策又为相关管理部门所采纳，在生产上开花结果，凸显地理学魅力，尝到“地理学思维”所产生的甜味。但我这些内容在开始时只面对少数博士生宣讲，读了陆大道院士发表于《地理学报》的《地理科学的价值与地理学者的情怀》一文后，有感于这些内容还值得宣传。

* 本文由福建师范大学地理科学学院徐玲琳整理，2021 年 3 月。

由此决定正式出版。

读后感：我一直十分敬佩朱先生的治学严谨和把论文写在大地上的科学家精神！对地理学年轻人才的培养需要孜孜不倦地教导他们学习地理学的精髓和研究范式，先生直观的地理学思维和理论方法，是国内外少见的先进思想，值得广泛宣传与推广！

问：陆大道院士的《地理科学的价值与地理学者的情怀》一文说了些什么，使您觉得您这本书值得出版？

答：在陆院士这篇文章中，我学习到地理学的许多理念，又了解到地理学面临危机，其中让我印象最深的是他说道："地理科学在国家和社会的影响力及显示度下降了。学术界对于地理学这门学科的认同感也在下降。一些从事地理科学研究和教学的学者，能不用地理科学学科名称的也就不用了。他们甚至将自己从事几十年研究的学科和领域的名字都改掉了，转而加盟到更加有诱惑力的学科队伍。"我为这段话所警醒，引发一种责任感。依我经历，觉得地理学是解决国民经济问题的利器，蛮有作为，于是很想把我对地理学的感受尽快让更多人知道，作为地理学有魅力的见证。

读后感：对陆大道院士的地理学思想和科学家情怀也非常敬仰！国际上把地理学作为知名品牌来打造，如英国，历久弥香！我前年去中亚吉尔吉斯斯坦等国考察，发现很多国家把20世纪30年代的地理学家笔记和考察实物，做成地理学家博物馆，在青少年和社会上广泛宣传和普及。反观国内，近年出现一些急功近利的SCI文章和运用各种复杂模型模拟，不关注中国地理国情，甚至把地理的名字去掉，非常惋惜！

问：您的书主要讲了哪些内容，会有助于消除地理学出现的消极现象？

答：全书有六章，从地理学魅力说起，说到地理学的理论体系、研究范式，再说到地理学的昨天、今天和明天。但概括起来说了三个问题，那就是：地理学的独特性、魅力及其生命根基。不只是说理，还用我的研究成果作为案例"现身说法"，有理有据。我想这三个问题所迸射的思维光芒可能有助于消除地理学出现的上述阴影。

读后感：完全赞同地理学的独特性及其魅力与生命根基的提法，这些需要体现在具体实际研究与应用之中。

问：请说说地理学的独特性表现在哪些地方？

答：地理学的独特性，既"独"，又"特"，"独"表现于有独立研究范式，

“特”表现于有特色思维。社会上一些人不认为地理学是一门独特学科，把地理学者看成“杂家”。把地理学的独特性讲清楚，就可以把地理学的脊梁挺拔起来，一些人的误解也会随之消失，地理人的自信心也会增强。先说“独”，一门独立科学表现在有明确的研究范围、完整的研究对象和独立的研究范式。地理学把地球表层系统中各要素的相互作用过程作为研究对象，研究各要素的相互作用过程，而且与人类经济活动紧密相连，这是地理学有别于其他学科的最大分水岭，由此构成地理学独立的研究范式。再说“特”，通过地理学特色思维教育，构建现代地理学知识结构系统，以文理交融思维优化专业结构，培养出能以地理学特色思维担当人类社会可持续发展与构建人类命运共同体建设重任的新型地理学人才。

读后感：这对资源科学的创建与发展有所启发！任何一门学科都需要独特性，资源科学目前依托于地理学之下但又有显著差异，从地理要素的复杂系统和自然资源的系统与关联性看，综合研究都是非常重要的特点！

问：地理学独立的研究范式包含哪些内容？

答：地理学独立研究范式拥有自己的核心理念、方法论、研究方法和着落点。地理学核心理念是人地关系、系统和空间三个思维，三者相互依存形成一个本学科特有的核心思维脉络，地理学者研究任何问题都以此为指导思想，凸显地理学的独立特色。除此，还有区域、生态、景观生态、区位和数量五个方法论。这五个方法论各自从不同视角审视地理现象，从原则性高度来分析问题，并与人地关系相连，既孕育着原生理论与次生理论，又表现一定的具体性和实践性，这就造就地理学非凡的特色。地理学研究方法概括起来有野外调查与室内工作两个部分，尤其擅长应用数字化手段处理系统分析和空间分析，对复杂问题研究特别见长。整个学科坐落在自然科学与社会科学的交叉点上，孕育着特色思维。这些特色成为地理学的脊梁，明显有别于其他学科。自然界的整体性需要这种研究范式，任何学科都无法替代。

读后感：人地关系、系统和空间是地理学的三大思维范式，人地关系与当前强调人与自然和谐共生的理念高度契合，系统的提法与“山水林田湖草沙”生命共同体的思想完全一致，人与物（自然资源）都是固定在特定区域空间之中，当今数字化建设革命引致的数字孪生革命，只不过是把现实空间与虚拟空间很好地结合在一起，是有形空间与无形空间的辩证统一。

问：书中看到“地理人”概念模型，这说明了什么问题？

答：为了更形象表达地理学独立研究范式的内在联系，我塑造了“地理人”

概念模型：把核心思想脉络模拟为人体的“中枢神经”，五大方法论相互联结，模拟为“躯干”的“五脏”。系统分析和空间分析模拟为人的双手，地理人要学会用好两只手做事，达到“妙手生花”。野外调查和室内工作模拟为人之两腿，寓意地理人要学会用两条腿走路，不可“跛脚”。“中枢神经”指挥“五脏”和“四肢”运行，阐明其间内在关联性，表现出现代地理学的整体性。整个躯体坐落在自然科学与社会科学的交叉点上，彰显出现代地理学的独特性。这种知识形象化的尝试只是为了便于人们对现代地理学独特性的理解，是否妥当，有待评说。

读后感：“地理人”概念模型非常形象和直观，这有助于更好地理解地理学术思想的精髓与内涵。

问：您刚才说了地理学独特性的“独”，那“特”又是什么内容？

答：地理学独特性的“特”是指特色思维，地理学的特色思维又脱离不了基本的科学思维，例如系统思维、分析综合思维、演绎归纳思维等。地理学的特色思维是与基本的科学思维紧密相依，是在它的基础上发展起来的。英国逻辑学家摩根说过：“每一门科学的繁荣无不是将其繁荣建立在其自身的符号意义之上。”这里所说的符号即意味着“特色”。地理学有了“特色思维”这一符号，才不会混同于其他学科，失去学科独立地位。我归纳地理学的特色思维为：“见地及人”思维、“微入宏出”思维和“落‘地’有声”思维三个方面。

读后感：“见地及人”“微入宏出”“落‘地’有声”的三种思维反映了地理学在研究对象、研究方法和研究产出上的内在要求，总结非常到位。

问：您说到“见地及人”思维，那是什么意思？

答：“见地及人”是指地理学把研究地球表层系统中各要素的相互作用过程作为任务之一，但在任何场合见到地理现象都联想与人的关系，而且要引导向人的有利方面着想。以我的研究经历体会到，研究问题有了“见地及人”思维，就会朝着解决实际问题方面想，结出果实，凸显地理学魅力，这个思维可视为地理学的灵魂。

读后感：当今有些地理学家强调地理关联属性，总结了地理学第一定律、第二定律和第三定律，强调过程、机理、耦合及效应的理论归纳，但更应面向国民经济主战场并解决实际问题，使之成为地理学服务国家需求的很好结合点。

问：“微入宏出”又该如何理解呢？

答：地理学既研究“地”，即研究区域某个时段内的地理现象；又研究“理”，采用多样化的实验手段揭示地理现象变化的机理。通过机理探求，终以宏观决策成果出手，谓之微入宏出。“地”“理”“宏”一体化的研究方式，使地理学对社会做出很有特色的贡献。对此我编了个顺口溜，“地理不讲‘理’，学科立不起；讲理不出‘宏’，学科难得红”，说明其间的利害关系。前半句的意思是地理学不做机理探求，难显独立学科，后半句的意思是只探求机理，而不提炼成宏观决策成果，学科难得社会认可。所见一些地理学研究报告中，不从研究成果中提炼宏观决策成果，自诩纯自然科学；或套用别人提出的宏观决策成果，张冠李戴、表现一般化，与社会发展的需求相脱节，也失去地理学的特色。可见“微入宏出”使地理学者言之有物，是地理学通向社会的重要思维。

读后感：这是处理地理学研究尺度转换的一个重要研究方法，大量的野外考察和站点观测，通过系统的提炼与升华，需要形成具有重大影响力的政策支持成果，为国家宏观战略决策提供科学依据。

问：“落‘地’有声”思维又是怎样解释的？

答：“落‘地’有声”的含义是地理学研究要落到实处，才会在社会铿锵有声。“落‘地’有声”的“地”是指特定空间（实地）、实际问题和实际效果三个内容。地理学研究要立足于特定空间，研究不同空间差异性的机制及如何利用机制再造符合人类需要的空间环境，表现区域性的强烈特色。地理学研究不仅要把握国际前沿，更应紧密结合国家需求，解决本土实际问题。只有这样，才能使社会了解和认同地理学。高新技术的应用给地理学带来新的活力，但地理学研究不能只专注数学模型的应用与精准的定量分析，还要结合实地观测验证与定性分析。只有定性判断与定量计算相结合才不会失真，也就是说地理学研究不能只依靠遥感解释和计算机运行解决问题，还要结合实地考察论证寻求实际效果。否则地理学者又会沦为风水先生，说话不靠谱。这也是地理学取得社会认可的必要思维。地理学者只有具备了上述三个特色思维，地理学的独特脊梁才会挺拔起来。

读后感：这不仅仅是地理学的发展要求，其他学科特别是资源科学的发展也要关注现实的国情。我经常看到很多学术论文，应用前人的研究模型或者关键参数，机械地套用一些数据，就得出一系列不切实际的结论。当然，地理学也要关注国际前沿及其相关重大问题，如全球气候变化、地球系统科学、地缘政治等，但研究的落脚点必须回到中国的国情上来。

问：地理学的独特性与其魅力有没有关系？

答：当然有关系。地理学始终以自然科学与社会科学交叉的特有视角，从多因素、多方法、多角度和跨学科考虑问题，在解决经济与科学发展问题上独显身手，显示出其他学科无法替代的作用。例如，提高区域可持续发展的能力，要使经济、社会、资源、环境和可持续发展能力之间达到优化组合状态，任何单一学科都难解决，唯独既联系着自然、又联系着社会的地理学可以胜任。这是地理学的魅力所在。

读后感：不同时代的地理学有不同的魅力，在战争年代，地理与资源学家往往是先行者，与军事地理和地缘政治结缘；在和平年代，地理与资源学家通过摸清各种自然资源家底、组合规律并提出优化配置方案，为经济社会建设提供技术支撑；在绿色发展与生态文明建设时代，他们又要为资源循环利用、节能减排、退化自然生态系统恢复与环境保护提供地理学理论与技术支持。

问：您在实践中有没有亲身体会到地理学的魅力？

答：当然有。书中的案例都是地理学魅力的佐证。现以长汀水土保持实践为例，长汀县是福建省土壤侵蚀最严重的地区之一，土壤侵蚀治理研究经历半个多世纪。尽管治理研究历程长，但边治理、边破坏的情况时有发生，且几度反复，直至 2000 年土壤侵蚀率仍高达 22.7%。2000 年福建省政府把长汀水土流失治理列入为民办实事的项目，为服务大局，我们在长汀设立博士生工作基地，开展地理学范式研究。整个研究突出水土保持的自然性、社会性和经济性，实现研究的全面性和系统性：既探析了以研究区为代表的中国亚热带生态系统脆弱区生态恢复的一些规律，充实了地理学环境演变理论；又提炼出“三个策略”“三个转变”“三个突破”的战略建议（刊于《自然资源学报》2013 年 9 期），在福建省水土流失治理工作中已被采纳。当年的博士生陈志彪，如今成为教授，长期坚持这项研究，于 2019 年赢得全国脱贫攻坚奖创新奖。这一奖励彰显本研究与社会紧密相连，研究成果得到社会认同。我从这一事例体会到：农业战场需要地理学，地理学者在农业实践中大有用武之地，其成果会道出农业界人没有考虑到的问题，得到社会认可，凸显地理学的学科魅力。

读后感：2013 年我曾反复学习了朱先生在《自然资源学报》上的文章，至今还清晰记得长汀水土流失治理方面的经验与模式，这是地理学服务于农业与生态环境保护的成功案例。

问：您刚才提到书中论述地理学存在的生命根基，什么是地理学存在的生命根基？

答：作为科学的地理学，以 1871 年柏林大学成立地理学系作为建立近代地理学的标志算起，有 150 多年的历史，在其发展过程中几经浮沉。地理学是经世致用的科学，一旦脱离社会需求，就会走向衰落。美国哈佛大学地理系在国际上有很大名声，只因脱离社会需求，加以自然地理与人文地理学术纷争，于 1948 年轰然倒闭，随后欧美一流大学纷纷取消地理系，1997 年美国出版《重新发现地理学——与科学和社会的新关联》一书，说明地理学只有与社会关联才能存在与发展。该书通过大量实例表述美国社会应用地理学的视角和方法来处理广泛的社会需求，取得了令人瞩目的成就，得到美国社会广泛的认同。美国政府在国家教育改革的一系列政策陈述和立法建议中，地理学（Geography）被确定为美国教育的核心课程，与自然科学（Science）与数学（Math）相比肩，大大促进了美国地理学的发展。从此美国不仅主修地理学的大学生人数增加了，而且地理学家的从业人数与社会地位也有了明显的提高。地理学的独特性在美国被重新发现了。在这个大背景下，2006 年哈佛大学地理系应用新兴的数字化技术，通过景观设计服务社会，又重新复活。我在本书中，综述了新中国成立以来，中国地理学者以国际前沿的视野、国家战略需求的情怀、解决实际问题的视角，把主要力量投入国民经济主战场，取得富有特色的成果。这些成果至今仍见效益——地理学作为一个独立学科挺立在国人面前，许多地理学者成为各级政府决策部门的思想库和专家库的重要成员。钱学森院士在 1986 年正式提出建议，把地理科学列为现代科学技术十大部门之一，与自然科学、社会科学等处于同等地位，凸显地理学的魅力。但 1980 年以来，中国一些大学的地理系改名，出现了陆大道院士的《地理科学的价值与地理学者的情怀》一文中所说的现象。吴传钧院士在《重新发现地理学——与科学和社会的新关联》中译本一书中的序言中指出：中国地理学应该被重新发现。这说明社会需求是地理学存在的生命根基，地理学必须在服务国家战略需求的前提下，学科才发展得好。

问：您还有什么话想对一直关注您的读者说说吗？

答：当前中国面临着推进生态文明建设、加快新型城镇化进程、优化国土资源利用、实现可持续发展等现实需求，任何单一学科解决这些问题都显得单薄无力，这恰是地理学独显身手的大好机遇。因此地理学要进一步加强对社会的联系，亮出地理学作为独立学科的牌子，显示地理学服务大局的宗旨，把地理学的独特性脊梁挺拔起来，增强社会的影响力。地理学者要增强国家情怀，掌握地理学的特色知识结构，发挥地理学的学科独特优势，积极投身于国民经济的主战场，为国计民生的重大问题的预测、规划、决策和优化作出贡献，争取成为国家各级政府的思想库和专家库的重要成员，使社会上认同地理学的应用价值，夯实地理学的生命根基，在服务国家战略需求的过程中发展地理学。本书出版的用意是期盼地理学成为独立学科，挺立在国民经济的主战场。

读后感：新时代也为中国的自然资源学科发展带来难得的机遇，特别是党的十九大以来自然资源部的设立和生态文明建设战略部署，为地理与资源科学研究提出了很多新课题和新任务。当前，社会各界对自然资源的定义、分类及其内涵存在很多误解，殊不知30年前像朱先生这样的学界前辈早就做了深入探究，对自然资源统一调查、监测、科学评估，需要全新的标准体系、技术方法，但是以前的测土配方、样地调查、林斑统计、农户及企业座谈等综合调查研究方法，无论何时都不能丢。

【小结】本章访谈录的题目是《为什么出版〈地理学思维与实践〉?》"，答案是陆大道院士所提及的"地理科学在国家和社会的影响力及显示度下降了。学术界对于地理学这门学科的认同感也在下降"，这激发了我的责任感。依个人经历，我认为地理学是解决国民经济问题的利器，应很有作为。于是，尽快将自己对地理学的见解让更多人知道，作为地理学有魅力的见证的愿望愈加迫切。但事实上还有一个原因，本文没有提到。那就是我在本书中所自行设计的现代地理学研究范式和"地理人"概念模型等，还有接地气的"见地及人""微入宏出""落'地'有声"地理学特色思维新名词等。这些新想法能否为大众所接受，我心中是没有底的。这一度让我在追寻现代地理学科学观的路上徘徊。但又想到见不到太阳的植物是长不大的，我才下决心把这些新想法公之于众，让大众评判。这本书出版发行后，读者反响是积极的，沈镭研究员的"读后感"有一定代表性。这些鼓励犹如激活剂，驱使我努力追寻现代地理学科学观；又似催化剂，加速本书问世的进程。

附 录

关联词

本篇附录中，赵其国院士对《土壤学与地理学交叉研究》评介道："它既是一部融合土壤学与地理学的系统科学专著，又是一部凝聚理论、试验与实践于一体的科研文集……对学科发展的思路有所创新……以土壤学微观研究与地理学宏观分析相结合……为学科的交叉与发展创建了新的思路。"韦素琼教授对《地理学思维与实践》评介道："宣扬了现代地理学的魅力，体现了现代地理学的内聚力，彰显了现代地理学在农业实践中的威力，展现了现代地理学在推动国民经济建设中的潜力。"林升文评介《地理学思维与实践》一书"回答了这个地理学工作者多年来孜孜探求的学科认同问题"。这两部著作是本书的铺垫，没有这两部著作就不会有本书的诞生。犹如酿酒一样，没有经过必要的工序和相当时间的酝酿就生产不出成熟的酒。这三篇附录道明我开辟新路认识现代地理学的思想基础。

附录一 赵其国院士：土壤学微观研究与地理学宏观分析相结合

——朱鹤健著《土壤学与地理学交叉研究》评介*

《土壤学与地理学交叉研究》一书，是朱鹤健教授从事教育与科研50余年的研究成果汇编，它既是一部融合土壤学与地理学的系统科学专著，又是一部凝聚理论、试验与实践于一体的科研文集。该书共分中文论文、英语论文及教学与社会服务论文三大部分，共收集论文近百篇，近百万字。从论文总体的质量看，共有三个特点：一是对学科发展的思路有所创新，明确提出"土壤学与地理学交叉

---

* 本文原刊于《自然资源学报》2016年第6期，作者系中国科学院院士、中国科学院南京土壤研究所研究员。

研究”的新方向。朱鹤健教授通过亲身的教学与实践，将土壤学与地理学相互交融与汇合，并围绕土壤地理与土壤资源开发利用这一主轴，以土壤学微观研究与地理学宏观分析相结合，建立了“土壤地理学系统化教学体系”，为学科的交叉与发展创建了新的思路，并荣获国家与省级优秀教学成果奖。二是理论与实践紧密结合。土壤地理学是一门实践性很强的学科，朱鹤健教授在长期教学中，除课堂讲授外，还不断带领学生到野外参加试验与调查，并通过多次的国内外考察，编写了大量具有理论与实践相结合特点的论文与专著，引起国内外专家的极大关注。朱教授在东南沿海发展地区规模特色农业发展和信息化示范研究中，在福建省漳浦县建立了3200 hm^2 的试验区，构建了地区生态农业与农业资源配置的新体系，通过4年实践，新增产值3900万元，农民人均年收入提高一倍，此项成果达到国内先进水平。三是推动地区教学、科研与国民经济的可持续发展。朱教授大部分的研究论文是针对福建省国民经济发展需求而写的，其中包括福建省可持续发展与生态环境建设、福建特色农业与农业信息化研究、福建资源开发与利用及福建山区土壤与水稻土研究等。这些论文对福建省地区经济社会的可持续发展起到重要的推动作用。

总之，本书是一部系统论述土壤地理学的科学专著，是朱鹤健教授50多年来从事教学与科研所付出的心血的结晶。本书结构新颖、内容充实、质量完善、科学性强，是一本指导性科研专著，可供土壤与地理专业教学与科研单位、福建省及邻近地区生产部门参考。

作为一位与新中国同步成长的科学家与教育家，朱鹤健教授所取得的科研与教学成就，是令人信服与敬佩的。我一方面极力推荐此书的发行；另一方面衷心祝愿朱教授今后将更加与时俱进，奋发努力，为我国教育与科研事业做出新的更大的贡献。

附录二　韦素琼教授：现代地理学思维和方法的精辟解读和应用示范

——《地理学思维与实践》评介*

《地理学思维与实践》是朱鹤健先生在其同名课程讲稿的基础上整理而成

* 本文原刊于《地理学报》2019年第2期，作者系福建师范大学地理科学学院教授。

的，于2018年9月由科学出版社出版。朱先生于2011年起在福建师范大学开设“地理学思维与实践”课程，而该书体系的构建肇始于20余年前甚至更早。在此期间，朱先生不仅吸纳了国内外学术界最新学术成果，而且将丰富的实践经验糅合在相应的理论中，并在教学过程中不断总结提升。《地理学思维与实践》一书，既浓缩了该课程的精髓，也是朱先生近年来相关课题成果的集中展示，彰显出地理学研究的独特魅力。初步研读该书，其结构体系和字里行间彰显出如下特色：

一、概括现代地理学作为交叉科学的特性

作为一门独立的学科，地理学有其独特的思维与研究方法。具有区域性与综合性特征的地理学，其独特之处在于其介于自然科学和社会科学之间的交叉学科的属性，要求其综合多个因素考虑问题。地理学研究大气圈、岩石圈、水圈、生物圈四个圈层的交叉及其与人类的关系，而每个圈层都是一门独立的学科，例如气候学、地质学、水文学、生物学等。地理学思维之所以独特，在于其不仅可以综合（跨越）若干学科研究地理的自然规律，而且还注重地理现象与人类活动的关系，并且引导该关系向对人类有利的方向发展，这就是朱鹤健先生书中所强调的“见地及人”，从而使得地理学有别于纯自然科学。同时，朱先生还提出地理学“微入宏出”的特点，即从微观研究入手，最终导出宏观决策，这又有别于社会科学。由此，地理学成为自然科学通向社会科学的桥梁，内容广涉国民经济各个方面，直接或间接影响人类福祉和社会发展，所关注的科学问题直接指向当今决策者的紧迫需求，彰显地理学服务大局的宗旨及地理学者的国家情怀。学科交叉彰显地理学的魅力，使其充满活力、令人神往。这要求地理学人必须有地理学思维，并掌握地理学特有的研究方法，同时还须具有综合性的知识储备和跨学科的科学探索能力。只有通过对大量关于资源、环境和社会经济发展态势的综合与跨学科的研究，以对人类与环境相互作用的科学洞察力，了解可持续发展的基础条件和支撑能力，获得对国家资源、环境和生态特征的深刻认识，才能为地方乃至全球多种尺度问题的预测规划、决策及优化做贡献。

二、构建现代地理学思维脉络体系

朱鹤健先生将地理人所熟知的人地关系、生态系统、空间、地理信息系统等关键概念有机组合在一起，高屋建瓴地构建了现代地理学思维脉络体系，该体系

涵盖核心思维、方法论、研究方法、研究特色和着落点五个方面。“思维脉络”是指思维之间融会贯通，好比山脉一样由众多山体串联而成。朱先生把人地关系、系统和空间三个思维串联成思维脉络，并将其分别定位为灵魂、支柱和本色。人地关系思维是现代地理学的主体，且体现个性化特征，喻之为灵魂。系统思维，主要是生态系统思维，突出系统的整体性、层次性与开放性，借用系统中物质流、能量流和信息流的传递机制，将传统地理学的类比、归纳思维提升到现代地理学逻辑思维上。没有系统思维的支撑与架构，现代地理学就不复存在，因此称之为支柱。五彩缤纷的现代地理学是在传统地理学的空间思维基础上叠加生态系统、景观生态系统、区位和数量等次生理论而形成的，叠加的次生理论可以增减，而空间思维作为现代地理学的本色则不可或缺。于是，人地关系思维作为灵魂居上，系统思维作为支柱居中，空间思维作为本色居底，三者有序排列于现代地理学思维脉络体系中，并相互联系，成为一个完整的知识体系。

朱先生又把地理学中区域学派、生态学派、景观生态学派、区位学派和数量学派五个学派作为方法论看待。方法论也是理论，作为一般性的方法原则，其往往能给人们以提示或启发，并能指导人们充分发挥其主观能动性，选择或创造更好的方法。这五个学派中除区域学派以空间差异性为指导而建立起原生理论外，生态、景观生态、区位、数量等其他学派都是把各自独立学科的原生理论与人地关系思维有机融合，从而产生次生理论。生态学派借助于生态学的生态系统整体性、结构性、物质能量循环、动态平衡理论，构建人地系统的次生理论；景观生态学派借助于景观生态学的空间异质性理论，构建空间格局优化的次生理论；区位学派借助于经济学的区位理论，构建地域分工理论、经济地域运动理论等次生理论；数量学派借助于信息学的定量化理论，构建定量与定性相结合的次生理论。这五个学派思维构成现代地理学的方法论，朱先生将其喻为人体之五脏，各项功能协同运行。

系统和空间概念是地理学的重要思维，但系统分析和空间分析更是地理学不可或缺的研究方法，朱先生喻之为人的“双手”。一手是系统分析，探讨地理过程机理，寻求整体效应，是探索人地系统优化控制的最佳方法；另一手是空间分析，探讨地理空间的差异性、多维性、关联性和异质性，是探索地理空间优化、生产力合理布局的最佳方法。数据是现代地理学立身之本，收集和挖掘数据有赖于野外调查和室内工作，朱先生喻之为人之两腿，两腿并行，不可偏废，否则成为“跛脚”。

朱先生把上述研究范式绘成示意图，将现代地理学比作一个完整的人类躯体，以自然科学与社会科学的交叉为着落点，形成现代地理学思维脉络体系。朱先生在书中以长汀水土保持研究作为这一体系的示例。

三、剖析人地关系、系统和空间构成思维脉络的运行机制

朱鹤健先生把人地关系、系统和空间思维三者结合在一起，称之为“思维脉络”，其意为三者之间相互联系、相互作用。人地关系研究与系统思维结合，成为人地系统，提升了人地关系研究的水平，体现现代地理学的学术性。人地关系研究与空间思维相结合，把研究落到实处，不流于虚谈，体现现代地理学的实践性。而空间研究以人地关系为内容，以系统分析为手段，体现现代地理学的独特性。在《地理学思维与实践》一书中，朱先生很好地剖析了这三种思维的运行机制。

人地关系的经典解释是指人类与自然环境相互作用，其中包含人类利用自然环境要素过程中产生的利用与保护、生存与发展的矛盾。随着人类社会的发展及人地关系的演化，在不同阶段形成不同的理论。新型的人地关系思想——“和谐演进论”提出人类利用高新技术检测、模拟，进而调控或优化人地关系，解决人地矛盾，是促进人地关系和谐演进的强有力的思想武器。自然环境要素利用与保护的矛盾突出表现于经济发展与生态环境之间的矛盾。生态系统存在一个负反馈过程，即人类对自然环境的开发利用行为一旦超出生态环境所能提供的物质、能量的阈值，便会对生态系统造成损害，从而导致其资源与服务的提供能力下降。经济发展则主要受人类活动控制，是人地关系中的“人”。历史上经济增长对物质和能源的需求是无限增长的，是一个正反馈过程，这一正一负的两个反馈机制之间的矛盾正反映人地关系中的基本矛盾。协调这一矛盾是地理学的主要任务，而综合和交叉思维是研究人地关系的基础，不仅是“地”和“人”各个要素的综合与交叉，也是“人”和“地”之间要素的综合与交叉。人类一方面在顺应自然规律，合理利用资源，寻求经济发展的同时，也对资源进行有效的保护，维护资源的永续利用；另一方面整治生态环境，优化调控由于人为破坏而导致的不协调的人地关系，实现生态系统良性循环。人地双方要素通过多次反馈作用，使社会生产力和自然生产力保持和谐共生，这就形成人与自然的和谐共生关系。人类社会不断进步，要求经济持续发展以满足人类日益增长的需求，这就出现生存与发展的矛盾，即人地关系总是不断在“平衡”与“打破平衡”中向更高水平演进。因此，人地关系的要害在于处理好和谐与演进的关系，人类可依据区域资源禀赋和生产力发展的差异，以平衡发展为战略目标，分层布设非平衡发展战

术，打破现有的低水平平衡，把人地关系推向高水平平衡。

朱先生还引用生物学的共生理论来诠释人地关系。共生理论提出异质共生可建立共生单元间更为相互依存、更具互补性之关系。异质性使得共生单元的生存发展以彼此为前提，又以自身存在而强化其他单元生存，这样的互补、共生关系可推动共生体的同步进化与结构更新。朱先生将该理论应用到人地关系研究中，为生态与经济的“双赢”发展提供了理论依据，开创了一条研究经济与生态协调发展的新思路与方法。

狭义上的人地关系是指人口与土地的关系，土地是粮食生产的物质基础，而粮食又是人类生存发展的物质基础。区域土地的开发利用程度与人地关系密切相关，并在很大程度上由其决定，进而对人类的经济、社会发展产生重要影响。当前我国存在人多地少的矛盾，解决这一矛盾必须发展非农、“非土”产业，提高土地资源综合生产能力且建立动植物并重型膳食营养结构。朱先生以福建人口与土地关系的研究做了示例。朱先生指出，人类为寻求解决人地关系的紧张局面，结合生态规律和经济规律来研究人类经济活动与自然环境的关系，提出了可持续发展，其基本思维是要处理好发展、限制和公平三者之间的关系，这是人地关系的最佳境界。

用系统思维，特别是用生态系统思维研究人地关系，把人地关系上升到人地系统的层次，从而把思维从生物与环境的关系推演到人类与自然环境的关系，向系统性思维转换，这是现代地理学的特色。人地系统思维包含若干生态系统思维，如系统与要素、整体与局部、结构与功能、有序与无序、信息与载体、反馈与控制、调节与协同、渐变与突变、平衡与发展等思维，但人地系统因其复杂性，除了具有生态系统的特征外，要大大异于生态系统，而且高于生态系统，人类在参与自然界物质运动中表现出很强的主体性。作为最高级别的复杂巨系统，人地系统拥有自然和社会两大特征，其包括人类社会经济系统（人）与地理环境系统（地）两个子系统。人类社会经济系统又可分为经济和社会两个子系统。地理环境、经济和社会三个子系统又包含不同的要素。受特定规律的影响和制约，人地系统各组成要素间及各要素与周围环境间，通过各种“流”的形式，使物质、能量、信息等不断得到交换与更新，从而维系人地系统各要素间关系。“人”与“地”的相互作用是自发自组织作用与自觉自组织作用相结合，是主观能动性与对环境的依赖性相结合的人力与自然力协同作用，是地理条件异质性与不同生产力水平相组合，并形成多层次的空间单元。通过人地双方要素多次反馈作用，取得相对平衡，形成人地关系协调统一、天地人共同发展的格局。这正是可持续发展论的思想核心，强调在适度的管理与干预下的经济发展与人口、资源、环境等的高度综合统一。人类发展的最终利益与环境价值并不冲突，维系良好的自然环境质量是实现人类发展根本目标与最终利益的前提与基础。在局部地区、部分时期，人类所追求的经济、社会效益或许会与生态效益产生矛盾，但从长远来看，三者的高度统一方为人类根本利益的最高目标。从复杂科学的整体论角度看，运用复杂研究思维与方法开展人地系统研究，能够帮助人类了解自身发展规律与动因，有利于及时、恰当地进行适应与调控管理，进而促进这一复杂巨系统——人地系统的协调发展；由此，也必将丰富并完善复杂科学相关理论。

空间思维是地理学的本色，也是现代地理学的“起家”思维。认知主体的差异、空间尺度的不同，加之空间类型与形态的多样性，导致了人们对空间认知的多元化。我国地理学名词审定委员会将地理空间定义为物质、能量、信息的存在形式，也是地球表层现象的相关几何范围。在地理学领域，一切对象都毫无例外地发生在特定的空间中。地理空间认知过程包括分析地理事物的空间位置、空间形成的概念，揭示地理事物的空间结构、空间关联、时空演变和空间分布规律，阐释地理事物的空间效应。地理空间研究先是着眼于地球表面的形态或景观的研究，进而研究空间中自然与人文现象的互动方式，从自然空间向自然与社会整合空间转换，再由现实空间转向感知空间和网络空间等虚拟空间的研究。研究空间需要进行空间分析，空间分析以地学原理为依托，以遥感图像、地图和经济、社会数据为基本分析对象，通过相应的分析算法，从而获得相关地理现象。空间分析的类型很多，朱先生在书中介绍了地图的空间分析、空间动力学分析和基于地理信息的空间分析三类。基于地理信息的空间分析集成了多学科的最新技术，使得过去复杂、困难的高级空间分析任务变得简单易行，其中有空间分析模型、数字高程模型分析、空间叠置分析、空间缓冲区分析、空间网络分析和空间统计分析等方法。

四、农业实践验证现代地理学思维脉络体系的独特魅力

该书并非仅停留在“思维”的理论论述上，而是从“思维”引出案例，又从案例论证思维，两相呼应，以证明现代地理学思维脉络体系的独特魅力。

朱鹤健先生将 15 年来农业资源高效利用与 11 年来长汀水土保持的研究实践作为案例，展示其为某种特定的“地理学思维”所做的设计、研究路线与具体方法，通过形式化语言、图解模式和数学模式，将“地理学的灵魂是人地关系思维”“地理学的支柱是系统思维”“地理学的本色是空间思维”这些抽象的概念

化成看得见摸得着的实例，让读者更好地分享某种特定的“地理学思维”所产生的硕果，也体现地理学从微观研究入手，产出宏观决策的特色。

朱先生以地理学的视角研究农业，陆续取得众多见解独特的显著成果。例如，为解决福建人多地少的矛盾，他调查分析了全省土地生产潜力，结果表明在耕地生产潜力上，闽东南地区远大于闽西北地区，是其 1.7~1.8 倍；而前者的宜园荒地面积是后者的 3 倍。这个结论改变了强调闽西北地区是粮仓的传统认识，纠正了忽视闽东南地区蕴藏较大粮食生产潜力的观念。在此基础上，他提出建设闽东南特色农业带的建议，被福建省相关管理部门所采纳。

朱先生基于区域分异观点，开展了多目标的空间分异调查研究。例如，针对福建东南沿海地区人地矛盾尖锐的特点，对该地区进行了长时间序列的农业土地利用，以及城市及其边缘区各类土地利用变化的空间演变分析；在分析全省水热资源的基础上，深入研究福建省气候因素中的薄弱环节——低温寒害，绘制出冬季气候资源聚类空间分布图；分析福建省土壤质量的动态变化，绘制土壤养分与污染的综合区划图。此外，朱先生还为农村平衡发展，应用洛伦茨曲线与基尼系数研究福建省农民人均纯收入的区域差异；为农业合理布局，编制了福建省农业生态系统稳定性空间分布图；为开发山区，编制了福建省山区地域区划图、山区草地资源开发利用模式地域分布图等。这些研究成果都是以区域论的观点与方法对福建省资源与环境作了重新评估，从而获得摆脱传统观念的崭新成果，为实现农业生产的区域化、专门化和产业化提供科学依据。

朱先生选择我国农业发达的南方农村地区具有典型代表意义的福建省漳浦县马坪镇为试验区，突破土地利用以单“兵种”和以经济效益为最高目标的传统做法，应用生态系统的整体效应和良性循环原理，设计具有三个生产层次和六个子系统的农业资源耦合系统生产模式，通过生态链、空间链、时间链、经济链多种形式耦合，实现物质与经济的两个系统良性循环。他在微观、中微观和宏观三个层次展开研究：①以能值理论为基础的微观研究显示，在农田的总效益中，生态效益占 51%，经济效益占 49%，提出重视生态生产力的理念，并为生态补偿提供科学依据；②以生产力为核心的农业耦合系统的中微观研究显示，新设计的农业资源耦合系统生产模式不仅可提高地力，增加产量，而且可以增强农业生态系统的稳定性和抗逆性，使生产功能和生态功能相得益彰，这一模式在农业生产实践中得到推广；③以系统动力学方法为基础的宏观研究，根据农业耦合系统中所包含的各种相互联系的因果关系闭环，把复杂多变的地理现象流体化，绘出反馈回路和流程图，运用结构方程式给予定量描述，揭示地理系统的结构。通过建模仿真运行，构造理论模型，对马坪镇资金分配和用地分配提出对策并预测，以达到最优控制的目的。朱先生又把生态系统的整体效应和良性循环原理应用于研究福建省的人地关系，有助于服务生态省建设，实现可持续发展。

朱先生还在闽东南选择研究区分别进行了农业景观生态设计、区位特征对外向型农业投资区位选择的影响、应用特色农业决策支持系统对可持续农业与农村发展（Sustainable Agriculture and Rural Development，SARD）系统的优化分析等示范研究。

上述实践既以人地关系、系统、空间思维为指导，又以区域、生态、景观、区位和数量方法论为支撑，充分体现了地理学思维脉络体系的内涵。朱先生从身体力行的诸多科研实践中深切感受到农业战场需要地理学者，地理学者参与经济建设主战场有其独特优势。

五、总结我国地理学发展历史，展望现代地理学的未来

我国地理学自 1949 年以来，呈现出由自然地理学为主走向自然地理学与人文地理学相结合、由区域论为主走向多元方法论相结合、由传统野外观测与实验室方法为主走向传统方法与“3S”技术相结合的发展趋势。朱鹤健先生将上述发展史概括地划分为两段时期：1949 年至 20 世纪 90 年代初期、20 世纪 90 年代初期迄今。前期主要侧重于以区域为主导的宏观、静态和定性描述；后期研究工作有重大转型与升级，表现于微观、动态和定量化研究，特别是人地系统和机理探讨有很大进展。但地理学研究转型是渐变式的，而且许多研究工作具有交叉性和连续性，很难从时间上把两者截然隔开，前期研究工作是后期研究工作的基础，后期研究工作是前期研究工作的延续。透过我国现代地理学的进展，回望我国地理人思维的昨天和今天，对走好明天的路富有启示。朱先生指出：现代地理学的发展方向必须向学科大跨度交叉渗透发展；向以过程为目标的机理研究发展；向社会服务和问题研究导向发展；向常规方法与高新技术应用相结合发展；向地理学界面过程的研究发展。

《地理学思维与实践》一书对现代地理学思维和研究方法的精辟解读和应用示范，犹如现代地理学中一缕清风，宣扬了现代地理学的魅力，体现了现代地理学的内聚力，彰显了现代地理学在农业实践中的威力，展现了现代地理学在推动国民经济建设中的潜力。这是一部能给地理学人带来裨益的佳作。

附录三 让地理学更接地气人气

——著名地理学与土壤地理学家、福建师范大学朱鹤健教授专访*

“地理学的魅力激起我的责任感。”在福建师范大学地理科学学院最近举办的“瀚海明塔”学生成长领航行动启动仪式上，我国著名地理学与土壤地理学家、国际欧亚科学院院士、福建师范大学朱鹤健教授从出版《地理学思维与实践》（科学出版社2018年版）一书说起，与广大师生分享在地理学方面的独特见解及人生感悟。

提及地理学，朱鹤健教授感叹，地理学是非常有魅力的学科。他说，地理学“见地及人”，是任何自然科学所不及的，“微入宏出”是任何社会科学所不及的，现代地理学成为自然科学与社会科学之间独特的桥梁，它指向了社会最迫切的需要。

朱鹤健是福建师范大学教授、博士生导师，福建师范大学原校长，主持完成国家自然科学基金、福建省自然科学基金和重大、重点攻关项目10余项，曾获国家和福建省科技进步奖、教学成果奖、优秀教材奖15项。他曾任自然资源研究中心主任、福建省“211工程”重点学科“资源与环境学”及自然地理学博士点、地理学国家理科基地的学术带头人，中国自然资源学会常务理事，福建省自然资源学会理事长，全国高等学校土壤地理学研究会会长。他荣获全国教育系统劳动模范、全国优秀科技工作者、中国地理科学成就奖、福建省科技优秀专家等称号，享受国务院颁发的特殊津贴。他长期致力于土壤地理学与土地资源开发的研究，取得一系列创新成果，推动了土壤学与地理学交叉学科前沿性应用理论和技术支撑体系的发展。

一、地理学是“接地气”的

《地理学思维与实践》是作者根据自己20多年来面向地理学博士研究生授课所积累的资料整理而成。全书体现地理学作为自然科学与社会科学交叉的一门科学的独特魅力，构建现代地理学思维体系脉络，包括核心思维、方法论、研究方法、研究特色和着落点等，展示人地关系、系统性和空间性三个地理学核心思维

* 本文由林升文采写，原刊于《福建日报》2019年11月4日求是版。

的内涵及其应用成果，形成地理学研究范式。

作为一门独立学科的地理学，在科学界到底该如何立足？《地理学思维与实践》一书回答了这个地理学工作者多年来孜孜探求的学科认同问题。

《地理学思维与实践》提出的“现代地理学思维脉络体系”，是一系列地理学的概念、范畴和原理所构成的有序集合。作为以自然科学与社会科学的交叉为着落点的学科，现代地理学是“接地气”的。对人地关系的认识，向来是地理学的研究核心。

朱鹤健教授认为，地理学应是经世致用的。从社会科学注重理论建构的一面来看，地理学无疑是更“接地气”的。朱鹤健教授说，从福建海岸带地区浅海滩涂的开发利用，可见综合研究之重要。福建海岸线长度、岛屿数均居全国第二位，海岸线曲率居全国第一位。由此形成了许多优良的天然港湾，这在沿海各省中是最为突出的优势。海岸带地区浅海滩涂是一个特殊的自然综合体，它是海与陆的过渡地带，同时受到陆地与海洋的影响，各自然要素之间的关系错综复杂，对它的开发利用务必要充分考虑各要素之间相互制约的关系。然而，过去的考察和研究浅海滩涂开发多是从一个方面、一个学科或一个专业分散进行的，各行业、各部门对自己管理的资源都有较系统的调查资料，也多已提出开发利用的意见。但是，他们大多数从各自部门的角度谈论开发利用，强调本业之重要。由于不能全面考虑地区资源的整体，容易产生片面性，资源得不到充分利用，也容易出现互不协调、彼此矛盾的现象。

朱鹤健教授主张，福建应投入大量人力、资金进行多目标综合研究，在此基础上，做好开发利用的总体规划。各个不同岸段，存在着多种多样的利用可能性，如何选择最佳利用方案？除考虑自然条件外，还必须对社会经济条件进行分析，在进行经济技术论证和综合平衡的基础上，才能得出比较准确的答案。跨学科、大综合的研究为形势发展所要求，而地理学兼收各学科知识、汲取各家之长的综合与学科交叉优势适应了这一要求，视野不断扩大。

二、地理学是“接人气”的

从自然学科侧重物质实体、现象研究的一面来看，地理学是为人而研究的，显得更“接人气”。朱鹤健教授说，每一位中国地理学者都应该时刻关心民族的永续生存和国家的可持续发展，不仅研究科学问题，更要解决实际问题。同时，“地理学是人类活动的空间科学”，这样的双重学科属性，就要求科研人员具有人文情怀和理性思维的双重品质。这一点在朱鹤健教授身上得到了充分展现：不仅将见地及人、以人为本的理念作为地理学的灵魂并贯穿其科学研究的全过程，而且长年累月对农业资源高效利用开展研究，心系“三农”问题，力求回报社会。

地理学在任何场合都要考虑与人有关的问题，不能脱离“人”。尽管地理学把研究地球表层系统中各要素的相互作用过程作为任务之一，但都落实到地理现象与人的关系上，而且要引导向对人有利的方面发展，这就是所谓的“见地及人，以人为主”思维。可以说，在所有自然学科中，地理学是最接“人气”的。地理学研究成果多以宏观决策的形式出现，但是地理学提出宏观决策的研究成果一般是建立在微观研究的基础上。借鉴化学、物理学、生物学先进的测试、分析与模拟技术，微观识别和甄别地理过程，剖析地理环境的复杂性。这种从微观研究入手，提出宏观决策，所谓“微入宏出”的独特研究方法，又明显有别于社会科学研究。

朱鹤健教授把这一研究方法用于长汀水土保持研究。长汀水土保持研究经历了半个多世纪，历史上许多学者的研究局限于技术层面上。朱鹤健教授提出“天时、地利、人和”三个策略。“天时”策略要求顺乎自然规律，将“人工植被恢复为主”的现状转移到“自然恢复为主”的角度上来。因此对植物群落、土壤肥力、气候特征做了大量物理、化学与生物学观察与分析，为这一策略提供科学依据。“地利”策略要求从当前“植绿”水平提升到“育土”水平上来。针对当地造林长不大，远看绿油油，近看水土流，所谓“空中绿化”现象，他在研究区采集了90个土壤样本做了分析，洞察土壤肥力变化及其与植被的相关性，提出具体的育土方案，保证地力。“人和”策略要求从现有单纯治理转到治理与开发相结合的轨道上来。为此，他以示范区作为样板，对物质和能量循环、生态系统与经济系统耦合做了大量的基础性研究，阐明物质与经济两个系统良性循环的微观机理，提出构建水土保持与精准扶贫互动的链条与长汀水土流失治理“三步走”的宏观决策，显示了地理学独特的“微入宏出”的研究方法。

三、坚持学术性与实践性的统一

现代地理学所关注的科学问题，直接指向今天决策者的紧迫需求。

朱鹤健教授认为，地理学者应成为国家各级政府的思想库和智囊团的重要成员，为地方、区域、国家、全球等不同尺度问题的预测、规划、决策和优化作出贡献。

朱鹤健教授的研究经历也体现了地理学服务大局的魅力。他从 1991 年开始招收博士生，生源来自全国各地。朱鹤健教授带领的研究团队在可持续发展战略思想的指导下，从不同的侧面与方位对土壤与土地资源开展研究，获得丰富资料，既有在实地的定点观察数据，又有对现有资料时间与空间的分析。

朱鹤健教授带领的研究团队在系列研究的成果中得出鲜明的概念：福建是全国土地生产潜力最高的省份之一，闽东南地区的耕地生产潜力是闽西北地区的 1.7~1.8 倍；为了发挥这一潜力，又做了地区优势鉴别与土地优化配置的研究，确认闽东南地区以发展亚热带果树为特色农业的条件最为成熟，但须解决土地可持续利用与规模两大问题。在 1997 年 3 月提出“关于加强闽东南农业开发力度，建设特色农业开发带”的建议，既作为省政协的提案，又直接上报给省领导。这一提案在福建省政协七届五次会议第一期快报上刊登，得到省领导的批示。相关成果列入了省重点科研成果转化项目。朱鹤健教授带领的研究团队所在实验区的农民获得了增产、增收的实惠。

朱鹤健教授与博士生们又从中总结出许多有价值的规律性的东西，在国内外学术会议上交流，引起同行的关注。国外同行千里迢迢到作者所亲手创设的马坪镇试验区参观。这个经历说明地理学的学术性与实践性的统一。朱鹤健教授在闽东南基地上进行农业资源耦合利用试验，产生少投入、多产出的效果，被农业界认为是“农业增产技术的奇招”。据此，朱鹤健教授获得省政府颁发的科技工作者优秀建议奖与农业科学先进个人奖，同时受聘为福建省人民政府顾问。

朱鹤健教授收获地理学实际应用的果实，感受到地理学的魅力，并树立了这个信念：农业战场需要地理学者，地理学者参与经济建设主战场有其独特优势。他意识到坚持地理学思维开展研究，既能服务经济建设，又不影响学术水平的提高，这进一步论证了学术性与实践性的统一是现代地理学十分突出的特色。

第三篇

应用观

明晰现代地理学应用观，召唤回归经世致用本色，提出服务社会是现代地理学存在的生命根基，务求现代地理学可以成为解决国计民生的利器。本篇提供两个应用实例。《地理学范式下的长汀水土保持研究》以人地关系理论为主轴，突破半个世纪局限于治山、治水的技术治理藩篱，总结出长汀水土保持三个变革性创新经验，推进水土保持持续进展。《地理学范式下的特色农业发展路径研究》以系统思维方式综合的地理学核心思维为主轴，突破农业技术单一化的藩篱，合理配置农业资源，取得少投入、多产出的实效。这两个实例有以下共同特点：确定目标不动摇，课题确立后，在总计划内，研究人员采取“接力跑”的形式参与，长期坚持。长汀水土保持研究从2000年开始，四代人薪火相传，至今已22年；闽东南地区特色农业发展研究，先后参加研究的博士生有9人，坚持15年。研究紧贴解决民生问题，把提高农民收益作为重要的研究指标。在水土保持与精准扶贫建立互动链条上，以及农业资源合理配置耦合链上都做了精细研究，体现“见地及人”的特色思维。研究运用地理学的“微入宏出”特色思维，在大量微观研究基础上，提出针对性措施和策略，适时向政府有关部门献计献策，收到“落‘地’有声”的实效。研究成果由点及面，沿着实证—验证—扩大—提升路径展开，形成系列化成果。长汀由河田镇的实证、朱溪河的验证，扩大到提出长汀全县7种水土流失治理模式空间适宜性，最终提升为中国亚热带山地生态脆弱区的发展战略；特色农业由马坪镇的实证、漳州市的验证，扩大到闽东南地区特色农业综合评价，最终提升为福建省特色农业的宏观布局。上述事实表明我们的研究已呈系列化。

在农业资源耦合利用研究项目鉴定会上汇报研究成果（2005 年）

与 2017 级博士生结课留影（2017 年）

第七章　地理学范式下的长汀水土保持研究

地理学范式研究水土保持的特征：以地理学理论为主导指导思想，以人地关系思维为主轴，人地关系协调性贯穿研究全过程。尽管研究从区域、生态、景观生态、区位和数量五个方法论不同角度展开，但都与农村经济结构调整相结合。通过自然、人文驱动因子的研究，把涉及水土保持的多种因素组成系统，探析系统中各要素之间的关系及其对区域整体的贡献。把土壤侵蚀视为人地系统失调的一种表现，水土流失治理过程所折射出来的矛盾用人地关系和谐论加以探究，于是，水土保持措施从原来固守治山、治水的框框中走出来，推进水土保持产业化，保证治理效果的持续性。下列各节可以看出运用地理学范式研究所取得的实效。《长汀新一轮水土保持的变革性创新》一文运用现代地理学研究范式总结长汀水土保持三个变革性创新，开辟了一条水土保持的新路子，为水土保持工作提供了新鲜经验。《构建水土保持与精准扶贫互动的链条》《从长汀水土保持看地理学应用》两文阐明服务社会是地理学存在的生命根基。《长汀生态恢复的战略思想》《长汀水土保持经验的启示》两文展示地理学的“微入宏出”思维。在微观研究的基础上，提炼出水土保持“三个转变”策略，为水土保持工作的主管部门所采纳并施行。

一、长汀新一轮水土保持的变革性创新*

2000 年，长汀县水土流失治理被列入福建省为民办实事的项目之一。我们响应号召，在长汀建立博士生工作基地，“安营扎寨”，与长汀人民携手，共同参与新一轮水土保持实践。四代人应用地理学特色思维和研究范式，薪火相传，

---

* 本文原刊于中国科技网 2022 年 4 月 22 日，标题原为《长汀新一轮水土保持的变革性创新——四代人薪火相传“扎寨”实践 22 年心得报告》，有删节。

跟班学习长汀水土保持经验，至今已有 22 年。

22 年实践过程见证长汀水土保持出现变革性新气象，表现于水土保持与为民解困联动，摆脱纯技术治理思想束缚，提高群众治理水土流失的自觉性，变“要我治理”为“我要治理”；创建生态有序布局，扫除治理盲点，提高水土保持科学性，变无序治理为有序布局；实施区域整体开发策略，突破“孤身”治理藩篱，提高水土保持持续性，变点式“孤身”治理为区域整体开发。这些变革首先出于理念创新，随之引发技术与策略的创新，这“三个变革性创新”开辟了一条水土保持的新路子，为水土保持工作提供新鲜经验。

（一）水土保持观念变革性创新：主动与为民解困挂钩

长汀县在 20 世纪 40 年代就已设立水土保持专职机构，但半个多世纪来的水土流失治理与研究总是在治山治水上打圈子。那时候老百姓“靠山吃山”，始终处于贫困状态，边治理边破坏现象反复发生。到了水土流失最严重的 1985 年，长汀县土壤侵蚀率高达 24.1%，成为福建省土壤侵蚀最严重的地区之一，也是我国亚热带花岗岩丘陵地区水蚀荒漠化的典型代表。当时，长汀人均 GDP 只有 417 元，成为福建省的贫困区，处在水土流失源于贫困、又是贫困之源的恶性循环中，水土流失成为难治之症。

2000 年，长汀启动新一轮水土保持专项工作，秉承把水土保持作为“为民办实事”初心，先从解决民生急迫问题入手，提出“放下斧头，扛上锄头”口号。政府出资补贴，引导农民以煤、电、沼代柴，既解决农民的生活燃料，又解决滥伐问题，还给予贷款鼓励农民治理荒坡地，变土壤侵蚀区为经济作物区，使农民收入有所增加，解决群众的“禁伐没柴烧”和“开荒没资金”两大操心事。由此相继解决群众一连串困点，提高群众水土保持的自觉性，变“要我治理”为“我要治理”，形成以改善民生推动水土保持，又以水土保持改善民生的良性循环，解脱历史上纯技术治理锁链，结束长汀半个世纪水土流失治理反复的历史，开创新一轮水土保持一路前行的新局面。到了 2007 年，人均 GDP 达到 13813 元，高于 2000 年的 3783 元，而土壤侵蚀率为 14%，低于 2000 年的 22.7%。由此可以看出，不解决农民急迫的民生问题，再好的治理模式也难上马；治理成果不包含农民增收，再好的成果也难巩固，甚至还存在再破坏的可能性。新理念成为水土保持取胜的新锐力量，在这一新理念的引领下，产生了技术和策略的变革性创新。

（二）水土保持技术变革性创新：实施生态有序布局

长汀历史上农业生产有许多种植—治理模式，大都考虑选择经济效益高的农作物与林木。农民往往根据自己的认识与听闻，盲目地在自己的土地上种植树木与农作物，只顾短期效益，陷入随意性、盲目性的泥坑，造成水土流失。如在水土流失严重只能先行林草治理的地区，也不顾条件盲目实施农业生态循环模式，复合经营许多农作物，结果无法收到效益。实际上种植—治理模式要与空间相协调。长汀区内空间客观上存在自然社会经济的差异性，应有多种种植—治理模式共存的可能性，不要孤立地去追求最好模式，适合空间条件的模式才是好模式，因此水土保持贵在生态有序布局。

新一轮水土保持针对区内六种空间的差异性，采取针对性措施，“对号入座”，引导各种种植—治理模式落到实处，形成生态空间格局。现在所见的长不了植物的侵蚀地是原先高等植物因环境恶化倒退演替的结果。长汀在这样侵蚀退化地恢复重建植被，采取与原先植物倒退之路逆行的治理措施，称之“反弹琵琶”。这样恢复重建植被，符合科学的生态法则，纳入有序的布局之中。长汀实施生态有序布局，扫除种植—治理盲点，提升水土保持的科学性，到了 2017 年不仅土壤侵蚀率再下降到 8.63%，比 2007 年低，而且人均 GDP 上升到 57135 元，比 2007 年提高了，彰显技术变革性创新的成效，为随后水土保持持续性发展打下基础。

（三）水土保持策略变革性创新：纳入区域发展中统筹安排

长汀历史上水土流失治理采取单项攻关的形式，治山要求青山不挂白，治水要求地面没径流，治坡要求坡地开梯田，这些项目达标了就算圆满完成任务。实际上这种点式“孤身”治理存在着生态系统完整性与治理措施分散性的矛盾，达不到圆满效果。水土保持涉及自然、经济、社会等多种因素，任何一个因素不到位，都难取得圆满效果。

长汀新一轮治理水土流失实施区域整体开发策略，把水土保持纳入区域发展中统筹规划，变点式“孤身”治理为区域整体开发，发挥资源环境和社会经济优势，强化涉及治理的自然、经济、社会、技术等各种因素的内在关联性，构建与资源环境条件相适应的生态经济体系，发挥系统倍增作用。为了减轻土地压力，避免土地压力过重造成水土流失，长汀延长农业产业链，把富余劳动力转移到壮大林下经济、特色现代农业、生态旅游、乡村旅游、汀州美食等绿色富民产业中，推动生态建设与产业发展融合。推进水土保持产业化，促进水土保持与资源开发、经济发展紧密相连，从而打破历史上“水土流失既源于贫困、又是贫困之源”的恶性循环，摘取经济与生态“双赢”的成果。2020 年人均 GDP 上升到 72837 元，土壤侵蚀率再下降到 6.78%，比前期跨上一个大台阶，实现“治一方水土、富一方百姓”，水土保持处在高质量发展的轨道上运行。

（四）长汀新一轮水土保持新成就的启示

长汀新一轮水土保持工作始自 2000 年，福建把水土流失治理列入为民办实事的项目，主动与为民解困挂钩。从解决急迫民生问题入手，迸发出新锐力量，推动技术和策略的变革性创新，把水土保持推上为民、科学和务实的轨道，出现了上面提到的三个重要变革，即观念上变“要我治理”为“我要治理”，技术上变无序治理为有序布局，策略上变点式“孤身”治理为区域整体开发。三个变革性创新也体现自然科学与社会科学相结合、理论与实践相结合、科教与产业相结合的三个“相结合”的工作方法。

这三个变革性创新、三个“相结合”的工作方法构成长汀新一轮水土保持的特色工作体系，特色在一个“实”字，起于办实事，终于结实果，彰显“以人民为中心”的思想和长汀人民的创新精神。这个特色经验是水土保持的良方，标本兼治，根治半个世纪以来治理几经反复的顽症；也是水土保持的指南，指明水土保持必须从为民解困着眼，以科学支撑工作方向，走上一条持续健康发展的新路子；更是水土保持的好样板，树立“水土保持有赖于民又惠于民”的新理念，破解跨越“生态鸿沟”的难题，催生经济与生态两全其美的新局面。我们 22 年跟班学习可以见证：这个经验有可信赖、可操作、可复制的实践意义。推广这一经验不仅使水土流失区受益，而且提高了水土保持的科学水平。

（五）践行长汀新一轮水土保持的收获

我们四代人应用地理学研究范式，薪火相传，在长汀践行水土保持研究 22 年，地理学理论得到有效的验证。从地理学的人地关系观出发，认识到人地关系失衡是水土流失的主因，验证了地理学“见地及人”的特色思维。长汀的科学生态有序格局与区域整体开发策略两大变革性创新又验证了地理学的空间观与系统观，从而总结出水土保持地理学研究范式，作为成功案例写在科学出版社 2018

年出版的《地理学思维与实践》的专著里，显示地理学有自然科学与社会科学交叉的优势，是解决国计民生问题的利器，充实了地理学理论。这些收获都是来自长汀的长期实践。

地理学是一门自然科学与社会科学交叉的学科，其特色思维之一就是研究地理景象要在大量微观研究基础上，提出宏观决策服务社会，即我们运用“微入宏出”的地理学特色思维，把水土流失视为一种特殊地理现象，对长汀水土流失做了大量微观研究，探明其活动规律，这些微观研究成果见于我们 5 项国家自然科学基金课题的总结报告、出版的 3 部专著和发表的 131 篇学术论文，其中论文的他引总次数高达 1237 次。在这些微观研究成果中，提炼出“三个转变”的宏观策略。这个策略在 2012 年 5 月 17 日“总结推广长汀水土流失治理经验座谈会”上交流，得到社会很好的评价。会后福建省水利厅给我们的书面反馈：“陈雷部长等领导及来自全国水保系统的参会代表对其发言给予了高度评价……朱教授提出的‘三个转变’的论点和对今后具体工作的建议已在今年我省的水土流失治理中被采纳，其对于长汀乃至全省的水土流失治理工作都具有重要的指导意义，值得全省水土保持系统工作者认真学习借鉴。”

这些成绩显示出地理学的自然科学与社会科学交叉的独特优势，让人尝到“科技服务生产”的果实。这是“理论联系实际，科技服务生产”思想指引的成果。我们将沿着这一方向继续走下去，代代相传，让长汀水土保持经验之花绽放得更加绚丽，为国家富强、民族复兴建功立业。

二、构建水土保持与精准扶贫互动的链条*

2000 年我在长汀县建立博士生实践基地，以地理学范式研究水土保持。2011 年，总结 11 年来的研究成果，形成书面材料，若干建议已为相关部门所采纳。研究工作持续至今。

当今，水土流失治标不治本仍是最大误区。一项水土保持工程完成了，见到局部地区恢复青山，但未见农民增收。许多研究重蹈老路，花大量精力财力去重复研究诸如种草植林有多少好处等早已有结论的问题，然而对水土保持产业化这一关系治贫的重要问题，却望而止步，至今可推广、可复制的水土保持产业化的

* 本文原刊于《福建日报》2016 年 7 月 4 日求是版，有删节。

集成技术出现不多。一些研究虽然报告治理措施取得效益，却见不到农民实际收入有所增长。不解决农民当前急迫的民生问题，再好的治理模式也难上马；治理成果不包含农民增收，成果再好也难巩固，再破坏的可能性依然存在。另一个误区是，水土流失治理与研究脱离生态恶劣这个现实。在严重水土流失地区生态恶劣，只能先行林草治理，有的研究却推崇农业良性循环模式，盲目复合经营许多农作物，结果无法收到效益。实际上水土流失区根据不同生态条件可以多种治理模式并存，与生态条件相适应的模式就是好模式。农业良性循环模式是个好模式，但难在恶劣生态条件立足，就无效益，所以重在合理的生态空间格局。此外，治理与研究方法单一化。把水土保持只视为一门自然科学技术，局限于自然要素层面与单项技术的研究与治理，少有社会科学技术的介入，忽视社会经济因素的作用，缺少基于区域整体性的系统分析和综合治理，因而没有形成自然科学和社会科学交叉的阵势，以至于治理与研究只能做到治标而不治本。还有一种误区：只造林，不改土，出现“远看绿油油，近看水土流”的“空中绿化”景象，徒有绿化之名，而无绿化之实。要搞好水土保持工作，必须走出上述这些误区。

长汀县以“滴水穿石，人一我十”奋斗精神开展水土保持，使当地的生态环境大为改善，农民增收。长汀县治理模式与成效被水利部誉为中国水土流失治理的品牌，南方治理的一面旗帜。长汀县水土保持的可贵经验在于把治贫贯穿水土保持工作全过程，做到治理与治贫互动。我总结了长汀县 2000 年以来治理水土流失的“三步走”经验：初期起步强调民生性。2000 年开始新一轮水土流失治理时，长汀县农民的生计来源仍然很窄，收入很低，积习未改，仍然把上山伐林作为生活燃料和增加收入的重要渠道。据此，长汀县从解决民生问题入手，提出“放下斧头，扛上锄头”口号。政府出资补贴，引导农民以煤、电、沼代柴，既解决农民的生活燃料，又解决滥伐问题。鼓励农民治理荒坡地，变土壤侵蚀区为经济作物区，使农民收入有所增加。中期强调有序性，在区内推广多种水土保持模式，与农村经济结构调整相协调，在改善生态环境的同时，又使农民的生活水平进一步提高。后期强调持续性。把水土保持作为区域发展的一个部分，成为建设新农村的一项重要内容。设计构建与资源环境条件相适应的生态经济体系，富余劳动力向非农产业转移，减少土地压力，增加农民的收入，推进水土保持产业化。整个过程经历民生性—有序性—持续性三个阶段，每阶段均与治贫挂钩，从小做大，有序进行。

水土保持与精准扶贫互动的三个节点。现在全国正在加大精准扶贫的力度，为水土保持工作提供绝好机遇。水土保持工作要领会好治贫才是治理水土流失之根本的道理，构建水土保持与精准扶贫相辅相成的互动链条，这个链条有三个节点。

一是树立水土保持挂钩治贫新理念。水土保持工作要从原有固守治山、治水的框框中走出来，主动与治贫挂钩，把民生问题、农民增收贯穿水土保持工作全过程，标本兼治。以扶贫推动水土保持，以农民的实际收益、脱贫程度检验水土保持成果。为此，水土保持研究要从传统的“见地不见人”的治理思维提高到“见地及人”范式上来。要学习长汀“三步走”经验，民生性—协调性—持续性有序进行，从小做大。先从解决民生急迫问题入手，增强农民治理水土流失的自觉性和实际能力；再关注治理模式与空间的协调，生态建设与经济发展的协调，提升水土保持建设水平；最后把水土保持工作纳入建设新农村的一项内容，繁荣经济，巩固水土保持成果，全过程紧紧与治贫挂钩。

二是聚焦水土保持产业化。水土保持产业化意味着在取得水土保持成果的同时，又增加农民收入。水土流失地区扶贫投资重点要放在水土保持产业化的项目上。从点状治理转变为块状开发。打破传统以行政区域为治理单元的空间局限，以小流域为单元，创造治理与开发相结合的模式。小流域不仅是治理的生态单元，也应是开发利用的经济单元。以产业化为主线，水土保持与农村经济结构调整和地方特色产业相结合，形成地方经济发展与水土保持相互协调共生互利的链条。为此，要把水土保持作为区域发展的一个部分。综合考虑自然和社会经济条件，整体规划与布局。组织富余劳动力向非农、“非土”农业（农产品加工业、农业观光业）转移，减轻土地压力。发展特色农业，构建第一、二、三产业的有效连接，运用集成技术，促进生态与经济耦合，开拓致富之路。水土保持管理部门与扶贫管理部门通力协作，联动管理。落实与强化各级政府的水土保持委员会协调相关部门通力协作的职责。通过规划、计划及必要的行政手段和法规，组织指导小流域水土保持产业化工作，以求水土保持、经济同步发展。鼓励民间资本参与，开拓多元投资的渠道，改变历史上单一靠政府投资的做法。这需要给投资者以公平的市场环境，保证投资者在市场中的主体地位。

三是建立跨学科的技术支撑体系。水土保持涉及自然和社会多种因素，问题的复杂性要求研究与治理应具有综合性、系统性和方法的多样性，因此集成技术显得格外重要。研究要从区域整体出发，把涉及水土保持的自然、社会因素组成系统，探析系统中各要素之间的关系及其对区域整体的贡献，从中提出适用的集成技术。这不仅要求水土保持学、农学、土壤学、植被学、气候学等自然科学的支撑，还要横跨社会科学中经济学、管理学等学科。为此，要突出水土保持的自然性、社会性和经济性，确立其自然科学与社会科学交叉的学科地位。组织自然科学与社会科学人员共同参与，凸显多因子、多方法、多角度和跨学科的综合研究特色，联动攻关。创新交叉性生态经济耦合技术体系，实现治理与研究的全面性和系统性。

三、长汀生态恢复的战略思想*

在 20 世纪 80 年代，全球退化生态系统大面积增加，出现系统组成和结构单一，生态联系和生态学过程简化，对外界干扰显得脆弱和敏感，抗逆能力和自我恢复能力变低等退化特性（章家恩、徐琪，1999）。在这种背景下，恢复生态学兴起，成为现代生态学的热点之一。生态恢复关键在于恢复生态系统功能和构建合理结构。“恢复”包含“重建”含义，泛指恢复和重建退化的自然生态系统，使其重新有益于利用，并恢复其生物学潜力。2000 年福建省政府把治理长汀土壤侵蚀作为“为民办实事”项目。基于服务社会这一目的，我带领博士生在长汀建立试验基地，应用现代地理学原理研究土壤侵蚀的治理问题，持续至今。福建省地处我国东南沿海，属于亚热带红壤丘陵区，根据 2000 年卫星遥感调查统计，全省土壤侵蚀面积达 13133.56km^2，占土地总面积的 10.72%，每年土壤侵蚀量为 8300×10^4t，是南方地区土壤侵蚀较严重的省份之一（曾从盛、郑达贤，2006）。长汀县地处福建省西部，武夷山南段，汀江上游，南邻广东，西接江西，为闽、粤、赣三省边陲要冲。由于长汀具有土壤侵蚀历史悠久、面积广、程度重、研究历史长等典型性，又地处亚热带，山地丘陵占 97.3%，是研究亚热带山地生态系统脆弱区生态恢复的最佳选择。长汀县严重土壤侵蚀发生于 20 世纪初，至今达 100 年之久。该区降雨集中，山多坡陡，为土壤侵蚀提供了强大的水动力条件；加上土壤贫瘠，植被难以恢复；植被稀少又加剧土壤侵蚀，形成恶性循环。过度的资源利用以及不适当的人类活动造成植被破坏是引发土壤侵蚀的重要

---

* 本文原刊于《自然资源学报》2013 年第 9 期，标题原为《我国亚热带山地生态系统脆弱区生态恢复的战略思想——基于长汀水土保持 11 年研究成果》，有删节。

原因。自20世纪以来，长汀县连续发生多次森林滥伐、林地滥垦事件。1985年卫星遥感调查统计，土壤侵蚀占全县土地总面积的31.5%。本研究试验区设在该县河田镇，“河田”得名是因历史上河床淤积高出农田1～1.5m，可见土壤侵蚀之严重。历史上，长汀县的土壤侵蚀研究在空间尺度上基本以坡面、径流小区为载体，在研究内容上多以微观为主，且侧重于自然过程，社会经济层面上则多限于定性描述，少有提高到人地系统层面上，更少在定量化水平上来研究。于是，边治理边破坏的现象在长汀时有发生，成为福建省土壤侵蚀最严重的地区之一，也是我国亚热带花岗岩丘陵地区水蚀荒漠化的一个典型代表。水土保持不仅涉及自然因素，更涉及社会因素，问题的复杂性要求研究应具有综合性、系统性和方法的多样性。本研究按此要求，把握住两条思路：一是以研究区域为整体，把生态恢复作为区域发展的一个重要内容；二是把土壤侵蚀视为人地关系失调的一种表现，协调人地矛盾贯穿研究全过程。同时注重系统论、人地关系和谐论两大思想方法的运用。前一思想方法基于水土保持的农业资源组成系统——农业资源系统，探析生态恢复过程内在关联性，后一思想方法把生态恢复过程内在关联性所折射出来的矛盾用人地关系和谐论探究。

（一）生态恢复过程内在关联性

本研究从微观入手，通过长期定位观测与面向农户直接调查掌握丰富的第一手数据，应用“3S”现代化研究手段挖掘数据源，把握系统论思想方法，从自然、经济、社会、技术角度，探析生态恢复过程内在关联性，夯实了支持宏观决策的科学理论基础。现将探析结果表述如下。

1. 土壤侵蚀逆转起自植被和土壤正向演变

植被覆盖度的增加，伴随土壤侵蚀率的下降，当植被覆盖度大于70%时，基本已能控制土壤侵蚀。伴随而来的是土壤肥力的变化，研究区90个土样分析表明：该区土壤主要养分各项指标（有机质，盐基代换量，全量和有效氮、磷、钾，各类群微生物）含量都随着植被覆盖度的增加而呈增大趋势。植被覆盖度≤30%地区的土壤养分各项指标值明显低于全区的平均值；植被覆盖度在30%～60%及60%～90%地区的土壤养分，除个别指标外，绝大多数指标值与全区的平均值接近；植被覆盖度≥90%区域的土壤养分各项指标值明显大于全区的平均值。当土壤肥力提高之后，又能提高植物群落活力和生物多样性，直到建立健康的植物群落，则能全面控制土壤侵蚀。足见植被和土壤正向演变是土壤侵蚀逆转的关键，这种正向演变始于植被，终及土壤。因此土壤侵蚀逆转要从调整植物群落入手，随之要提高土壤肥力。现实情况只停留在前一步，后一步多未跟上，于是出现“远看绿油油，近看水土流”的“空中绿化”景象。

2. 生态恢复效益出在合理生态空间格局

以长汀县河田镇为研究对象，针对不同的自然社会经济基础，以获取最大的综合效益为目标，设计 7 种生态恢复模式，布设生态空间格局。对自然基底较好、人类活动相对弱并容易控制的地区采用自然恢复措施，主要是实施封禁治理；对自然基底极度脆弱、难以自然恢复的地区则采用强化治理措施，如生态林草、低效林改造；对极端侵蚀的崩岗形态，采用生物与工程措施相结合，上拦下堵中削坡加林草措施；对人类活动频繁地区设计了“草—牧—沼—果（或林）”模式，突出农业资源系统耦合在生态恢复中的作用。不同地区有不同生态恢复模式的适应性，只有找到适应模式，才能出效益，因此生态恢复重在合理生态空间格局。

3. 生态恢复进程控于土壤侵蚀时空分异规律

长汀土壤侵蚀时间分异研究表明：自 2000 年加大投资以来，土壤侵蚀面积逐渐减少，侵蚀强度逐渐下降，说明积极治理成效显著。土壤侵蚀空间分异研究表明：在土壤侵蚀严重的若干乡镇，出现集中连片的好转，同时也出现反复和局部加重的现象，说明治理中仍有不合理的生产活动，触发土壤侵蚀。基于马尔可夫过程方法控制下的土壤侵蚀空间预测，土壤侵蚀恶化类型仍会持续一段时间，显示治理工作的艰巨性，提示要拓展投入的资金渠道，为今后土壤侵蚀的治理提供保障。长汀的坡耕地和园地是侵蚀率最高的两种土地利用类型，土壤侵蚀主要集中在坡度 15°以下地区。坡度大于 25°地区虽然因重力作用极易发生侵蚀，但由于国家限制开发，所以土壤侵蚀发生的比例较低。这说明土地合理利用对保持水土至关重要。经治理后，侵蚀景观分异特征是：低强度的土壤侵蚀多表现为斑块数减少和平均斑块面积的增加，边缘规则化；高强度土壤侵蚀表现为斑块数增加而平均斑块面积减少，破碎化程度提高，提示低强度的土壤侵蚀地可以采取连片治理，而高强度土壤侵蚀地则须采取“各个击破”的针对性治理策略，生态恢复进程应受制于土壤侵蚀时空分异规律。

4. 生态恢复持续性取决于计量的生态补偿机制保证

用能值法评价长汀土壤侵蚀导致的经济损失对国民经济的影响程度，结果表明 1988 年长汀的土壤侵蚀造成的经济损失相当于当年农林牧副渔总产值的 31.9%，2000 年为 17.8%，2007 年为 7.02%。虽然这种经济损失与年俱减，但仍是当地沉重的负担，单纯依赖当地农民的财力治理土壤侵蚀既有难度，也不符合社会公平原则，因此必须通过生态补偿制度统筹相关地区的政府和社会资金来实现。这些情况说明建立基于生态经济度量的生态补偿制度的迫切性。目前各种形式的生态补偿直接惠及农民的份额甚少，本研究从人地关系设计的生态补偿制度，强调人地和人际两个机制并重的理念，只有通过生态经济度量建立起来的生态补偿机制，合理解决生态建设中的利益协调问题，才能使生态建设和经济发展转入良性循环。

5. 生态恢复根本途径有赖于生态—经济系统耦合

通过对河田镇与长汀全县的农业生态系统能值指标对比分析，结果表明：尽管河田镇的农业经济发展水平比长汀全县略高，产品的竞争力也较强，但其面临的土壤侵蚀和经济发展所造成的环境压力却数倍于长汀全县，凸显高经济外部成本的特征，由此警示人类活动强度不应超过生态系统承载力范围，以保证整个生态—经济系统会朝着良性耦合方向发展，否则得不偿失。本研究采用 PSR 模型对水土流失区朱溪河流域生态—经济系统的耦合协调情况进行量化研究，分析了流域生态—经济系统所面临的压力（P）、系统状态（S），以及有意识的人类活动响应（R）等对生态—经济系统耦合协调的影响。结果表明：生态恢复重在既有成果维护并逐步过渡到系统自主演替，实践过程要发挥人类在人地关系中的主动作用，积极干预，加强生态—经济系统耦合协调。

（二）实施顺乎天时，调控地利，致力人和的三个策略

长汀人地关系长期处于紧张状态，表现为人为的不合理生产活动诱发严重的土壤侵蚀。虽经半个多世纪的治理研究，没有得到完善的解决办法，治而复发时有发生，有些地区甚至出现人地关系的严重失调。这种具有普遍意义的现象与历史上出现的“地理环境决定论”有一定关系。受这种认识的局限，土壤侵蚀过多归咎于自然环境，治理与研究多局限于技术层面。据此我们运用人地关系和谐论，并受到我国古代“天有其时，地有其财，人有其治，夫是谓之能者”的天人合一说的启发，提出“天时、地利、人和”三个策略。

1. 顺乎天时

“天时”的理论基础是人在人地关系中对地具有依赖性，对自然资源的开发利用要顺乎自然规律，生态恢复要最大限度地发挥自然界的再生能力。据此理论，生态恢复的重点应以“自然恢复”为主，这对亚热带地区特别有意义。长

汀植物生长周期短，生长迅速，生物量大，如杉木20年即可成材，柑橘5年即能结果，这也意味着土地的更新能力强，山地即使植被已经破坏，只要注意保育，恢复也快。要尽力用好这个“天时”，以植物群落本身的发展为基础，顺乎其自然演变规律，让自然界固有的自我修复能力得以最大限度的发挥，实现植物群落的自然演替，达到近似于当地顶极群落，从而恢复受损生态系统的基平功能。调查证明，一些地区采取封禁措施，停止人为干扰，植物生态系统就向着稳定、复杂的方向发展。即使在陡峭的山坡，封禁3至5年后，也可能看到绿色覆被，发挥水土保持的功能，可以认为自然恢复是经济有效的治理土壤侵蚀的方法。当然强调自然恢复并不排除人工建设，只是在指导思想上要树立以自然恢复为主，人工建设为辅的思想。人工建设也要准确把握住人为干预的时间、过程和措施，使其能顺乎自然恢复的内在机制和植物群落演替的原动力，达到生态修复的目的。

2. 调控地利

“地利”的理论基础是在人地关系中人类居于主动地位，可以自觉依照自然规律去利用和改造地理环境来为自身服务。我国东部地区径流模数对比，亚热带及热带常绿林地区最高，约为$20m^3/(s \cdot km^2)$，次为混交林地区，为$10 \sim 15m^3/(s \cdot km^2)$，夏绿林地区最低，在$10m^3/(s \cdot km^2)$以下。亚热带地区地面径流强度大，是引发土壤侵蚀的一大祸害，防治措施历来倡导将其渗入土中，或导入排水系统。现在要运用“地利”理论，转换思维，化害为利，把“渗”和“导”转变为“蓄”，即把大面积上的雨季径流收集储存供冬季利用，以实现将间歇性和离散性的降雨径流转变为相对持续的供水系统，既控制土壤侵蚀，又解决山地农业冬季供水不足问题，寓“除害”于“兴利”中。我国北方地区已有径流农业、径流林业的实践经验，在亚热带地区却少有应用，福建德化茶园有了试验性实践。从热量看，亚热带许多地区的冬季可相当于东北地区的正季，这份冬季的农业生产潜力不可等闲视之。但冬季干旱却是一个障碍因子，可考虑蓄积雨季径流来解决，并配合发展冬季牧草，带动草食性畜牧业的发展，构建“径流收集—叠加储存—径流草业—草食性畜牧业”四个环节相结合的径流草畜系统，把除害与兴利归为一体。当人工草地带动草食性畜牧业发展之后，土地单位面积产值通常要比常规种植业高1至8倍。这应是生态恢复产业化的一个很好途径。

3. 致力人和

“人和”的理论基础是人力与自然力可以协同创造一个共存的协调环境。水土保持是一项十分复杂的系统工程，不仅是一个生态过程，也是经济、价值恢复的社会经济过程，需要依靠人力与自然力协同解决。面对当前普遍存在地力衰退、农民收入低的现状，不解决这两个问题，水土流失难以根治。改变这一现状，要在人地关系和谐论的思想方法指导下，运用各种技术与政策措施，做到土地和谐利用，即构建以提高地力为中心的物质良性循环和以提高农民收入为目标的经济良性循环。从自然界植物正向演替，一代比一代强的自然规律来看，通过科技与体制创新，人类完全可以做到土地越种越肥、越增值，这就是“致力人和”之含义。不同地区都可能有不同的物质良性循环模式，其中最有效的是生态耦合回归模式：按食物链原理组织生态耦合，促使物质多级循环和能量多级流动，保持高水平的良性循环（朱鹤健等，2009）。长汀建立了“草—牧—沼—果”农业示范区。在山丘种了二系狼尾草，保持水土；同时，二系狼尾草养猪，发展畜牧业；厩肥制沼气并返田，提高地力，构成物质的良性循环，巩固水土保持成果，这种模式值得推广。构建经济良性循环则要求水土保持要从现有单纯治理尽快转到治理与开发相结合的轨道上来。以产业化为主线，以小流域为单元，小流域不仅作为治理的生态单元，也作为开发利用的经济单元，形成地方经济发展与水土保持相互协调、共生互利的链条，开拓土地生财之路。

（三）实现观念、策略、技术的三个转变

上述治理策略付诸实践必须以实现三个转变为前提，包括在观念上从单纯治理转变到治理与开发相结合，走上生态恢复产业化的轨道上来；策略要从人工建设为主转变到以自然恢复为主的角度上来，最大限度地发挥自然界固有的再生能力；在技术措施上从大地绿化提升到土壤熟化，解决“空中绿化”问题。

1. 观念上转变

生态恢复要从现有单纯治理尽快转到治理与开发相结合的轨道上来。根据长汀实践，这个转变可以分三步走：初期起步强调民生性，从解决民生问题入手，促使生态条件有所改善。长汀初期提出“放下斧头，扛上锄头”口号，政府出资补贴，引导农民以煤、电、沼代柴，保证农民的生活燃料，解决滥伐问题。鼓励农民开发性治理荒坡地，变土壤侵蚀区为经济作物区，使农民收入有所增加。中期发展强调有序性，设计 7 种生态恢复模式，实行合理有序的空间格局，建立“草—牧—沼—果”循环种养生态农业示范区，推行生态农业，在改善生态环境的同时，又使农民的生活水平进一步提高。后期强调持续性，长汀组织富余劳动

力向非农产业转移，增加农民的收入，减少土地压力。把水土保持纳入建设新农村工作之中，并与发展经济相结合，推动土壤侵蚀治理与农村经济结构调整和地方特色产业的结合，推进生态恢复产业化。而谋求生态—经济系统耦合，促使整个生态系统进入良性循环还需要做很多工作，包括以下论及的“三个突破”。

2. 策略上转变

生态恢复的策略要从“人工植被恢复为主”的现状转移到“自然恢复为主”的角度上来。现有生态恢复具体措施尽管有各式各样，但概括起来无非两类：一类是靠自然恢复，另一类是人工植被恢复，其基本出发点都是增加地面覆被，控制土壤侵蚀。当前许多地区生态建设大量资金投入人工植被恢复的措施，这固然收到一定的效果，但限于人力和财力，只能在局部地区实现。何况人工植被恢复带有很强的主观性和功利性，未必完全与自然环境条件相适应，有时事与愿违，恢复后又重现恶化的情况时有发生。自然恢复的好处已如上述。长汀县生态恢复实现大面积封禁，小面积治理。在2000—2009年的10年期间，长汀封育治理面积共计64980hm^2，结果表明：封禁时植物群落活力普遍较高。长汀封禁占治理面积的83%，投资只占6%；生态林草面积只占8%，投资却占了32%；种果面积只有3%，投资却占有18%。这说明自然恢复是投资少、收效大的好措施。

3. 技术措施上转变

生态恢复技术措施应有长远眼光，要从“植绿”技术提升到“育土”技术上来。研究表明，长汀县土壤侵蚀严重区土壤有机质含量很低，平均只有7.12g/kg。而且土壤有机质的恢复和积累速度极慢，朱溪河流域经过多年的治理与恢复，2009年的土壤有机质平均含量仅为18.78g/kg（千米网点土样平均值）。历史上留下的“老头松”地就是因土壤贫瘠而导致。当前土地经营者更多的是考虑短期效益，培育地力问题未被广泛重视，土地资源只用不养现象十分普遍。因此当生态建设进入绿化山头之后，要及时提升到“以提高地力为中心”的生态建设上来。其技术的重要环节是要求耕作制度中有一定比例的保土养地植物，提倡林地、果园套种肥土植物，还要重视发展畜牧业，引入动物的关键种，保证每年有足够数量的有机肥源投入土地。长汀在山丘种了二系狼尾草，二系狼尾草是一种多年生的禾本科牧草，其根系发达，在侵蚀山地生物量可高达225t/hm^2左右。该牧草适口性强，既可作为牛、羊、兔、猪等的饲料，降低饲养成本，增加有机肥源，又有水土保持的效果，达到保土与开辟有机肥源的双重目的，这个经验值得推广。

（四）推进技术瓶颈、空间局限、体制障碍的三个突破

当前生态恢复已进入“深水区”，进展有一定难度，表现为许多技术问题成为发展的瓶颈，还受传统以县域为治理单元的空间局限和体制上障碍的制约。只有组织力量突破技术瓶颈、空间局限和体制障碍，才能推进生态恢复的进程。

1. 突破技术瓶颈

当前水土保持的生态建设已有许多成熟技术可以应用，但仍有许多关键技术难题有待解决。以上述土地和谐利用的两个“良性循环”为例，就存在若干技术瓶颈阻碍发展。两个“良性循环”要求优化生态产业链，以尽可能少的资源消耗获得尽可能大的经济效益。而设计合理的生态产业链，要求增加物质和能量循环层次，延长农业系统中资源要素的运行和整合的时间，其技术的关键在于加环的合适度，即选择生态产业链的最佳组合，包括加环数量、序列、产业间相关性、环境适应性以及生态效益与经济效益的统一性等。如何创建更多更有效的适合不同地区推广的模式，应是当前亟待解决的技术问题。鉴于山地小地形的复杂性，山地布局不能只考虑单项技术，而必须按照不同高度、山形、坡向，结合土壤条件和侵蚀状况，叠加社会、经济、技术条件组合成不同生产适宜性和限制性。这就要求通过科技创新，设计出集成技术，包括技术组成、空间配置、时序安排、整体协调等，发挥整体效应，才能做到开发与保育相结合（朱鹤健，2006）。实施科学的生态补偿机制，必须创新生态效益经济度量的办法。传统计算农业效益以单位面积土地生产量或生产价值的做法，远不能说明农业生产过程的实际效益。农业生产的真正效益应把生态效益计算在内，于是计算生态效益的创新方法成为热点。目前评估生态系统服务功能价值的研究还只是处于起步阶段，迫切要求通过科技创新，找出一个大众公认的、可信的生态效益评估方法。生态系统与经济系统耦合是生态恢复的根本途径，其关键技术在于调控系统内各组分间紧密配合，高度组织化，和谐有序，协调运行。研究主要集中两点：设计测定系统耦合状态的评价指标体系和建立反映耦合程度的协调度函数。但是从众多可选的指标中，选择能很好表现系统运行状态的指标是较难的，许多学者基于区域自然和社会的特征，充分考虑资料的可获得性、研究尺度的大小、研究范围的大小、研究精度等要求，对众多的指标进行测算、比较、分析和论证，力图找出影响系统协调运行的主导因子，试图建立相对全面、相对科学的指标体系。现在已有很多研究报道，想法各异，尚未取得较为一致的成熟意见。同样情况，协

调度函数的研究也有十多种思路，出现许多争议（王成璋等，2007）。总之生态经济系统耦合测度尚在探索中，应作为前沿技术，依靠科技创新的支撑，继续深入研究，才可能达到人们期待的水平。综上所述，科技创新应成为生态恢复的内在需求，必须全方位依靠科技创新，突破技术瓶颈，推进建设进程。

2. 突破空间局限

目前水土治理多以县域作为研究尺度。虽然县域尺度的治理模式便于政府制定政策和统一管理，但小流域治理符合水土流失的自然规律，有利于建立符合山区特点的农、林、牧复合农业生态系统，便于与江河防治相衔接。小流域不仅是治理的生态单元，也应是开发利用的经济单元。要创造治理与开发相结合的有利条件，就必须打破传统以县域为治理单元的空间局限，建立以小流域作为单元的治理模式。本研究应用“3S”技术，编制长汀根溪河小流域的景观生态设计方案，实践中已显示了生态恢复的良好效益。现应进一步对小流域的相似性进行分析和区分，构建出小流域的主要类型。同时汇总已有成效的治理模式，形成案例库，将小流域与案例库耦合，确定不同小流域治理模式，实施分区科学治理。据此建议尽快把长汀现有经验系统化，在更大尺度上验证。例如，以汀江流域为单元，建立“汀江流域百里水土保持产业化示范走廊”，以生态恢复产业化为主题，把握治理和开发两个技术环节，治理与开发相结合，建起区域生态、经济同步发展的先导区；除政府给予资助外，还应吸引农民及社会闲置资金投入，促进生态恢复工作民间化、企业化。这种模式还可以陆续在更大尺度上铺开，打出生态恢复以小流域为单元的新局面。

3. 突破体制障碍

强调以小流域为单元综合治理，就必须突破行政管理界限，建立相关部门通力协作的联动机制。实际上我国各级政府设立的水土保持委员会就具有多部门的联动机制，只因办公机构设在水利管理部门内，往往被人们误认为水土保持仅是水利管理部门一家之事。因此必须落实与强化各级政府的水土保持委员会协调相关部门通力协作的职责。其职责要从原有固守于以水土保持为主要内容的生态建设的工作框框中走出来，把治理与开发相结合。相关部门紧密合作，与当地的资源开发、经济发展紧密相连，使土壤侵蚀治理在取得生态效益的同时，也带来经济效益，形成地方经济发展与生态恢复相互协调共生互利的链条。跨行政区域界线的联动机构应拥有适度决策权力，通过规划、计划以及必要的行政手段和法规，组织指导流域内以生态恢复为主要内容的生态建设和产业化工作。这个联动机构除行政管理单位间工作联盟形式外，还可以鼓励企业、集体、农户、外资等参与，开拓多元投资的渠道，改变历史上单一靠政府投资的做法。但这需要给投资者以公平的市场环境，保证投资者在市场中的主体地位。规模经营是区域生态—经济系统耦合的直接驱动力，针对我国当前农村的实际情况，在稳定家庭联产承包责任制基本制度的基础上，开展农业产业组织创新，建立和完善以家庭联产承包经营的传统农业与适度规模的现代化农业结合的双重经营体制，以适应生态恢复规模经营的要求。

四、长汀水土保持经验的启示*

（一）长汀水土流失治理成果来之不易

1. 治理经验和模式具有典型示范意义。长汀是中国南方红壤丘陵区水土流失最为严重的县域之一。经过多年的治理，使大面积的“火焰山”重新披上了“绿装”，基本实现长汀人百年绿色之梦。长汀的治理成果来之不易，是按照科学发展观，遵循科学规律，依靠大自然力量修复生态，辩证地处理水保生态建设问题的成功实践，留下了值得借鉴的做法与经验，在中国南方具有典型示范意义。

2. 科技在水土流失治理中起重要先导作用。在这些水土流失极其严重的坡地上重建植被，不仅是投入问题，也是一个重大的科技问题。在我指导的博士生中，有五位以长汀生态恢复与重建、治理模式和生态补偿为内容的学位论文研究，他们在定位观测、实验区研究和农家访问调查过程中都得到当地干群的热心指导与帮助。他们觉得这地方研究条件很好，非常乐意在这片土地上开展研究工作。五位博士生一个接着一个先后在这里开展研究工作，累计逾十年。现在他们都取得博士学位，但仍然依恋这片红土地。长汀巧借智力，筑巢引凤，已成为许多高等院校和科研院所的研究基地，堪称“科技聚集盆地”。在长期实践和探索中，总结创新了“小穴播草，草本先行”“等高草灌带，草、灌、乔混交”和“草—牧—沼—果种养庭院经济，促进循环”等一系列具有可操作性的治理模式与技术，大大提高了水土流失治理效率。

---

* 本文系作者于 2012 年 5 月 17 日在“总结推广长汀水土流失治理经验座谈会”上的发言整理而成。

3. “人一我十、滴水穿石”的水保精神值得弘扬和坚持。长汀治理成效，非一日之功。没有长汀广大干部群众艰苦创业，“人一我十、滴水穿石”的韧性，“脚踏实地、真抓实干”的作风，“开拓进取、勇于创新”的闯劲，不可能取得今日之成效。

（二）长汀水土保持经验的启示

长汀治理模式与成效启示我们，水土保持必须从人与自然和谐的理念出发，正确处理水土保持与经济发展的关系。应用地理学系统思维下的综合的基本原理与方法，抓住顺乎自然规律与良性循环两大关键，构建治理—生态恢复—地力上升—生产发展的良性循环模式。当前要尽快在观念、策略和技术上实现三个转变（详见本章第三节）。

（三）建议

1. 尽快把长汀经验在更大尺度上验证，创建区域生态、经济同步发展的先导区。建议以汀江流域为单元，以水土保持产业化为主题，把长汀现有经验系统化，建立“汀江流域百里水土保持生态画廊与产业化示范走廊”。集成各种生态措施，沿汀江构建百里生态景观，形成客家文化、红色文化与生态休闲旅游走廊。小流域不仅是治理的生态单元，也是开发利用的经济单元。沿汀江合理布局产业，建议将“走廊工程”争取列入国家重点扶助项目，并吸引农民及社会闲置资金投入，促进生态恢复与重建工作民间化、企业化，改变长期以来单纯靠政府投资的做法。建立联动机制，相关部门通力协作，把握治理和开发两个技术环节，治理与开发相结合。强化人与自然融合理念，坚持生态优先，优化生产要素配置，增加农业产业链，开拓致富之路，构建“生态治理—富裕—再创新治理—更富裕”的经济良性循环。

2. 构建小流域治理模式分区。小流域是一个最基本的地域系统。建议以小流域作为治理单元，对小流域的相似性进行分析和区分，从而归纳出小流域的主要类型，同时汇总已有成效的治理模式，形成案例库，将两者耦合，最终确定不同小流域治理模式分区。这样治理符合水土流失的自然规律，有利于防护体系的合理配置和水土资源的合理开发利用，有利于山地经济生态景观设计，建立符合山区特点的农、林、牧复合农业生态系统，便于与江河防治相衔接。

3. 建立南方水土保持科技协作示范园区。建议科技部加大对福建水土保持科技工作的支持，设立重大科技专项和支撑项目，以科技项目带动，建立中国南方水土保持科技协作示范园区，使之成为中国南方水土保持科研提供平台，并形成不同治理和开发类型的样板示范区。在此基础上，产、学、研有机结合，引进社会力量，进行产业开发，形成类似杨陵旱地农业高科技产业园区等与水土保持密切相关的产业园区。

4. 尽快建立侵蚀区生态补偿机制。长汀县的水土流失治理在治理技术、组织动员等方面有一套成功的做法，取得了一系列的治理成绩。作为福建省委、省政府开展“为民办实事项目”的目标和考核指标，应该说是达到了目的，也是成功的。但如果从生态系统恢复的中长期时间尺度和生态系统管理的有效性角度审视，还要建立水土流失治理的长效机制，调动人们对自然修复的自觉性和积极性。这就必须在福建全省乃至更大区域内，建立生态补偿制度。只有通过建立规范的生态补偿制度，通过生态补偿措施解决生态建设中的利益协调问题，才能使生态建设和经济发展转入良性循环。我们应用生态服务价值和能值理论对长汀土壤侵蚀进行经济度量，结果显示：1988 年、2000 年和 2007 年的土壤侵蚀经济损失分别是同期农林牧副渔总产值的 31. 9%、17. 8%和 7. 02%。这个土壤侵蚀的经济损失值可以作为制定生态补偿的基线，来尝试和推动侵蚀区水土保持的生态补偿机制的实施。

五、从长汀水土保持看地理学应用*

当前，我国面临着推进新型城镇化进程、优化国土资源利用、生态文明建设、产业优化升级、缓解资源环境压力、实现可持续发展等问题，其中涉及“人地关系”所带来的一系列重大理论问题和实际问题，任何单一学科解决这些问题都显得单薄无力。

地理学以研究视野开阔，具有多因素的综合性与跨学科的交叉性等特征，既有自然规律的研究又有社会经济规律的研究，因而在研究涉及上述各方面问题时显示出独特的优势，福建长汀县水土流失治理研究就是典型的实例。

---

* 本文原刊于《中国自然资源报》2019 年 8 月 22 日第 3 版，有删节。

（一）广泛的应用领域与独特的思想方法

地理学研究与应用领域广泛，几乎涉及国民经济和社会发展各个方面，在水土保持、环境治理、生态恢复等领域应用前景十分广阔。新中国成立后在相当长时期内，地理学走的是紧密结合国家需求、“以任务带学科”的路子，把主要力量投入国民经济主战场并产出了一系列重要成果。例如，当年我国在宣传地大物博、无偿使用土地和水资源的背景下，地理学者作了大量的区域考察，分析我国自然资源的态势及其对社会经济发展的制约，率先提出了“资源节约型社会”的概念，这一战略思想对科学发展观的形成和普及作出了重要贡献。随后地理学者形成的《中国可持续发展战略报告》《中国区域发展报告》等成果也成为制定国策的依据。

在产业应用方面，著名地理学家、中国科学院院士黄秉维在国内率先倡导和开展了农业生态系统的研究，结合中国国情与农业生产实践，致力于将地理学理论转化为农业生产力。在这一思想指导下，地理学者提出的桑基鱼塘、蔗基鱼塘、镶嵌农林复合系统等农业最佳生产模式都在农业生产上产生重要效益。在城市建设上，地理学者对城市群、城市带的形成，城市内部空间结构特征、城市化等方面进行较为全面的研究，提出的宏观策略推进了新型城镇化进程。在社会与环境建设方面，地理学者运用地理学思维，设计生态建设方案，制定改造环境和建立地域生产综合体的计划，研究区域开发与改造山河的最优方案，研究土地沙漠化、盐渍化、土壤流失，以及用地比例失调的原因，并提出生态、社会与经济的各种措施，为区域开发与生态文明建设作出基础性贡献。

地理学独特之处在于介于自然科学和社会科学交叉的着落点，综合跨越若干个学科来解决问题，并把人地关系、系统和空间 3 个核心思维串联成思维脉络，将其分别定位为灵魂、支柱和本色。人地关系是地理学的灵魂，研究任何问题都离不开人地关系，所谓“见地及人”。“人”与“地”的关系表现在：对人口生产、物质生产、生态生产和社会文化生产的协调，使其形成正向相互作用。现代地理学把人地关系上升到人地系统的层次上来研究，由分析性思维向系统性思维转换。没有系统思维的支撑与架构，现代地理学就不复存在，因此称之为支柱。地理学研究对象都毫无例外地发生在特定的空间中，空间思维是地理学分析研究地理事物和现象的发生、影响的基础，将其定位为本色。现代地理学有区域论、生态论、景观生态论、区位论和数量论 5 个常用的方法论，其中生态、景观生态、区位、数量等方法论都是把各自独立学科的原生理论与人地关系的思维有机融合，从而产生次生理论。地理学研究地理现象采用系统分析、空间分析、野外调查和室内工作等多样化的研究方法，揭示其变化的性质、过程、程度与机理。地理学者提出的宏观策略一般是坐落在微观研究基础上，所谓“微入宏出”有理有据，令人信服。地理学的优势在于它是由一系列独特的核心思维、方法论、研究方法和着落点构成的知识体系。这在长汀水土保持研究中得到充分展现。

2000 年开始，福建省人民政府高度重视长汀水土流失治理，有序实施民生性—有序性—持续性的“三步走”治理方针，使当地的生态环境大为改善，昔日烈日炙烤下的“火焰山”重新披上了绿装。长汀治理模式与成效被誉为中国水土流失治理的品牌，在我国南方具有典型示范意义。我见证了长汀这一转变过程，应用地理学人地关系思维分析得出结论：水土流失源于贫困，又是贫困之源。人类活动对土地的过大压力，导致人地关系失调是水土流失的主因，协调人地矛盾才是治理水土流失的根本。水土保持必须在观念、策略和技术上转变，提出“天时、地利、人和”的宏观策略，在应用实践中突破技术瓶颈、空间局限和体制障碍，对长汀水土流失治理工作起到重要作用，地理学在经济建设主战场发挥了独特优势。

（二）研究问题落在特定空间点上

地理学是由区域论起家的。地球表层并非均质，而是由不同自然、社会、经济要素组成的综合体，任何地理现象都有一定的分布区域，地理学大量的研究工作都着落在特定空间上。针对全球、区域、地方的不同空间，研究每个空间差异性的机制，以及如何利用机制再造符合人类需要的空间环境，所以有“地理学是人类活动的空间科学”之说。因此，水土流失治理与研究不能脱离特定空间，必须根据特定空间设计不同的治理模式。水土流失区特定空间表现为不同程度的水土流失与经济水平的空间组合，各种空间组合都有各自适应的模式。长汀治理水土流失总结出封山育林、生态林草、低效林改造、工程改造、农业良性循环等多种治理模式，若脱离自然社会经济条件评价，必然推崇农业良性循环模式，但在恶劣生态条件下，盲目复合经营许多农作物，无法收到实际效益。在这种条件下，只能先行林草治理。

可见，某种模式能与特定空间相适应就是好模式。例如：对自然基底较好，人类活动相对弱并容易控制的地区采用自然恢复措施，主要是实施封禁治理；对自然基底极度脆弱，难以自然恢复的地区则采用强化治理措施，如生态林草、低效林改造；对极端侵蚀的崩岗形态，采用生物与工程措施相结合，上拦下堵中削坡加林草措施；对自然社会经济条件较好地区设计农业良性循环模式，突出农业资源系统耦合在生态恢复中的作用。鉴于水土流失区存在着空间差异性，应有多种模式共存的可能性。因此，生态恢复重在构建合理的生态空间格局。

（三）剖析问题落在“人地关系”上

地理学研究要面向国家需求，立足人地关系，在与其他相关学科相结合的过程中突出学科本身特色。在长汀水土保持研究中，地理学的应用将剖析问题的落脚点放在人地关系上，总结了长汀治理“三步走”的经验：

2000 年时长汀经济水平很低，人均 GDP 只有 3783 元，土壤侵蚀率高达 22.7%。这时水土保持强调民生性，提出“放下斧头，扛上锄头”口号。政府出资补贴，引导农民以煤、电、沼代柴，既解决农民的生活燃料，又解决滥伐问题。同时，鼓励农民开发性治理荒坡地，变土壤侵蚀区为经济作物区，增强农民治理水土流失的自觉性和实际能力。2007 年时人均 GDP 提升到 13813 元，这时水土保持强调有序性，关注治理模式与空间的协调，生态建设与经济发展的协调，使土壤侵蚀率下降到 14%。2017 年时人均 GDP 提升到 57135 元，此时水土保持强调持续性，把水土保持工作纳入建设新农村的一项内容，作为区域发展的一部分，推动土壤侵蚀治理与农村经济结构调整和地方特色产业发展相结合，组织富余劳动力向非农产业转移，减少土地压力，推进生态恢复产业化，谋求生态—经济系统耦合，促使整个生态系统进入良性循环，土壤侵蚀率再度下降到 8.36%，全过程都可以看出产业治贫、发展经济对水土保持所产生的积极效果。

社会上有一个误区，把水土保持只视为一门自然科学技术，局限于自然要素层面与单项技术的研究与治理，少有社会科学技术的介入，忽视社会经济因素的作用，没有把人地关系失衡作为水土流失的主因来看待，以致治理与研究只能做到治标而不治本。我认为，水土保持研究要从传统的治山治水、“见地不见人”的固有思维，提高到产业治贫、“见地及人”范式上来，把民生问题、农民增收等“人”的问题贯穿水土保持工作全过程，以水土保持产业化为主线，构建水土保持与精准扶贫互动的链条。

（四）审视问题落在综合集成点上

在解决环境治理、区域开发、生态恢复、水土保持、城市规划、粮食安全、可持续发展等重大问题上，最能体现地理学综合集成的研究方法，通过多学科理论，多视角、多因素、多方法的综合，表现出认识地理环境的强大洞察力。在长汀水土保持研究中，这一点主要体现于“三观”：治理整体观、技术耦合观、管理联盟观。

治理整体观。虽然以行政区域为单元的水土治理模式便于政府制定政策和统一管理，但以小流域为单元的治理更符合水土保持的自然规律，便于与江河防治相衔接，有利于建立符合山区特点的生态经济体系。为此，这项工作必须树立整体治理新理念，以小流域为单元综合考虑自然和社会经济条件，以水土保持产业化为主题，以区域生态、经济同步发展为目标，注重整体的布局与效益，注重治理与开发相结合。通过线性规划、多目标、交互对策，构建与资源环境条件相适应的生态经济体系，实现水土保持的持续性，并通过建立示范区使水土保持各项措施被生产者所接受，最大限度地减少农户生产的盲目性。

技术耦合观。长汀县在长达半个多世纪的水土流失治理实践中提炼出了诸多技术成果，并都取得了较好的实验、推广效果，但大都限于单项技术，而单项技术无法实现整体功能。例如，长汀造林工作虽然卓有成效，但也出现了“远看绿油油，近看水土流”的“空中绿化”景象。究其原因是土壤肥力不足，即使造林，由于林木生长细弱，稀疏的树冠也难以保持水土。然而，树壮必须地力高，长汀涉及提高地力的一些单项技术都有专门人员在研究，如利用水土流失地种植二系狼尾草，狼尾草养猪，猪粪用作沼气原料，沼液沼渣用作肥料还田等都取得成功，但未能形成“草—牧—沼—肥”集成技术来实现物质的良性循环。此外，这项工作还要求多部门联动，从单项技术向配套技术组合转变，探索产、销、加工、服务、推广等多环节集成技术，创新交叉性生态经济耦合技术体系，实现治理与研究的全面性和系统性。

管理联盟观。实施小流域治理必须克服生态系统完整性与管理分割性之间的矛盾。要突破行政管理上分兵把守、分割管理的现状，建立相关部门通力协作的联动机制，实施域长负责制。跨行政区域界线的联动机构应拥有适度决策权力，通过规划、计划以及必要的行政手段和法规，组织指导小流域水土保持产业化工作。这个联动机构除行政管理单位之间的工作联盟形式外，还可以鼓励企业、集体、农户、外资等参与，开拓多元投资的渠道，改变历史上单一靠政府投资的做法。但是，这需要给投资者以公平的市场环境，保证投资者在市场中的主体地位，同时坚持多部门联动通力协作，与当地的资源开发、经济发展紧密相连，走上治理与开发相结合的路子。

【小结】长汀新一轮水土保持工作是为民办实事的项目，体现“以人民为中心”的思想。治理全过程贯穿水土保持与为民解困互动的理念，由此引申出民生性—有序性—持续性“三步走创新行动”，从而获得经济与生态异质共生的“双赢”效应，体现了人民性、科学性和和谐性的“三性特质”。工作中采用自然科学与社会科学相结合、理论与实践相结合、科教与产业相结合的“三结合工作法”，从解决民困入手，以科技作为支撑，走向经济与生态共生。可以认为长汀水土保持经验是由“三步走创新行动”“三性特质”“三结合工作法”构成的系统化工作体系，由此形成三角的良性循环。它是水土保持的一种力量，能做到水土流失标本兼治，结束了长汀半个多世纪来水土流失治理几经反复的历史，成为水土保持的一种工作指南，指导着科学的生产实践，走出了一条水土保持持续健康发展的新路子；更是水土保持的一块瑰宝，催生经济与生态两全其美的新局面。我们 23 年的跟班学习可以见证：这个经验具有可信赖、可操作、可推广的实践意义。这一经验不仅使水土流失区受益，而且提高了水土保持的科学水平。

第八章　地理学范式下的特色农业发展路径研究*

一、特色农业研究立项过程

我自 1991 年起始，以地理学的人地关系、系统、空间三个核心思维作为指导，运用“见地及人”“微入宏出”“落‘地’有声”的地理学特色思维指导博士生研究农业资源高效利用。农业是依赖资源很强的产业，尤其是对土地资源的依赖。资源利用方式在一定程度上决定农业生产方式。福建省人均耕地面积居全国靠后位置，耕地资源紧缺问题十分突出。但福建地处南亚热带和中亚热带地区，属于海洋性季风气候，有利于植物的生长，一年四季常青。闽东南地区大部分可以实现一年三熟，在闽西北大部分地区可以一年两熟，全省绝大部分耕地，在冬季可以种植一季。福建是全国土地生产潜力最大的区域之一。然而福建省农业资源利用率偏低，许多耕地冬季没有利用，称之为“闲冬田”，耕地的复种指数低，土壤肥力下降，农民收入低等问题突出。因此，从农业资源高效利用的角度，寻求出一条节约农业资源、增加农民收入的好路径显得尤为重要。

农业资源是指人们在从事农业生产或农业经济活动中可以利用的各种资源，包括农业自然资源和农业社会经济资源。农业自然资源主要指自然界存在的，可为农业生产服务的物质、能量和环境条件的总称，包括水资源、土地资源、气候资源和生物资源等。农业社会经济资源指社会、经济和科学技术因素中可以用于农业生产的各种要素，主要有人口、劳动力、科学技术和技术装备（肥料、农药、农用薄膜）、资金、经济体制和政策及法律法规等。研究主要目标是挖掘农业资源的潜力，并使之得到恰如其分的利用，做到农业资源少投入而又能高产出，保证土地资源的可持续利用，构建资源节约型的农业生产体系，促进农业增效、农民增收，保持良好的农业生态环境，形成良性循环。

---

* 本章写于 2004 年 12 月。

1992—1995 年，研究先从福建农业生态系统稳定性与土地生产潜力着手，采用定性与定量相结合的综合集成法，评定福建农业生态系统稳定性的区域差异；又在全省分析土地生产潜力中发现，闽东南地区的耕地生产潜力是闽西北地区的 1.7~1.8 倍。为发挥这一潜力，作了地区优势鉴别与土地优化配置研究，确认闽东南地区以发展亚热带果树为特色农业的条件最为成熟。根据这些研究成果，1996 年，我提出“福建农业可持续发展的跨世纪走向”的书面建议，随后参与编写《福建省可持续发展行动方案》，把研究成果融入方案中。

在明晰全省农业资源的状况后，1996 年在闽东南沿海地区漳浦县大南坂农场，应用地理学的景观生态方法论，通过对原有景观要素的优化组合，引入新的景观成分，优化景观结构的格局，加强景观单元之间或农业生态系统之间在功能和生态过程上的有机联系。以生态联户（United peasant household）为单元，以耕地（Cultivated land）为基础，以庭院（Courtyard）为依托，以果园生态栽培（Orchard eco-cultivation）为突破口，设计出以突出生态果园为主的镶嵌农林复合土地利用优化模式。把生态联户与三个景观单元——“耕地”“庭院”“果园”的第一个英语字母的组合，把这个模式简称为 UCCO（农林复合镶嵌系统）生产模式。UCCO 生产模式追求空间之间互相联系、相互作用处在最佳状态，减少农业资源的投入而又能获得更高效益，表现于经济效益与生态效益的统一。在农场样区试验示范结果证明，本模式在生产性、安全性、可行性等方面都比传统农业种植模式优越，除取得良好生态效益外，在 1.3km^2 的示范区内，增收节支总额达 150 万元，取得良好经济效益。因此，大南坂农场以此为由，申请取得农业部、财政部联合低息贷款 2000 万元，继续推广本生产模式，为闽东南沿海地区土地可持续利用及农业与农村可持续发展提供了样板。

1997 年 3 月，我提出了“关于加强闽东南农业开发力度，建设特色农业开发带”的建议，作为提案在省政协七届五次会议第一期快报上刊登，并被安排大会发言。《福建日报》《福建经济报》《海峡科技导报》《政协通讯》等媒介相继作了报道。福建省计委将本提案列入福建省可持续发展第一批优先项目计划〔闽议程办 1998　004 号〕，认为本提案“具有关联性大、影响面广、带动性强等特点，对闽东南地区可持续发展具有重要作用”。福建省农业综合开发领导小组办公室文件称：“所提的建议很好……今后要在原有的基础上进一步加大闽东南农业综合开发力度”。在大南坂农场 UCCO 生产模式成功经验的基础上，我们又着手设计马坪镇以实施规模特色农业为特点的地理学研究范式。这一设计分别在全国山地研究与发展学术研讨会（2000年11月）和海峡两岸资源互补与永续利用学术研讨会（2000年9月）上被选为大会报告，得到境内外同行的充分肯定与热烈反响。本设计的主要内容也被纳入福建省计委编制的《福建省可持续发展行动纲要》中。在这个工作基础上，我们先后承担省科委的两个项目，分别是东南沿海发达地区规模特色农业发展研究，项目编号2000Z133，研究时间由2000年至2004年；规模特色农业信息化的示范应用研究，项目编号2001Z087，研究时间由2001年至2004年。设计工作由点及面，逐级扩大。除继续深化和完善马坪镇特色农业产业化体系研究外，相继进行漳州市、闽东南地区和福建省的特色农业的模式和宏观布局研究，构建镇（马坪镇）—市（漳州市）—地区（闽东南地区）—省域（福建省）不同空间尺度四级特色农业研究的体系。

二、基于人地关系思维对发展特色农业的思考

特色农业发展首先考虑的是发挥农业的区域优势，这种区域优势是区域自然、社会、经济等因素的复杂组合，也可以说是区域资源优势、产品优势、产业优势的综合体现。一个区域的特色农业建设，首先要识别其潜在的资源优势。我们以闽东南沿海地区作为研究的主要对象，开展特色农业的研究。闽东南沿海地区受惠于自然禀赋和改革开放政策，成为福建目前经济发展最快的、活力最强的区域。改革开放以来，该地区已成为全省经济持续强劲增长的引擎。这个地区由于工业化、城镇化进程很快，农业面临的问题主要是耕地面积下降很快，土地退化现象严重，尤令人关注的是农业比较效益低，未能得到普遍重视，其优越的农业资源不能充分发掘，农业生产效率偏低。因此，针对东南沿海地区经济发达，人地矛盾尖锐，农业资源潜力大的特点，特色农业的研究重点放在资源优势转化为产品优势，产品优势又转化为产业优势上，以期推动整个农村经济的发展，加快农业现代化进程。于是，寻找一个能充分发挥区域农业资源优势的特色农业生产优化模式和宏观布局就成为发展特色农业的重要课题。我们选择闽东南地区具有代表性的漳浦县马坪镇实现这种优势的转变。试验区四年来的实证表明：应用农作循环系统技术的特色农业生产优化模式，从食物链功能角度出发，通过生物生产的时空配置和立体生产技术，加强对农业资源的三维空间立体利用，以及农、林、牧、渔、草、虫（蜜蜂等）、微生物等生物资源的综合开发，形成空间布局和结构更为合理的综合开发格局，不仅发挥区域农业资源优势，而且确保农

业增效、农民增收，达到实现农业资源综合开发和可持续利用的双重目的。马坪镇的实证研究成果进一步在漳州市的验证，由点及面，沿着实证—验证—扩大—提升路径展开，扩大到提出闽东南地区特色农业综合评价，最终提升为福建省特色农业的宏观布局。研究成果有以下几个方面：

1. 本项目基于人地关系思维，研究紧贴解决民生问题，把提高农民收益作为重要的研究指标。沿着实地—实事—实效的脉络展开。马坪镇特色农业生产模式通过4年实际应用，除了取得明显生态效益外，累计新增产值3900万元、新增利税500万元、增收节支680万元。农民年均纯收入增长16%，是以前农民年均纯收入增长8.8%的近一倍，尤其是在2000年和2001年这两年，实现了农民年均纯收入增长21.5%的良好局面。2002年，闽东南地区受比较严重的旱灾和以水果为首的农产品价格低迷的双重不利影响，但马坪镇是仍然实现农民收入增长的地区之一。“马坪模式”得到漳州市农办的重视和支持，利用覆盖漳州市各乡镇农业技术推广站及其服务网络，在全市范围内推广马坪镇特色农业示范区的经验，对全市特色农业资源进行优化配置，3年来累计新增产值43500万元，累计新增利税3560万元，其成果被列入福建省重点科研成果转化项目加以推广。

2. 对各区域农业资源作面上时空分析，点面结合，采用定性与定量相结合的方法，通过调查—试验—评价—规划和设计的研究方法，在获取大量翔实的数据基础上，系统研究了特色农业发展中的宏观与微观问题。在宏观上，要优化农业资源配置，适应“两个转变”（经济体制从计划经济体制向社会主义市场经济体制转变，经济增长方式从粗放型向集约型转变）要求，建立各种经济要素向特色农业聚集的农业产业化体系。微观上，建立经济效益与生态效益相结合的特色农业生产优化模式。实践“微入宏出”的地理学特色思维，基于大量基础数据的综合分析，提出了漳州市、闽东南地区和福建省的特色农业宏观布局，形成镇—市—地区—省域四个不同空间尺度研究成果，为中国东南沿海地区发展特色农业提供科学依据。

3. 从农民增收着想，要调动各种经济要素向特色农业聚集，生产与市场经济相适应的特色农产品，取得规模效益。倡导“生态联户”，即在同一景观生态单元内，农户联合经营，形成有规模的合理空间布局，规模化经营，并与商品服务体系结合起来，构建特色农业生态产业化体系，促进生产力的发展。

4. 研制与开发特色农业决策支持系统，为特色农业的信息化作出示范。引用一系列定量的研究方法，为特色农业信息化研究开创一个好开端。

三、系统方式综合思维下的特色农业发展研究

系统论是把研究对象的各个组成部分看成密不可分的整体，打破单一孤立地观察事物的研究方法，而从多因素相关、多功能结构模拟、反馈性质来分析研究事物。李双成（2013）指出系统理念是地理学研究的重要特点。系统的功能是组成系统的各个要素通过一系列的耦合作用实现整体效应。特色农业实际上是一种多目标战略决策问题，系统思维是研究特色农业发展的最佳选择。按照这一思路，我们在马坪镇4个行政村建立试验样区，样区的研究工作流程图如图8－1所示。

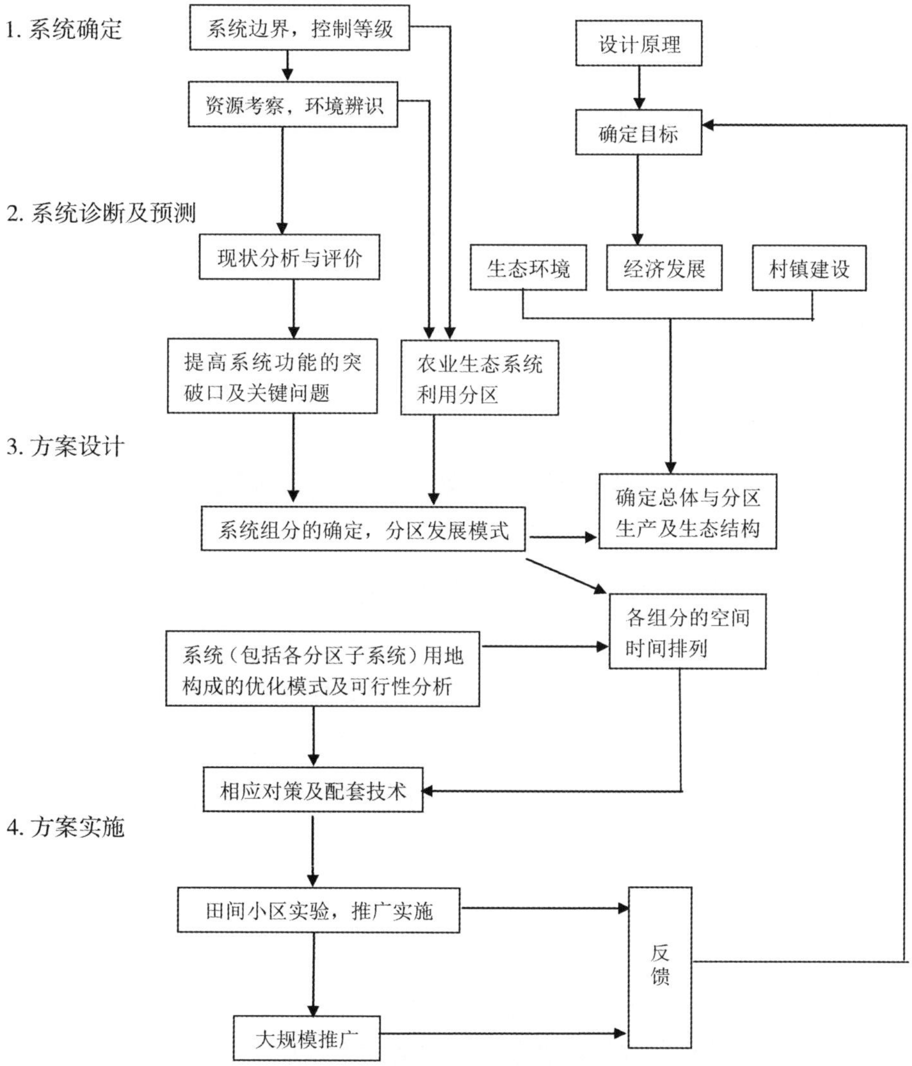

图8－1　马坪镇特色农业研究工作流程

本研究以特色农业发展为先导，充分发挥南亚热带环境资源和农产品优势，在系统方式综合思维指导下，引用“耦合”概念研究资源要素的合理配置，通过规划合理配置，建立特色农业生产模式。分散、单一的农业资源要素通过不同耦合键发生着各不相同的耦合过程，以此强化系统内部的能流流程和拓展资源开发空间，挖掘农业资源系统内在潜力，取得低投入、低污染、高产出的效果，形成独具特色的产业体系（图 8－2）。

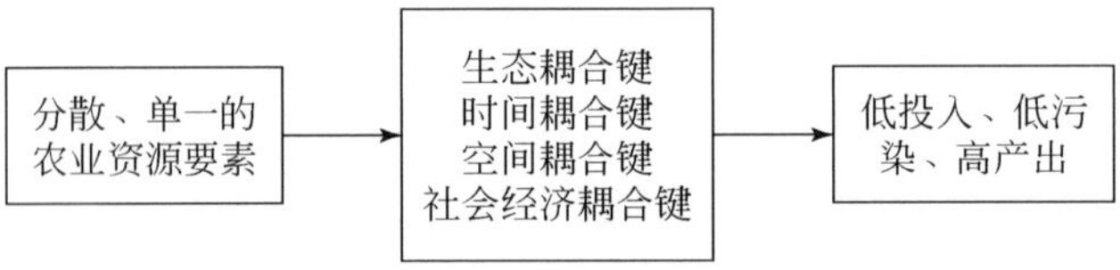

图 8－2　农业系统耦合键的作用效果

任何一种农业资源要素单独对农业生产都很难发挥作用，农业生产力的高低取决于农业资源各要素的耦合效应——系统耦合状况的好坏。只有在系统思维的指导下，从资源的系统性和层次性出发，充分发挥各个子系统功能，通过系统耦合形成巨大的农业系统，才能提高系统的稳定性和生产水平，实现农业资源的合理和科学开发，获得农业资源的整体效益。在漳州市农业生产系统优化研究工作中，我们采用了多目标线性规划方法进行特色农业系统优化评价，详见第十章第一节的介绍。

四、空间思维下的特色农业发展研究

空间思维是地理学的本色。任何地理现象都有一定的分布区域。地理学的区域研究注重空间差异性，针对各种空间差异性，研究符合人类需要的空间环境。农业内部生产部门的合理布局如同土地资源的多样性一样，可以在局部区域内具有多种开发选择。自然地理条件的区域分异对发展特色农业起到关键性作用。对特色农业的布局及分区主要是适应农业自然资源的地域上的差异，反映农业生产最佳的生物生长效益。发展特色农业首先必须尊重自然规律，紧紧抓住自然地理条件区域分异的特点，发展适合不同自然地理条件的特色农业。农业生产结构的空间格局具有复杂的经济学与生物学交织的属性，因此发展特色农业不仅要考虑自然地理条件、区域位置的差异，还要考虑经济和社会发展的不同，形成了不同区域之间自然地理条件和经济社会条件的差别，这些差别主要表现在：内陆与沿海之间、山区与平原之间、城郊与非城郊地区之间。发展特色农业还必须使农产品能够有效占领市场并取得规模经济效益，即农产品产量达到较大规模。要搞好特色农产品规模生产，必须建立长期稳定的专门化生产区，在生产区内采用先进技术和标准，以科学态度进行产前、产中、产后的管理，生产大宗优质的特色农产品。特色农业生产地区专门化是农业生产社会化、地域高度分工的结果，与小农经济相对立。实行特色农业生产地区专门化，有利于把一定的农业部门和农作物集中配置在自然经济条件适合的地区，便于充分发挥机械的效率，有效地提高生产者的生产技术水平，从而大大提高劳动生产率和特色农产品商品率。专门化生产区域的形成不仅使影响范围扩大、数量提高、规模增加、质量优化成为可能，还能促进旅游业、加工业等行业发展，增进了特色农业的水平分工。发展到一定程度后，既有垂直分工、又有水平分工与垂直分工的混合分工。这样，才能有计划、有目的地发展特色农业，在激烈的国际竞争中得到发展。基于上述思考，我们对闽东南地区和福建全省发展特色农业进行区域条件辨识，并提出宏观布局。

【小结】本章以地理学的人地关系、系统、空间三个核心思维作为指导，运用“见地及人”“微入宏出”“落‘地’有声”的地理学特色思维研究发展闽东南特色农业带所彰显的独特魅力。基于人地关系思维，研究紧贴解决民生问题，把提高农民收益作为重要的研究指标。从农业资源高效利用的角度，提出一条以农为生转向以农致富的好路径。在系统思维的指导下，建立特色农业生产模式，既增加了农民收入，又提高了生态农业的科学水平。自然地理条件是发展特色农业的关键因素。借助实地—实事—实效的研究脉络，对闽东南地区进行区域规划，提出特色农业宏观布局，显示“落‘地’有声”的效果。这一项研究再次证明农业需要地理学，地理学者在农业战场上大有作为。

第九章　闽南马坪镇特色农业生产模式研究*

在漳浦县大南坂农场发展特色农业的经验基础上，我们于2000年为马坪镇制定生态农业试验区建设总体规划，以突出发展特色农业为目标，在4个行政村建立特色农业示范、推广试验区，推行特色农业产业化体系，取得明显的生态和经济效益。这一成果在2003年被省计委作为重点科研成果转化项目继续给予支持。

运用立体生态农业技术可以模拟生态系统中的食物链结构，通过物质良性循环，使一个子系统的产出（废弃物）成为另一个子系统的投入，并能拓展资源开发的空间，更加充分地利用自然资源，获得较明显的效益。合理运用人力、技术、经济等措施，加强特色立体生态农业农产品的多级加工和多种涉农服务配套，可以提高农业资源的综合利用率，最终把区域农业体系建设成为一个良性循环的物质生产综合体系。

一、马坪镇发展特色农业的条件辨识

马坪镇位于闽东南地区漳浦县东北部，东经117°51′56″~117°57′08″，北纬24°11′08″~24°17′06″。北接龙海市白水镇，东接前亭镇，南与佛昙镇毗邻，西与赤岭乡交界，全镇总面积为52.25km^2。辖6个行政村1个农场，即后康村、马圩村、仙都村、文安村、林埭村、京野村和湖山农场。全镇耕地总面积1087hm^2（共1.63万亩，其中水田7385亩，旱地8915亩）。

---

* 本文摘编自朱鹤健、何绍福和姚成胜合著的《农业资源系统耦合模拟与应用》，科学出版社2009年版，以及程炯和朱鹤健合著的《东南沿海地区特色农业与生态持续发展》，中国农业出版社2003年版，有改动。

马坪镇气候为南亚热带海洋性季风气候，具有多雨、暖热、无霜期和日照长的特征，十分有利于喜温喜湿农作物的快速生长，但传统的农业发展模式未能充分发挥其农业资源的优势，效益不高。该镇所表现出的以下特点在中国东南地区具有一定的代表性。

(一) 土地类型多样，适宜发展多种经营；但农业生产结构单一，生态农业体系不完整

马坪镇拥有林地、耕地、园地、草地和水域等多种土地类型，其中耕地和园地约占土地总面积的 56. 31%，草地约占土地总面积的 16. 38%，并有总库容达 $6\times10^7m^3$ 的三个中型水库。多种多样的土地类型为特色立体生态产业体系的发展提供了良好的条件，十分有利于发展多种特色经营。

然而，马坪镇农业生产结构单一。1999 年，该镇农林牧渔产值的比例为 71. 1∶9. 1∶18. 3∶1. 5，来自种植业的收入占农村经济总收入的 70%以上，畜牧业收入仅占农村经济总收入的 13. 5%，从事第二、三产业的劳动力仅占劳动力总数的 12%（福建省为 39. 5%），畜牧业、第二产业、第三产业的产值和投入总额均远低于我省的平均值。数据显示，马坪镇的生态农业体系不完整，养殖业、农产品加工业和涉农服务业是农业体系中的薄弱环节。

(二) 土地生产潜力大，但是“种—养—加”系统配合不够密切，农业的综合效益不高

受南亚热带海洋性季风气候影响，马坪镇的水分、热量、土壤等条件组合较好，农业适宜性广，土地生产潜力大。从牧草的产量来看，人工种植禾本科狼尾草的年平均鲜草产量可达 $3.75\times10^5 kg/hm^2$，是江苏等长江中下游地区人工种植禾本科狼尾草平均产量的 1. 5 倍，是中国温带典型草原人工草场平均产量的 8 倍，是温带典型草原天然草场平均产量的 30 倍。

马坪镇地处中国传统的种植业发达的闽东南农作区，诸如稻草、甘蔗尾、甘薯藤等可作为饲料的秸秆资源十分丰富，以目前的转化率计，若将农作物秸秆充分利用，即可养 3000 头牛。但马坪镇农业体系的内部结构较差，“种—养—加”系统的配合不够密切。畜牧业结构中，耗粮型畜种猪的产值占畜牧业产值的 56. 2%，而草食性畜种牛和羊的产值仅占畜牧业产值的 9%，种植业产生的农作物秸秆未得到有效利用。农产品加工业仅有几家作坊式的龙眼烘干点，年产值不

到 200 万元。种植业产生的第一性产品大多直接流出产业系统，使得土地单产和农业的综合效益不高。1999 年农民人均纯收入仅 2820.45 元，比同期全省农民人均纯收入（3039.39 元）低 7.2%。

（三）人力资源丰富，适宜发展劳动密集型产业；但人多地少，资源矛盾日益突出

闽东南地区是中国人力资源比较丰富的地区之一。马坪镇共有 1.8 万人，具有发展畜牧业、食用菌业和农产品加工业等劳动密集型产业的有利条件。但是马坪镇人均耕地的拥有量不到 0.07hm^2，而且早期在红壤低丘台地和坡地上开发了大量的园地，因种养系统不协调，长期施用大量的化肥和农药，造成地力下降、水土流失和生态污染。据研究表明，新开垦果园的平均土壤侵蚀量是未开垦地的 4 倍，清耕果园的土壤侵蚀量是覆耕果园的 3 倍左右。加上马坪镇的第二产业和第三产业比较薄弱，农村劳动力转移空间有限，使得劳动力大量闲置。据推算，1999 年马坪镇的农村闲置（包括隐蔽性剩余）劳动力占农村劳动力总数的 44%。因此，不断增长的人口与有限资源之间的矛盾日益尖锐，农村剩余劳动力带来的社会问题的压力较大。

（四）地处沿海开放地带，但市场化水平和外向度低，产品市场竞争力不高

马坪镇地处沿海地区，是漳浦县著名的侨乡，是许多海外华侨和“三胞”的祖籍地。马坪镇距台湾海峡仅 6km，距漳州港 32km，距漳诏高速公路湖西接口 16km，是接受台湾地区农业结构调整外迁的理想目的地，也是厦门经济特区的辐射范围之一。随着中国加入世界贸易组织和对外开放的深入，将越来越有利于马坪镇发挥其比较优势，充分利用国内外资金、技术和市场，发展外向型经济，为海外和特区等地提供优质农产品和良好的休闲服务。但与周边地区相比，马坪镇工业基础薄弱，农产品流通体系不健全，产业特色不明显，为市场提供的产品主要是大宗类的鲜果、蔬菜和产值非常有限的龙眼干而已。产品的特色不明显，许多产品的有毒污染物残留超过绿色产品的门槛值，产品市场竞争力和外向度较低。

二、果园生态栽培试点研究

（一）果园生态栽培的概念及其主要模式

生态系统是耗散系统（Naveh and Leiberman，1984；Nicholis and Prigogine，1977），用耗散结构理论来分析和讨论生态平衡等问题更为合理准确（邬建国，1991）。人工（农业）生态系统的稳定性更依赖于与外界环境持续性的能量、物质和熵交换（Naveh，1987，1988）。果园生态栽培运用生态系统生物共生和物质循环再生原理，结合先进的科技成果，充分利用果园的自然资源，建立高效低耗持续稳定的果园生产体系，促进果园高产优质的一种栽培措施。与传统的"清耕制"果园栽培管理方法相比，果园生态栽培更注重用地与养地相结合，注重果园的生态和生产的持续和稳定。

漳州市果园大部分分布在丘陵山地，高产果园土壤只占果园总面积的8%~15%，中低产果园占85%以上。大部分丘陵山地果园土壤为赤红壤或红壤，肥力水平低；矿质养分贫乏，物理性能差，保水、供水能力弱，加上土壤管理与传统的"清耕制"等耕作方法的长期不合理，水土流失与间歇性干旱严重，土层温度日变幅大，造成立地生态环境恶化。而果园生态栽培及其改造技术是一种既能提高土壤肥力，改善生态环境，改造中低产果园，又能提高水果质量，改良品质的有效途径。

果园生态栽培技术在国内已有大量的研究与应用。果园生态栽培包括生草栽培、绿肥覆盖、覆草栽培、果园间作等。生草栽培是指果园行间（株间）长期种植多年生豆科或禾本科草类作为土壤覆盖的生态栽培措施，有人工种草和自然生草两种方式，又包括全园生草、行间生草和株间生草三种形式。绿肥覆盖是果园种植各种草类作为有机肥的一种果园生态栽培模式，包括绿肥压青、割覆树盘等方式。覆草栽培泛指利用各种秸秆、杂草、树叶、牲畜粪便等有机物覆盖果园地面的一种生态栽培措施。果园间作是指在幼龄果园间种花生、豆类及蔬菜等农作物的果园生态栽培模式。

（二）果园生态栽培试验方法

1. 果园生态栽培研究方法

在试验区内选定一坡地果园作为生态栽培区，同时选定一清耕果园作为对照，通过对比来判断果园生态栽培后果园的生态效应和经济效应（图 9－1）。其中生态效应主要包括果园温度、土壤性状、水土流失等变化特征，经济效应主要指果园水果产量变化及其牧草效益等，该研究采用常规分析方法。

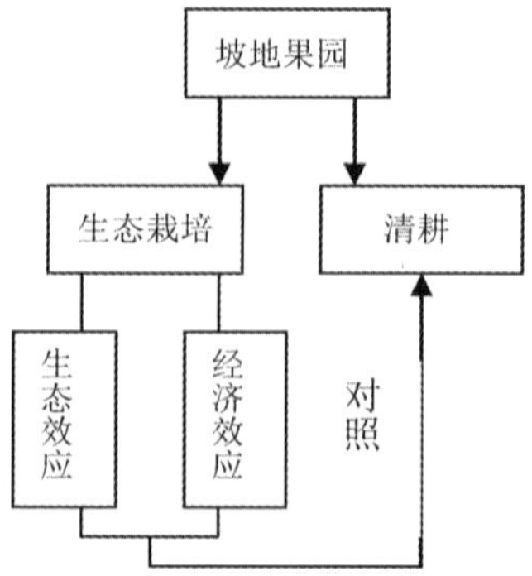

图 9－1　坡地果园生态栽培对比研究

2. 果园生态栽培技术

果园生态栽培技术主要包括两个方面：一是牧草种类的选择；二是牧草的栽培方式。果园生草栽培是马坪果园试验区主要的果园生态栽培模式，而其中牧草品种的选择是关键。漳州市在 20 世纪 80 年代初就进行了牧草引种试验，也进行了大量牧草栽培试验，目前漳州较适宜于种植的牧草有圆叶决明、平托花生、白三叶等豆科牧草，以及宽叶雀稗、香根草、南非马唐、百喜草等直立型禾本科牧草，还有爬地兰、无刺含羞草、日本草等草类。根据果园主要生态问题及其改造目的有选择地种植不同牧草，从而达到提高果园综合质量的效果。马坪果园试验区目前主要种植的牧草为宽叶雀稗、圆叶决明和百喜草等三种牧草种类。其中宽叶雀稗和百喜草为优良的禾本科牧草，均为春性发育类型，播种当年可以通过阶段发育，开花结实良好，特别是在春季播种后，到 6 月中下旬其覆盖度便达到 100%，可有效地防止水土流失，而且牧草收割后，其再生能力强；圆叶决明为豆科优良绿肥牧草，固氮能力强，收割后作为绿肥覆盖具有很好的改土培肥作用。

牧草种类选定后，根据果园地形特征及果园年龄、果树密度，进行牧草套种或间种。马坪果园试验区地形共分为两种：一种为顺坡坡面果园，这种果园大多坡度较缓，坡面也未经改造而直接种植果树；另一种为梯形坡面果园，这种果园大多坡度较陡，坡面改造为梯形后种植果树。在顺坡坡面果园主要采用间种牧草栽培模式，也就是在每行果树之间间种牧草，并使牧草种植为与坡面相垂直的条带状，成为绿色堤坝，以保水保土。梯形坡面果园牧草栽培有两种形式，畦面套种和梯面套种。畦面较为平整，水土流失不明显，主要在树冠外套种圆叶决明等豆科绿肥牧草；梯面较陡，水土流失严重，主要套种禾本科牧草于梯壁和梯埂上，形成草带，使梯壁得以保护。另外，果园边角地也可以大量种植绿肥、牧草，使果园得以充分合理利用。

（三）果园生态效应分析

按照“微入宏出”的地理学特色思维，本研究从生态效应入手。

1. 生态栽培对果园温度的影响

果园生态栽培模式增加了地面覆盖，高温期阻止了土壤温度的迅速上升，冬季和夜晚则起到保温作用，因而缩小了果园土温的年温差和日温差，增强了果园的抗逆能力。马坪竹树山果园试验区的温度观测日期为2000年7月3日至4日，主要观测1.5m地表温度和20cm土层温度，一天观测三次，时间分别在8时、14时和20时，观测结果如表9－1。

从果园1.5m地表温度看，套种果园最高温度为31.5℃，日变幅为7℃；间种果园最高温度为30.5℃，日变幅为6℃；清耕果园最高温度为34.5℃，日变幅为8℃。在三种栽培模式下，果园地表温度从高到低顺序为清耕>套种>间种，温度日变幅从高到低顺序为清耕>套种>间种（图9－2），14时最高温度与最低温度相差3℃，日变幅最高值与最低值相差2℃。套种与间种果园14时温度相差1℃，套种果园温度更高，二者日变幅相差也是1℃，差别不显著。

表9－1　不同栽培模式下的果园温度效应

栽培模式	果树种类	果树年龄	栽培牧草	牧草覆盖度（%）	1.5m地表温度（℃）			20cm土层温度（℃）		
					8时	14时	20时	8时	14时	20时
套种	荔枝	幼龄	圆叶决明	96	24.5	31.5	29.5	26	30.5	28.5
间种	龙眼	成龄	宽叶雀稗	65	24.5	30.5	28	26.5	32	30.5
清耕	荔枝	成龄	—	—	26.5	34.5	31	28	37.5	35.5

从果园20cm土层温度看，套种果园土层最高温度为30.5℃，日变幅为4.5℃；间种果园土层最高温度为32℃，日变幅为5.5℃；清耕果园土层最高温度为37.5℃，日变幅为9.5℃。在三种栽培模式下，果园土层温度从高到低顺序为清耕>间种>套种，温度日变幅从高到低顺序是清耕>间种>套种（图9－2）。清耕与套种、间种果园14时土层温度差值为7℃和5.5℃，日变幅差值为5℃和4℃。

从果园温度总体变化看，套种与间种1.5m地表温度日变幅大于20cm土层温度的日变幅，而清耕果园1.5m地表温度日变幅则小于20cm土层温度的日变幅。这与果园盖度和果园牧草覆盖度密切相关，这一结果也符合地面热量效应。经测定，套种牧草圆叶决明在7月相对于地表高度为30~50cm，间种牧草宽叶雀稗的高度为35~55cm，百喜草高度为40~60cm。由于地面1.5m处气温受牧草覆盖度影响有限，而主要受果园盖度的影响，所以果园盖度大则温度相对低。但20cm土层温度则直接受地面覆被的影响，牧草的覆盖使得地面热效应减轻，加大了热容量，而裸地在太阳光的直接照射下，热效应强烈，1.5m地面增温明显。所以清耕果园20cm土层温度高，而且最高温度和温度变幅均大于1.5m地表温度和地表温度变幅，而套种和间种果园由于牧草覆被作用，20cm土层温度大于1.5m地表温度，二者变幅相近。

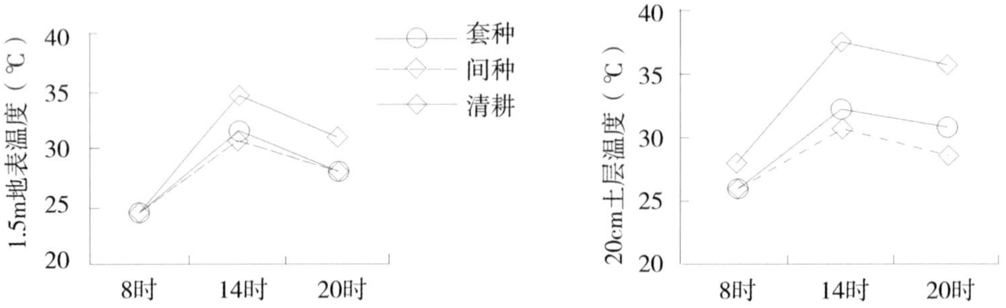

图9－2　试验区果园温度变化比较

2. 果园水土保持效应

影响水土流失的因素很多，如降雨、地形、土壤特征、植被、耕作和栽培管理措施等。试验区水土流失测定结果表明（表9－2），三次观测的平均结果显示，套种模式和间种模式的径流量分别为134.9m^3/hm^2和159.4m^3/hm^2，而清耕果园的径流量达到210.1m^3/hm^2，从泥沙流失量看，套种、间种分别与清耕相比，泥沙含量减少了73.7%和51.6%，这表明由于果园生草栽培增加了地表覆盖度，从而大大减少了水土流失量。另外套种和间种相比，套种径流量和泥沙流失量均小于间种，表明不同生态栽培模式水土保持效果不同。由于套种为梯田幼龄果园，实施全园生草栽培模式，地表牧草覆盖度大，水土保持效果更优，而间种为顺坡果园，实施草带间种，水土保持效果次于套种。受地形、果园年龄等因素的影响，果园生态栽培模式不可能相一致，但不同模式与清耕果园相对照均能体现良好的水土保持效果（表9－2）。

表 9－2　果园不同栽培模式水土流失情况

降雨日期	降雨量	径流量（m^3/hm^2）			泥沙流失量（kg/hm^2）		
	（mm）	套种	间种	清耕	套种	间种	清耕
2000-05-06	27.5	68.5	75.7	102.6	137	269	570
2000-05-17	55.3	182.7	223.8	280.0	265	453	789
2000-06-09	43.5	153.5	178.7	247.6	127	251	650
合计	126.3	404.7	478.2	630.2	529	973	2009
平均	42.1	134.9	159.4	210.1	176	324	670

3. 果园肥力效应

果园肥力水平及其变化是衡量果园生态栽培效果的主要指标。马坪竹树山果园生态栽培试验区自 1999 年 10 月开始果园套种和间种牧草试验，2000 年 10 月对果园土壤取样（取样部位在树冠区域内）分析，结果见表 9－3。

表 9－3　果园套种、间种与清耕栽培对土壤肥力的影响

栽培模式	土层（cm）	有机质（g/kg）	全氮（g/kg）	全磷（g/kg）	全钾（g/kg）	水解氮（mg/kg）	速效磷（mg/kg）	速效钾（mg/kg）
套种	0～20	16.6	0.86	0.69	10.4	77	33.1	100.2
	20～40	13.8	0.56	0.57	10.3	81	15.6	91.6
间种	0～20	14.9	0.74	0.68	10.4	62	33.2	82.8
	20～40	10.3	0.62	0.49	11.3	53	11.5	73.5
清耕	0～20	11.1	0.51	0.66	10.6	51	29.7	78.9
	20～40	9.6	0.49	0.45	10.5	49	9.1	71.3

从表 9－3 可以看出，果园生态栽培试验区与清耕果园相对比，除全磷和全钾等养分增加不明显外，其他各养分均有不同程度的增加。果园生态栽培一年后，套种和间种果园 0～20cm 土层土壤有机质含量分别达到 16.6g/kg 和 14.9g/kg，与清耕果园相对照各提高了 49.5%和 34.2%，20～40cm 土壤有机质含量分别比清耕果园提高了 43.8%和 7.3%。套种和间种与清耕相比，0～20cm 土壤全氮含量分别提高了 68.6%和 45.1%，20～40cm 土层土壤全氮含量增加不明显；0～20cm 土层土壤水解氮含量提高了 51.0%和 21.6%，20～40cm 土层土壤水解氮含量各提高了 65.3%和 8.2%；0～20cm 土层土壤速效磷含量分别提高了 11.4%和 11.8%，20～40cm 土壤速效磷各提高了 71.4%和 26.4%；0～20cm 土层土壤速效钾含量分别提高了 27.0%和 4.9%，20～40cm 土层土壤速效钾各提高了 28.5%

和3.1%。

对比结果显示，由于套种实施全园生草的栽培模式，土壤肥力增加明显，其中对全氮含量的影响最为显著，其次为速效磷和有机质，再次为速效钾，与清耕果园相对照（0~20cm土层）分别增加了68.6%、51.0%、49.5%和27.0%，而20~40cm土层中增加最显著的是速效磷71.4%，其余依次为水解氮65.3%，有机质43.8%，速效钾28.5%。由于间种实施行间带状生草的栽培模式，对果园肥力的影响较套种弱，但与清耕果园对比肥力增长也较为明显。其中全氮含量增加明显，其余依次为有机质、速效磷和速效钾，与清耕果园相对照（0~20cm土层）分别增加了45.1%、34.2%、11.8%和4.9%，而20~40cm土层中土壤养分增加高低顺序为速效磷26.4%、水解氮8.2%和有机质7.3%、速效钾3.1%。

马坪镇的果园生态栽培试验表明，果园牧草套种和间种模式在调节果园环境温度、保持水土及提高土壤肥力等方面具有良好的生态效应。在试验时间内，果园套种、间种模式与清耕果园相对照，泥沙流失量分别减少了73.7%和51.6%，土壤有机质含量分别增加了49.5%和34.2%（0~20cm土层）。

三、农果牧耦合系统生态效应分析

（一）农果牧耦合系统生产模式的建立

农果牧耦合系统实际上就是应用地理学系统思维方式的综合“整体大于部分相加之和”基本原理，让农业资源以不同耦合方式，取得优势利用。关于这种资源充分利用研究，存在许多较为成功的模式，如河北栾城的农牧复合生产模式，贵州兴义、河北饶阳、闽北山区的农林复合生产模式，闽东南的UCCO生产模式。这些模式在关于资源的合理配置、农业生态系统的能量转化效率等方面都做了具体研究，对于区域资源的合理利用具有重要的意义。农果牧耦合系统生产模式试验区设在漳浦县马坪镇政府对面的缓坡地带，试验区海拔在30~50m，坡度<10°。该试验区在主体上由三部分组成，即果园牧草区、农田耕作区及畜牧圈养区，从而分别构成三个生产亚系统，即果园生产系统、农田生产系统和畜牧生产系统。其中，果园生产系统除了果树以外，还包括牧草生产；农田生产系统包括粮食作物、经济作物及牧草等生产区；畜牧生产系统以养殖肉牛为主。果园和农田生产系统为畜牧业生产提供牧草资源，而畜牧生产的粪便可以种养蘑菇直接

变成产品推向市场，还可以输入沼气池，提供生活用能，而蘑菇土及沼气渣再返回到果园或农田，从而构建一个循环的系统生产模式（图 9－3）。

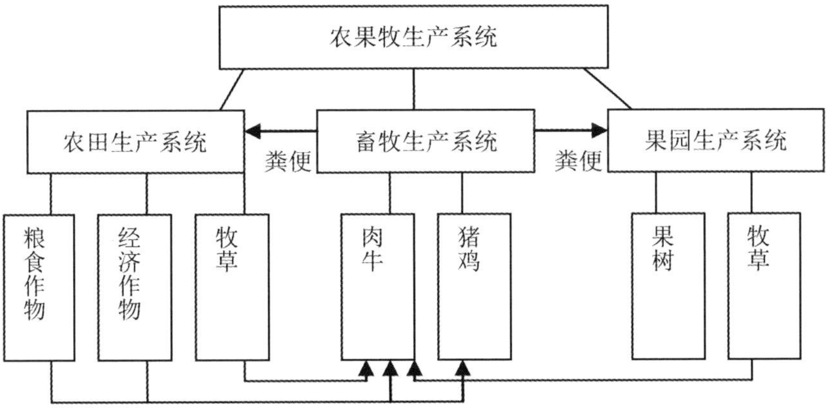

图 9－3　试验区农果牧生产系统结构模式

（二）试验区农果牧生产系统能流分析

主要采用系统能流转化率作为农果牧生产系统评价指标。

1. 试验区农果牧耦合系统设计规模及其能量计算

（1）设计规模

试验区农果牧耦合系统设计规模主要参照马坪镇人均耕地面积（0.063hm^2）和人均果园面积（0.089hm^2），总设计面积为 100hm^2，其中农田面积 3.7hm^2，果园面积 6.3hm^2，再根据人均牲畜占有量设计畜牧业生产规模为肉牛 150—200 头，并建立牛舍区实行小规模圈养。其中农田生态系统主要种植的粮食作物为稻谷和甘薯，经济作物有花生和瓜菜等，并推行稻—稻—菜、甘薯—菜等种植模式，牧草以种植象草为主。果园为中幼龄龙眼园，同时在果园边角空地及其果树行间套种或间种牧草。牧草种类有象草、甘蔗牧草和宽叶雀稗等三个品种。

（2）能量计算

能值（emergy）指产品或劳务形成过程中直接或间接投入应用的一种能量的总和（Odum，1996）。本研究以能值来计算农果牧耦合系统及其各亚系统能量的投产比。本项研究模式中的稻谷、甘薯、花生、瓜菜及牧草等构成农果牧系统的初级生产者，其能量的输入包括两个部分：一是太阳能，区域太阳能年光合有效辐射量为 2494.15MJ/m^2，试点区太阳辐射总量达到 24.9415GJ；二是辅助能，即除太阳能以外的其他形式输入的能量（无机能和有机能），指各种劳力、畜力、有机肥、种子等有机能输入和农业机械动力、化肥、农药等无机能输入。在农业系统能量分析中通常不把太阳能计入总能输入之中，因为太阳能是与其他各种辅助能完全不同的能源，相对于其他形式能量，它输入农业生态系统中的能量要大几个数量级，其总量又是一定的。而控制和制约农业生态系统能量转化过程的是各种辅助能。因此，本模式在考虑系统能量输入时，主要以辅助能为研究对象。系统中主要投入的辅助能包括化肥、农药、机械、电力等无机能的投入和劳力、畜力、有机肥、种子、秸秆等有机能的投入。系统中能量输出部分包括各种农产品、水果和畜产品及其附属产物。试验区主要农产品有稻谷、甘薯、花生和瓜菜等，附属产品有稻草、甘薯秧、花生蔓及瓜菜藤等；主要畜产品有牛肉、猪肉等，副产品为牛粪和猪粪。果园系统中主要产出物有水果和牧草。

由于系统的实物流量计算单位各不相同，为了进行能量流的分析计算，必须把它们转换为统一的计量单位焦耳（J）。结合区域实际情况，各实物能量的换算标准如表 9－4。

表 9－4　农果牧系统各实物能量折算系数

项目	折能系数（MJ/kg）	项目	折能系数（MJ/kg）
农机具	210	稻谷	15. 1
农用电	13. 4	甘薯（鲜）	4. 2
柴油	44. 0	花生	23. 0
氮肥（N）	91. 0	瓜菜（鲜）	2. 51
磷肥（P_2O_5）	13. 3	水果（鲜）	3. 3
钾肥（K_2O）	90. 0	牧草（鲜）	2. 8
农药	102. 0	稻草	13. 8
劳力	12. 6	花生蔓	14. 9
畜力	12. 6	甘薯秧	14. 6
种子	16. 0	牛（头）	9. 0
有机肥	13. 5	牛粪	21. 7
秸秆	14. 5	饲料	14. 2

（3）实物统计情况

在观测时间内（1999 年 11 月至 2000 年 11 月共 1 年时间），农田生产系统中稻谷总播种面积 4. 4hm^2，总产量 24992kg，甘薯总播种面积 0. 35hm^2，总产量 2221kg，花生总播种面积 0. 22hm^2，总产量 472kg，其他瓜菜类总播种面积 3. 28hm^2，总产量 46328kg，牧草总种植面积 0. 4hm^2，总产草量 310000kg。畜牧生产系统在观测时间内生产肉牛总量57890kg，牛粪总量164250kg。果园生产系统中水果产量为1030kg，牧草总产量250345kg。在整个农果牧生产系统中，能量的投入与产出如表9-5。

表9-5　农果牧生产系统能量投入与产出情况

项目		投入		产出		
		实物量（kg）	能量（MJ）		实物量（kg）	能量（MJ）
农田生产系统	农机具	175	36750	稻谷	24992	377379.2
	柴油	306	13464	甘薯（鲜）	2221	9328.2
	氮肥（N）	2541	231231	花生	472	10856
	磷肥（P_2O_5）	1601	21293.3	瓜菜（鲜）	46328	116283.3
	钾肥（K_20）	2186	196740	牧草（鲜）	310000	868000
	农药	248	25296	稻草	23900	329820
	劳力（天）	3370	42462	花生蔓	549	8180.1
	畜力（天）	930	11718	甘薯秧	997	14556.2
	种子	100	1600			
	有机肥	6400	86400			
	秸秆还田	15040	218080			
	合计		885034.3			1734402.9
果园生产系统	氮肥（N）	858	78078	水果	1030	3399
	磷肥（P_2O_5）	491	6530.3	牧草	250345	700966
	钾肥（K_20）	791	71190			
	农药	48	4896			
	劳力（天）	1870	23562			
	畜力（天）	157	1978.2			
	有机肥	8709	117571.5			
	合计		303806			704365
畜牧生产系统	农用电（度）	3825	51255	牛	57890	521010
	农机具	1000	210000	粪便	164250	2414475
	牛仔	1050	161010			
	人力（天）	17890	13230			
	牧草	570560	1597568			
	饲料	273750	3887250			
	合计		5920313			2935485
合计			7109153.3			5374253

2. 系统能流分析

根据试验区农果牧生产系统能量转换结果（表 9-6），农田生产系统中总投入能达 885034.3MJ，产出能 1734402.9MJ，能量产投比为 1.96，能量经济系数为 0.30；果园生产系统总投入能 303806MJ，产出能 704365MJ，能量产投比达 2.31，能量经济系数为 0.005；畜牧生产系统总投入能 5920313MJ，产出能 2935485MJ，能量产投比 0.50，能量经济系数为 0.22。果园的能量经济系数低是由于试验区果园主要以中幼果园为主，水果等产量低，从而导致系统的经济能偏低，但果园的生物量大与果园套种牧草是分不开的。而畜牧业生产为第二性生产，生产中间过程能量消耗较大，所以能量转化率较低这与实际是相吻合的。

表 9-6　农果牧生产系统能量产投比及其经济系数

系统	投入能（MJ）	产出能（经济能）（MJ）	能量产投比 产出能/投入能	能量经济系数 经济能/产出能
农果牧生产系统	5118135.8	3383235.5（1038256）	0.66	0.32
其中：农田生产系统	885034.3	1734402.9（513846.7）	1.96	0.30
果园生产系统	303806	704365（3399）	2.31	0.005
畜牧生产系统	5920313	2935485（521010）	0.50	0.22

从整个农果牧生产系统看，总投入能为 5118135.8MJ，产出能 3383235.5MJ①，能量产投比为 0.66，低于第一性的农田和果园生产系统能量转化率，而高于第二性的畜牧生产系统的能量转化率。区域单位面积能量总产出为 338323.6MJ/hm^2，是传统单一种植业的 5.1 倍（传统单一种植业单位土地能量产出一般为 66470.0MJ/hm^2）。农果牧生产系统能量经济系数为 0.32，均高于各子系统的能量经济系数，分别比农田系统能量经济系数上升了 0.02，相对于果园生态系统则上升了 0.315，比畜牧生产系统上升了 0.10。这表明原来第一性生产中非经济能产出，在畜牧的作用下转化为经济能，从而提高了整个系统的经济能。整个系统的经济能达 1038256MJ，根据试验区面积，如果按 50 个人口规模计算，除满足人们基本生活需要外（按平均每人每年 250kg 粮、180kg 菜计），系统尚可向外输出经济能 826916MJ，商品率达 79.64%。

从系统内部能量循环转化看（表 9-7），参与系统循环转化的总能量达

① 总投入能和产出能等于各个子系统能量之和减去参与系统内部循环的能量。

1991017.5MJ，占系统总投入能量的38.9%，占系统总产出的58.8%。系统中农田子系统在循环中获得能量304480MJ，占农田能量总投入的34.4%，其中从农田自身获得秸秆能量218080MJ，从畜牧系统中获得有机肥能量86400MJ。而农田系统除了从循环中获得能量外，还为循环支出能量，共支出能量1086080MJ，其中通过秸秆资源支持自身系统的能量为218080MJ，通过牧草资源支出给畜牧系统的能量为868000MJ。果园系统与农田系统之间无能量转化，在循环中从畜牧系统中获得有机肥能量117571.5MJ，而通过牧草支出给畜牧系统的能量为700966MJ。畜牧系统通过能量传递以消耗牧草等形式从农田系统中获得能量868000MJ，从果园系统中获得能量700966MJ，共获得能量1568966MJ，同时自身的有机肥能量支出给农田系统能量86400MJ，支出给果园系统117571.5MJ，共支出总能量203971.5MJ。从整个系统看，畜牧系统粪便资源作为系统内部有机肥能量利用率为8.45%，而牧草利用率为100%。有机肥利用率偏低一方面是由于在经济利益的驱动下，牛粪等肥料被用作蘑菇基料被系统外部购走；另一方面由于有机肥在施用过程中没有化肥方便，许多人在观念上依然重化肥轻有机肥。但这些都掩盖不了牛粪资源潜在的利用价值。畜牧系统在自身发展过程中大量消耗了第一性生产所产生的非经济性能量并将其转化为经济性能量，从而提高了整个系统的经济效益。同时，畜牧系统所提供的有机肥源，为增强地力、巩固系统持续稳定发展起到重要作用。

表9-7　农果牧生产系统内部能量转化分解　　单位：MJ

系统	农田生产系统	果园生产系统	畜牧生产系统	合计
农田生产系统	218080	0	86400	304480
果园生产系统	0	0	117571.5	117571.5
畜牧生产系统	868000	700966	0	1568966
合计	1086080	700966	203971.5	1991017.5

为此，本研究提出并构建了农果牧耦合系统生产模式，其目的之一是通过调整农业产业结构，增加饲料作物比重，为畜牧业的发展开辟饲料资源。同时，依托果园，实行果园套种或间种牧草，为畜牧业发展提供饲草保证。试验结果表明，农果牧耦合系统生产模式单位面积土地能量产出是传统单一种植业的5.1倍，系统能量产投比为0.66，系统能量经济系数也达到0.32。整个系统内部能

量转化占系统投入总能量的38.9%。当然这些能量只是有形能量的计算结果，随着社会的进步，一些科技成分（如品种改良、生产信息管理等）也将越来越影响系统的生产效率，同时将为系统的整体发展提供更多的帮助。

四、特色立体生态农业体系研究

（一）特色立体生态农业体系的设计

根据马坪镇发展特色立体生态农业体系的条件辨识，我们设计了马坪镇特色立体生态农业体系（朱鹤健、何绍福，2003）。该体系由七个子系统构成，即：庭院养殖生态子系统（以养蜂、养牛、栽菇为主），高丘林地生态子系统（以生态防护和林业开发为主），低丘园地生态子系统（以坡地果园套种、间种牧草开发为主），平地耕地生态子系统（以粮—经—饲种植为主），洼地水域生态子系统（以淡水养殖为主），农产品加工业子系统（以农产品加工为主）和涉农服务业子系统（以涉农服务为主）。该农业体系运行模式是以庭院养殖生态子系统为纽带，通过果园间种、套种牧草和耕地种植牧草等饲料为养殖业提供饲料来源，发展以饲养肉牛为特色的节粮型畜牧业，利用畜牧业的排泄物和秸秆等农业废弃物发展菌（蘑菇）—沼（能源）生产，沼渣和部分牧草用来养鱼，塘泥、沼液、蘑菇土肥田肥园，以有机物的形式返回到高丘林地生态子系统、低丘园地生态子系统和平地耕地生态子系统中，这样可以保证有足够的有机肥和微生物肥回到植物生产和渔业生产过程中，为农业生产的高产和稳产创造条件。与此同时，利用林地、耕地和园地里的开花植物进行庭院养蜂，促进瓜果坐果率的提高。在协调的农业生产过程基础上发展与之相配套的特色生态农产品加工业，生产诸如萝卜汁、牛肉丸和蔗糖等产品，萝卜渣用来养牛，蔗渣造纸或养鱼；充分利用国际和国内两个市场发展诸如农业观光旅游业、农资储运业等涉农服务业，逐步形成完整的特色立体生态农业体系（见图9－4）。

通过各子系统在空间格局上和生态过程中的相互联系，形成物质的多级循环和能量的多级流动，并将上述七个子系统有机地组合成为一个优势互补的整体，促使资源优势向经济优势转化，从而形成了高效的特色立体生态农业体系。这个体系在空间格局上表现为三个综合立体层次：（1）在空中，利用空间资源和亚热带花草资源发展庭院养蜂（可以提高种植业瓜果的坐果率）；（2）在陆地上，海拔由高到低依次发展高丘林业→低丘坡地果—草种植业（果园间种、套种牧草）→低丘台地庭院动物养殖业和微生物培养业（肉牛养殖业和蘑菇培养业，均属于劳动密集型产业）→低平耕地种植业，通过养牛和种菇将物质从第一性植物生产向第二性动物生产和第三性微生物生产的流动；（3）在低洼水域里，从水面到水下依次发展水面养鸭业→浅层水网箱养殖业→深层水放养业。农业生产过程与特色生态加工业和特色生态服务业紧密相连，使能量和物质在特色立体生态农业体系内部高效地流动和循环，实现特色种植业—特色养殖业—特色加工业—特色服务业的紧密关联，不断促进以亚热带无公害水果、蔬菜和肉牛为特色的马坪镇特色立体生态农业体系高效、持续和稳定发展。

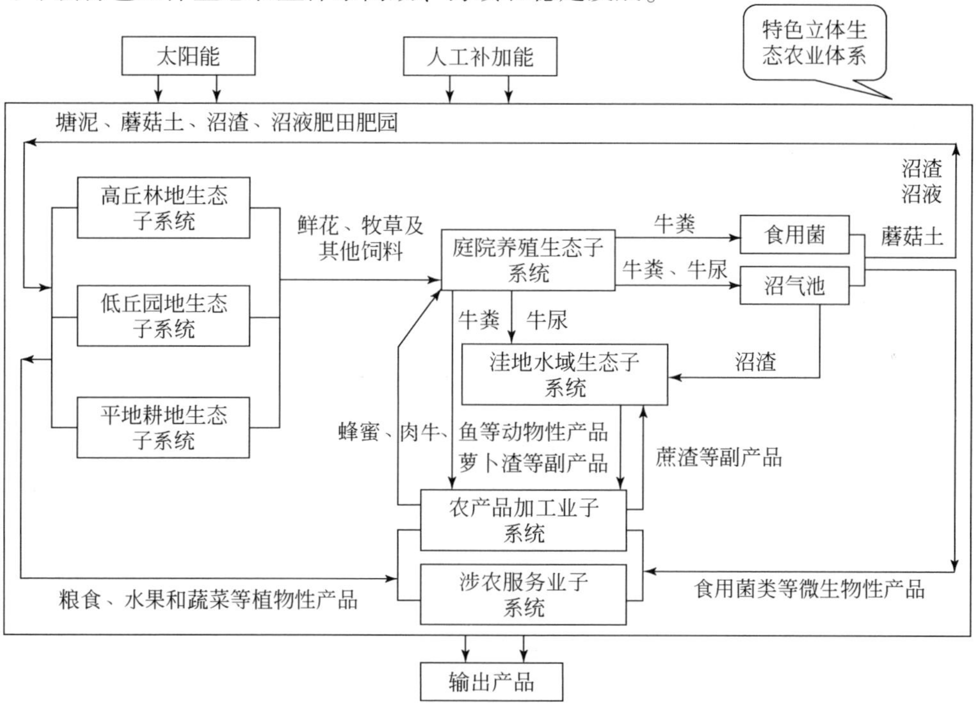

图 9－4　马坪镇特色立体生态农业体系

（二）特色立体生态农业体系的效益分析

1. 果园生态效应

果园肥力下降和水土流失，是闽东南地区亚热带特色水果种植长期以来难以解决的难题。通过采用特色立体生态产业的果—草—牧—菌—沼—渔生态农业模式，在原清耕果园中套种牧草（模式Ⅰ）或者间种牧草（模式Ⅱ），并用大量肥园有机物改良后可以形成生态果园，同时与传统清耕模式作对照（模式Ⅲ）。根据三种模式的土样分析数据和径流池观测记录，以原传统清耕果园（模式Ⅲ）为基准，将生态果园（模式Ⅰ、模式Ⅱ）与传统清耕果园（模式Ⅲ）相对比，结果表明：除全钾外，其他各种养分均有不同程度的增加（表9－8）。

表9－8 不同栽培模式果园的土壤养分相对含量

栽培模式	土层厚度（cm）	有机质含量（%）	全氮（%）	全磷（%）	全钾（%）	水解氮（%）	速效磷（%）	速效钾（%）
模式Ⅰ	0～20	149.9	168.6	104.6	99.1	151.0	111.5	127.0
模式Ⅱ	0～20	134.2	145.1	103.0	99.1	121.6	111.8	104.9
模式Ⅲ	0～20	100.0	100.0	100.0	100.0	100.0	100.0	100.0

与此同时，同期降雨（测验期间三次降雨的平均雨量为41mm）的径流量和泥沙流失量均明显减少，其中模式Ⅰ的泥沙流失量仅为模式Ⅲ的26.3%（见表9－9）。

表9－9 不同栽培模式果园的水土流失的相对状况 单位：%

选取指标	模式Ⅰ	模式Ⅱ	模式Ⅲ
径流量	64.2	75.9	100.0
泥沙流失量	26.3	48.4	100.0

2. 经济效益

本研究采用投入产出模型来分析该体系的经济效益。投入产出模型是由著名俄裔美籍经济学家里昂惕夫（2011）首先提出，用以描述国民经济各部门之间相互依存关系的一种经济数学模型。它的基本假设是任何国家或地区的经济都可以划分为若干不同的部门，每个部门都具有生产者和消费者的双重身份，从而形成部门间错综复杂的相互依存关系。中国率先将投入产出分析应用到农业方面，于1985年完成了中国农业投入产出表（1982年）的编制工作。生态农业的发展使得农业体系的生产层次之间形成了更为紧密的相互依存和相互联系的关系，应用投入产出模型分析可以比较理想地反映出本农业体系的经济效益。根据当地农业生产和物质转化的实际情况，分别以1/15hm^{2}的耕地、果园为基本生产单位，从种草环节（耕地种草为模式A，果园种草为模式B）开始，按照该镇2002年平均物价标准和生产水平，将特色立体生态农业体系中各项投入和产出换算为具体的价值，构成一个模拟现实农业生态系统中种草（植物生产）→养牛（动物生产）→种鲜蘑菇（微生物生产）→制蘑菇罐头（农产品加工）的一条生态产业链的物质流动经济数学模型（见表9－10和表9－11）。

表 9－10　模式 A 的投入—产出分析　　单位：元

计量单位	中间需求				最终需求	总产品
	耕地种草	庭院养牛	庭院栽菇	蘑菇加工（罐头）		
耕地种草	50	3500	0	0	0	3550
庭院养牛	40	34375	1890	0	32063	68368
庭院栽菇	66	0	0	23625	0	23691
蘑菇加工（罐头）	0	0	0	0	47652	47652
其他投入	1040	16927	12187	17865		
纯收入	2354	13536	9534	6162		
累计纯收入	2354	15890	25424	31586		

表 9－11　模式 B 的投入—产出分析　　单位：元

计量单位	中间需求				最终需求	总产品
	果园种草	庭院养牛	庭院栽菇	蘑菇加工（罐头）		
果园种草	50	525	0	0	0	575
庭院养牛	6	5516	284	0	4809	10615
庭院栽菇	10	0	0	3544	0	3554
蘑菇加工（罐头）	0	0	0	0	7148	7148
其他投入	156	2539	1828	2680		
纯收入	353	2035	1442	924		
累计纯收入	353	2388	3830	4754		

注：“其他投入”包括劳动力投入、固定资产折旧、流动资产的年利息等投入。

与传统模式相比，特色立体生态农业体系不仅提高了农副产品等资源的利用率，还减少了化肥等部分生产成本开支，增加了系统内产品的总输出，因而取得了更高的经济效益。模式 A 累积纯收入和模式 B 累积纯收入（还未计入与之关联的渔业、肉牛加工业和涉农服务业所带来的收入）比仅获取第一性产品的大田种植和果园清耕种植模式的单位土地收入分别高出 9 倍和 7 倍。自 2000 年采用特色立体生态农业体系的综合开发模式以来，马坪镇国民经济持续快速发展，全镇养蜂业每年可增加农民收入约 7 万元（养蜂规模从 70 多箱增加到 1000 箱），肉牛存栏数增加 5 倍多（从 3000 多头增加到 20000 头），蘑菇种植面积增加 5 倍左右（从 10000m^2 增加到 60000m^2），每 1/15ha 鱼塘可增加收入 400 元左右。

除了采用投入产出模型来分析特色立体生态农业体系的经济效益外，马坪镇实施本体系四年来经济效益累计新增产值3900万元、新增利税500万元、增收节支680万元。农民年均纯收入增长16%，是以前农民年均纯收入增长8.8%的近一倍。尤其是在2000年和2001年这两年，实现了农民年均纯收入增长21.5%的良好局面。2002年，闽东南地区受比较严重的旱灾和以水果为首的农产品价格低迷的双重不利影响，但马坪镇仍然是实现农民收入增长的地区之一。其成果被列入福建省重点科研成果转化项目加以推广。

3. 社会效益

随着特色立体生态农业体系的农业资源综合开发模式的引入，在庭院养殖生态子系统形成了劳动密集型的养牛业和种菇业，农业观光旅游和一大批农产品加工业也从无到有逐渐发展了起来，在为社会提供了大量优质的动植物性、微生物性产品和清洁的能源（沼气）的同时，也提供了大量的就业机会，形成了良好的社会效益。该镇业已成为全国最大的东南亚活牛出口基地，不仅带来年外汇收入500万~600万美元，还有效地降低了农村闲置劳力的比例。此外，随着生态农业园区建设，许多优美的景观和怡人的环境得以创设，广大干部和群众生态环境意识和可持续发展观念也得以增强。

五、马坪镇景观生态规划

（一）马坪镇景观生态分区

区域景观整体生态规划的主要目的是实现区域资源优势利用。最近几十年，一些地区土地集约化经营方式损害了传统农业景观中生物栖息地多样性，破坏了自然景观。土地利用和土地覆盖方式的变化使得农业景观的美学和生态效益受损严重。根据景观生态规划设计的原则，并结合试验区景观生态功能区划，马坪试验区在整体景观上可以被划分为西北部农业休闲区、东北部立体种养区、中部稻田耕作区和西南部生态果园开发区等四个规划区（李新通、朱鹤健，2000）。

西北部农业休闲区区内地势较高，多山地丘陵，生态环境保护较好，漳州市面积最大的水库之一杨美水库有三分之一的水域面积在本区境内，水库水面宽广、水质澄清，周围山地风景宜人，空气新鲜，有丰富的自然旅游资源，对于发展农业休闲旅游具有较大的潜力。农业休闲区的开发对于改变本地传统的单一农业模式，促进地区经济发展等方面也将发挥重要作用。

东北部立体种养区区内地形起伏较大，坡地多平地少，东、南、北三面环山，在20世纪70年代修建有两座中型水库，即石过陂水库和赤兰溪水库，水库水面宽广，水域面积达121.7hm^2，水库水面海拔为50m左右，具有发展养殖的优势条件。根据本区自然条件的特点和农业生产的现状，宜走农业、牧业、养殖业相结合之路，即以农兴牧，依靠牧业发展养殖业和农业，相互促进，共同发展。

中部稻田耕作区海拔较低，地势相对平坦，多丘陵台地，农业机灌比较完善，也是马坪镇重要粮、蔗生产基地。但由于土地利用强度大，农业化学物质污染潜在水平高，所以农业合理布局与耕作是其主要发展方向。

西南部生态果园开发区地形较为破碎，果园种植历史较久，但区域果园生态质量差，水土流失较为严峻，也是制约果园持续发展的重要因素，所以本区以果园生态利用与改造为主。

（二）景观生态设计

特色农业资源的优势利用同样包括对于农业美学资源的利用。休闲农业的发展可以说是特色农业生态发展的最佳选择。马坪试验区有优越的气候、肥沃的土壤等资源条件，也具备丰富多样的资源利用模式，同时以区域水资源及其水库库区良好的生态环境资源为特色。本研究通过设计库区资源的利用与开发模式，旨在探讨景观生态学在特色农业资源利用中的应用。

1. 库区生态休闲农业开发模式及其预期效益

库区休闲农业的开发主要利用生态学原理，将本区境内的杨美水库库区的山水综合开发与群众旅游参与有机地结合起来，以实现一种无破坏、无污染、环境优美的生态旅游模式。其具体内容是：

（1）在保护林地资源的基础上，扩大库区周围绿化面积（特别是草地和林地）。这样不仅有利于吸引各种野兽和鸟类，营造大自然的氛围，而且对库区生态系统起调节和稳定作用。

（2）果园开发以旅游观赏为主，包括特色果园、四季果园（表9－12）以供游客观赏；种养果园以供游客领养、种植和管理，让人们充分接近农业，了解农业，体验大自然的生活。

表 9－12 马坪镇农业休闲区四季果园设计方案

树种	品种	观光品尝	树种	品种	观光品尝
番石榴	新世纪	1 月	枣	苹果枣	2 月
梅	青梅白梅	3—4 月	桃	歪嘴桃	4—5 月
李	布朗李	4—5 月	枇杷	长红	4 月下旬至 5 月上旬
枇杷	早钟 6 号	5 月	杨梅	东槐杨梅	5 月
枇杷	香钟 6 号	5 月下旬至 6 月上旬	莲雾	黑珍珠	6 月
荔枝	三月红	6 月下旬	荔枝	妃子笑	7 月上旬
荔枝	乌叶	7 月上旬至 7 月中旬	荔枝	兰竹	7 月中旬
荔枝	桂味	7 月中下旬	荔枝	密丁香	7 月中下旬
荔枝	东刘 1 号	7 月下旬	荔枝	糯米兹	7 月中旬
杧果	紫花杧	7—8 月	杧果	金煌	7—8 月
龙眼	八一早	7 月下旬至 8 月上旬	龙眼	龙优	8 月上旬至 8 月中旬
龙眼	水南 1 号	8 月中旬	龙眼	储良	8 月中旬
龙眼	龙抱腰	9 月	柚	龙柚	9 月上中旬
龙眼	水南 2 号	9 月中下旬	龙眼	青山晚优	9 月下旬
枣	台湾枣	10 月至次年 1 月	柚	琯溪蜜柚	9—10 月
柚	早香柚	10 月	番石榴	拨仔	10 月至次年 1 月
龙眼	立东本	10 月下旬	阳桃	甜阳桃	10—11 月
柑橘	芦柑	11 月上旬	柚	沙田柚	11 月中旬
余甘	—	11—12 月	棕包梨	—	12 月

（3）水域开发以发展传统渔业旅游项目，保护水质为主。传统渔业旅游项目有垂钓、划渔船、撒网捕鱼、喂鱼、观鱼等，这种水上项目完全体现了传统的渔民生活方式，让游客尤其是城市居民更贴近自然和渔家生活。同时这种项目更突出农业特色和地方特色，将生态效益与旅游效益紧密地结合起来。

（4）由于本区开发前，只是一些荒地、石头山。生态旅游开发后，除了农业果园和部分水产养殖产值外，还带来旅游收入。随着旅游业的发展，市场和服务业也开始繁荣。库区乡村生态旅游是一种走近农村、体验农村生活的行为，也是一种基于环境保护的开发模式。借助于旅游这座桥梁，促进了本地与外地不同文化之间的交流，也促进了本地区特色产品销售市场，有明显的经济、社会、生态效益。

2. 设计前后景观生态功能变化

库区休闲农业的设计方案如图 9－5。

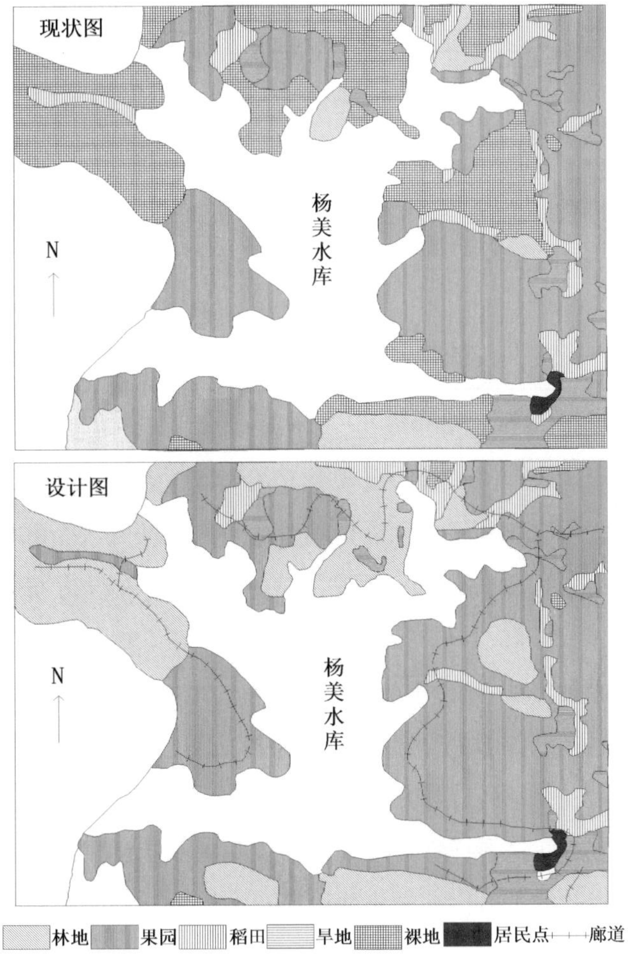

图 9－5　杨美库区景观生态设计图

(1) 设计前后景观类型的变化

由于库区的设计目的是以休闲和观光为主，同时考虑到生态空间的镶嵌稳定性，设计方案主要体现各类斑块大集中、小分散的景观布局策略，所以在景观类型上有较大的变动。库区设计总面积为 440.81hm^2，斑块总数为 53。在现状景观类型中，林地在库区设计的重点是周围山地以林地生态建设为主，提高库区的生态防护功能，同时也为整个试验区的生态发展提供保障。所以设计后林地景观的面积是设计前的 2.05 倍，林地景观类型有显著增加（见表 9－13）。设计后果园面积增加也较显著，是现状面积的 1.57 倍；城镇面积也由原来的 0.62hm^2 增加到 1.87hm^2。而其他景观类型面积均有减少，其中裸地景观面积减少最多，共减少 111.3hm²，主要用于林地和果园的开发。而旱地和稻田除留有一部分作为后备粮食基地外，其余主要用来种植花卉、草本等观赏植物。

表 9－13 库区设计前后各景观类型面积及其相对变化

		林地	果园	旱地	水体	菜地	水稻田	裸地	城镇
现状	斑块数	10	8	9	1	0	10	13	2
	面积（hm^2）	75.45	90.35	16.93	82.40	0	19.97	155.09	0.62
设计方案	斑块数	18	27	2	1	0	5	5	2
	面积（hm^2）	154.56	142.3	5.55	82.4	0	10.34	43.79	1.87

（2）设计前后景观格局指数变化

库区景观格局的设计除了保持景观单元之间或农业生态系统之间在功能和生态过程上的有机联系之外，还必须突出农业休闲的特征及其布局的精巧。所以从设计前后的景观格局指数变化可以看出（表 9－14），设计方案中廊道密度从现状的 1.83km/km²提高到 2.21km/km²，大大提高了各景观单元之间的连通性及其连接度水平。随着廊道密度的增大，斑块数目的增加（从 53 增加到 60），平均斑块面积也随之下降，对于保证斑块之间的镶嵌稳定结构起着重要作用。但设计方案中多样性指数（H）略有降低（从 1.5826 下降到 1.4416），而最大多样性指数（H_{max}）则保持不变。多样性指数的下降表明区域景观设计的优势资源利用的原则，从优势度指数的上升同时可表明区域资源以林地的生态保护及四季果园的栽培、种植等休闲观光开发项目为主。

表 9－14 库区设计前后景观格局指数变化

	斑块数	平均斑块面积（hm^2）	廊道密度（km/km^2）	H 多样性指数	H_{max} 最大多样性指数	D 优势度指数
现状	53	8.32	1.83	1.5826	1.9459	0.3633
设计方案	60	7.35	2.21	1.4416	1.9459	0.5043

采用景观生态学和地理信息科学等方法，从农业景观格局、农业景观生态功能分区及区域农业景观生态设计等三个方面对马坪试验区的资源利用格局及其优化配置进行了研究。研究结果表明，1989—1997 年，马坪镇景观格局指数从 1.8220 下降到 1.5435，优势度指数则从 0.2574 上升到 0.5359，景观类型向集中化方向发展。同时各景观类型变化也较大，其中林地、裸地等非生产性景观面积

下降明显，而果园等生产性景观面积增加显著。本研究利用景观生态功能指数（E）对区域景观格局开展了综合评价，根据研究区域内各景观单元生态功能指数的集中分布程度，按景观生态功能的优劣，定量划分了四个生态级别区。在划定景观生态级别区的基础上，结合农业生产实际，对整个马坪试验区资源利用进行了景观规划和生态设计，将试验区分为四种资源生产类型，即西北部农业休闲区、东北部农业立体种养区、中部稻田生态耕作区和西南部果园生态开发区。同时对基于农业休闲开发利用的杨美库区资源进行了景观生态设计，并提出了可行的设计方案。

马坪试验区实证表明：在系统方式综合的地理学核心思维指导下，应用农作循环系统技术，从食物链功能角度出发，通过生物生产的时空配置和立体生产技术，加强对农业资源的三维空间立体利用，以及农、林、牧、渔、草、虫（蜜蜂等）、微生物等生物资源的综合开发，形成空间布局和结构更为合理的综合开发格局，不仅发挥区域农业资源优势，而且确保农业增效、农民增收，达到实现农业资源综合开发和可持续利用的双重目的。

【小结】本研究设计建立了马坪镇特色立体生态农业体系。其指导思想是：以特色农业发展为先导，充分发挥南亚热带环境资源和农产品优势，应用地理学系统思维方式的综合“整体大于部分相加之和”基本原理，通过景观生态规划，合理配置农业生态系统内部的能流流程和拓展农业资源开发空间，让分散、单一的农业资源要素通过不同耦合键，在系统内发生着各不相同的耦合过程，提高资源的合理利用效率，取得低投入、低污染、高产出的效果，形成独具特色的产业体系。自 2000 年实践本农业体系以来，取得较明显的经济、社会与生态效益。

第十章　漳州市特色农业系统研究*

漳州市位于经济发达的闽东南地区，自然条件优越，资源丰富，但是自20世纪90年代末以来，耕地资源日渐短缺，人多地少矛盾较为尖锐。一方面，1999年人均耕地面积仅有0.042hm^2，而且耕地后备资源缺乏，土地垦殖率达12.95%；虽然位于沿海地区，但境内水资源状况不容乐观；一方面，人均水资源虽然高达2683.8m^3，但污染严重，河流水质都在Ⅳ~Ⅴ类，农业生产发展受到较大限制。另一方面，漳州市土地肥沃，气候条件优越，而且农业物质装备精良，精耕细作，粮食单产5400kg/hm^2，土地生产率水平较高；总体上，漳州市经济总体发展水平也较高，1999年人均GDP已达10927元，是福建省平均水平5933元的1.84倍，是全国平均水平6534元的1.67倍；乡镇工业和第三产业发展极快，2004年第一产业在GDP中的比重已经下降到21.81%以下，但第一产业就业人员占全社会就业人员的比重仍高达87.60%，农业的比较效益依然较低。

一、漳州市特色农业系统的优化分析

（一）指导思想与分析方法

在漳州市农业生产系统优化研究工作中，我们采用了多目标线性规划方法进行特色农业系统优化评价，对于特定的区域，其可持续农业与农村发展（SARD）所处的阶段是客观的，发展的基本模式也是确定的，这给评价工作提供了基础。如果是进行现状评价，可以根据定性和初步的定量分析判断区域SARD的发展阶段，在此基础上选定与此阶段相适应的评价指标体系，赋予具有时代特征的权重

---

* 本文摘编自章牧与朱鹤健合著的《东南沿海地区特色农业评价与信息化技术》，中国农业出版社2003年版。

(不同发展阶段评价指标不尽相同，权重分配也不相同)，再通过数学模型就可以得出区域SARD的协调度或与最佳状态的偏离度。如果要进行区域SARD的预测或规划，则可以现状为基础，通过对选定的SARD模式进行定性描述和准确定量，以指标刻画出希望达到的某个目标；同时还可以通过建模在各种指标间进行协调与平衡，以寻求合意的资源配置途径或方案。

按照系统论的观点，系统的功能是组成系统的各个要素通过一系列的耦合作用实现的。SARD是一个十分复杂的系统，它是由资源、环境、经济、社会等一系列子系统构成。但是我们完全可以对之进行抽象，仅仅从投入与产出的关系对其进行研究。

最终建立的综合评价模型可表述如下：

$$\text{约束函数：} st\begin{cases}\sum_{t=1}^{n} X_{lt} \leqslant c_l,\ l=1,\ 2,\ \cdots,\ s\\ X_{lt} \geqslant 0,\ t=1,\ 2,\ \cdots,\ n_l\end{cases}$$

$$\text{目标函数：} F_{\max} = (f_1, f_2, \cdots, f_m)$$

其中 c_l 代表第 l 类投入指标的标准量。上述模型是一个多目标规划模型，它既可以作为系统综合评价的数学模型，又可以作为系统规划模型的基础。

SARD注重整个农村社会经济发展，必须与农业自然资源、生态环境相协调。由于闽西北与闽东南在自然条件上的客观差异，区域差异比较明显。两大地区同样面临农业与农村发展的问题，只是在不同发展水平下农业生产矛盾的表现形式和内容不尽相同，所以可将SARD划分出初级、中级和高级阶段。SARD初级阶段的主要矛盾体现在农业方面，由于农业生产水平低，所以主要任务是消除农业生产的主要障碍因素，缓解人口和资源消耗造成的生态环境压力，尽快解决农民的温饱问题；中级阶段的主要矛盾已经转向农业与农村发展的协调问题上，此时的工作重点是调整农业区域结构、产品结构和产业结构，提升农村二三产业的整体水平，逐步导入种养加结合、贸工农一体的发展策略，提高自然资源利用水平，合理配置资源，使生态环境得到较明显的改善，农民生活水平达到小康；高级阶段实际上是农业现代化的顶级阶段，主要追求农村的持续发展，农业增长依靠农村社会财富的积累，重点是扩大农业经营规模，发展农村二三产业，迅速提高农业劳动生产率和城镇化水平，基本上建成农业现代化，农民生活达到富裕水平。由此看来，福建省农业整体增长实际上已经基本步入SARD的中级阶段，只是闽东南较闽西北在中级阶段上的特征更明显，生产效益更高，所以向高级阶段发展的潜力更大。根据前述分析，本研究提出了建设特色农业以推动闽东南地区向农业现代化发展和过渡的指导思想，并以 SARD 为战略目标，设计了面向闽东南特色农业的漳州市农业决策支持系统，为了更好地体现发展特色农业对于农业结构调整的优越性，也为了加快闽东南地区农业信息化技术的应用，促进闽东南特色农业的整体水平，本研究将以此为目标，通过系统中已有的基础数据库，建立起相应的线性规划模型，以便预测未来漳州市特色农业的发展趋势，提出符合 SARD 指导思想的规划方案，为漳州市特色农业建设提供决策支持。

根据上述分析可以初步判定漳州市 SARD 系统已处于中级阶段向高级阶段过渡的时期。同时，根据漳州市已有的较为成功的农业开发经验，我们认为漳州市应该选择“高技术、集约化、持续性”的发展模式，大力吸引外来投资投向具有区域优势的特色农业建设中去。立足于漳州市人多地少、资源相对丰富的特点，以增加农民收入为中心，以提高农民生活水平和农村文明程度为目的，实行农业集约化经营，利用高新技术手段对特色农业进行科学决策与管理，提高农业科技含量；以有效的人力投入、适度的资金注入、先进的技术支撑，实现特色农业的高效益产出；科学配置各类生产要素，适时调整农业结构，积极开展多种经营，大力发展农村非农产业，建设生态、经济与社会协调发展的现代化新农村。SARD 战略的基本出发点在于，农业与农村发展是资源、环境、人力、经济等各种投入综合产出的结果，因此我们在指标体系构建时充分贯彻了这一指导思想，即突破了常规的投入产出分析仅仅着眼于经济分析的局限，把对资源的占用和对环境的载荷亦作为投入要素。同样，在产出指标中不仅有经济和社会因子，也将环境质量作为一种产出结果。在确定发展阶段和主要发展模式的基础上，按照系统性、整合性、可操作性、动态性、可控性、可预测性等原则，选取并确定了 47 个指标，其中投入指标 20 个，产出指标 27 个。

SARD 系统规划与一般规划的不同之处在于它是在现有要素系统一定且总体目标也已经设定情况下，寻求最优投入方案的运筹过程。具体包括以下几个环节：（1）明确研究的问题和设置研究的目标；（2）对系统进行研究；（3）构造数学模型；（4）运行数学模型；（5）利用模型进行实验；（6）对结果进行分析与鉴定。

（二）系统的历史评价与规划

1. 系统的历史评价

借助于前述的多目标规划模型，通过数据库可求出 $F_{\max}$，它是系统可能达到的最佳状态。我们采用线性加权法对综合评价模型求解，得出漳州市 1990—1999 年共十年的 F_{max}，而实际产出 F 都是已知的，令：

$$V = F_{max} - F$$

其中，V 是系统的最佳状态与实际状态的偏差。这个偏差越小，表示系统越优，它就是所求的目标函数。对此偏差函数的求法，我们采用对应向量之差的绝对值加权求和的方法进行计算。第一，将数据库数据导入专用统计软件进行标准化，因为投入与产出指标数较多，所以采用主成分方法对投入指标降维；第二，利用回归方程将所有产出指标与投入指标进行逐一回归，求得回归系数；第三，将所求得的 27 维系数矩阵录入 Matlab，将线性回归方程写入，经循环数组运算后可求出每一年的 F_{max}，将其与实际值差分，可求得漳州市 1990—1999 年的 V 值依次为：0. 4964，0. 0671，0. 1234，0. 1473，0. 3593，0. 2673，0. 3136，0. 3193，0. 6460，0. 6893。从计算结果可以看出，20 世纪 90 年代以来，1991 年是最优的一年，而 1999 年则是最差的一年。根据这一多目标线性规划模型，可以对漳州市未来农业生产进行模拟和仿真，只要采集的有关特色农业基础数据完善，这一模型可以形成不同的特色农业生产规划方案。而且通过系统优化分析，可从指标的数值找出问题所在，然后再从更高级的定性分析入手，就可以总结工作经验和教训，从而为实现农业的持续发展提供最佳的决策支持。

2. 系统规划

系统综合评价模型最重要的意义在于它的分析与规划功能，由于某些投入指标是基本稳定或完全可控的，如土地垦殖率、人均水资源、农用地比重、全社会劳动者人数、人口自然增长率等。根据 SARD 系统目标的要求，我们设计了三个投入方案：方案一偏重经济技术要素的作用；方案二侧重人力资源投入的运筹；方案三是综合平衡方案（见表 10 - 1）。

表 10 - 1　2010 年漳州市 SARD 投入方案（部分指标）

指标	方案一	方案二	方案三
农业人口人均耕地（hm^2）	0. 062	0. 054	0. 051
经济作物面积比重（%）	38. 24	42. 81	45. 62
废水排放量（10^4t）	1654	1532	1459
废气排放量（10^4m^3）	212561	185693	170685
第二产业从业人员比重（%）	15. 32	16. 854	18. 17

续表

指标	方案一	方案二	方案三
第三产业从业人员比重（%）	20.50	25.25	30.03
农业中间消耗占农业总产值比重（%）	52.36	50.21	45.49
化肥施用量（10^4t）	45.73	40.53	36.59
人均农机总动力（kw/人）	0.641	0.572	0.513

方案一侧重经济技术要素对农业增长的作用，对其规划的主要依据是偏向集约的指导思想。按照现代农业发展的要求，以高投入换取高产出，主要体现为化肥施用量、农业装备等方面的高投入，因此造成的农业中间消耗也会相应增长较快。

方案二偏重人力资源的综合开发及农业整体素质的提高，出发点是高效。对于漳州市来说，农业经济一直是全市的主要经济支柱，但是农业比较效益不高，虽然有较高的农业劳动力投入，但是转化速度较慢，农民对农业生产的积极性没有充分发挥出来，因此这一规划方案追求加快城镇化进程，减少农业劳动力规模，提高农业劳动生产率，将第一产业从业人员从中降下来，以便在发展特色农业过程中尽快实现规模经营和农业产业化，所以该方案是通过调整从业人员的数量比例关系和改善质量结构来实现既定的工作目标。

方案三是一种综合平衡方案，是依据 SARD 的“集约、持续、高效”模式而设计的。由于方案一和方案二都有一定的局限性和片面性，并且不同程度地受一些客观条件的制约，尽管保证了各产出目标的实现，但综合效益并非最优。为此，在对投入指标进行多次往复调整、加权分析后，我们选择了一个较为理想的方案。这一方案充分贯彻了系统整体产出最优的原则，最大限度地减少主观因素的影响程度。

另外，本研究还采集了漳州市“十五”期间农业生产的主要发展目标与规划方案进行比较，由于不同的指标体系及指标反映的农业生产信息不尽相同，所以仅供参考。但是从总体上看，漳州市制定的农业发展目标与规划方案提出的综合平衡方案具有类似的特点，强调在漳州市农业总产出水平提高的基础上，兼顾农业的技术进步和科技含量的增加；强调农业劳动力的转化效率和结构调整，因此，利用本研究设计的多目标线性规划模型是可以为漳州市农业生产提供决策支持的（漳州市规划的发展指标见表 10－2）。

表 10－2　漳州市“十五”期间主要农产品发展目标

项目	2000 年产量（10^4t）	“九五”期间年递增率（%）	“十五”计划	
			2005 年产量（10^4t）	年递增率（%）
粮食	120	−3	114	−1
油料	4.80	−0.52	4.68	−0.50
茶叶	1.12	6.99	1.57	8.0
水果	152.04	10.57	243.24	12.0
蔬菜	197.57	17.40	345.75	15.0
食用菌	14.50	0.32	18.21	0.50
肉蛋奶	26.71	5.70	39.86	8.30
肉类	22.90	5.10	32.0	8.0
蛋类	3.02	13	5.29	15.0
奶类	0.79	51	2.57	45.0
水产品	123	—	160	5.93

漳州市农业增长是个复杂的系统工程问题，它的农业生产水平在福建省内具有比较明显的比较优势，农民生活已经逐渐迈向小康。但是农业生产比经济效益的持续走低所导致农民的劳动积极性下降等问题的出现显然与政府的宏观调控及结构调整有关，农产品的结构性过剩依然对漳州市未来农业增长构成威胁，所以应借助现代农业信息技术对漳州市农业进行科学决策，优化漳州市占有优势的农业自然资源配置，实现生态、经济、社会的协调持续发展，是漳州市实现农业现代化的主要目标（表 10－3）。通过多目标规划模型的构建为漳州市农业发展提供辅助决策支持，希望此项研究成果不仅对漳州市的农业生产产生积极的引导作用，也希望能推动其发展成为闽东南地区发展特色农业的示范基地。所以，本研究虽然讨论较多的是技术层次上的理论与应用问题，但实际上更强调这一理论与方法的实践意义。以下在农业系统优化分析的基础上，本研究对漳州市农业的类型和分布及农业外资及港澳台资投入的空间布局特色进行了深入分析。

表 10－3　漳州市农业与农村经济发展的阶段性目标

指标	2000	2005	2010
农林牧渔总产值（亿元）	136.4	180	220
农民人均纯收入（元）	3547	4800	11000
科技对农业贡献率（%）	48	55	60

续表

指标	2000	2005	2010
农业劳动力占农村劳动力比重（%）	70.3	65	30
农产品商品率（%）	83.0	86	90
农产品出口交货总值占农业总产值比重（%）	25.0	30	40
水土流失治理程度（%）	52.0	60	85
农业现代化园区占总耕地面积比重（%）	6.0	37	85
农业产业化龙头企业数（个）	109	168	250

二、漳州市特色农业宏观布局研究

（一）特色农业区划原则与指导思想

在闽东南农业发展过程中，地方特色越来越浓，产业化、市场化、商品化机制日益完善；许多地市的特色农业已经成为创汇先驱，也成为福建省实施山海联动战略的助推器和发动机。在漳州市，特色农业的出现不仅打破了传统大农业中种植业占主体的格局，而且在增收增效方面成绩斐然，因此漳州市现有的农业生产格局已经基本上转化为特色农业生产体系，对其进行宏观农业经济分区，既是对漳州市农业生产在省内领先地位的肯定，也是为了更好地持续发展农业及农村经济。

农业生产布局实际上也是一种多目标战略决策问题，农业内部生产部门的合理布局如同土地资源的多样性一样，在局部区域内可以具有多种开发选择。即某个区域有其优势农业部门，但是同时也存在其他农业生产门类，在空间上具有交叉分布的特性。

特色农业宏观布局必须划定同一特性的农业生产过程的空间位置与范围，这涉及农业生产复杂的经济学与生物学交织的属性。本研究在分析漳州市特色农业宏观布局时采用聚类的方法进行分区。这种方法具有弹性大、可操作性强的特点，分区界线划定之后，分区之内的主要农业生产类型及其土地利用的方式与数量关系也就基本确定了。这种数量关系仅是隐含确定，但这种确定既控制了主导产业结构的发展方向，也为其他非主导产业的发展留有一定的空间，以便更好地适应未来结构再调整的需要；对特色农业的布局及分区主要目的是适应农业自然资源的地域上的差异，反映农业生产最佳的经济和生物生长效益，也符合 SARD 因地制宜的指导方针。

1. 特色农业区划原则

（1）区域性原则

源于市场化经营机制的特色农业布局可能是跨地市分布的，但是对于区域特色农业生产的经营与管理，需要由各级地方政府部门进行协调与实施，所以本研究对闽东南地区特色农业的宏观布局是基于现行行政区界线来编制的；由于自然条件与环境因素的高度关联，所以它是划分农业生产类型区的基础和前提。特色农业实际上是一种空间布局的形式，所以划区的首要原则是要求特色农业分布区在农村经济环境、农业生产条件和农业自然资源潜力特点等环节上的相似或相近，即具有相对一致性；同时相似性也是分区分类的依据，它是指同一种类型的特色农业分布区在自然、地理、环境、资源、社会经济与环境等方面相似，即具有一定的共性，这是不同对象能够形成统一特色农业区的基础和桥梁；差异性则是指不同特色农业区之间特征性的差别，它强调了不同特色农业区的不同重点，也指出了各种特色农业区与周围系统之间的相互协作衔接，利用优势互补原则统筹实现整个闽东南地区特色农业的合理化布局和持续农业发展。

（2）可操作性原则

特色农业区划作为一种实用性方案，其目标是揭示整个闽东南地区特色农业在不同县市的特点，方案的可操作性显得尤为重要，只有可操作性强的方案才能直接对生产实践有益，所以确保分区连片分布、保持现有行政区的完整以及指标选取的科学合理等一系列操作均具有方便、快捷、准确的特点；特色农业区（带）的划分，应密切结合地方实际，并在分区方案中考虑到政策、生产传统和生活习惯等难以量化的因素，使得区划方案与实际情况相符。

（3）土地适宜性原则

土地适宜性通过对土地评价单元的土地质量与指定用途的农业利用方面的要求，规定了土地利用的可能范围。因此，为了发挥土地生产潜力和土地利用的持续性，依照土地适宜性确定农业生产的宏观布局，从农业生产与社会经济的持续发展要求出发，因地制宜地合理利用土地等农业自然资源。

除此之外，漳州市特色农业的分类，还要考虑到可持续发展的指导思想。因为农业生产关系到人民生活的各个方面，直接与国民经济与社会发展密切相关，在当今世界可持续发展潮流下，农业生产必须以可持续发展为基本前提和指导原则。漳州市特色农业生产的发展，实际上就是为了更好地使自然资源得以合理配置和持续利用；农业生产内部结构的调整及用地布局的优化，对于规划区域农业生产的发展，区域内部产用结构的确定和地方优势的发挥，以及生产要素的保护和再生能力的维持，均有着重大的影响。在漳州市这样的农业生产重点地区，应根据不同的资源和社会经济条件，合理配置和保证农业生产的持续、高效和有序的发展，满足 SARD 的要求；农业生产的市场化、专业化已经基本成为现代农业发展的主流，特色农业作为具有浓郁地方特征的产业门类，既可以在大农业生产结构中与种植业、林业和渔业等部门分列，更可以在农业生产过程中作为具备产业化特征的单一门类而存在。实际上特色农业已经与传统的农业内部产业门类相互融合，既是地方农业生产的特色，又是地方农业增长的主力，所以专业化是特色农业发展的一个基础，专业化的生产才有可能形成规模经营，才具备市场的竞争力。为了实现土地利用从粗放型向集约型转变，关键在于土地等农业自然资源的规模利用。特色农业的宏观布局应为自然资源的高效利用提供基础条件，从而促进农业生产的组织管理，使特色农业生产向规模化、市场化、区域化、专业化的方向发展。

2. 指导思想

根据漳州市农业生产的特征及土地利用的规律性，本研究将基于模糊相似关系的递阶结构模型应用到特色农业区划中，工作原理简述如下：根据漳州市“十五”期间国民经济与社会发展战略目标，确定特色农业分区指标体系，并计算每一栅格单元各指标数值；分块计算模糊相似矩阵，按不同截水平进行模糊聚类，得到全市县级单元的分类结果；为了使研究成果更符合漳州市实际状况，本研究在满足自然资源条件数量结构的要求下，将土地适宜性评价结果叠加到特色农业的分区图上，据此画出了以乡镇为单元的分区界线，从而得出基于栅格的农业宏观布局；最后经过实地校核论证，确定特色农业宏观布局界线，编制分区布局图。

（二）分区方法与研究结论

采用定量方法对漳州市特色农业进行分区，分区工作采用的指标体系是由区位条件、农业生产条件、农村经济结构特征、农村发展保障能力、农业经济综合实力、农业土地利用水平、特色农业产出效率等共七大类因子层 42 个指标构成的。由于需要将分区界线划分到乡镇一级，所以必须利用此前工作获得的土地适宜性评价结果，利用模糊聚类进一步将特色农业分区落实到乡镇一级，从而得到了全市的特色农业宏观分区布局结果。根据漳州市农业宏观经济区划方案，结合漳州市土地适宜性评价结果，参考漳州市各县、市农村经济环境、农业生产条件、农业自然资源潜力的特点及其相似性、农村经济结构特征及农村经济发展方向和现状水平，就可以得到显示不同特色农业区域分布的宏观布局结果（见表 10 - 4，图 10 - 1）。

表 10 - 4　漳州市特色农业宏观布局方案

类别	名称	分布范围	地区
Ⅰ	西部低山丘陵特色农业区	华丰镇、湖林乡、仙都镇、良村乡、新圩镇、高车乡、高安镇、马坑乡及葛山、金山、西陂三个林场	华安县
		九峰镇、芦溪镇、霞寨镇、长乐乡、崎岭乡、国强乡、安厚镇、大溪镇及三墩、国强林场以及安厚农场	平和县
		和溪镇、金山镇、奎洋镇、梅林乡、书洋乡、船场镇、南坑镇及榜胶林场	南靖县
		秀篆乡	诏安县
		马铺乡	云霄县
		坂里乡	长泰县
Ⅱ	中部台地平原特色农业区	沙建镇、丰山镇、汰口农场、利水农场	华安县
		武安镇、岩溪镇、枋洋镇、陈巷镇、古农农场、岩溪林场、亭下林场	长泰县
		小溪镇、山格镇、文峰镇、坂仔镇、南胜镇、五寨镇、五寨农场、长芦农场、天马林场	平和县
		靖城镇、山城镇、龙山镇、丰田农场、南靖林场	南靖县
		云陵镇、火田镇、下河乡、莆美镇、常山华侨农场、和平农场、园岭林场	云霄县
		绥安镇、赤岭乡、马坪镇、官浔镇、长桥镇、南埔乡、石榴镇、赤土乡、湖西乡、盘陀镇、长桥农场、万安农场、石古农场、大南坂农场、中西农场、玳瑁山茶场	漳浦县
		南诏镇、官陂镇、太平镇、西潭乡、深桥镇、霞葛镇、红星农场、建设农场、赤竹坪林场、湖内林场	诏安县
		石码镇、海澄镇、角美镇、白水镇、九湖镇、颜厝镇、榜山镇、东园镇、东泗镇、程溪镇、程溪农场、双弟农场、林下林场、清泉农场	龙海市
		步文镇、郭坑镇、朝阳镇、蓝田镇	龙文区
		天宝镇浦南镇、石亭镇、芝山镇、五峰农场、大房农场、后房农场、天宝林场	芗城区

续表

类别	名称	分布范围	地区
Ⅲ	沿海低丘台地特色农业区	紫泥镇、浮宫镇、港尾镇、隆教乡	龙海市
		佛昙镇、旧镇镇、前亭乡、赤湖乡、深土镇、霞美镇、杜浔镇、沙西镇、六鳌镇、古雷镇、白竹湖华侨农场、下蔡林场	漳浦县
		陈岱镇、东厦镇、列屿镇	云霄县
		四都镇、桥东镇、梅岭镇、金星乡、梅州华侨农场、西山农场	诏安县
		铜陵镇、西埔镇、杏陈镇、前楼乡、樟塘镇、康美镇、陈城镇、赤山林场	东山县

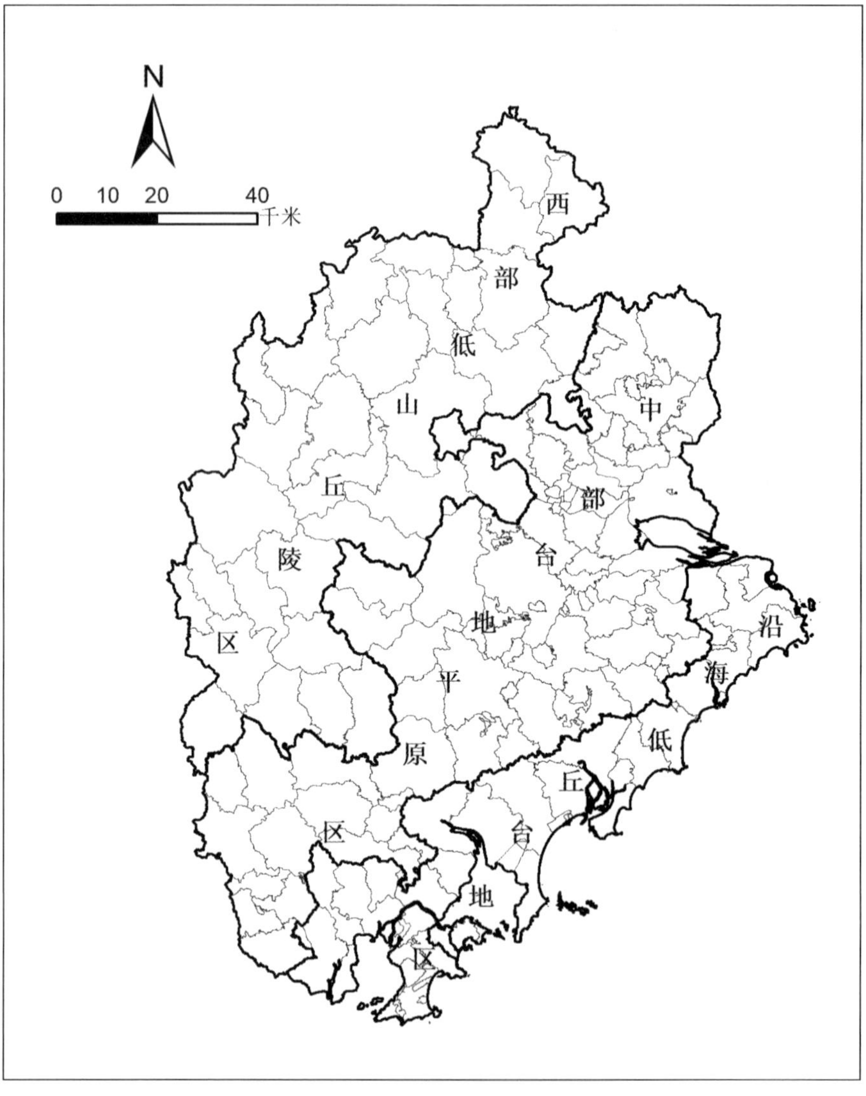

图 10－1　漳州市特色农业宏观区划

Ⅰ. 西部低山丘陵特色农业区：属于漳州市的山区，是漳州市内西溪、南溪、东溪、九峰溪、鹿溪及漳江等主要河流的发源地，也是九龙江主要支流北溪和龙津江的上中游地带。北部是戴云山脉向东南延伸部分，西部则是博平岭山脉向南延伸部分，地势较高，起伏较大，从西北向东南倾斜，地形较为破碎。由于坡陡流急，地表植被破坏严重，水土流失较为明显，土地肥力贫乏。农林牧业是这一地区的主要经济支柱。农业经营主要是山地农业综合开发及立体林业经营模式。特色农业主导产业门类有食用菌、竹林、林果业等。

Ⅱ. 中部台地平原特色农业区：本区是典型的南亚热带气候类型区，水热条件好，发展农业生产的自然条件优越。处于漳州市各主要河流的中下游，地形平缓，土层深厚，土壤肥沃，是漳州市重要的粮食生产基地和工农业经济活跃区。区内建有高新农业示范园、观光休闲农业区、农业园艺区和亚热带水果生产区等示范区。多熟制粮田模式、稻—莲—萍—鱼立体种养模式、蔗田立体种植模式等在福建省具有示范意义的农业生产模式在本区得到推广。

Ⅲ. 沿海低丘台地特色农业区：本区位于漳州市东南沿海及其半岛、岛屿，地形以低丘、台地为主，多见平顶低丘，坡度较缓。地形破碎，波状起伏。特色农业以海水养殖、水产品加工业为主。水产养殖业和珍稀鱼类养殖是当地主要经济支柱。海水养殖业发展较快，养殖模式已从不同的鱼种混养、贝蛤套养发展到“鱼—贝—藻”“海带—紫菜”“牡蛎—海带”等多层立体养殖模式。在沿海广阔的滩涂和低洼涝地开辟鱼池，推广生态循环养殖模式，实行水产业与种植业、畜牧业、草业、加工业有机结合，实现植物、动物和微生物的互生共养、良性循环和高效转化。

三、特色农业决策支持系统的研制与开发

漳州市特色农业决策支持系统与其他地理信息系统类似，是处理空间数据的复杂系统，它的设计与开发是一项系统工程，需要从系统工程的角度出发，利用结构化系统分析方法，采用自上而下、划分模块、逐步实现的方法来构建，这也是常用的信息系统的设计方法。整个系统的设计基于组件式 GIS 技术的思想，主要工作内容包括系统的需求分析、数据源分析、数据库编码设计、数据结构设计、系统结构设计、系统软硬件配置、系统开发平台选择、系统界面设计、系统功能及系统分析应用模型的建立等方面（朱鹤健、章牧，2007）。

（一）前期工作

随着科学技术的进步和社会的发展，人类正在从工业化社会迈向信息化社会。信息时代的来临，正在改变人类的生存和发展方式。在以自然资源为主的工业化社会，受科学技术水平的限制，所能获得的信息资源还十分有限，但是未来的经济模式必然会从以自然资源为主的工业经济模式逐步转变为信息资源为主的知识经济模式。这一转变，将使一般商品和劳动中所消耗的物质比重相对降低，信息和智力的比重相对增加，传统的高耗低效型的生产结构方式将被新兴的低耗、高效型的生产结构方式所代替，经济增长向知识密集型转化，大大提高经济、生态和社会的综合效益。

本研究于 1992 年开始应用 GIS 技术手段，对福建省土地资源的空间分布格局、土地生产潜力及其适宜性、山区草地资源开发利用、耕地肥力变化与污染环境演变、农业生态系统稳定性等问题进行了系统研究，并在时空动态分析的基础上，陆续提出了建设“闽东南规模特色农业带”“农业发展的‘四重’策略”“建立镶嵌农林复合系统模式”等现代农业发展思路。福建省把“数字福建”列入“十五”规划的重点建设项目，“数字农业”作为其中的一项应用工程，已陆续开展了一些示范工程项目工作。在漳州市设计与开发面向特色农业的决策支持系统（Characteristic Agricultural Decision Support System，CADSS），就是为适应现代 SARD 要求而开展的。我们力图在此项工作中就漳州市的特色农业外资及港澳台资投入辅助决策，以及农业的宏观布局等迫切需要解决的问题进行示范性研究。

（二）系统的需求分析

从经济效益上看，基于开放式地理信息技术平台的决策支持系统，对于今后开发同类的系统很有帮助，可以在较短的时间里，通过对区域数据的处理生成新的系统，特别有利于在有着类似特色农业生产基础的县市推广，从而推进全省农业生产信息化的进程。

1. 用户（漳州市）对决策支持系统的需要主要包括以下六个方面：

（1）利用建立的数据库对闽东南面上的特色农业进行综合评价，对影响闽东南特色农业发展的主要障碍因素进行分析。

（2）对漳州市的城市发展概况及其在省内、国内的地位进行分析与评价，着重体现漳州市作为现代农业生产基地的风貌。

（3）对漳州市特色农业的宏观布局进行描述，包括文本信息和数据统计资料。

（4）对闽东南及漳州市的农业外资及港澳台资投入进行现状利用水平测评，并预测未来漳州市农业外资及港澳台资的投入潜力。

（5）反映闽东南及漳州市特色农业的空间布局。

（6）利用设计的线性规划模型对漳州市农业结构进行优化分析。

2. 特色农业宏观布局及投资导向的研究是具有时代特色的新事物，根据上述用户的需要及地理信息系统自身的特点，明确特色农业决策支持系统的主要任务：

（1）系统需要既能处理空间数据，又能处理属性数据，能对各种要素进行综合分析。

（2）由于农业生产的波动性及易变性，投资环境及生产布局的变化是动态的过程，因此决策支持系统所包含的信息必须是易于更新的。

（3）系统所包含的信息也要能很方便地被查询、检索和显示，为投资者及投资决策部门提供有效信息。

（4）系统必须包括系统模拟的功能，在一定的假设条件下，能对现实状况进行模拟。

（5）系统中包括经济分析模型，能够对本地未来的经济发展提供预测分析。

（6）系统还需具有辅助决策的功能，通过对宏观布局及投资环境的综合评价，能给地方政府提供决策支持。

（三）系统数据源分析

GIS 中的数据源是指建立数据库所需的公众数据来源、数据内容。数据源分析对系统的数据结构和系统功能的设计都是很重要的。GIS 的最主要目的及最大的潜能就是能把单个数据库——从专题图和地形图来的空间信息、遥感数据、地学数据及调查数据进行综合分析，产生新的信息和图件。这就决定了 GIS 中的数据源是多种多样的。从广义上看，GIS 的数据源主要包括两大部分：一是地理现象（属性信息）；另一个是空间位置（空间信息）。所以地理信息系统的功能就是不仅处理属性数据而且还处理空间数据。一般来说，GIS 中主要的数据源包括以下各项：①地图和野外调绘的数据；②卫星影像、航片等影像数据；③地形数据；④统计数据；⑤规则/知识数据，这种数据被用来引导依靠一组数量可变的规则做出推断和决策的那些过程，在基于知识的地理信息系统中有可能存取并适应这些数据；⑥描述性的文本数据，包括历史和现状数据，需要由描述来表达的内容采用这种数据；⑦来自 GPS 的数据。

闽东南沿海地区地形复杂，适宜发展特色农业的地区点多面广，由于基础资料涉及面广，包括了诸多自然与经济社会的信息，所以系统的数据源注定是多元化的，概括而言，特色农业决策支持系统的数据源主要包括：①闽东南沿海地区行政区划图；②闽东南土地利用图（1∶50 万）；③闽东南土壤总图（1∶50 万）；④闽东南河流水系图（1∶25 万）；⑤闽东南交通路网图（1∶25 万）；⑥漳州市各乡镇行政界线（1∶25 万）；⑦漳州市地形图（1∶25 万）；⑧漳州市城市规划图（1∶10 万）；⑨漳州市土地利用现状图（1∶25 万）；⑩其他图件，包括漳州市航片（2000 年 10 月）、漳州市 TM 影像图（2001 年 3 月）等；⑪漳州市农业生产管理部门有关统计资料（如农业资源调查报告、四低四荒调查报告、土壤普查报告、农业普查报告、农业发展专项规划等资料）；⑫漳州市各市县自 20 世纪 90 年代以来的统计数据；⑬漳州各市县基本情况报告及包括法律、法规、税收政策、优惠政策、投资管理系统等与投资环境相关的资料；⑭漳州市国民经济与社会发展总体规划、“十五”规划等文件资料。

在以上各项数据中，有些是相对稳定的，如地形、行政区划图、交通网络、土地面积等；而有些是变化较快的，如城市建成区面积、各类用地类型的变化等。在 GIS 中，数据源的不同，数据的性质也不同，它们在计算机表示的方法也不同，在决策支持系统中设计的数据类型有四种：①地图数据，根据其主要特征可划分为点状要素、线状要素、面状要素和辅助数据（注记、符号标志等）等要素类型；②图像数据，多指数据格式为栅格型的遥感图像；③统计数据，一般与空间属性没有直接关系，所以直接用通用的关系数据库来管理；④文本数据，这种类型的数据属决策支持系统所特有的。因为社会环境是特色农业生产的载体，各种投资政策、优惠条件及法规对其的描述必须通过文本来进行。它与前面三种数据可能无关，也可能有关。

数据的精度和现势性直接影响到地理信息系统的功能实现，必须设法将各种信息尽可能最大限度地保存到决策支持系统中去。这就要求对数据进行编码，在这一过程中，信息会有损失。因此，要按研究对象的特征，设计适当的数据结构。

（四）系统总体设计

根据系统设计的需求分析和数据来源，系统数据流的结构如图 10－2 所示，

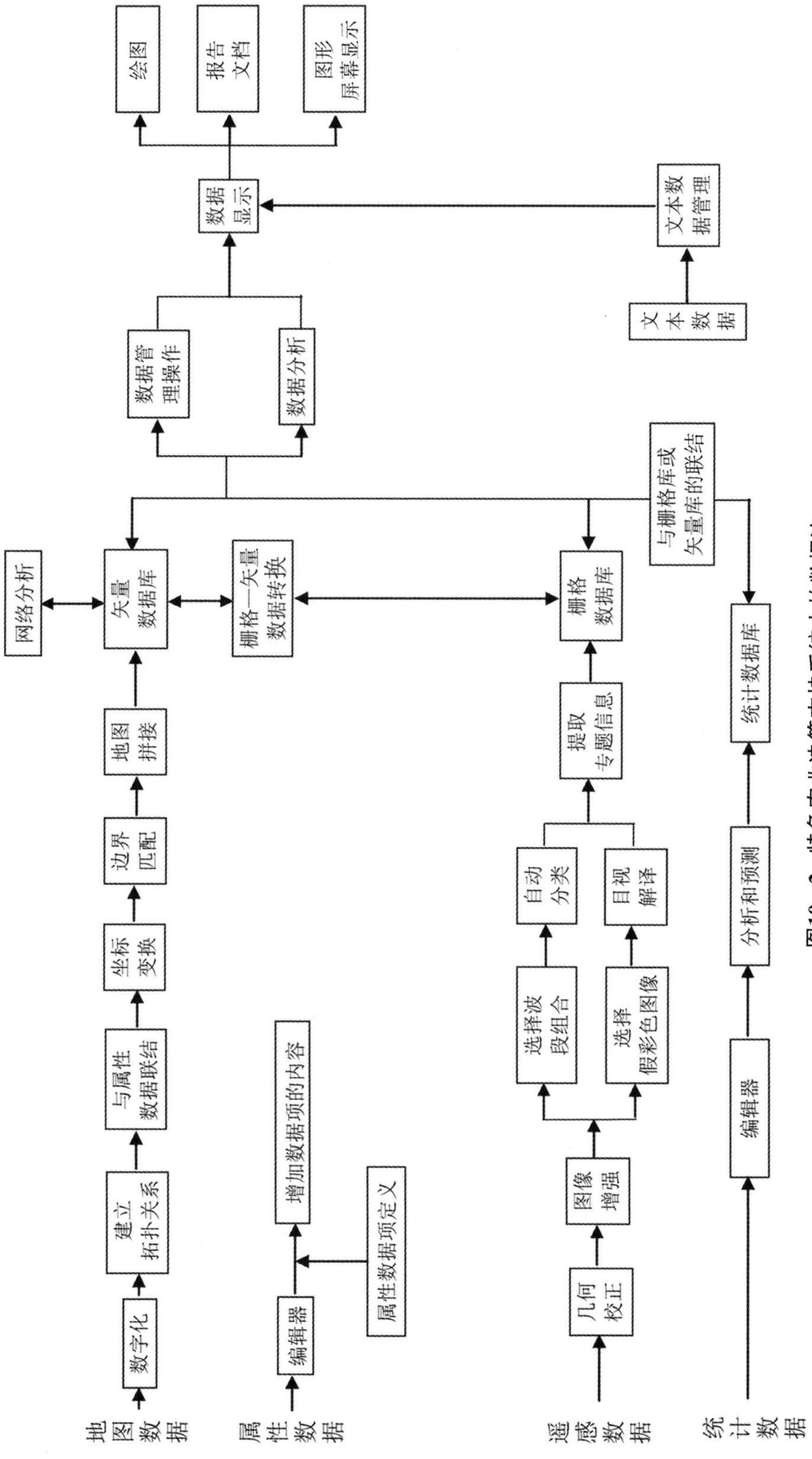

图10－2　特色农业决策支持系统中的数据流

而特色农业决策支持系统的总体结构则如图 10－3 所示。系统基于国产组件式 GIS 软件超图 2000（SuperMap 2000）研发，矢量和关系数据处理、栅格数据处理和面向用户的特色农业宏观布局决策分析和投资导向分析等模型分析均利用这一软件结合基本算法进行开发。在系统设计的构思中，每个模块之间的接口数据都可以是双向流动的，栅格数据与矢量数据可以相互转换；通过应用分析模块处理后的数据均可通过其他两个子系统进行转换，完成输入输出，因此系统具有很大的灵活性。由于特色农业决策支持系统本身是一项复杂的系统工程，涉及农学、计算机科学、经济学、地理学、生态学等领域的学科内容和方法，因而为发展区域特色农业而设计的决策支持系统构造也比较复杂，但是复杂的系统可以较好地实现研究目的，因此在系统应用初步涉及农业的宏观布局及投资决策分析两个方面时，这一系统可起到明显的辅助决策作用。

（五）数据库编码的结构

农业生产中各类信息复杂多样，内容丰富，需要将其按一定的规律进行分类和编码，才能对它们进行高效、有序的存贮、管理、检索与分析、输出与交换，以利于实现信息标准化、资源共享的应用要求。

与农业生产有关的信息分类编码是实现对各种现状信息进行有效管理和使用的保障，包括信息分类和信息编码两个阶段。信息分类是将具有不同属性或特征的农业信息区别开来的过程，是编码的基础。分类方法则有两种：线分类法和面分类法。信息编码是将信息分类的结果用一种易于被计算机和人识别的符号体系表示出来的过程。编码的直接产物是代码。代码一般由数字、字符二者混合组成。农业生产的基本现状图形信息和属性信息均应进行科学的分类和编码，相应生成图形分类编码、符号分类编码和属性分类编码。

地理数据通常是以点、线、面三个基本要素来表达的，因此决策支持系统数据库编码实际上是对这三个基本要素的编码，数据编码应该遵循的原则有：①通用性：所编的专业代码既要符合人们的一般习惯，易于编写，适合计算机处理，又不要过分灵活，以免有损于结构的严密性。②一般性：指任何专业名词、术语的定义必须严格保持概念的标准。③唯一性：对某一类地理特征，编码必须是独一无二的，不能重复。④系统性：整个系统的地理编码要统一规划，统筹安排，不能各行其是，随意更动。⑤标准化：对编码的长度、格式和码位的分配必须一致。⑥扩展性：系统编码应该留有充分余地，当代码增加或删除时，不致破坏原

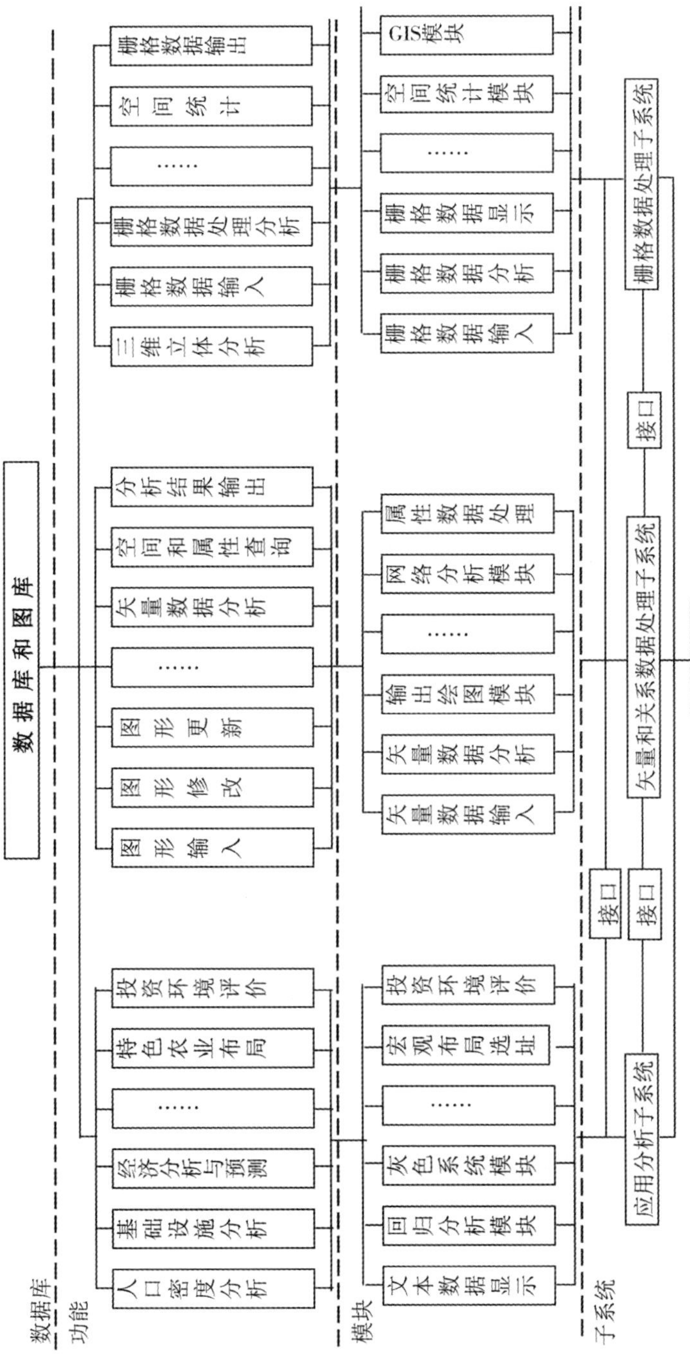

图10－3　特色农业决策支持系统总体结构

有的代码。⑦简易性：代码的标志应尽可能短，便于操作，查找迅速，既可以减少出错，降低工作量，又可缩短计算机处理时间并节省内、外存空间。

本系统数据编码的结构，参考中华人民共和国国家标准，采用六位代码进行编码，左起第一位为大类码位，数据处理在不作叠加、复合运算时，可采用较少的码位，只要能把同层中的各要素表达清楚，码位越简单越好。

（六）数据结构

衡量数据模型及其所依附的数据结构的准则包括：①完备性，能够表示的实体和关系的多少。②健全性，系统处理特殊情况的能力。③效率，系统的紧凑程度（即存储效率）及使用速度（时间效率）。④通用性，系统用于处理新情况的能力。⑤生成的难易程度，把数据转换成系统所需的格式所要花费的时间和劳动。⑧功能，系统设计能够实现的工作范围。⑦实用性，使用系统的难易程度。

根据上述准则，GIS 中常见的数据格式分为栅格型和矢量型两种。矢量—栅格综合数据结构试图综合矢量和栅格两种数据格式之长，与面向目标的数据结构一样都是数据结构研究的主要领域。特色农业决策支持系统是一种面向特定区域、特定行业的综合信息系统，所以设计采用的空间数据结构是栅格与矢量结构并存的数据结构；属性数据采用关系型数据结构，文本数据采用一般的文本结构。

1. 矢量结构

矢量结构是被 GIS 广泛采用的数据结构。图形数字化可在手扶跟踪数字化仪或扫描仪上实现，矢量结构模式十分适合这种数据采集方式；这种方式可以准确地描述地理实体特征，易于建立拓扑关系。所以在这种数据格式基础上的 GIS 往往易于实现空间关系的分析与操作。在矢量数据结构中，点是最基本的概念；线段则以其两个端点来表示；弧由一系列的线段组成，封闭的弧则构成了多边形。在基于要素点的数据结构中，要素点的位置可以是任何精度的。在大多数 GIS 的空间数据结构中，坐标的数据被编码，经过处理后被存储为一系列点、线、面的组合。本系统采用的矢量数据结构是 SuperMap 2000 的数据格式，提供了与 CAD、DXF、Arc/Info、MapInfo、ERDAS 等软件进行数据转换的功能。由于兼容性强，所以可以预见 SuperMap 2000 的数据结构也将被广泛使用。

2. 栅格结构

栅格结构是最简单的一种数据结构，它是由工作区域均匀地划分为格网矩阵而构成的。栅格的形式可以不同，如三角形、六边形、正方形、矩形等，但常用的是简单的正方形栅格。每个栅格是最基本的信息存储单元和处理单元。其大小可以根据不同要求而确定。栅格的行、列号隐含了空间实体的空间分布位置，便于空间定位分析。通过它们的分布位置也比较容易求出实体间的空间关系，对每个栅格单元记录相应空间实体的属性值。栅格单元大小的确定能够有效地逼近分析对象的分布特征，最大限度地压缩存储的数据量。常用的栅格数据组织的方法分为三类：面向栅格单元、面向实体变量和面向同质图斑。

3. 关系结构

关系结构是将数据的逻辑结构归结为满足一定条件的二维表，表的列代表实体的属性，表的任一行代表任意一个实体。这些关系表的集合就构成了关系模型，其表达式为：$R=(A_1, A_2, \cdots, A_n)$。其中 R 为关系名，A_i 是关系 R 所包含的属性名。表的行在关系中称为元组，相当于一个记录值。一个关系的元组数称为关系的基。每张表或关系均作为单独的文件存储。这种结构中的关系不用指针表示，而是由数据本身自然地建立起它们之间的联系，并且是用关系代数和关系运算来操作数据的。这种关系模型具有数据结构灵活、清晰，可通过布尔逻辑和数学运算规则进行各种查询、运算和修改；数据描述具有较强的一致性和独立性。虽然当关系复杂时，计算机需要执行一系列的数据操作，比较费时，但由于关系模型使用和维护的方便，因此其在 GIS 中应用相当普遍，主要就是存储各种统计数据和空间属性数据。就特色农业决策支持系统的数据源分析及农业生产的复杂性特点而言，要求本系统中多种数据格式并存。由于国内尚未有一种较为成熟的数据结构能够综合上述三种数据结构的优点于一个信息系统中，所以，本系统依照传统采用矢量、栅格和关系数据三者并存来表示不同的信息（图 10－3）。

（七）系统软硬件配置

设计与开发任何一种地理信息系统，均需要包括以下组件（图 10－4）。

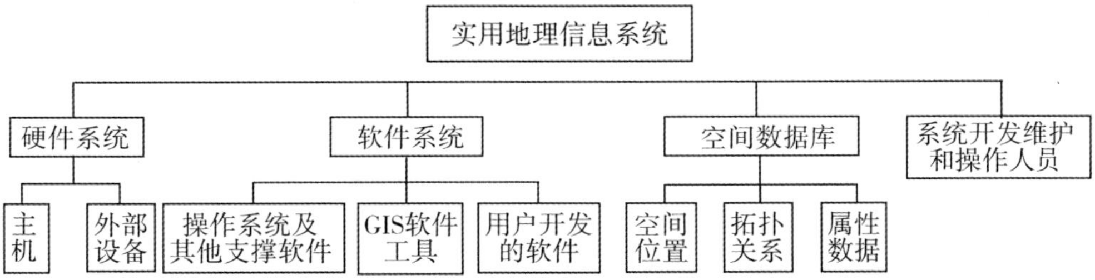

图 10－4　实用地理信息系统的基本构成

1. 硬件系统

根据用户的需求，结合我国大多数有关农业生产系统的信息系统建设方案，漳州市特色农业决策支持系统的软硬件配置从方便使用和维护的要求出发，设计的软硬件环境是基于微机硬件上的，基本配置为：

（1）主机 IBM—PC/AT 及其兼容机 586 以上系列（64M 基本内存）。

（2）EGA 或 VGA 图形卡的显示器。

（3）数字化仪及扫描仪。

（4）输出设备：喷墨打印机及绘图仪。

2. 软件系统

根据系统的总体设计及相关硬件的要求，系统包含的基本软件有：

（1）基本操作系统

Windows 2000 系统中文版。

（2）GIS 软件

目前 GIS 软件可有多种选择，各种软件的功能强弱各有不同。如何选择功能强大且成本低廉的软件也是系统成功和未来推广的重要因素。国外的 GIS 软件一般是性能愈强，价格愈高。因此，针对系统的要求最后选取了由中国科学院地理信息产业发展中心研制的具有自主产权的国产组件式 GIS 开发平台——SuperMap 2000，选用 Visual Basic（VB）作为开发语言。由于组件式 GIS 在国际上最近几年发展很快，不仅可用其作为空间数据管理和维护，而且组件式 GIS 具有二次开发方便、易于集成、无限扩展等特点。

SuperMap 2000 是基于 Windows 系列操作系统的全组件式 GIS 软件产品，是一个面向二次开发的开放性基础平台，适合开发各种专业应用系统，因此本研究利用 SuperMap 2000 强大的开发能力建立了漳州市特色农业决策支持系统（系统软件构成见图 10－5）。

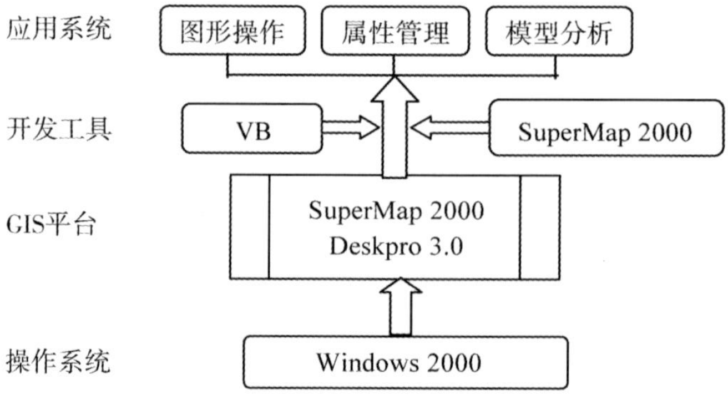

图 10－5　CADSS 的软件构成

3. 模型与数据库的连接

CADSS 利用各种算法实现对漳州市农业自然资源、土地利用及农业结构优化的分析，并采用紧凑结合方法与系统数据库相连，通过 Visual Basic 编制了统一的用户界面，可按菜单选择分析工具及模型进行分析（图 10－6）。

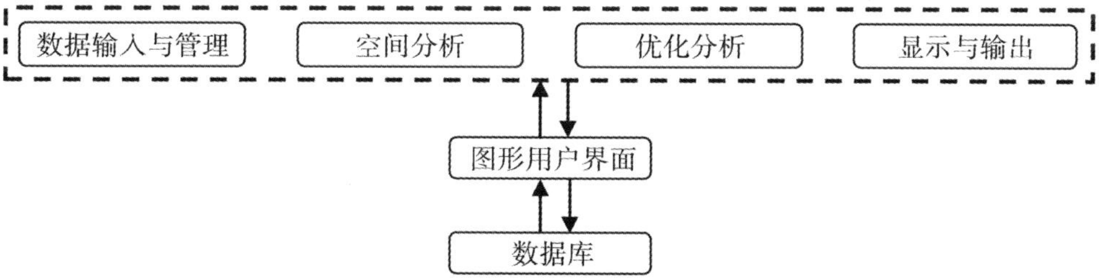

图 10－6　模型与系统的连接

模型与数据库的数据交换是通过数据文件来实现的，利用系统的分析功能，通过数据的提取、传送、转换等步骤生成模型所需要的参数数据文件，执行模型程序时，可将该数据文件读入，并处理生成新的数据文件，然后再转换输入数据库中（见图 10－7）。实际操作时，这项工作是由系统自动完成的，但需要用户自己从数据库中选取对自己有用的信息。

图 10－7　模型与数据库的连接

（八）用户界面的设计与开发

信息系统的实用性和操作的便利程度是衡量 GIS 集成系统的重要标准，系统功能的强弱和用户界面的友好程度则是另外两项重要的评价指标。用户界面是用户和计算机系统交流的通道，是系统的外观和使用方式，是关系到系统的使用价值和使用效率的重要技术，用户界面开发的工作量在系统的研制与开发中占有重要的地位。

漳州市特色农业决策支持系统是以地理信息系统为核心的综合信息系统，其用户多是政府部门、投资商和企业家等，考虑到用户的专业知识和计算机操作能力，尽量减少用户开发的工作量，把特色农业决策支持系统建设成为一个功能较为齐全，应用系统较为完备的信息系统，这样用户和系统之间的关系可以简化为用户调用系统功能，利用、分析并更新系统中的信息，所以概括起来，用户与系统之间的联系主要是：（1）系统功能的调用；（2）通过用户调用系统功能来完成系统中数据的利用和更新；（3）系统帮助信息的提供能力；（4）系统命令提示能力；（5）系统的错误校验能力；（6）系统的操作简化能力；（7）系统的命令行；（8）系统的菜单提供能力；（9）系统的批处理能力及自动生成能力。

具有上述内容的信息系统应用才是用户界面相当友好的系统，因为一般的信息系统不常具备这样的能力。在漳州市特色农业决策支持系统中，总系统是以悬杆式菜单为界面的，提供每个菜单项的解释说明，也可以以命令行提交操作命令。系统在很大程度上是为吸引外资及港澳台资服务的，内容较为复杂，用户界面没有统一的格式，各子系统按其特点采用不同的界面，但每个子系统的界面是统一的。用户界面友好，但形式多样，各具特色，可以更好地满足系统用户的需求。

本系统的界面设计，采用了当前视窗系统的通行方式，即由主菜单、工具条、工具箱、对话框及状态条等部分组成，把 Deskpro 的功能与新开发的功能交织在一起。可直接在图形窗口内实现属性与图形的对应查询与显示，构成了方便用户使用的界面（见图 10－8）。

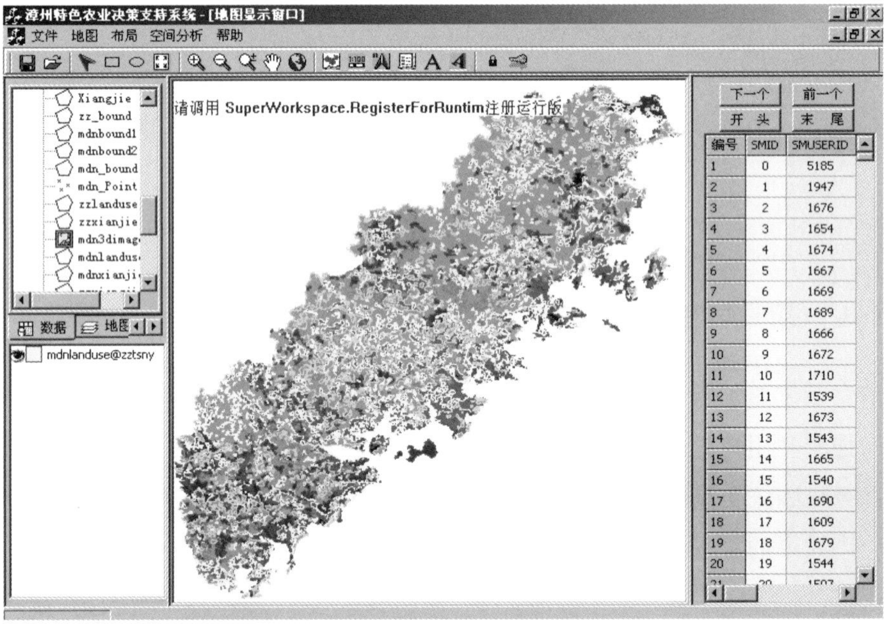

图 10－8　漳州市农业决策支持系统主界面

CADSS 的菜单用 VB 语言写成，由一个主菜单与多级子菜单组成。整个系统包括文件管理、数据集、地图、布局、专家分析、帮助信息等六个部分。其中工具条是固定在主菜单下的一组图标按钮，包括图形管理工具条和属性管理工具条，图形管理面向地图对象。

属性管理在本系统中采用屏幕显示的方法表示，属性表可直接在屏幕上查询，从表中可执行属性查询、字段设置、记录排序、记录增加、记录删除等操作（见图 10－9）。

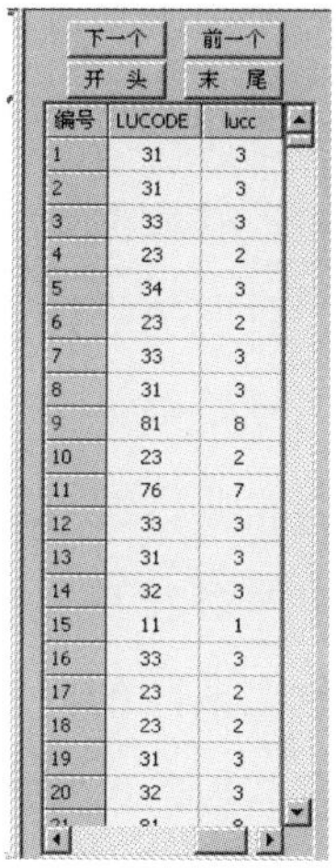

图 10－9　属性表

工具箱是一组可在屏幕任何位置放置的操作图标按钮，主要是图形输入与编辑的图件编辑与输入工具组，以及图形选择操作工具组。为了简化界面，只将主要的一些图标放在窗口内显示，从左至右包括进入系统编辑状态时的文件和文件保存按钮；选择键，包括矩形选择和圆形选择；还有图形操作时常用的放大、缩小、漫游和全图显示按钮；以及进入排版布局状态时的布局文字、符号注记和图例等图形选择操作工具组（见图 10－10）。

图 10－10　操作工具组

状态条位于屏幕的最下方，用于提示操作窗口的重要信息。

（九）系统功能和分析模型的设计

系统功能的强弱是衡量信息系统优劣的重要指标。根据前述用户的需求分析、数据源分析、数据结构和系统软件工具的选配，根据闽东南地区特色农业研究的特点，下面就设计的漳州市特色农业决策支持系统的主要功能和特点进行简单的介绍。

1. CADSS 的基本功能

CADSS 是一个集信息处理、模型分析和辅助决策于一体的信息系统，可以提供给漳州市地方农业管理部门使用，以提高工作效率，促进漳州市农业信息化的进程。利用本系统可进行数据输入、信息查询、图形显示、专题图制作、信息更新、模型分析、报表图件制作等服务。

2. CADSS 的特点

本系统具有如下特点：（1）系统设计层次化。CADSS 按照功能模块划分的规律，将工作程序分为多个模块，使得程序具有较好的结构性和逻辑性，处理功能易于辨认，程序可读性强，程序模块之间留有简单的接口，使程序易于检查、修改和维护，能对用户要求的改变迅速作出反应。（2）界面友好程度高。本系统作为复杂的决策支持系统，以中文视窗环境为基础平台，提供了与 Windows 类似的用户界面，以菜单、工具条驱动问题，用对话框的形式进行人机交互，自动调用相应的程序执行，实现了对分散的模块统一、控制和管理，引导式地指导用户操作，界面设计友好，应用简单。（3）提供完整性限制监测功能。本系统对输入的数据和参数的数据类型、字符数或位数、数值范围都进行监测，从而保证了数据的准确性，不易出错。（4）系统信息数据内容丰富。本系统数据项目的选择是以地方农业生产管理及辅助决策为目标的，它不但反映了漳州市区域范围内农业资源分布的状况，也反映了区域内部土地利用的程度，存储了大量的农业自然资源及土地利用信息，可供用户进行分析和辅助决策，处理结果可以随时以数字地图的形式在屏幕上进行可视化分析。（5）初步实现了特色农业的辅助决策分析功能。在数据库及模型分析的支持下，系统通过对数据录入、分析、评价与信息输出等功能，初步对漳州市的特色农业宏观布局及外资及港澳台资投入的导向性进行了分析。（6）采用了客户/服务器结构。这一结构将不同专题的空间数据通过网络传输至不同计算机用户，方便专业用户管理各自不同的专业信息。（7）实用性和可扩充性。由于超图软件的强大功能，本系统在开发过程中无论是数据项目编码还是程序设计都便于系统的升级和扩充。

四、漳州市农业外资及港澳台资投入分析与评价

漳州市特色农业的发展已经在福建省内具有明显的比较优势，尤其在外向型经济上发展速度很快。近年来，投入漳州市农业生产的外资及港澳台资主渠道应属台湾地区。外资及港澳台资进入漳州市农业生产领域，有着较为复杂的自然及人文影响因素。外资及港澳台资介入农业生产是增强农业生产活力、提高市场占有率和实施创汇的主要促进因子。外资及港澳台资投入到特色农业的专业化生产，必然在市场需求、生产潜力和产品优势方面要求较高，本节就外资及港澳台资投入漳州市特色农业进行辅助决策分析。鉴于漳州市与台湾地区的密切联系和合作，因而本研究主要对台商在漳州的投资进行比较分析。

（一）漳州市具有发展外向型农业的良好基础

漳州市近年来外向型创汇农业发展较快，主要进步体现在以下各方面：（1）1997 年，工农业总产值（按 1990 年不变价）584. 9 亿元，其中农业总产值 103 亿元，农民人均纯收入 2980 元，比 1990 年人均增收 2158 元，提前 3 年实现农村基本小康。（2）依靠科学技术进步发展高优农业，积极引进培育优良品种

和先进的种养技术，全市已形成水果、蔬菜、食用菌、水产、禽畜、林竹、花卉、农产品加工、包装、流通等十大高优农业产业。（3）充分运用国务院批准漳州市为全国沿海经济开发区、全国外向型农业示范区和“海峡两岸漳州农业合作实验区”的政策优势，积极发展外向型农业，并把对台农业合作作为发展外向型农业的重点，推动了漳州山海资源的综合开发利用，提高了漳州农业的科技水平和经济效益，增强了出口创汇能力。1997 年，农产品及其加工品出口创汇 2.7 亿美元，成为福建省规模最大的创汇农业基地。（4）因地制宜实施农业综合开发。一是开发山海资源，全市开发山地 650 多万亩，种果树 111 万余亩，造林 524 万亩，开发其他用地 15 万亩；新开发的水产养殖区将近 50 万亩。二是发展冬季农业，利用天然气温条件，实施“稻稻菜”“稻稻菇”两季粮食一季蔬菜的耕作技术。三是发展农产品加工业，提高农产品的附加值；全市建成水果、蔬菜、水产品加工企业 1400 多家，年加工能力 30 多万吨，建成其他农林加工企业 500 多家。（5）健全农业科技推广网络，主要包括从良种化入手实现优质高产，以示范基地、示范工程带动，加强农业技术培训，设立网络化的农业科技推广机构等环节，初步形成了以县农业推广中心为龙头，配之以乡村服务点的产前、产中、产后社会化农业科技服务体系。（6）在推进农业产业化经营和提高农业市场化程度方面，开展了多种形式的有益探索。以加工企业为龙头，以市场为导向发展关联产业，实现了农产品加工转化增值，提高了农业的综合效益。已基本形成了一批名、特、优产品的贸工农一体化，产、供、销一条龙的区域性支柱产业，如以芦柑、蜜柚、荔枝、龙眼、香蕉等为主的水果生产及加工业；以蘑菇、白背毛木耳为主的食用菌生产及加工业；以芦笋、麻竹笋、毛豆为主的新兴蔬菜生产加工产业；以鲍鱼、鳗鱼、牛蛙、对虾为主的珍稀水产养殖加工产业；以水仙花、兰花、榕树花盆、观叶植物为主的花卉产业等。同时促进了农业相关产业的发展。（7）农业外资及港澳台资企业发展很快，已有农业三资企业 691 家。这批企业依托国际市场信息，引进优良品种（种苗）和先进技术。现已引进新品种 800 多种（次），建成具有亚热带特色的创汇农业基地 8 个，占地 180 万亩；东山县引进推广台湾芦笋，逐步发展成为全国最大的芦笋出口基地；南靖县“南贸养鳗场”引进台湾养鳗技术，创立了漳州市人工养鳗业。

总的来说，漳州市劳动力资源充足，农业资源丰富，农业生产发展迅速，以市场为导向的高优农业初步形成，外向型农业发展迅速，农业综合开发成绩显著，农业科技推广网络初步形成，在发展农业关联产业和贸工农一体化方面进行了多种形式的有益探索，农业基础设施得到进一步改善，为进一步推动漳台农业合作奠定了基础。

（二）漳州市外向型农业发展趋势

漳州市外向型农业发展，尤其是对台农业合作是从点到面、不断发展的。合作范围从小额贸易开始，逐步发展到资金、技术、设备、管理及山海开发、投资办厂（场）、对外贸易、科研教育与学术交流等各个领域：（1）资金引进。台商投资从20世纪80年代初带有试探性的“三来一补”起步，到1987年开始以独资、合资、合作形式办企业，进入90年代后逐步形成规模，并开始转向追求效益目标的开发性合作。来漳的投资者初期由港商、华侨牵线，逐步发展为台、港、外联合投资、成片开发，合作区域已由沿海向内陆山区梯度推进。全市有台、港、侨、外农业企业691家，其中台资企业409家（种植业83家、养殖业91家、农副产品加工235家），占59%；合作期在20年以上的企业占80%；在台资企业中，内陆山区的农业企业为93家，占23%。台资企业的合同额4.5亿美元，实际到资2.8亿美元。（2）农业良种引进与推广。通过多种渠道，漳州市多年来共引进台湾农业良种340多种，成规模推广30多种，推广面积50多万亩。其中高雄白菜、菠菜、长茄、台糖10号甘蔗、草虾、鳗鱼、单性罗非鱼、九孔鲍、白背毛木耳、台农1号蘑菇等十几个品种，推广面积都在万亩或万平方米以上。（3）农业先进技术和设备引进。20世纪90年代以来，全市累计引进台湾农业先进的种、养、加工、保鲜技术40多项，先进农业生产设备1200多台（套）。如单雄性罗非鱼育苗技术、草虾育苗技术、鲍鱼养成技术、白背毛木耳墙体式栽培技术、麻竹笋栽培及笋制品加工技术、果蔬单体流态速冻技术、低温真空脱水技术等。（4）实现农业产业化的互补与合作。近年来，农业合作推进了农业产业化经营，培育出一批“公司+农户”的重点带动企业。（5）外向型农业经济迅速发展。陆续建成了以蘑菇、毛木耳为主的食用菌出口生产基地，以芦笋、麻竹笋、各类蔬菜为主的蔬菜出口生产基地，以芦柑、香蕉、蜜柚为主的水果出口生产基地，以鳗鱼、草虾、珍稀鱼类为主的水产品出口生产基地，以茶叶、蔬菜、果汁为主的饮料出口生产基地。这些生产基地的建成促进了外向型农业经济的发展，1997年台资企业出口1.35亿美元，占全市农产品及其加工品出口创汇额的50%，其中直接销往台湾的农产品及其加工制品价值1299万美元，对台贸易额达1622万美元。

总之，漳台农业合作，对促进漳州国民经济的发展，特别是推动漳州农业经济的持续发展起了积极作用；对增加农民收入、加快农村奔小康的步伐起到重要作用。据统计，1997 年漳州市农民人均纯收入 2980 元，比上年增收 316 元，分别比全省平均水平、全国平均水平高出 194 元、790 元，成为继福州、厦门、泉州以后福建省第四个实现农村基本小康的城市，这对于一个农业市来说是不容易的。

（三）漳州市发展外向型农业经济的政策因素

农业始终是我国国民经济发展的基础，国家制定了一系列具体优惠政策鼓励农业发展和对外开放，尤其是与台湾之间的农业交流与合作。国家在有关鼓励台湾同胞投资的规定中提出“可在沿海地带划定专供台湾投资者投资的岛屿和地区”。在国家计委颁布的《外商投资产业指导目录》中，农业一直是被放在鼓励类项目的优先位置，台商不仅可以享受外商的一切优惠待遇，而且可以实行“同等优先、适度放宽”的政策，并可在投资领域和范围等方面得到照顾和鼓励。福建省政府要求沿海地区和岛屿扩大对台经贸合作，积极引进台资建设创汇农业，并以农业合作为突破口，带动整个外向型经济的发展。漳州市政府也为发展漳台农业合作制定了一系列相关鼓励政策。

另一方面，在政府的主导作用下，漳州市投资环境日趋完善。为加强外资及港澳台资的引进，漳州努力改善投资环境。近几年来先后投入 40 多亿元用于农业配套的基础设施建设，建成口岸机构配套的东山港两个 5000 吨级码头，建成经国家批准纳入两岸直航试点的拥有 3. 5 万吨码头的漳州招银港区，完成 324、319 国道线的拓宽改造和厦漳高速公路及县、乡、村公路网络，全市拥有程控电话 18. 5 万门，可与 182 个国家和地区直接通话。同时加大了对农业基础设施的投入，营造了良好的农业生态环境，增加了农业可持续发展的支撑力。

（四）漳州市农业外资及港澳台资的空间分布格局

目前漳州市农业外资及港澳台资介入的主要领域包括种植业、养殖业、加工业，以及在农业产业化和生产管理等方面，在空间布局上的特征也日益突出。漳州市在改革开放以来，以市场化为导向，积极发展具有地方特色的农业生产，紧密围绕水果与水产品产业的建设，以对台农业合作为重点，发挥了特色农业技术更新快、经济收益大、出口创汇多的特点，真正构造了 SARD 在福建省的示范基地和生产模式。1991 年漳州市开辟大南坂、古农、程溪、梅岭、石古、万安六个农场，东山岛成为创汇农业基地和对台农业合作基地。1994 年成为国家级外向型农业示范区，现在全市已经基本形成集中连片、具有明显地方特色的特色农业专业化地带，如以天宝为中心的 30 万亩香蕉带；以漳汾公路为中心的 324 国道沿线的 66 万亩荔枝、龙眼带；平和、长泰、南靖丘陵山地上的 50 万亩柑橘、柚子带；诏安、平和、华安丘陵低山上的 56 万亩杂果带；以及沿 324 国道分布在漳浦马口至龙海一线的花卉产业带，还有沿海岸线连绵分布的水产养殖带，漳州市已成为福建省最大的创汇农业生产基地。

在对闽东南地区特色农业的分类研究中，我们提出了水果种植业、城郊型设施农业、水产养殖业和茶果菌混合型农业等四大类型的特色农业产业门类（详见第十一章第三节），这一分类方案可同样应用于漳州市。因此，基于漳州市农业产业格局的分析和研究，本研究对漳州市特色农业的布局进行了分析，将其分为八类不同的特色农业区：（1）水果生产区：水果生产是漳州市传统的产业门类，现在除了传统的柑橘、荔枝、龙眼、蜜柚等水果品种之外，主要是引进台湾优质水果，并直接应用技术设备和资金，进一步加速水果品种的优质化及布局的调整，已形成的沿 319 和 324 国道的香蕉、荔枝、龙眼、青梅等水果带，以及在内陆各县丘陵山地上种植的蜜柚、枇杷和柑橘等密集区，基本上具备了产业化的基础；较突出的水果生产基地包括芗城的天宝香蕉基地，平和坂仔的香蕉基地、琯溪的蜜柚生产基地，华安的坪山柚生产基地，长泰枋洋的晚熟荔枝生产基地等，成为当地农业经济的支柱产业。（2）高优农业示范区：主要是利用引进的农业技术和优良品种，形成优质品种的培育基地，起到示范性生产的作用；包括龙文的万亩月牙形蔬菜生产区、龙海东园的农业示范区、云霄火田的东车湾高优农业示范区、平和的山格—文峰—小溪综合开发区、长泰的雪美洋农业示范区等。（3）农业综合开发区：主要是承担粮食基地的生产任务，这一类型区通常分布于传统的农业区；包括龙文的桥头旱地开发区、云霄的东厦镇开发区、诏安的桥东—金星—梅州开发区、长泰岩溪的良岗山开发区等。（4）山地农业综合开发区：依照山区自然条件和资源禀赋，实施山海资源的联动开发，主要在于适当发展水果种植、食用菌生产和林木产品开发，提高山区各县的农业比较效益；主要开发区有云霄的莆美大山、和平金山万亩果园开发区，南靖龙山的麻竹种植区、靖城的食用菌生产区，诏安北部七乡镇的茶果开发区，平和的崎岭彭溪—九峰眉山白芽奇兰茶生产基地和霞寨的林竹生产区，华安北部的茶叶生产区等。

(5) 水产养殖区：在沿海各县、市发挥渔业资源丰富、滩涂面积辽阔等优势，引进台湾的养殖技术，大大提升漳州市渔业生产的水平；已有的水产养殖基地以东山湾为中心，分布范围包括龙海、漳浦、云霄、东山、诏安等县、市沿海的20多个乡镇。(6) 畜牧业开发区：漳州市低山丘陵广布，草山草坡是发展畜牧业的优势资源，由于畜牧业产值高、收益大，是农民增产增收的主要渠道；如云霄的百花洋畜牧业基地，平和的文峰果牧综合开发基地，华安的官古大山草场、芹菜湖牧业基地，长泰的草山草坡开发示范区等。(7) 农业园艺区：借助于近年来发展较快的花卉生产，漳州市已经初步形成了自龙海九湖至漳浦长桥的花卉产业带，漳浦马口的花博会则成为漳州市花卉产业的示范基地；另外还有如南靖南坑的兰花生产基地等一批小型花卉生产基地，成为漳州市新兴的特色农业门类。(8) 观光农业区：在农业区开展旅游活动已经成为城郊型农业发展的主要模式，目前已经初步开发并具备较佳开发潜力的观光农业区包括云洞岩风景名胜区、九湖农业大观园、文峰三十里观光水果带和三平寺宗教旅游区，这些风景区基本上位于农业区内，有的如文峰沿国道展开的水果带本身就是农业区，所以作为农业观光区设计，可以在农业自身获得收益外，还可从观光游览项目上获得利润，作为特色农业来设计开发，是一种双赢的选择。

(五) 漳州市农业外资及港澳台资投入潜力分析

本研究采用主成分模型对漳州市外资及港澳台资投入潜力进行分析。根据漳州市各县、市外资及港澳台资利用现状及引资能力情况，在基本符合漳州市地方经济运行实际并考虑数据的可获得性等方面，选取了人均GDP、农业GDP、实际利用外资及港澳台资额、农业总产值年平均增长率、农业科技进步率、农业科技进步贡献率、农民人均纯收入、区位条件、开放程度及进出口总值等社会经济指标，综合各县、市气候资源利用率、农业结构合理化指数、引资能力、农业转化效率综合指数，以及外资及港澳台资利用现状水平等指标，建立漳州市农业外资及港澳台资投入潜力的评价指标体系。

为了在漳州市全市范围内进行各县、市外资及港澳台资投入潜力的比较，需要建立具有可比性的无量纲综合量，采用因子贡献率作为权重对各公因子加权求和计算公因子的综合得分，就可将其视作各县、市利用外资及港澳台资的潜力等级及排序的依据。在运行相应算法后，得到漳州市各县、市综合得分（见表10-5）。

表 10－5 漳州市各地外资及港澳台资投入潜力指数及其排序

排序	1	2	3	4	5	6	7	8	9
地区	龙海	东山	云霄	漳浦	诏安	南靖	长泰	平和	华安
分值	1.2715	0.2757	0.1069	－0.011	－0.0339	－0.1530	－0.1619	－0.5884	－0.7056

参照表 10－5 中各县、市外资及港澳台资投入潜力的排序情况，同时结合地域特征，可把漳州市所辖各县、市划分为三个不同的外资及港澳台资投入潜力等级：(1) 龙海、东山、云霄：属于外资投入的高潜力区，构成三县、市外资及港澳台资投入潜力的主要因素是人均 GDP 产出高，在水产业和近年来实际利用外资及港澳台资等指标上都保持较高的利用水平，引资能力强，构成了漳州市利用外资及港澳台资的高潜力区。(2) 漳浦、诏安：这是漳州市另外两个临海县，气候资源利用率高，农业结构合理化程度较好，水果和水产养殖业在两地发展较快，农业总产值一直保持较高的增长速度，属于资源型的外资及港澳台资投入的中潜力区。(3) 南靖、长泰、平和、华安：四县地处内陆，是经济实力稍弱的地区，农民收入和实际利用外资及港澳台资水平不高，因此将其归为外资及港澳台资投入的低潜力区。总体上看，漳州市所辖各县、市在外资及港澳台资投入的空间分布格局上，体现为沿海指向的特点，与闽东南地区的宏观格局基本一致。目前外资及港澳台资投入仍以集聚为特征，沿海五个县、市是外资及港澳台资介入的主要区域，四个外资及港澳台资投入潜力一般的内陆山区县，目前在外资及港澳台资投入方面的主要工作是利用外资及港澳台资开发利用山地、林、竹、菌等自然资源；从当前外资及港澳台资实际利用水平看，也是沿海六县、市的农业外资及港澳台资项目合计数占全市总量的 64%，且门类齐全。全市外向型农业发展态势良好，已经基本形成了以蘑菇、毛木耳为主的食用菌出口生产基地，以芦笋、麻笋、多种蔬菜为主的出口蔬菜生产基地，以芦柑、香蕉、蜜柚为主的水果出口生产基地，以鳗鱼、草虾、珍稀鱼类为主的水产品出口生产基地，以茶叶、蔬菜果汁为主的饮料出口生产基地等五大农产品生产基地，形成了具有地方特色的外向型农业生产模式。

根据上述分析，可对漳州市农业外资及港澳台资投向及运动变化趋势作出如下结论及预测：(1) 农业外资及港澳台资的投入表现为从集聚到扩散的空间变化规律。20 世纪 80 年代到 90 年代初期，漳州市农业利用外资及港澳台资水平不高，既受海峡两岸关系方面因素影响，也因经济基础薄弱所致。因此，外资及港澳台资主要集中在沿海城市，尤其是中心城市漳州市占有绝对优势，全市范围内农业外资及港澳台资投入的特点体现为：沿海多，内陆少；城区多，乡村少；大城市多，小城市少；形成城市指向和沿海指向分布的特征。（2）扩散性集聚是在漳州市各县、市经济实力增强的前提下开始的新一轮农业外资及港澳台资投入高潮，外资及港澳台资投入的集聚中心不断增加，漳州郊区及周边县、市如龙海、长泰、漳浦等县、市农业外资及港澳台资投入日益增多，这种扩散性使得漳州市农业外资及港澳台资的投入在空间上逐渐趋向于平衡。（3）漳州市农业外资及港澳台资投入仍属于集聚阶段，但已经出现扩散的趋势。这从外资及港澳台资投入的潜力分析中可得出相同的结论，从原因上看，一方面是因为漳州历来都是福建省台资最为集中的区域，经济实力的增强和海峡两岸关系的缓和，加上闽台两地不可忽视的亲缘关系，台湾同胞回大陆投资时对漳州的重视是不言而喻的；另一方面，漳州市自身经济实力及农业生产的进步也是吸引外资及港澳台资介入的主要因素。近年来发展较快的特色农业在漳州市已经成为农业生产的主体，各县、市在辖区范围内开展了争创名牌和特色的农业生产运动，并在 20 世纪 90 年代后期获得了很好的收益，更坚定了继续发展特色农业的信心。1999 年，漳州市人民政府颁布了首批漳州市名牌农产品目录，包括平和县的琯溪蜜柚、坂仔香蕉和白芽奇兰茶，长泰县的漳州芦柑，诏安县的八仙茶等 23 个品种；到 2001 年，又有芗城区天宝香蕉、漳浦乌石荔枝等 20 个品牌获漳州市名牌农产品称号，这些名牌产品在市场上具备一定的知名度和竞争力，通过外资及港澳台资的介入可促进这些产品在规模经营上得到突破。目前一些以传统产业门类为载体的外资及港澳台资已经开始向内陆城市迁移，将要形成新的外资及港澳台资的分布与运动格局，这就要求漳州市政府部门要积极采取应对策略，引导外资及港澳台资有序流动，使得漳州市外资及港澳台资在空间分布上更具合理性。

由此可见，漳州市外资及港澳台资投入与引资能力和投入潜力密切相关，根据漳州市外资及港澳台资分布与扩散趋势，本研究提出以下相应的对策和措施，供决策部门和投资者参考：①提高各县、市的引资能力，主要从地方优势资源分析入手，强调特色农业的规模效益，促进外资及港澳台资投入总量得到增长。②加快漳州市传统产业结构调整和升级，有意识地引导外资及港澳台资向内陆县、市流动和扩散，带动边远地区的特色农业发展。③围绕各县、市的农业传统和优势产业，加快引资工作，利用外资及港澳台资促进当地优势资源开发和利用，从而可为漳州市全市的农业资源合理配置和生产布局优化奠定良好的发展基础。

【小结】漳州市现有的农业生产格局已经基本上转化为特色农业生产体系，对其进行宏观农业经济分区，既是对漳州市农业生产在省内领先地位的肯定，也是为了更好地持续发展农业及农村经济。漳州市 SARD 战略规划贯彻“见地及人”的地理学特色思维，以提高农民生活水平和农村文明程度为目的，突破了常规的投入产出分析仅仅着眼于经济分析的局限，把对资源的占用和对环境的荷载亦作为投入要素。在产出指标中不仅有经济和社会因子，也将环境质量作为一种产出结果。用高新技术手段对特色农业进行科学决策与管理。

基于国产组件式 GIS 平台——超图 2000，我们建立了漳州市国民经济与特色农业生产基础数据库以评价当地的农业自然资源，分析特色农业的主导产业，通过建立规范特色农业空间布局、外来农业投资空间模拟等，构建面向闽东南地区的特色农业具体模式，用高新技术手段对特色农业进行科学决策与管理。

我们利用地理信息系统，优化漳州市农业资源分配，加快传统产业结构调整和升级；规划特色农业宏观布局，取得规模效益；分析和评价外资及港澳台资投入状况，推动引资工作有意识地引导外资及港澳台资向内陆县、市流动和扩散，带动边远地区的特色农业发展，促进外资及港澳台资投入总量持续增长。利用外资及港澳台资促进当地优势资源开发和利用，从而为全市的农业资源合理配置和生产布局优化奠定良好的发展基础。基于各乡镇的农业技术推广站及地理信息网络，马坪镇特色农业示范区经验被推广到全市范围，对特色农业资源进行优化配置，三年累计新增产值 43500 万元，累计新增利税 3560 万元。

第十一章　闽东南地区特色农业综合评价*

闽东南地区近年来虽然没有在提法上明确特色农业的概念，但是在农业结构调整的实践中已经就特色农业的建设开展了大量的工作，并取得了较大的成功，目前已有的水果专业带和水产养殖带颇具规模，应是福建省最接近农业市场化、产业化、高效益和高商品化现代农业的典型样板。

本章运用各类评价指标体系对闽东南地区发展特色农业生产进行综合分析。首先对闽东南地区的地形、气候、土地、土壤等自然因素进行分析，认为闽东南地区是福建省最适宜发展特色农业的地区，而且水果种植业和水产养殖业已经基本上具备了产业化的条件，所以发展特色农业是符合闽东南地区农业持续发展的总体目标。特色农业与农业现代化的进程是一致的，本研究建立了闽东南地区农业现代化评价指标体系，利用主成分模型对闽东南各县、市的农业现代化程度进行评估，结果表明各地的农业现代化程度与其农业生产现状和经济发展水平相近。本研究分析了闽东南地区各县、市农业外资及港澳台资投入的利用水平和强度，提出指导意见，对发展特色农业发挥了重要作用。综合分析还表明，闽东南地区发展特色农业受制于农业结构，本区农业结构的合理化程度离理想状态尚有不小的差距，虽然大农业总体结构中农林牧渔各业比重一直处于变化之中，传统的种植业比重呈现下降趋势，但是劳动力的投入却一直居高不下，造成农业生产效率无法从根本上得到提高，进而影响到农业结构中各子系统的调整，包括农业区域结构、农产品结构和产业结构等也因此不能迅速调适。

一、闽东南地区农业自然资源评价

农业资源高效利用是指同等条件下的较高的投入产出比，这种比例关系一方面侧重于资源与资源之间的联系，主要在于区域资源地域组合的特点，即产出一

---

* 本文摘编自章牧与朱鹤健合著的《东南沿海地区特色农业评价与信息化技术》，中国农业出版社 2003 年版，有删改。

种或多种产品时各类资源的最优配置模式和比例关系；另一方面则强调资源与产出的关系，即一定数量农业资源生产一种或多种产品时，使资源利用的效果最佳。从这个角度看，农业资源的高效利用评价指标体系是指在一定时间和一定科学技术条件下，人类基于对农业资源利用程度的认识而建立的能比较客观地反映和表征农业生产系统中资源的行为特征和组合匹配状况的、彼此紧密联系的系列度量指标集合的总称。在上述建立的宏观与微观层次的农业评价指标体系中，都是偏重整体农业发展水平的指标集合；对于农业自然资源来说，土地、气候、土壤、生物及水资源都与农业生产关系密切。由于数据采集的关系，本节着重探讨限于局部范围的单项资源评价，即土地与气候资源的评价问题。

（一）农业土地资源评价

对于区域农业生产而言，自然资源诸要素中土地资源是与其关系最为紧密的一种。近年来有众多的专家学者对农业自然资源进行了分析与评价，但是多数仅限于定性方面的研究，定量方法则较少，目前应用较多的定量评价方法主要有人均自然资源综合指数、自然资源综合优势度和自然资源组合指数等，可以通过这些指数对区域土地资源进行描述。本研究利用多因子综合评价方法，对闽东南地区的农业土地资源进行分析与评价。

1. 建立评价指标体系

首先建立相应的评价指标体系，根据国内外对土地资源评价的研究成果，可以将土地资源内涵以质量和数量两大属性来表述，通过分层指标体系来构建（图 11 - 1）。

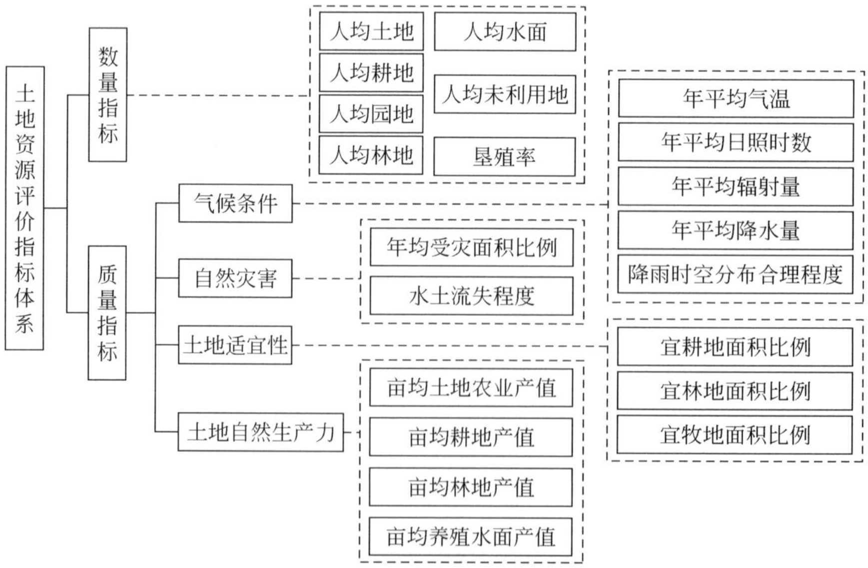

图 11 - 1　农业土地资源评价指标体系

2. 评价方法

参考黄胜利（2001）的研究方法，在多因子评价模型中引入满意度作为与预测评价值相对应的评价标准，对闽东南地区的农业土地资源进行评价。满意度综合评价法实际上是一种模糊专家定量方法，应用满意度模糊隶属函数、重要度和满意度等测度概念，对区域自然资源的决策结果进行综合评价。其工作原理简述如下：在农业生产实践中，由于人们对农业的了解程度不同，对同一预测结果，总是有不同的评价；在专家级行家中，也总是存在一种统计规律的评价，因为多数专家能够从综合多种因素中来评价一个预测结果的质量。本研究以单方面的数量指标和四大方面的质量指标共五个一级指标构建预测结果满意度评价域（如果加入模糊数学方法，则可称为满意度模糊隶属函数），每一个一级指标都可称为评价域的一个元素，表示为：$R=\{X_1,\ X_2,\ X_3,\ X_4,\ X_5\}$。

式中各元素都有自己的边界和内涵，它们对预测结果满意度有着模糊的关系，任一个元素对满意度有多大的影响是难以靠主观判断的。这时应用专家咨询法，确定评价域中任意元素对满意度的影响，这个影响值称为重要度，可记为：$B=\{b_1,\ b_2,\ b_3,\ b_4,\ b_5\}$。

式中各重要度满足：$\sum_{i=1}^{b} b_i = 1$。

满意度用模糊语言变量极满意、比较满意、一般、不满意、极不满意来描述，因此构成一个预测满意度评价集合，记为：$A=\{a_1,\ a_2,\ a_3,\ a_4,\ a_5\}$。

将基础资料录入并向专家咨询，可在计算机上分类汇总并生成元素评价矩阵（见表 11－1）：

表 11－1　元素汇总表

元素	a_1	a_2	a_3	a_4	a_5	$S_i = \sum_{j=1}^{5} C_{ij}\ (i=1,\ 2,\ \cdots)$
X_1	C_{11}	C_{12}	C_{13}	C_{14}	C_{15}	$S_1 = \sum_{j=1}^{5} C_{ij}$
X_2	C_{21}	C_{22}	C_{23}	C_{24}	C_{25}	$S_2 = \sum_{j=1}^{5} C_{ij}$
X_3	C_{31}	C_{32}	C_{33}	C_{34}	C_{35}	$S_3 = \sum_{j=1}^{5} C_{ij}$
X_4	C_{41}	C_{42}	C_{43}	C_{44}	C_{45}	$S_4 = \sum_{j=1}^{5} C_{ij}$
X_5	C_{51}	C_{52}	C_{53}	C_{54}	C_{55}	$S_5 = \sum_{j=1}^{5} C_{ij}$

评价矩阵则为：$M=\begin{bmatrix} d_{11} & d_{12} & d_{13} & d_{14} & d_{15} \\ d_{21} & d_{22} & d_{23} & d_{24} & d_{25} \\ d_{31} & d_{32} & d_{33} & d_{34} & d_{35} \\ d_{41} & d_{42} & d_{43} & d_{44} & d_{45} \\ d_{51} & d_{52} & d_{53} & d_{54} & d_{55} \end{bmatrix}$

式中，$d_{ij}=C_{ij}/S_i$。

矩阵 M 反映评价域各元素的满意度，最后将向量 B 与矩阵 M 相乘得向量 $G=BM$，G 为预测结果，即满意度矩阵，$G=[g_1, g_2, g_3, g_4, g_5]$，$g_j=\sum_{i=1}^{5} b_i \cdot d_{ij}$（$j=1, 2, \cdots, 5$），是预测满意度的值，表示极满意、比较满意等内涵。对 g_i 做标准化处理，即$\tilde{g}_i=g_i/\sum_{i=1}^{5} g_i$（$i=1, 2, \cdots 5$），得到$\tilde{g}_i$，则 $G=[g_1, g_2, g_3, g_4, g_5]$，是综合评价的结果，若$\tilde{g}_1+\tilde{g}_2 \geqslant 0.6$，表示对预测结果极满意和比较满意的人数有 60%以上；如果$\tilde{g}_1+\tilde{g}_2+\tilde{g}_3 \geqslant 0.6$，表明这个预测结果仅达到一般程度；如果三者之和小于 0.6，则这个预测结果为不满意。

应用上述满意度评价原理，结合多因子综合评价法，可以构建出对农业土地资源有效评价的模型，工作原理简述如下：

评价土地资源应在单因子分析的基础上考虑多种因素的综合影响。这种评价就不能仅仅依靠简单的数学运算，必须将地理的时空变化特征考虑进来，并选择适当的方法进行综合，亦即应用不同的多因子综合评价法则。

（1）代换法则：在综合评价中，如果多个不理想因子可以依靠一个或几个好的因子加以矫正，则满足代换法则。这一法则反对多个评价因子的折中，倾向于一个极端，记为：

$$W=1-\prod_{i=1}^{k}(1-Q_i) \qquad \sum_{i=1}^{k} w_i=1$$

（2）加法法则：如果各个因子具有独立性，对总体贡献没有本质上的差异，彼此之间可以相互补偿，则满足加法法则，记为：

$$W=\sum_{i=1}^{k} Q_i w_i=1 \qquad \sum_{i=1}^{k} w_i=1$$

（3）乘法法则：只有多个因子在尽可能好的情况下，才能使总体价值提高，这时满足乘法法则。它不允许某一因子处于较低水平，记为：

$$W=\prod_{i=1}^{k} Q_i^{w_i} \qquad \sum_{i=1}^{k} w_i=1$$

上述各式中，W 为总综合指数，Q_i 为第 i 因子的分指数，w_i 为第 i 因子在总体中的权重贡献，k 为因子个数。

据此，将土地资源满意度模型嵌入，从理论上表述，意即在某一区域，如果某项资源的优势最大，对其评价结果就是极为满意。由此定义区域自然资源的满意度如下：如果某一类资源的某项指标达到全国平均水平（K_a），其满意度 $Q(a)=0.6$；如果某项指标居全国第一，则其满意度为 $Q(a)=1$；对于某一指标属性居全国某一水平 K_x 的满意度 $Q(x)$，可由下式求得：

$$Q(x)=\begin{cases}(0.6\cdot K_x)/K_a & K_x\leqslant K_a\\ 0.6+0.4\cdot\dfrac{K_x-K_a}{K_b-K_a} & K_a\leqslant K_x\leqslant K_b\end{cases}$$

$$Q(x)=\begin{cases}0.6+0.4\cdot\dfrac{K_x-K_a}{K_a-K_b} & K_b\leqslant K_x\leqslant K_a\\ 0.6\cdot K_a/K_x & K_x\geqslant K_a\end{cases}$$

3. 闽东南地区农业土地资源综合评价

由于本节主要讨论区域自然资源优势的评价问题，要将某项资源在国内的相对优势表达出来，因此收集了评价指标的全国极值及全国平均值的资料。由于前述评价指标体系均受多因素影响，因而采用多因子评价的加法、乘法和代换法则，将各分类指标满意度折合到土地资源的总满意度中，其中各类因素的权重采用专家咨询法确定。

（1）指标选取及分析

①土地资源数量指标：共有 8 个指标，因为各指标对土地资源的数量因素的贡献相互独立，可采用加法法则测算。②土地资源的质量指标：下设气候条件、自然灾害、土地适宜性、土地自然生产力等 4 个二级指标，每个二级指标下另有 14 个三级指标。气候条件的好坏是从土地利用角度考虑的，它们相互独立，可相互线性补偿；年均受灾面积和水土流失率等要素对自然灾害的影响也是相互独立的，且任何一个指标程度的减轻都有益于灾害减轻；土地适宜性的各要素属性各异，相互独立；土地自然生产力各要素也是同样道理，故质量评价也是采用加法法则进行测算。测度各类指标后，再通过对土地资源质量开展评价，可将四大类指标进行组合，因其对土地质量没有本质上的区别，故仍用加法法则处理。③在得出土地资源数量与质量指标的评价结果之后，由于这两方面对土地资源优势的确立具有不可替代的作用，故在合并两者进行总土地资源满意度测算时，采用乘法法则进行求算。

（2）评价结果分析

应用上述原理及方法对闽东南地区的土地资源满意度进行评价，结果见表11－2。

表 11－2 闽东南地区土地资源满意度

区域	土地资源数量满意度	土地资源质量满意度				总满意度
		气候条件	自然灾害	土地适宜性	土地自然生产力	
闽东南	0.391	0.854	0.688	0.714	0.857	0.552
福建省	0.401	0.811	0.577	0.692	0.697	0.531

从表11－2中可以得出以下结论：①闽东南地区在福建省内的农业土地资源条件是比较优越的，具有较大的比较优势。数量指标条件稍差，因为闽东南地区人多地少，所以体现在资源数量上略显不足。②在土地资源质量上，自然灾害较为严重，满意度水平较低，土地自然生产力水平也没有充分发挥出来，是土地资源满意度提高的主要障碍因素。③按照全国平均60%的水平衡量，闽东南地区土地资源数量指标较差，表明闽东南地区土地资源的空间约束较为紧张。④土地资源的气候条件好于全国平均水平，土地适宜性的满意度也位居全国平均水平之上，表明闽东南地区发展农业生产的自然资源本底条件优越，是发展地方特色农业的理想基地。⑤土地资源自然生产力不太令人满意，在省内也不具备领先优势，故需要加大力度，注意挖掘土地生产潜力。⑥自然灾害的满意度水平最低，主要是水土流失要素造成的影响较大，所以治理水土流失也是闽东南地区发展农业生产不可忽视的重要环节之一。

（二）农业生态气候资源评价

农业气候资源的优劣，通常体现在热量和水分的组合关系上。农业生态系统作为一个复杂的动态系统，由于其在时空分布上的巨大差异，使得农业生产具有季节性和地域性，并直接影响到作物生长的快慢、质量的高低和产量的多少，在一定程度上制约着农业生产结构及其空间布局；其次，作为重要生态因子的气候要素，对农作物的生长发育影响巨大，实际上农业生态气候处于农业系统和气候系统的交界面上，是一个具有复杂生物物理机制和生物化学变化的动态系统。所以，农业气候资源作为闽东南地区重要的环境因子，对地方特色农业生产和空间布局有较大的影响，有必要对其进行综合评价，以便能够高效利用生态气候资源，促进作物生长。

1. 气候资源指标选取

通常农业生态气候资源可用以下指标进行描述：太阳总辐射、光合有效辐射、无霜期、活动积温、年平均温度、降水量、有效降水量、蒸发力和干燥度等。为了方便对闽东南地区进行农业生态气候资源评价，本研究建立了闽东南等地的气象资料数据库，可利用数据库中30年的有效统计时段（1961—1990年）数据资料进行统计分析。

2. 评价方法与程序

顾恒岳等（1983）把农业气候定义为气候对作物生长的适宜程度及其随时间的变化过程，提出了农业生态气候适宜度的概念体系。本节应用这一理论对闽东南地区农业气候资源进行评价。

气候特征主要表现为热量与水分的组合关系，这是大多数气候分类方法的理论基础；农业与气候关系密切，因气候条件变化而产生的季节性、地域性和动态性形成了不同地方的农业生产模式；气候条件明显地影响着作物生产期长短、质量高低及产量多少。所以地方农业生产的特征及本研究中提及的特色农业，对其农业气候过程的研究也是十分重要的。传统的气候学理论在农业生产方面的应用，一般是对某一时段的气候过程，如作物生长期或全年气候状况的简单描述，不具备动态概念；气候诸要素的描述与作物有机体增长和产量并无直接的数量联系；没有将不同量纲的气候因子建立相应的定量分析模型，因而对农业气候过程的描述就显得简单而粗糙。综合来看，作物生长过程中体内干物质的累积在时间上是间断和离散的，但是从生长期角度衡量则这一过程又是一个连续的过程。通常农作物从出苗、抽穗、扬花到成熟，各阶段要求的气候条件不同；而天气的变化显然是难以与作物的生长周期相一致，所谓的风调雨顺都是意味着在地方农作物生长过程中农业气候条件与其匹配状况较好的情形。所以就特色农业看，必备的优势资源类型中应该包括气候条件在内。

根据我国农业气象部门的传统口径，农业气候过程更注重光、温、水等三大要素，通常用气温、光照强度、日照时数、降水量、相对湿度、饱和差等指标进行统计。应用模糊数学和时间序列方法建立的农业生态气候适宜度评价模型，就是把上述气象因子的变化转换为其对作物有机体增长速度的快慢、产量高低及质量优劣的适宜程度（顾恒岳等，1983）。这些快慢、高低和优劣显然是相对的模糊概念体系，就不能用简单的二值逻辑来判断，所以适宜度是不能简单地看成“是”与“不是”所代表的适宜与不适宜含义，它同样也是一种模糊概念。因此可将其视作连续的多值逻辑—模糊逻辑，取值为 [0，1] 的隶属区间，其中 0 表示停止生长，1 表示最适宜作物生长。

根据顾恒岳和艾南山等人的实际定点观测，通过田间试验及实验室分析，得出了各气象要素从使作物停止生长到最适宜生长的取值范围，成为该要素的定义域。若某一要素 T 的定义域为 $[a, b]$，则其适宜度可以表示为：

$$\widetilde{S}_T \subseteq [a, b],\ S_T \triangleq \mu_{S_T}(T) \to [0,1]。$$

式中，$\widetilde{S}_T$ 表示要素的适宜度模糊子集；$\mu_{S_T}(T)$ 表示适宜度——模糊子集 $\widetilde{S}_T$ 的隶属函数，S_T 则表示要素 T 对 $\widetilde{S}_T$ 的隶属度。

所以，根据图 11－2 中大多数作物有机体增长与气温的关系，拟定出在一定水分和光照条件下，温度 T 在某一定义域 $[T_0, T]$ 上的适宜度子集 $\widetilde{S}_T$，称为气温 T 的适宜度曲线（图 11－2）。

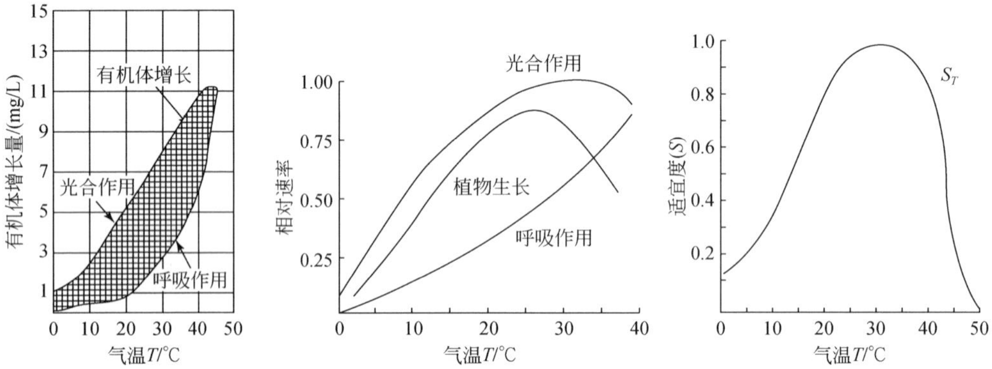

作物有机体增长与气温的关系　气温对于光合作用、呼吸作用与干物质积累　气温 T 的适宜度曲线 S_T

图 11－2　气温对作物生长的适宜度曲线

同理可作出日照（I）、相对湿度（R）的适宜度曲线（见图 11－3）。

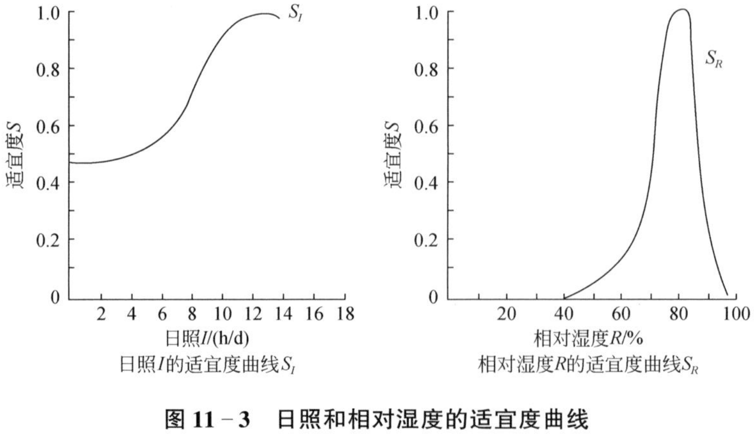

日照 I 的适宜度曲线 S_I　相对湿度 R 的适宜度曲线 S_R

图 11－3　日照和相对湿度的适宜度曲线

农业气候随时间的变化，可以用适宜度表示为以年为周期的农业气候过程，它既可以取某一特征年，也可以取多年的平均状态，本研究取多年平均状态进行分析。对于单项气候要素，如气温、湿度及日照等随时间的变化过程，同样既可以取连续过程，也可以取离散过程。这样利用上述的 S_T 就可以从气温过程 $T(t)$ 中诱导出气温的适宜度过程 $S_T(t)$：

$$T(t)\xrightarrow{S_T}S_T(t)$$

若已知气温年内变化过程为 $T(t)$，$t\in[0,\ t_0]$，且有$\widetilde{S}_T\subset[a,\ b]$，则可根据 Zadeh L. A.（1975）扩张理论，$\widetilde{S}_T$ 的逆像 $T^{-1}\widetilde{S}_T$ 是［0，t_0］上的一个模糊子集，记作$\widetilde{S}_T[T(t)]$，其隶属函数确定如下：$\mu\widetilde{S}_T(t)=\widetilde{S}_T\cdot T(t)\widetilde{S}_T[T(t)]=\widetilde{S}_T(t)$。其中，$\widetilde{S}_T(t)$实际上是 T 从［0，t_0］到［a，b］的映射。

采用模糊集论中的记号符，可将连续过程记为：$\widetilde{S}_T(t)=\int t\in[0,t_0]S_T(t)/t$；相应的离散过程则记为：$\widetilde{S}_T(t)=\sum_{i=1}^{n}S_T(t_i)/t_i$。式中 n 是年内划分的时段数。

通过以上过程，可推导得出$\widetilde{S}_TT(t)$是气温 T 的适宜度年内变化过程。它反映了一年之中气温对作物生长的适宜状态，故称为气温适宜态。

应用同样原理推出其他气象要素的适宜态，如相对湿度适宜态$\widetilde{S}_RT(t)$，日照适宜态$\widetilde{S}_IT(t)$等相应的连续过程和离散过程，分别记作：

连续过程：$S_R(t)=\int t\in[0,\ t_0]S_R(t)/t$；$S_I(t)=\int t\in[0,\ t_0]S_I(t)/t$

离散过程：$S_R(t)=\sum_{i=1}^{n}S_R(t_i)/t_i$；$S_I(t)=\sum_{i=1}^{n}S_I(t_i)/t_i$

根据以上建立的气象要素适宜态模型，为组成一个反映诸要素对作物生长综合效应的农业气候过程提供了条件。将气温、相对湿度和日照视作热量、水分和光照条件的指标，则农业气候过程可表示为由模糊子集$\widetilde{S}_T(t)$、$\widetilde{S}_R(t)$和$\widetilde{S}_I(t)$组成的模糊向量$\widetilde{S}_c(t)$：$\widetilde{S}_c(t)=\begin{bmatrix}\widetilde{S}_T(t)\\ \widetilde{S}_R(t)\\ \widetilde{S}_I(t)\end{bmatrix}$，$\widetilde{S}_c(t)$可以是连续过程，也可以是离散过程。

由此可推出以下用于描述农业生态气候适宜度的模型：

①资源模型：$\widetilde{S}_{c1}(t)\triangleq\frac{1}{3}[\widetilde{S}_T(t)+\widetilde{S}_R(t)+\widetilde{S}_I(t)]$

连续过程：$S_{c1}(t)=\int_{t\in[0,1]}\frac{1}{3}[S_T(t)+S_R(t)+S_I(t)]/t$

离散过程：$S_{c1}=\sum_{j=1}^{n}\frac{1}{3}[S_T(t_j)+S_R(t_j)+S_I(t_j)]/t_j$

资源模型通常是表示光、热、水组合过程对作物生长可提供的气候条件。

②效能模型：$\widetilde{S}_{c2}(t)\triangleq[\widetilde{S}_T(t)\cap\widetilde{S}_R(t)\cap\widetilde{S}_I(t)]$

连续过程：$S_{c2}(t)=\int_{t\in[0,t_0]}[S_T(t)\wedge S_R(t)\wedge S_I(t)]/t$

离散过程：$S_{c2}(t)=\sum_{j=1}^{n}[S_T(t_j)\wedge S_R(t_j)\wedge S_I(t_j)]/t_j$

效能模型反映了光、热、水匹配程度及其对作物生长的适宜度过程。

③结构模型：$\widetilde{S}_{c3}(t)\triangleq[a_1\widetilde{S}_T(t)+a_2\widetilde{S}_R(t)+a_3\widetilde{S}_I(t)]/t$

连续过程：$S_{c3}(t)=\int_{t\in[0,t_0]}[a_1S_T(t)+a_2S_R(t)+a_3S_I(t)]/t$

离散过程：$S_{c3}(t)=\sum_{j=1}^{n}[a_1S_T(t_j)+a_2S_R(t_j)+a_3S_I(t_j)]/t_j$

结构模型反映了农业经济结构在气候过程上的区域差异。权重 a_i（$i=1$，2，3）的选择，可视不同区域适当增大或减小。

④农业生态气候指数

根据上述资源模型和效能模型，可利用多年的气象观测资料推求农业生态气候资源指数 C_r、效能指数 C_e 及气候利用系数 K。其中，

资源指数为：$C_r=\int_0^{t_0}S_{c1}(t)dt=\frac{1}{3}\int_0^{t_0}[S_T(t)+S_R(t)+S_I(t)]dt$

或者

$$C_r=\frac{1}{3}\sum_{j=1}^{n}[S_T(t)+S_R(t)+S_I(t)]$$

资源指数表示气候资源的潜力，C_r 越大，气候资源的潜力愈大，资源愈丰富。

效能指数：$C_e=\int_0^{t_0}S_{c2}(t)dt=\int_0^{t_0}[S_T(t)\wedge S_R(t)\wedge S_I(t)]dt$

或者

$$C_e=\sum_{j=1}^{n}[S_T(t_j)+S_R(t_j)+S_I(t_j)]$$

效能指数从作物生长角度反映光、热、水的匹配程度，C_e 越大，光、热、水匹配程度越好，越有利于作物生长。

在此基础上，可求区域的气候资源利用系数：$K=C_e/C_r\times100\%$

这个系数又称作物气候利用率，反映了农业气候资源在天然条件下被作物生长过程所利用的实际效率，K 值越大，利用率越高。

3. 闽东南地区农业生态气候资源评价

由此，选定闽东南地区各县、市气象台站多年气温、相对湿度和日照时数，取月平均值的离散过程，应用上述农业生态气候适宜度理论，建立闽东南地区农业生态气候评价指标数据库，对闽东南地区农业气候资源进行初步的研究和评价。最后得到闽东南地区各地的气候资源指数、效能指数和利用指数与年日照总时数、年降水量和≥10℃活动积温（见表 11－3）。

表 11－3　闽东南地区多年平均气候适宜度指数

地区	C_r	C_e	K	年日照总时数 F（h）	年降水量 P（mm）	≥10℃活动积温 Q（℃）
福州市	8.5167	6.0900	71.51	1755.50	1348.30	6505.00
福清市	8.5167	6.2939	73.90	1911.00	1363.40	6569.70
长乐市	8.4967	5.9900	70.50	1780.60	1345.00	6374.90
闽侯县	8.6867	5.7891	66.64	1812.50	1350.90	6454.10
连江县	8.2333	5.8600	71.17	1632.10	1528.10	6202.40
罗源县	8.5533	5.8500	68.39	1691.20	1621.40	6168.10
闽清县	8.8733	5.8500	65.93	1794.00	1472.60	6454.40
永泰县	8.8100	5.8100	65.95	1700.40	1498.90	6363.20
平潭县	8.2600	5.6800	68.77	1781.60	1195.40	6577.20
厦门市	8.3967	6.5800	78.36	2119.90	1000.75	7388.20
同安区	8.5600	6.5800	76.87	2009.90	1197.33	7447.60
莆田县	8.3300	6.5473	78.60	1884.60	1323.30	6910.90
仙游县	8.8567	6.4300	72.60	1926.40	1523.70	6521.00
晋江市	8.5267	6.7843	79.57	2113.50	1170.30	7030.00
南安市	8.6567	6.5683	75.88	1931.30	1513.20	7293.20
惠安县	8.0800	6.0832	75.29	2116.20	1036.40	6824.60
安溪县	8.7567	5.9200	67.61	1903.40	1587.50	7300.50
永春县	8.4200	5.9546	70.72	1805.40	1685.80	6978.80
德化县	8.5500	5.9017	69.03	1820.50	1763.50	5622.90
漳州市	9.0300	6.7749	75.03	1961.40	1523.20	7471.50
龙海市	9.1167	6.9987	76.77	2138.90	1402.40	7419.10
云霄县	8.9867	6.5974	73.41	2081.80	1714.40	7523.70
漳浦县	8.5467	6.8742	80.43	2055.00	1462.80	7434.20

续表

地区	C_r	C_e	K	年日照总时数 F（h）	年降水量 P（mm）	≥10℃活动积温 Q（℃）
诏安县	9.0033	6.6478	73.84	2144.20	1430.90	7613.30
长泰县	8.8900	6.7854	76.33	1937.40	1502.60	7447.40
东山县	8.5700	6.5789	76.77	2318.80	1134.00	7505.30
南靖县	9.0267	6.4879	71.87	1955.60	1721.70	7476.10
平和县	8.9467	6.1236	68.45	1881.70	1718.80	7487.80
华安县	8.9633	6.0987	68.04	1820.70	1631.50	7294.20

由表11－3可知，气候资源指数、效能指数较大的地方，降水也相对丰富。总体上看，闽东南地区的气候条件十分优越，光、热、水匹配程度较高，因此利用农业生态气候适宜度指数可比较全面地反映气候条件对农业生产的适宜性，同时对于影响农业生产的气候限制性因素通过农业生态气候适宜度指数得到反映。因而可将农业生态气候适宜度指数作为综合评价农业生态气候条件的重要依据。据此，可得到以下闽东南农业生态气候评价的结果（见表11－4）：

根据这一结果，闽东南地区南部如厦门、漳州等地光、热、水条件较好，匹配程度高，生长期长，气候资源利用率都在0.75左右；稍处于内陆或纬度稍高地区的连江、闽清、永泰等县、市的 C_e 都小于6，作物气候利用率大致在65%水平；处于中间地带的县、市农业生态气候条件介于两者之间，作物气候利用率在70%~75%之间。总体上衡量，闽东南地区光、热、水匹配程度较高，即使是一般适宜区的县、市农业生态气候资源指数也远高于内陆地区，一般来说作物气候利用率在60%以上均属于农业生态气候适宜区，所以从整个闽东南地区看，K 值基本上如实反映了天然条件下农业生态气候资源的作物利用率，表明闽东南地区发展特色农业的气候资源优势是十分突出的。

表11－4 闽东南地区农业生态气候综合评价

农业生态气候区	特征描述	评价单元
适宜区	气候资源潜力较大，光、热、水匹配程度高，气候天然利用水平较高	厦门、同安、南安、龙海、漳浦、诏安、云霄、莆田、晋江、漳州
中等适宜区	气候资源潜力较大，光、热、水匹配程度适中，气候天然利用水平适中	福州、闽侯、长乐、福清、仙游、惠安、长泰、东山、华安、南靖、平和
一般适宜区	气候资源潜力适中，光、热、水匹配程度一般，气候天然利用水平一般	连江、罗源、闽清、永泰、平潭、德化、安溪、永春

二、闽东南农业现代化水平的初步测评

(一) 农业现代化评价指标体系

伴随着农业现代化程度的不断提高，必然引起农村产业结构的重大调整和农村劳动力就业结构的巨大变化，从而推动农村工业化和城镇化进程，促进农业与农村经济的持续发展，这也是SARD系统的指导思想。SARD实质上是一个动态变化的过程，即便实现了农业与农村的现代化，这也仅仅表明在这一阶段的农业发展达到了一个新的历史水平和特定阶段。随着农业发展进程的推进，有必要设计符合可持续发展思想的农业现代化评价指标体系，以便动态掌握农业现代化的进程。特色农业在国内各地蓬勃发展，表明这种新农业生产方式是与农业市场化、现代化和信息化有机联系的重要成分，对其设计评价指标体系是很有必要且意义深远的。

农业现代化评价指标体系的设计，需要遵循以下原则。(1) 重点性：突出农业现代化发展水平，所以指标设计偏重表示现代农业发展中的生产手段、生产条件、技术水平、劳动生产率、土地生产率及市场化发展水平等方面的特性。(2) 代表性：指标设计以能基本反映农业现代化的本质特征为标准，指标设置不宜太多，也不宜太少，选择具有代表性的指标，如一个指标已经反映的内容，原则上不宜再设另外相似的指标。(3) 可比性：指标设计既要符合地方生产实际，又要体现现代化是一个世界性和历史性的动态发展过程，所以指标应该具有可比性，从而使得评价指标可与国际标准和惯例接轨。(4) 定量性：评价指标应该具有数量化的属性，并且较易取得；对于那些应该考虑但是难以获得客观资料的指标应少设或不选，通过标准化处理，让指标在数量上具有可叠加性。(5) 时序性：过短的时间序列不利于做较长周期的回归和预测。因此，选取的指标应在较长时段里具有一定的有效性和实际意义。

根据系统论的观点并依照上述设计原则，参考杨万江、徐星明等(2001)人提出的“中国沿海地区农业现代化进程评价指标体系”，可设计的相应评价指标体系如表11-5所示。

表 11－5 闽东南农业现代化进程评价指标体系

系统	一级子系统	二级子系统	类指标	个体指标
农业现代化总目标	农业生产	农业生产条件	一产从业人员人均拥有耕地面积	单一指标
			水利化程度	旱涝保收率，单一指标
		农业投入水平	农机动力水平	单位耕地面积农机总动力，单一指标
			电力水平	单位耕地面积用电量
				一产从业人员人均用电量
		农业生产力水平	土地综合生产率	耕地农业增加值水平
				土地粮食产量水平
			农业劳动生产率	一产从业人员人均农业增加值
				一产从业人员人均食物产量
	农业支撑	经济结构	农业增加值比重	单一指标
			一产从业人员比重	单一指标
			城镇化水平	单一指标
		农民收入及生活水平	农民收入水平	农民人均纯收入，单一指标
			恩格尔系数	单一指标

由表 11－5 可以对农业现代化评价指标体系有较详细的了解，从上至下，将农业生产系统细分为两个一级子系统和多个二级子系统：（1）农业生产子系统。包括农业生产条件、农业投入水平和农业生产力水平等三个二级子系统。（2）农业支撑子系统。现代农业生产体系中，食物供给、农民收入、产业结构调整和农民生产水平等方面都是重要的内容。因此，支撑系统包括经济结构和农民收入及生活水平两个二级子系统。在这两大类子系统基础上，选定能够反映它们本质特征的典型指标，由于与农业生产与可持续发展相关的指标极为浩繁，通常采用专家咨询及相关分析法对一些冗余指标进行剔除，然后总结出符合农业现代化发展水平的类指标和个体指标，同时参照“中国沿海地区农业现代化进程评价指标体系”的设计思想和具体方案，选定了上述 12 个类指标和 16 个个体指标。

（二）农业现代化测评方法

对闽东南地区各地农业现代化进程的测算，可采取主成分分析法进行。主成分分析法是用变量族的少数几个线性组合（新的变量族）来解释多维变量的协方差结构，通过挑选最佳变量子集，简化资料，揭示变量间关系的一种多元统计分析方法，其工作原理是：设 $X=(X_1, X_2, \cdots, X_p)$ 是 p 维随机向量，其中 $X_j=(X_{1j}, X_{2j}, \cdots, X_{pj})$，$j=(1, 2, \cdots, p)$。若对变量 $X_1, X_2, \cdots, X_p$ 作变换，产生新的 p 个变量 $F_1, F_2, \cdots, F_p$，并使其满足：

（1）每个新的变量 F_1 都是原有变量 $X_1, X_2, \cdots, X_p$ 的线性组合，即 $F_j=h_{j1}X_1+h_{j2}X_2+\cdots+h_{jp}X_p$，且要求：$\sum h_{ji}^2=1$ $(1, 2, \cdots, p)$；

（2）各个新的变量之间互不相关，即 $Cov(F_iF_j)=0$ $(i\neq j;\ i, j=1, 2, \cdots, p)$；

（3）在上述条件下，各个新变量的方差尽可能大，但新旧变量的方差和不变，即 $\sum VarX_1=\sum VarF_1$。由此可见，新变量由原变量产生，且二者的关系是简单的线性关系；因新变量之间互不相关，使各个新变量的意义独立，含义明确；新变量 $F_1, F_2, \cdots, F_p$ 依次代表了具有最大变异的方向，且各自包含了原有 p 个向量在该方向上的最多信息，因此将 $F_1, F_2, \cdots, F_p$ 称为第 1，第 2，至第 p 个主成分。当 $F_{k+1}, F_{k+2}, \cdots, F_p$ 的方差之和很小时，$F_1, F_2, \cdots, F_k$ 等 k 个主成分就可以基本上反映出原变量 $X_1, X_2, \cdots, X_p$ 所含的有关信息。

根据上述原理，可将主成分分析应用于农业现代化发展水平的评估，具体步骤设计如下：

（1）对指标体系原始资料进行预处理：因为各观测指标的数值具有不同的量纲，由这些指标的观测值所计算的协方差矩阵或相关矩阵必然要受到指标量纲的影响，不同的量纲数量级将得到不同的协方差矩阵或相关矩阵。为了避免计算结果受指标量纲和数量级的影响，保证其客观性和科学性，首先需要将观测值进行标准化处理，本研究所采用标准差标准化的计算公式为：

$$x'_{ij}=\frac{x_{ij}-\bar{x}}{S_j}\begin{pmatrix} i=1, 2, \cdots, m \\ j=1, 2, \cdots, n \end{pmatrix}$$

$$\text{式中，}\bar{x}_j=\frac{1}{m}\sum_{i=1}^{m}x_{ij},\ s_j=\sqrt{\frac{1}{m}\sum_{i=1}^{m}(x'_{ij}-x'_j)^2}$$

由这种标准化方法所得到的新资料 x'_{ij}，各要素的平均值为 0，标准差为 1，即有：

$$\overline{x'_j}=\frac{1}{m}\sum_{i=1}^{m}x'_{ij}=0,\ s_j=\sqrt{\frac{1}{m}\sum_{i=1}^{m}(x'_{ij}-\bar{x}_j)^2}=1;$$

（2）计算标准化后的 p_i 个指标的两两相关矩阵为：

$$(R_{ij})_{p1\times p1}=\begin{bmatrix} 1 & R_{12} & \cdots & R_{1p1} \\ R_{21} & 1 & \cdots & R_{2p1} \\ \vdots & \vdots & \vdots & \vdots \\ R_{p11} & R_{p12} & \cdots & 1 \end{bmatrix}$$

（3）计算相关矩阵的特征根 λ_j 和特征向量 h_j。通常采用雅可比法计算，R 的特征根为：$\lambda_1 \geqslant \lambda_2 \geqslant \cdots \geqslant \lambda_{p1} \geqslant 0$，相应的标准正交特征向量为 h_1，h_2，…，h_{p1}，其中，

$$h_j=(h_{j1},\ h_{j2},\ \cdots,\ h_{jp1})\ (j=1,\ 2,\ \cdots,\ p_1)$$

（4）计算各主成分的方差贡献率 a_j 及累计贡献率 $\sum_{j=1}^{k} a_j$；主成分 F_j^1 的方差贡献率 a_j 表示 F_j^1 的方差在总方差 $\sum Var(F)$ 中的比重，即第 j 个主成分所取得的原 p_i 个变量的信息在全部信息中的比重；累计贡献率则是前 k 个主成分提取信息累计量在信息总量中的比重。

（5）选取主成分个数：$\sum a_j$ 表示前 k 个主成分从原 p 个变量中提取的信息量，若该信息量已达到全部信息量的绝大部分，可以认为前 p 个主成分已基本反映了原变量的主要信息，故取前 p 个主成分已足以说明问题，后 p_1-k 个主成分可以省略掉。最后所得到的主成分如下：

$$F_1^1=h_{11}X_1+h_{12}X_2+\cdots+h_{1p1}X_{p1}$$
$$F_2^1=h_{21}X_1+h_{22}X_2+\cdots+h_{2p1}X_{p1}$$
$$\cdots\cdots\cdots\cdots$$
$$F_k^1=h_{k1}X_1+h_{k2}X_2+\cdots+h_{kp1}X_{p1}$$

在这 k 个主成分中，F_1^1 是一切线性组合中方差最大者，即反映原有指标的信息最多，F_2^1，F_3^1，…，F_k^1 作用渐次递减，重要性依次降低。

（6）计算主成分的得分并计算综合得分，以表明各地农业现代化的综合发展水平。将标准化的资料分别带入（5）中的公式中，可得各评价区域的各个主成分得分；然后在此基础上，根据下式计算综合得分：$F^1=\sum_{j=1}^{k} a_j F_j^1$。

由此可知，F^1 是以各主成分的方差贡献率为权数的 p_j 个主成分得分的加权平均数，该综合得分越高，表明评价单元的农业现代化程度愈高，反之愈低；综合分值为正，表明高于平均水平，综合分值为负，表明低于平均水平；综合分值

为 0，表明处于平均水平上。

3. 闽东南农业现代化水平评价

根据上述原理及算法，对闽东南各地市的农业现代化发展水平进行评估。通过降维处理，按因子特征值大于 1，提取出 5 个公因子。从图 11－4 中可知，前 5 个主成分的特征值差异较大，而第 6 至 14 个主成分的特征值差异不明显。前 5 个主成分的贡献率分别为 30.320%、18.749%、15.580%、9.504%、7.433%，累计贡献率达到 81.586%，因此可综合成 5 个主成分（表 11－6），得到因子载荷矩阵（表 11－7）。

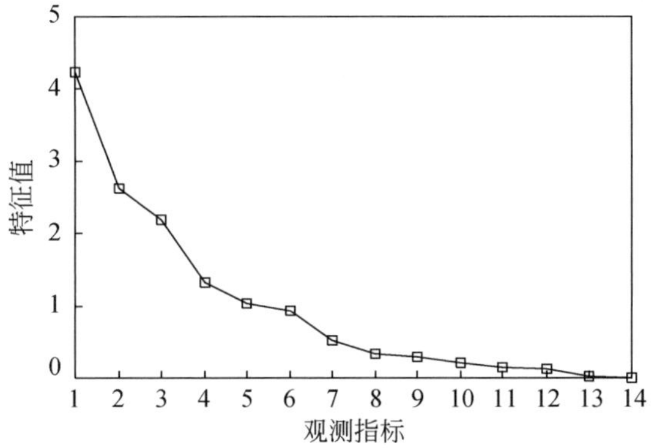

图 11－4　因子分析碎石图

表 11－6　主成分贡献率

主成分	特征值	贡献率（%）	累计贡献率（%）
1	4.245	30.320	30.320
2	2.625	18.749	49.068
3	2.181	15.580	64.649
4	1.331	9.504	74.153
5	1.041	7.433	81.586

表 11－7　因子载荷矩阵表

原指标	主成分 1	主成分 2	主成分 3	主成分 4	主成分 5
一产从业人员人均拥有耕地面积	−0.249	0.872	0.017	−0.119	0.111
旱涝保收率	−0.461	−0.422	0.272	0.286	0.026
单位耕地面积农机总动力	0.900	−0.131	−0.174	−0.074	−0.118
单位耕地面积用电量	0.891	0.097	−0.107	−0.130	−0.089
一产从业人员人均用电量	0.316	0.251	0.850	0.003	0.113

续表

原指标	主成分 1	主成分 2	主成分 3	主成分 4	主成分 5
耕地农业增加值水平	0.677	−0.284	−0.261	0.538	−0.008
土地粮食产量水平	−0.249	0.465	−0.230	0.439	0.280
一产从业人员人均农业增加值	0.542	0.493	−0.142	0.548	0.101
一产从业人员人均食物产量	−0.413	0.759	0.128	0.041	0.137
农业增加值比重	−0.511	−0.188	0.203	0.628	−0.383
一产从业人员比重	−0.506	−0.212	−0.674	0.055	0.346
城镇化水平	0.797	0.257	−0.207	0.050	0.155
农民人均纯收入	0.353	−0.110	0.790	0.166	0.195
恩格尔系数	−0.072	0.568	−0.151	0.017	−0.747

经转轴后，根据载荷表和原始变量的标准化数值，得到新的主成分值，以各主成分的贡献率作为权重对各主成分值加权求和，可计算出各地的综合得分。各地新的主成分值和综合得分值见表 11 – 8。根据综合得分，闽东南地区有福清、长乐、连江、莆田、石狮、晋江、南安、龙海、漳浦、东山、南靖等县、市综合得分大于零，表明其农业现代化程度居于闽东南地区平均水平之上，另外 16 个县、市综合得分为负值，表明它们的农业现代化水平居于闽东南地区平均状态之下。

本研究仅仅是从 1999 年这一特定的时间对闽东南各县、市的农业现代化水平做初步的估测，因为农业现代化既是一个综合实力的表现，也是一个随时间而不断变化的量。本节只能初步反映闽东南各地农业现代化在 1999 年的构成状况，随着各地市农业现代化进程的日渐深入，农业生产水平也会不断发生变化，今后进行动态估测区域农业现代化还需要做大量的工作。本研究在借鉴前人经验的基础上，对理论与方法等基础工作做了一些探讨研究。

表 11 – 8　闽东南地区农业现代化水平评估

地区	主成分 1	主成分 2	主成分 3	主成分 4	主成分 5	综合得分
福清市	3.8837	0.1257	0.4245	0.4516	−2.3997	1.1318
长乐市	−1.1706	1.3173	2.1809	1.3586	−1.0003	0.2866
闽侯县	−0.9828	0.5784	−0.2264	0.3796	0.7689	−0.1316
连江县	1.6083	−0.7944	−0.3944	2.0836	1.2677	0.5695
罗源县	−2.3104	1.4776	0.2877	0.8660	1.0502	−0.2183
闽清县	−1.6583	1.3521	0.2984	−0.5894	1.1615	−0.1725

续表

地区	主成分 1	主成分 2	主成分 3	主成分 4	主成分 5	综合得分
永泰县	-0.5263	0.2346	-0.4721	-0.1368	0.5305	-0.1627
平潭县	-0.0415	-1.9020	-1.0091	0.8948	-0.8453	-0.5042
同安区	-0.3702	-0.1275	-0.5470	0.0804	-0.3508	-0.2398
莆田县	1.1727	-1.1788	0.0675	-0.3645	1.3704	0.2123
仙游县	-0.1255	-0.6748	-0.8429	-1.0958	-0.2899	-0.4216
石狮市	0.3909	-1.3593	0.9303	0.7692	0.6482	0.1299
晋江市	0.4816	-0.1976	3.3676	-0.9479	-0.5567	0.5022
南安市	2.0792	-0.8368	0.9433	-0.6758	-0.6385	0.5088
惠安县	0.3460	-1.3572	0.9943	-1.2554	1.1349	-0.0296
安溪县	-0.2263	-1.2135	-0.3476	-1.5574	0.2328	-0.4810
永春县	-1.0204	-0.7309	-0.1573	-0.3152	-0.1319	-0.5107
德化县	-1.4275	0.1875	-0.2918	-0.4957	0.7660	-0.4333
龙海市	0.2595	0.5914	-0.2715	0.0335	0.3210	0.1743
云霄县	-0.1136	0.0378	-0.6677	0.1718	0.6993	-0.0631
漳浦县	1.3237	0.8173	-0.9135	-1.1397	-0.8618	0.2399
诏安县	0.6834	0.2006	-1.3145	0.0644	-1.3392	-0.0534
长泰县	-2.6708	1.1495	-0.3899	0.0274	0.8127	-0.5920
东山县	1.2451	-0.7965	-0.1587	2.7328	-0.6053	0.4182
南靖县	0.4874	1.2174	-0.3825	-0.0887	-0.9149	0.2400
平和县	0.4762	0.2342	-0.7717	-1.0263	-1.6578	-0.1527
华安县	-1.7930	1.6479	-0.3361	-0.2250	0.8280	-0.2469

三、闽东南特色农业主导产业分析

在闽东南农业的发展过程中，农业的地方特色越来越浓，农业生产的产业化、市场化、商品化机制日益完善。目前闽东南各地市的特色农业已经成为创汇先锋，也是福建省实施山海联动战略的助推器和发动机；特色农业的出现不仅打破了传统农业保守的格局，而且在增收增效方面成绩斐然，因此，有必要对闽东南地区的特色农业发展进行类型划分，以区分各地市特色农业发展的主导方向，促进农业与农村的持续发展。本节从特色农业类型的划分原则、指标和方法入手，应用因子分析、主成分分析、聚类分析等数学方法，对闽东南地区不同类型的生产模式进行分类，确定各县、市的特色农业主导产业，以便今后更好地为生产实践服务。

（一）特色农业主导产业选择的原则

本研究将特色农业区分为各种不同的类型，目的在于方便农业信息化工作的顺利开展。因为农业统计数据通常只包括传统的统计口径，特色农业作为新兴的生产模式，目前尚未能形成专门的统计口径进行统计，水果生产还是纳入种植业中统计，按照规定在统计资料中必须包括传统的粮食作物和经济作物，但是在闽东南地区的农业结构调整过程中，如甘蔗等大类的经济作物的种植面积已经很少，继续统计这些数据对发展农业尤其是特色农业没有意义；在闽东南发展很快的水果、茶叶，以蔬菜、花卉、盆景等为主体的设施农业，以及在闽东南具有地方特色的食用菌生产已基本形成了产业化，但这方面的基础资料较少，给建设农业信息化示范工程增添了不少难度。所以，以构造产业门类的形式对闽东南地区的特色农业进行分类描述，有助于明确概念，便于今后对采集资料的分类统计。确定特色农业主导产业类型，需要遵循以下原则：（1）资源优势原则。主导产业的选择应建立在对本地区自然条件、资源优势和劳动力优势深刻理解的基础上，只有具备了相对集中的自然资源、经济基础和支撑技术手段，才能在区域农业生产格局中发挥重要作用，才可能具有超越其他地区的比较优势。（2）市场需求原则。主导产业不仅需要在地方发挥龙头作用，还要带动区内其他产业成分的全面发展，起到产业关联带动作用，促进区域经济向面上发展；主导产业产品市场扩展能力强，其市场需求量的不断增长就会促成整个区域生产的增长。（3）经济效益原则。主导产业显然需要具备较高的市场收益，才能保证该产业在地方上具有影响力和知名度，才能让农民投入到这种产业的开发中去。所以主导产业的产值应在各业总产值中占据较大份额，并在农民收入中具有较高的比重。（4）技术进步原则。现代农业产业门类的形成也需要技术的支持，农业技术进步在福建省一直不占优势，所以提高农业科技进步率和科技进步贡献率向来是评价区域主导产业的重要指标。因此在闽东南地区特色农业建设逐步进入正轨后，在产业的高级化进程中，农业信息化将逐渐替代传统的统计手工作业，从而提高信息发布和分析的自动化程度。因此可以预见今后闽东南地区的特色农业建设将在农业信息技术支撑下取得更大的成就。

（二）分类评价指标的设计

特色农业是一种新兴的农业生产系统，涉及社会、经济、资源与环境多方面的综合影响，因此划分特色农业类型的指标应构成一个科学的体系。要全面真实地反映区域特色农业生产特征，指标的选取必须具有相当的完备性，以便能够综合地反映影响区域特色农业布局的各种因素。然而在实际操作中，指标数量的多少与指标的独立性往往难以协调。选取较多的指标固然能够增加覆盖度，但是指标间必然存在许多重复信息，即指标间的独立性较差。若直接对含有重复信息的指标加权求和，指标间未排除的重复信息将会使分区结果发生偏离；反之若选取的指标过少，则有可能难以全面综合地反映事物的本质。从数学意义上看，若指标间相互独立，即指标提供的信息不重复，任意一个指标的作用不能被另外的指标所取代，分区时可以尽量保留这些独立指标；若指标完全线性相关，则省略其中一个。事实上，由于区域社会经济系统各因素之间是相互关联的，影响特色农业分区的绝大多数指标介于完全线性相关与完全不相关之间，即指标的信息既不完全独立，也不完全重复，所以在制定特色农业的区划方案时，需要对指标进行预处理，压缩部分指标，从而得到能够反映原始指标信息的少数几个彼此独立的综合变量。本研究在构建闽东南特色农业区划的指标体系时，采用了自上而下和自下而上相结合的方法：自上而下将特色农业区划的总目标分解为五项准则；自下而上则是分区指标的筛选、匹配和组合过程；共选取了42个原始指标，作为因子层的备选对象（表11－9）：

表11－9　闽东南地区特色农业分类指标体系

目标层	准则层	因子层 x_i（i=1，2，…，20）
闽东南特色农业分类	农业生产条件	农业劳动力
		有效灌溉率
		旱涝保收率
		单位耕地面积农机总动力
		单位耕地面积化肥施用量
		单位耕地面积用电量
		人均耕地面积
	农村经济结构特征	种植业产值占农业总产值比重
		林业产值占农业总产值比重
		牧业产值占农业总产值比重
		渔业产值占农业总产值比重
		粮食作物播种面积比重
		经济作物播种面积比重

续表

目标层	准则层	因子层 $x_i(i=1, 2, \cdots, 20)$
闽东南特色农业分类	农村发展保障能力	人均粮食产量 人均肉类产量 人均水果产量 人均水产品产量 粮食保证率
	农业经济综合实力	农业总产值 单位耕地面积农业增加值 农业投入产出率 农民人均纯收入 农业劳动生产率
	农业土地利用水平	林地面积比重 水域面积比重 牧草地面积比重 未利用地面积比重 人均土地面积 单位面积农业总产值 单位面积种植业产值 单位面积林业产值 单位面积渔业产值 单位面积粮食作物产值 单位面积经济作物产值
	特色农业产出效率	粮食单产水平 油料作物单产水平 甘蔗单产水平 茶叶单产水平 水果单产水平 水产品单产水平 蔬菜单产水平

(三) 分类因子提取

本研究采用数理统计方法对闽东南地区特色农业进行类型划分，对五个准则层分别进行因子提取，采用主成分分析法进行分析，工作步骤如下：（1）原始资料标准化。由于采集的原始资料均为有量纲的数值，由这些指标的观测资料组成的协方差矩阵或相关矩阵必然受到指标量纲的影响，不同的量纲和数量级将得到不同的协方差矩阵或相关矩阵。（2）对原始数据进行主成分分析，得到表 11 - 10 至表 11 - 12。

由表 11 - 10、表 11 - 11 和表 11 - 12 可知，农业生产条件、农村经济结构特征、农村发展保障能力、农业经济综合实力和特色农业产出效率分别综合成两个主成分，分别是 Y_1，Y_2；Y_3，Y_4；Y_5，Y_6；Y_7，Y_8；Y_{12}，Y_{13}；农业土地利用水平综合了三个主成分，分别是 Y_9，Y_{10}，Y_{11}。这样 42 个原始指标，通过主成分分析提取出了 13 个主成分因子。

表 11－10　农业生产条件及农村经济结构特征因素主成分因子

农业生产条件	主成分		农村经济结构特征	主成分	
	Y_1	Y_2		Y_3	Y_4
农业劳动力	0.569	0.502	种植业产值占农业总产值比重	0.690	0.574
有效灌溉率	0.699	0.382	林业产值占农业总产值比重	0.517	0.510
旱涝保收率	0.559	0.700	牧业产值占农业总产值比重	0.627	-0.232
单位耕地面积农机总动力	0.271	-0.718	渔业产值占农业总产值比重	-0.860	-0.489
单位耕地面积化肥施用量	-0.581	0.458	粮食作物播种面积比重	0.732	-0.639
单位耕地面积用电量	0.467	-0.451	经济作物播种面积比重	-0.732	0.639
人均耕地面积	-0.857	0.318	贡献率	49.108	28.304
贡献率	35.545	27.377			

表 11－11　农村发展保障能力及农业经济综合实力因素主成分因子

农村发展保障能力	主成分		农业经济综合实力	主成分	
	Y_5	Y_6		Y_7	Y_8
人均粮食产量	0.837	0.301	农业总产值	0.059	0.614
人均肉类产量	0.768	0.342	单位耕地面积农业增加值	0.870	-0.047
人均水果产量	0.652	0.076	农业投入产出率	-0.364	0.751
人均水产品产量	-0.738	0.331	农民人均纯收入	0.415	0.590
粮食保证率	0.377	-0.847	农业劳动生产率	0.801	-0.042
贡献率	48.010	20.793	贡献率	34.092	25.836

表 11－12　农业土地利用水平特色农业产出效率因素主成分因子

农业土地利用水平	主成分			特色农业产出效率	主成分	
	Y_9	Y_{10}	Y_{11}		Y_{12}	Y_{13}
林地面积比重	-0.930	0.068	0.176	粮食单产水平	0.649	0.365
水域面积比重	0.759	-0.074	-0.579	油料作物单产水平	0.617	0.169
牧草地面积比重	0.496	0.647	0.357	甘蔗单产水平	0.859	0.069
未利用地面积比重	0.727	-0.162	0.476	茶叶单产水平	0.857	0.015

续表

农业土地利用水平	主成分			特色农业产出效率	主成分	
	Y_9	Y_{10}	Y_{11}		Y_{12}	Y_{13}
人均土地面积	-0.928	0.216	-0.0029	水果单产水平	0.357	-0.568
单位面积农业总产值	0.820	0.317	-0.419	水产品单产水平	-0.158	0.790
单位面积种植业产值	-0.342	0.868	-0.051	蔬菜单产水平	0.389	-0.221
单位面积林业产值	-0.868	0.105	-0.175			
单位面积渔业产值	0.588	0.224	0.732			
单位面积粮食作物产值	-0.165	0.936	0.183	贡献率	36.836	16.591
单位面积经济作物产值	0.338	0.794	-0.439			
贡献率	46.435	26.576	15.371			

利用提取的13个主成分因子，用分层聚类法对闽东南27个县、市进行特色农业区类型的划分，再根据闽东南特色农业生产现状，可将闽东南地区各县、市特色农业划分出四种不同的产业类型：（1）水果种植业类型。包括永泰、莆田、仙游、永春、南安、平和、南靖等，农业生产的区域特色以水果生产为主，这些地区出产的诸如莆田的枇杷、永春的柑橘、平和的蜜柚等果品在市场上具有较强的竞争力，具备了产业化发展的基本条件，可以将其视作为各地的主导特色农业产业部门。（2）城郊型设施农业类型。主要是分布在闽东南地区各省辖市的郊区及其周边县、市，包括福清、闽侯、同安、长泰、龙海等；由于地处城郊，因而承担着为中心城区提供农副产品的任务，发展了以蔬菜、园艺、花卉、观光农业园为主体的设施农业，并形成了具有较高收益的城郊型农业区。（3）水产养殖业类型。主要是分布在沿海地区的县、市，由于水产养殖的高收益和出口创汇的便利，连江、长乐、平潭、石狮、晋江、惠安、龙海、漳浦、诏安、东山等基本上发展了以渔业为主的创汇型特色农业区。（4）茶果菌混合型农业。在不临海且地理位置稍偏的县，利用山地优势，发展了具有地方特色的食用菌、林副产品加工、水果种植及茶叶生产等多种经营模式，并逐渐成为这些山区县的主要农业产业门类，因而将罗源、闽清、安溪、德化、云霄、华安等划归此类（闽东南地区特色农业主导产业类型分布详见图11-5）。

综上所述，闽东南特色农业建设在地方特色上是下了一番功夫的，已经在水果、水产养殖和茶叶生产等方面形成了初具福建地方特色的支柱产业门类，并直接构成了福建省特色农业的主体。1995年水果总产量及种植面积已经位居全国

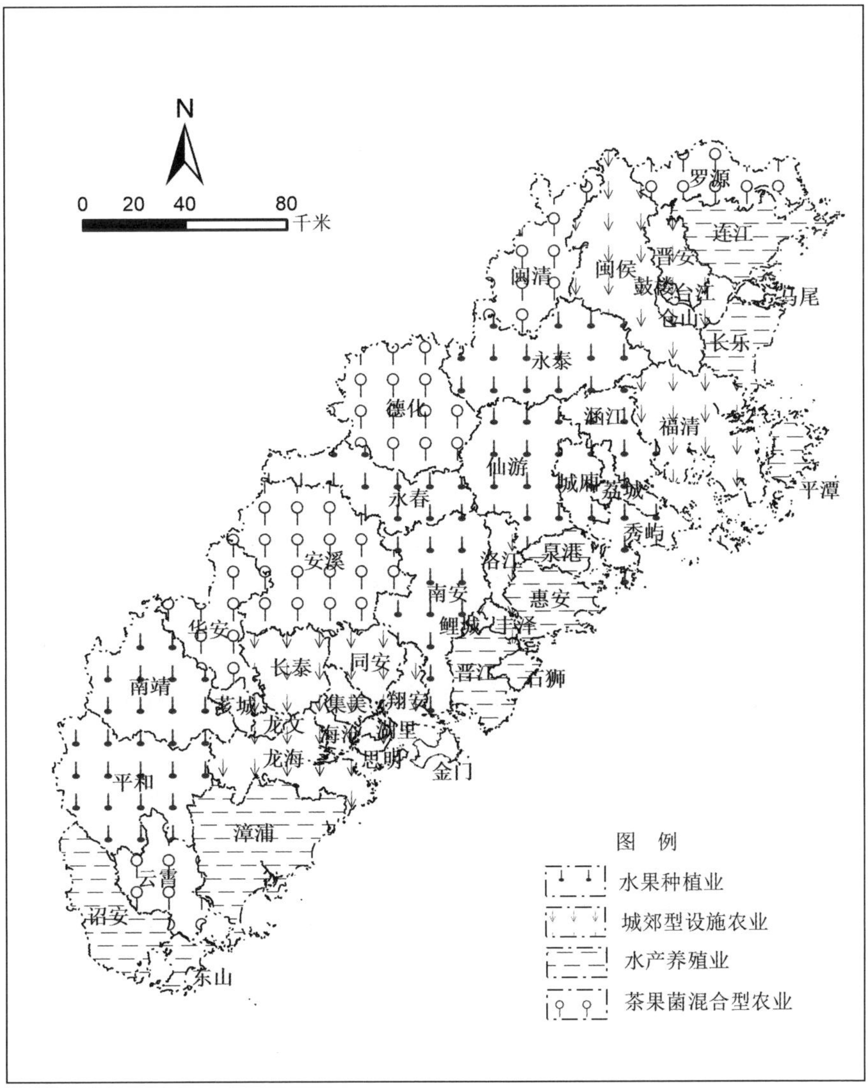

图 11－5　闽东南地区的特色农业主导产业布局

第六位；茶叶种植面积居全国第三位，总产量仅次于浙江省，居全国第二位。闽东南地区围绕这些特色产业的开发十分活跃，充分发挥了闽东南地区优越的自然条件优势，逐渐从果茶产品优势过渡到市场商品优势，永春和长泰的芦柑、闽清的橄榄、芗城的香蕉、平和的蜜柚、莆田的枇杷、安溪的茶叶已经大量进入国内外市场。由于经济效益高于大田作物，福建省尤其是闽东南地区率先在耕地上种植果树，迈出了农业结构调整的第一步，这个调整已被证实是成功的。“九五”期间闽东南地区农、林、牧、渔等产业中，水果种植业以最快的增长速度高居榜首。福建省因此出台了相应的果茶发展规划，在闽东南地区规划建设“三带一区”，即在福州以南的 20 个县（市、区），建设 150 万亩龙眼带、50 万亩荔枝带和50万亩香蕉带，并建设80万亩芦柑和20万亩柚子栽培区；在福州市周边的闽江中下游建设50万亩甜橙种植带；茶叶生产主要是大力发展安溪、永春和平和的优质乌龙茶产品，并培植成为闽东南地区的主要茶叶品牌；深入推行水产养殖业结构调整，使得过去在捕捞与养殖、浅海与外海、生产与加工、沿海与内陆之间的不平衡逐渐调适成为现在的基本平衡，并通过对台合作引进良种，不断优化养殖结构；在沿海良种场建设起来之后，渔民生产热情高涨，渔业产值迅速增长，20世纪90年代末期海淡水养殖品种已经增加近30种，形成产业的品种包括对虾、鳗鲡、甲鱼、罗非鱼、鲍鱼、罗氏沼虾、鲈鱼、真鲷等。由于闽东南地区海岸线绵长，沿岸滩涂众多，发展渔业生产的优势得天独厚，渔业已经成为闽东南沿海县、市主要的出口创汇产业。再对照传统的福建省农业资源区划方案，基本与上述闽东南特色农业主导产业分类一致。由此可见，闽东南地区不仅具备了发展特色农业的条件，而且已经在实践中证明了选择特色农业的道路是正确的。

四、闽东南农业外资及港澳台资投入的空间分布与变化

闽东南地区是福建省对外交流的窗口，也是全省外资及港澳台资投入较为密集的地区。外资及港澳台资的介入，加快了闽东南地区农业由传统农业向现代农业转化的进程，提高了闽东南地区农业综合生产能力和整体经济效益。本节通过分析闽东南地区引进外资及港澳台资的现状，对各地区的农业外资及港澳台资投入进行导向性分析与预测，以便更好地推动农业对外开放与交流，为闽东南地区发展特色农业创造优良的对外交流途径，提高中外农业合作的层次。外资及港澳台资的注入对地方经济的刺激和推动作用是毋庸置疑的，而且外资及港澳台资的引进也深刻地影响着地方的经济发展格局。尤其在类似闽东南这样拥有“特殊政策，灵活措施”的沿海地区，外资及港澳台资在农业生产与经营中的作用十分明显。因此，研究闽东南地区现有农业外资及港澳台资的空间布局与变化规律，对于进一步促进外资及港澳台资在区内的有序流动和合理分布，具有十分现实的理论与实践意义。

（一）闽东南外资及港澳台资的空间分布特征

闽东南外资及港澳台资的空间分布具有临海和集中分布两大特征。临海地区对外交流频繁，经济实力强，区位优势明显，所以历年外资及港澳台资注入多数

集中于沿海各地市。作为福建省经济发达地区，加上有利的自然资源、社会经济和历史交往的便利，闽东南地区成为福建省农业外资及港澳台资引进最为活跃的地区。农业外资及港澳台资在闽东南地区的投入多集中于城市，农村则明显少于城市，尤其大城市外资及港澳台资引进最多，中小城市较少，外资及港澳台资分布与城市规模呈正相关，是一种典型的城市指向型分布格局。1999 年，闽东南地区实际利用外商及港澳台商直接投资达 37.18 亿美元，占全省总量的 92.4%；到 2000 年，引进外资及港澳台资额略有下降，但也达到了 34.47 亿美元，占全省总量的 90.6%，是福建省外资及港澳台资投入最为集中的区域。本研究主要是讨论农业外资及港澳台资的导向问题，故针对闽东南地区的农业外资及港澳台资利用水平状况开展了初步的分析。

根据福建省人民政府农业办公室所作的统计，1979—1998 年，福建省农业外资及港澳台资的投入逐年递增，在这一时段内农业合同利用外资及港澳台资 32.26 亿美元，实际到资 14.66 亿美元，到资率 45.44%；其中创办三资企业 2339 个，平均单项资金水平为 62.8 万美元。从空间分布看，农业外资及港澳台资投入集中沿海地区，闽东南五个地市农业外资及港澳台资投入占全省总量的 84.04%，有绝对优势，而且大幅度增长。1990 年，闽东南五个地市农业利用外资及港澳台资 3075 万美元，到了 1998 年增长到 2.02 亿美元，这表明沿海地区良好的区位、发达的交通网络、优越的自然条件和社会经济发展环境是吸引外资及港澳台资投入的主要因素。总体上看，闽东南五个地市农业外资及港澳台资投入具有以下特征：（1）农业利用外资及港澳台资实际到资总额达 11.19 亿美元，从农业各部门外资及港澳台资投入看，以种植业最多，种植业实际利用外资及港澳台资占实际到资总额的 60.42%；水产业其次，占 18.27%；林业居三，占 7.84%；畜牧业再次，占 7.65%；水利水电实际利用外资及港澳台资最少，占 5.82%。（2）从外资及港澳台资结构看，以港澳台资占主导地位。香港、澳门特别行政区实际到资占全省总量的 34.79%；台湾地区占 34.52%；欧美国家占 19.54%；其他国家占 5.67%；东南亚国家占 3.39%；日本、韩国占 2.09%。港澳台资合计就达到了 69.31%。其中香港、澳门特别行政区资金主要集中在福州和泉州两地，占闽东南地区港澳资金的 74.48%；台资主要集中在漳州一地，共计 1.55 亿美元，占闽东南地区台资的 40.23%。预计在今后相当长的时段里，港澳台资金仍是农业外资及港澳台资主渠道。（3）从农业外资及港澳台资企业性质看，独资企业最多，占 64.45%；合资企业次之，占 28.17%；合作企业最少，占 7.38%。（4）从投资规模看，农业利用外资及港澳台资以中小型项目为主。利用外资及港澳台资总体水平还不高，外资及港澳台资项目以劳动密集型为主，跨地区、跨行业、综合性的大项目还不多。这表明闽东南地区利用外资及港澳台资发展农业还有很大的上升空间（图 11－6）。

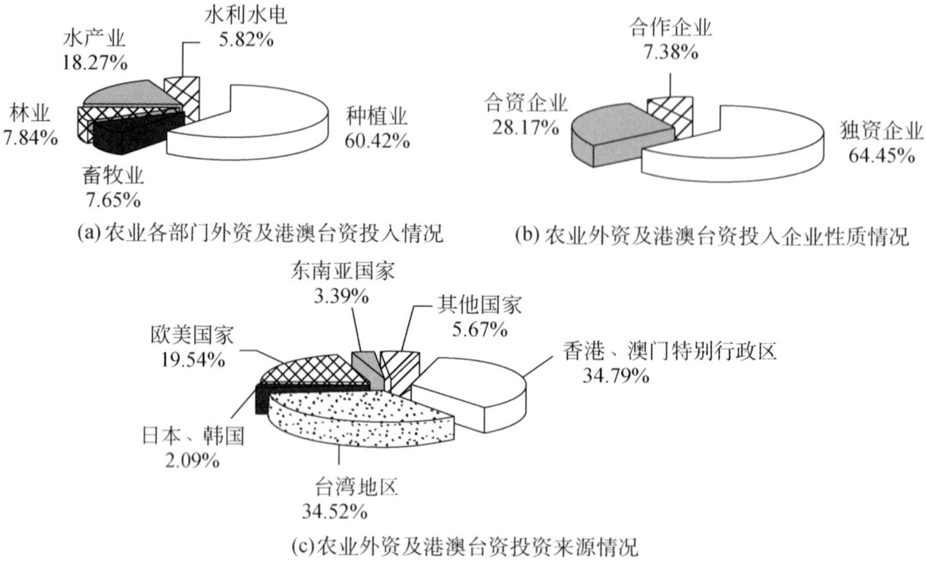

图 11－6　闽东南地区农业外资及港澳台资投入情况

（二）闽东南地区农业外资及港澳台资投入导向的分析与评价

改革开放以来，福建省农业外资及港澳台资投入伴随着外向型经济的发展而不断壮大，由 20 世纪 80 年代中期的集聚状态逐步演化为由点到面的扩散趋势，集聚中心不断增加，出现集聚中心，表明外资及港澳台资在集聚作用下出现新的扩散运动。1985 年，福建省农业实际利用外资及港澳台资 644.45 万美元，其中福州市位居首位，为 245.52 万美元，占全省总量的 38.09%；第二位的泉州市为 165 万美元，占全省总量的 25.61%；第三位的厦门市为 150 万美元，占全省总量的 23.28%，三个地市合计就占了全省农业领域引进外资及港澳台资的 86.98%，表明福建省外资及港澳台资投入的集聚效应显著。北部的福州与南部的泉州及厦门两地形成了外资及港澳台资集聚的双核心，莆田和漳州还未能形成具备规模效应的集聚中心；到 1990 年，福州市实际利用外资及港澳台资 1057.16 万美元，占全省总量的 30.85%，居省内第二位；而第一位已经为泉州市取代，其实际利用农业外资及港澳台资达到 1067.2 万美元，占全省总量的 31.14%；厦门仍居第三，以实际利用农业外资及港澳台资 712.5 万美元占全省总量的 20.73%，沿海三个地市合计占省内农业外资及港澳台资利用总量 82.72% 的比重，依然体现了南北两个集聚中心的格局；而经济实力较弱的莆田和漳州两个地市所占比重仍然很小，两者合计只占全省总量的 6.98%。地处闽西北的三明、南平、宁德和龙岩四个地市合计只占全省总量的10.28%。这表明在20世纪90年代以前，福建省农业利用外资及港澳台资呈以沿海大城市为中心集聚的格局。

根据前述关于闽东南地区农业外资及港澳台资投入的基本状况，需要进一步分析和讨论闽东南地区农业外资及港澳台资投入导向性的问题。因此，本节在设计适宜的评价指标体系的基础上，借鉴黄朝永（2000）提出的模式，建立闽东南地区农业外资及港澳台资投向的评价模型，分析各地市引资能力，并结合各地主导产业布局与规划方案，提出农业外资及港澳台资投入的导向性决策方案。

1. 指标体系设计

外商及港澳台商对地方农业的投资决策，主要受当地政策、社会与经济发展现状、区位与交通条件、市场运行状况等因素，以及海外华侨华人的故乡情结的影响。因此，讨论某一地对外资及港澳台资的吸引力，需要综合考虑自然、经济与社会各方面的优势。引资能力对外资及港澳台资投入的影响主要体现在：一是地方引资能力强弱决定外资及港澳台资投入的规模，引资能力强则外资及港澳台资投入多，反之亦然；二是引资能力的区际比较决定外资及港澳台资的空间差异格局，吸引力强的地区易形成外资及港澳台资聚集中心；三是引资能力的变化决定外资及港澳台资投入的方向和规模，引资能力持续增强则外资及港澳台资投入增加，外资及港澳台资在空间上极化；引资能力弱化则外资及港澳台资流入减少，甚至倒流，出现扩散转移。

根据上述农业外资及港澳台资利用状况，可将闽东南地区的农业外资及港澳台资投入评价指标体系划分为八个类别，并在类别下再设指标群，共计14个指标（详见表11－13）：

表11－13　闽东南地区农业外资及港澳台资投入引力评价指标体系

目标层	类别	指标群及其含义
农业外资及港澳台资投入引力构成	区位条件	单一指标，利用等级赋值法确定
	交通状况	单一指标，按拥有不同交通运输方式赋值
	开放程度	单一指标，根据地方的外资及港澳台资优惠政策赋值
	经济增长	采用人均GDP、粮食保证率及年平均GDP增长率等三项指标
	人文因素	单一指标，采用地方海外华人华侨数指标
	科技创新	采用万人拥有科技人员数和科技进步贡献率等两项指标
	生态环境	采用人均水资源和水土流失治理率等两项指标
	农业经济	采用百人拥有电话机数、农民纯收入及农业劳动力报酬水平等三项指标

本研究基于1999年的相关统计资料，对闽东南各县、市的农业外资及港澳台资吸引能力进行初步分析与评价。以闽东南37个县、市（含市辖区）为评价单元，采用主成分模型计算各单元对农业外资及港澳台资投入的影响程度和能力。由于引资能力不能以负值表示，所以将评价结果以最小值为基数放大，计算闽东南地区各县、市对农业外资及港澳台资投入的引力评价结果（详见表11－14）：

表11－14 闽东南各地农业引资能力

排序	1	2	3	4	5	6	7	8	9	10	11
地区	福州	泉州	厦门	漳州	福清	晋江	莆田	惠安	龙海	长乐	南安
引力分值	91.86	86.52	63.73	63.30	62.57	61.74	60.87	56.84	55.93	53.23	52.50
排序	12	13	14	15	16	17	18	19	20	21	22
地区	平和	云霄	永泰	石狮	平潭	德化	闽清	闽侯	仙游	永春	漳浦
引力分值	51.03	50.99	49.52	48.02	45.72	43.36	43.20	41.70	36.98	36.54	36.01
排序	23	24	25	26	27	28	29	30	31	32	
地区	同安	东山	诏安	罗源	华安	南靖	安溪	莆田	连江	长泰	
引力分值	35.30	35.18	29.46	29.20	28.93	28.24	23.21	17.20	13.71	9.76	

从表11－14可看出，闽东南各县、市农业外资及港澳台资投入主体仍以大城市为主，大城市引资能力较强，几个省辖市位居引资能力前列；其次，沿海县、市较之内陆县、市引资能力强，这构成了闽东南地区农业外资及港澳台资的空间布局特征，即外资及港澳台资分布与引资能力的空间变化是一致的。

2. 闽东南外资及港澳台资投入状况分析

根据有关统计资料，本研究对闽东南地区的外资及港澳台资投入现状水平进行评价；并在现状利用的基础上，对今后闽东南地区的外资及港澳台资投入潜力进行探讨，以便更好地为外资及港澳台资的投入提供导向性辅助决策分析。

由于此项工作可借鉴的经验和模式较少，因而对闽东南各县、市外资及港澳台资投入的现状分析，主要是参考相关统计资料进行的。评价外资及港澳台资投入现状水平，主要选取了经济外向度及外资及港澳台资投入强度两个指标，其中经济外向度采用出口货物总值占当地GDP的比重来测算，反映了各县、市对外经济贸易的实际水平；外资及港澳台资投入强度则是分摊到每一农业人口的平均外资及港澳台资投入额度。将这两项指标进行标准化处理之后进行加权平均，从而可求出各县、市的外资及港澳台资投入利用水平指数（见表11－15）。

表 11－15　闽东南各地外资及港澳台资投入利用水平指数

地区	福清	长乐	闽侯	连江	罗源	闽清	永泰	平潭	莆田	仙游	石狮	晋江	南安
水平指数	20.46	23.48	11.50	10.66	12.24	9.13	11.33	11.63	10.92	7.98	36.93	23.43	11.63
地区	惠安	安溪	永春	德化	龙海	云霄	漳浦	诏安	长泰	东山	南靖	平和	华安
水平指数	21.87	6.23	7.34	8.39	29.31	18.78	12.88	12.06	14.29	22.54	13.31	6.01	6.69

根据各地利用水平可绘制闽东南地区的农业外资及港澳台资利用水平状况的分布（见图 11－7），从中可以看出闽东南地区外资及港澳台资投入的空间分布状况。

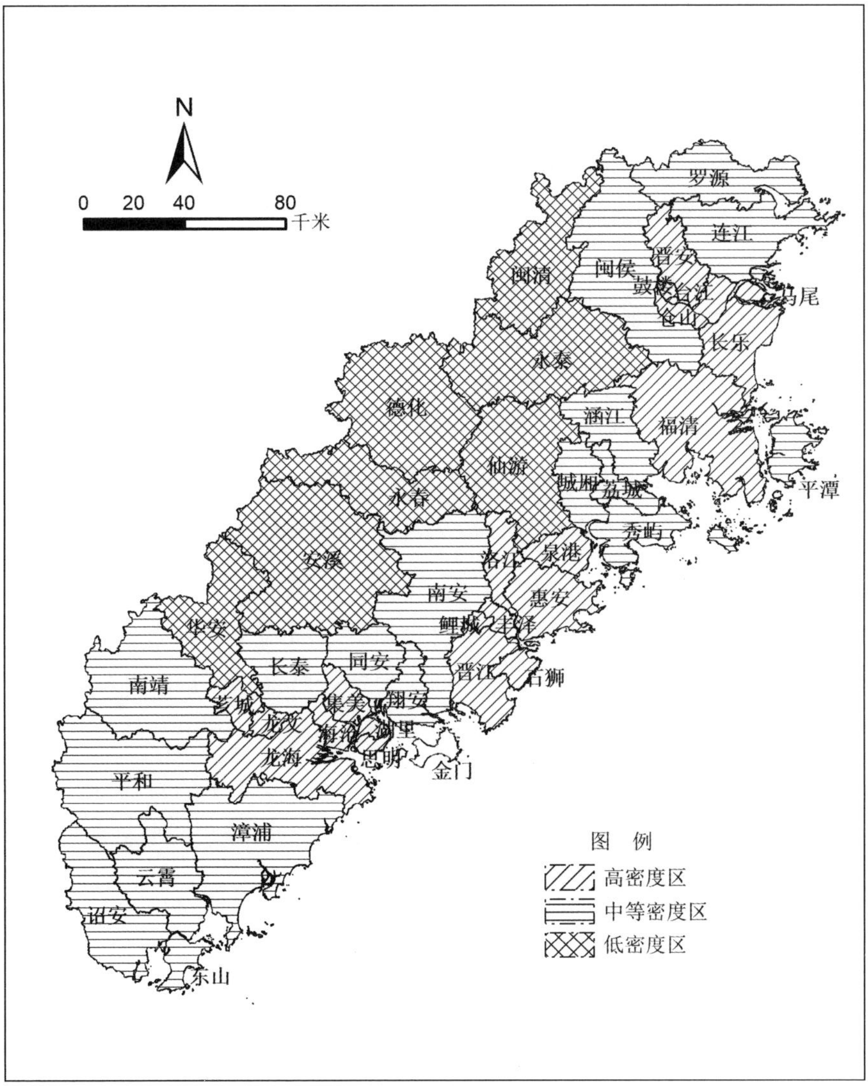

图 11－7　闽东南地区的农业外资及港澳台资投入强度

随着闽东南地区对外开放的日益深化，农业外资及港澳台资投入的不断增加，大城市的农业外资及港澳台资投入水平开始下降，内陆地区和中等城市的外资及港澳台资投入不断增长，农业利用外资及港澳台资出现了扩散的趋势。1995年，闽东南五个地市农业实际利用外资及港澳台资与闽西北的比例关系已经演化为6∶4；漳州市、莆田市已经超过厦门市成为新的农业外资及港澳台资集聚中心，加上闽西北地区农业外资及港澳台资的大量投入，闽东南地区的农业外资及港澳台资利用水平呈现出扩散转移的特点，20世纪90年代初期的大城市指向型特点被弱化。所以，总体而言，闽东南地区农业外资及港澳台资利用的空间格局演化呈从点到面、从集聚到扩散、从非均衡到相对均衡的过程。

【小结】本研究以地理学特色思维为指导，运用基于GIS的系统分析和空间分析等地理学研究方法，对闽东南地区的农业的生产进行综合分析，结果表明：闽东南地区的生态环境十分优越，气候条件、土地适宜性和土地自然生产力水平在福建省内具有较大优势，是福建省最适宜发展特色农业的地区。与此同时，闽东南地区农业结构的合理化程度离理想状态尚有不小的差距，虽然传统的种植业比重呈现下降趋势，但劳动力的投入却一直居高不下，结果造成农业生产效率无法从根本上提高，也影响到农业结构调整，包括农业区域结构、农产品结构和产业结构等不能迅速调适。基于这一认识，本研究建立闽东南地区特色农业分类指标体系，利用层次分析法、主成分分析法及聚类方法对闽东南地区各县、市的特色农业主导产业门类进行划分，应用分类结果，比照现行农业区划，在闽东南地区划分出四类特色农业生产类型，即水果种植业、城郊型设施农业、水产养殖业及茶果菌混合型农业，并分析了各类别的主要产业特征，然后在此基础上编制了闽东南地区特色农业主导产业布局图，为闽东南发展特色农业提供科学依据。本研究还针对闽东南地区发展特色农业过程中发挥了重要作用的农业外资及港澳台资投入开展评价，分析了闽东南各县、市近年来农业外资及港澳台资投入的状况，并利用相应的评价指标，对闽东南各县、市引资能力进行初步分析，由此获得闽东南地区各县、市农业外资及港澳台资投入利用水平状况的空间布局。

第十二章　福建省发展特色农业研究*

农业的健康发展是建立在正确利用自然地理条件和经济社会条件的基础上。要把农业搞好，必须认真研究当地的自然地理条件与经济社会条件。福建省自然地理条件和社会经济条件的最大特点就是区域多样性，即不同地区的自然地理条件和社会经济条件具有明显的差异，这种差异导致不同地区土地利用方式、农作物品种、耕作制度、农业内部结构的不同。因此，福建省必须发展适合当地条件的农业，即特色农业。此外，全球性农产品流通也对福建省农业产生巨大影响，发展特色农业还要考虑福建省特色农产品在市场上的前景。

本研究根据福建省区域差异性的特点，对全省的自然地理条件、经济社会条件、农业土地经营制度、农业产业化等方面进行了系统的分析，首次提出了福建省特色农业布局，为福建省合理利用各地的自然资源和经济社会资源发展特色农业提出了前瞻性的规划。

一、福建省发展特色农业的条件辨析

（一）自然地理条件的区域分异与特色农业

自然地理条件的区域分异对福建省农业土地生产布局、种植结构和种植制度的选择、特色农业的发展等起到关键性作用。要发展福建省特色农业，首先必须尊重自然规律，紧紧抓住福建省的自然地理条件区域分异的特点，发展适合不同自然地理条件的特色农业。不同自然地理区域与发展特色农业的基本关系如下：

---

* 本文摘编自张文开与朱鹤健合著的《福建特色农业研究》，中国农业出版社 2004 年版，有删改。

1. 西部武夷山山地区

本区以山地为主，年降水量丰富，地下水发育，耕地以灌溉水田占绝对优势，但因年平均气温较低，耕地比较适宜种植单季稻。此外，武夷山地区是福建省岩茶的重点产区。

2. 闽中谷地区

本区以丘陵和平原为主，年降水量丰富，地下水发育，耕地以灌溉水田占绝对优势，年平均气温较高，多数耕地适宜种植双季稻，是福建省的粮仓。

3. 闽西南丘陵区

本区以丘陵为主，年降水量丰富，地下水发育，因独特的土壤和气候条件而适宜种植烤烟，是中国优质烤烟生产基地。

4. 鹫峰山—戴云山西北坡山地区

本区以山地为主，年降水量丰富，地下水发育，耕地以灌溉水田占绝对优势。由于位于西北坡而在冬季容易遭受寒流袭击。本区耕地适宜种植单季稻和马铃薯等喜凉农作物。

5. 鹫峰山—戴云山东南坡山地丘陵区

本区以山地和丘陵为主，年降水量丰富，地下水发育，耕地以灌溉水田占绝对优势。年平均气温高于西北坡。区内海拔 500~600m 以下的耕地适宜种植双季稻，海拔 500~600m 以上的耕地适宜种植单季稻。本区是福建省绿茶的重点产区。本区沿海地区是福建省地方特色水果荔枝和龙眼晚熟品种的主产区。

6. 闽东南山地丘陵区

本区以山地和丘陵为主，年降水量丰富，地下水发育，耕地以灌溉水田占优势，但灌溉水田面积的比重从内陆向沿海有所下降。区内海拔 500~600m 以下的耕地适宜种植双季稻，海拔 500~600m 以上的耕地适宜种植单季稻。本区是福建省乌龙茶的重点产区。本区沿海地区是福建省地方特色水果荔枝和龙眼早熟品种的主产区，也是福建省亚热带水果的主产区，水果品种琳琅满目，许多水果在国内外市场享有盛誉。

7. 沿海平原台地区

本区是福建省最平坦的地区，福建省四大平原位于区内。耕地以灌溉水田为主，土壤肥沃，是福建省农业主产区之一。由于海拔低、气温高，土地可以一年三熟。福建省境内所有的农作物在本区都能种植，冬季可以种植喜凉农作物，其他季节可以种植喜温农作物。

8. 半岛岛屿丘陵区

本区是福建省生态环境最脆弱的地区，年平均降水量最少，秋冬季风力强劲，地表水和地下水贫乏，土地贫瘠，天然植被少。本区丘陵坡地的利用不宜发展种植业，而应当以生态修复、保护生态环境为主。

（二）经济和社会条件的区域分异与特色农业

通过对福建省土地资源、城镇分布、交通运输、人口分布等的系统分析研究，得到如下的认识：由于全省不同地区的自然地理条件、区域位置、经济和社会发展历史等的不同，形成了不同区域之间经济和社会条件的差别。这些差别主要表现在：内陆与沿海之间、山区与平原之间、城郊与非城郊地区之间。毫无疑问，如何发展一个地区的特色农业，与该地区的经济和社会条件关系密切。不同区域之间经济和社会条件与特色农业的基本关系如下：

（1）沿海和内陆相比，平原和山区相比，前者农村劳动力人均耕地和园地面积小于后者，所以在沿海地区适宜发展劳动密集型农业。

（2）沿海农村人均收入和生活水平总体上高于内陆农村，前者对农业的投资能力高于后者，所以在沿海地区适宜发展技术密集型农业。

（3）沿海交通运输条件明显优于内陆，所以在沿海地区适宜生产生长期、保鲜期短的，而且单位产值和利润高的，需要快速运输的农产品，如与城市居民日常生活关系密切的蔬菜、瓜果、鲜奶、经济作物产品等。

（4）不同地区居民的消费习惯有所不同，所以对农产品需求的品种、数量也不同。沿海与内陆相比，城市与乡村相比，平原与山区相比，前者对蔬菜、水果、肉类、蛋类、奶类的人均需求大于后者。所以，沿海地区、城郊地区、平原地区的农业生产应当多生产蔬菜、水果、肉类、蛋类、奶类，而在内陆、乡村、山区则以生产粮食为主。

（5）由于区域经济和社会条件的差异，导致不同地区农业土地种植结构差异和农民收入差距。政府应当根据实际情况对部分农产品生产给予适当的扶持，如内陆和山区的耕地以产粮为主，这既是受经济和社会条件的限制，也是为了粮食安全的需要，政府就应当对粮食生产给予扶持。

二、特色农业的集约经营与规模经营

（一）土地集约经营

所谓集约经营，就是在土地上增加物质与劳动投入，以获得耕地的最高报酬。增加物质投入，就是增加肥料、种子、农药、能源、塑料薄膜、机械等的投入，当前特别要加大有机肥的比例。增加劳动投入，就是要加大农业科技投入、加强管理、建立有效快捷的农业信息系统等，当前尤其要加大农业科技投入。

1. 农业投资分析

从现有的耕作方式上看，农业可大致划分为劳动密集型与资本密集型。劳动密集型虽然也投入诸如锄头、犁、箩筐、水井、水渠等劳动工具，但是仍有大量的工作要靠手工完成，因此需要雇佣大量的劳动力。资本密集型以资本代替劳动力，一个劳动力的工作量可以相当于劳动密集型上百人的工作量。资本密集型使用拖拉机犁田、播种，使用飞机或其他机械喷洒农药，用收割机收获庄稼、贮藏仓贮藏农产品等，农业生产过程中的每一步都是自动化。

纵观福建省的农业耕作方式，除了少数农业企业有一定的资本集约经营外，绝大部分个体农户的耕作方式仍然属于劳动密集型。福建省近几年来表现出来的耕地经营效益低，种粮积极性低、耕地撂荒等现象，并不仅仅是管理的问题，还因机械投入、信息投入、科技投入、种子投入、能源投入等不足。以下将农业投资分为机械动力投入、水利投入和其他投入三个方面进行分析。

（1）农业机械动力投入

福建省的农业机械动力投入可以概括为农业基础设施落后，机械化程度低。农业基础设施落后主要表现在农田基本建设投入少，田间道路不畅，水利设施不完备，水浇地成了旱地；机械化程度低表现在农业生产劳动以手工操作为主。

全省农业机械的使用程度如表 12－1 所示。总体上看，全省在农作物的种植过程中，农业机械的使用程度是非常低的。实际调查表明，福建省只有部分土地（主要是耕地）在整地过程使用小型拖拉机，灌溉使用抽水机，脱粒使用人力打稻机外，其余过程如插秧、割稻、除草、施肥施药、旱地的播种管理和收成等一般都是靠人工完成的；在山地丘陵的坡地上，则绝大部分仍然以人工作业为主。

表 12-1 2002 年福建省各地市农业机械拥有量

地区	农作物播种面积（hm^2）	机械拥有量（kw/hm^2）			
		拖拉机配套	种植业机械	农副产品加工	农田基本建设机械
福州市	326420.2	0.735	0.371	0.331	0.067
厦门市	57619.0	1.031	2.629	0.503	0.383
莆田市	144308.2	0.771	0.620	0.576	0.051
泉州市	306089.1	0.997	0.760	0.576	0.080
漳州市	321894.9	0.538	0.889	0.292	0.118
三明市	415047.7	0.482	0.087	0.280	0.032
南平市	429321.6	0.615	0.217	0.447	0.039
宁德市	275174.7	0.568	0.104	0.602	0.015
龙岩市	333973.5	0.584	0.114	0.357	0.053
全　省	2397920	0.711	0.712	0.452	0.069

表 12-1 显示，按播种面积每公顷耕地使用拖拉机配套、种植业机械和农田基本建设机械动力最多的是厦门市，农副产品加工使用机械动力最多的是宁德市。即使使用机械动力最多的市，其拥有量也是微乎其微的，离农业机械化还有很大的差距。

（2）水利投入

“水利是农业的命脉”道出了搞好农业水利对发展农业的重要性。福建省还有 19.13%的耕地得不到有效灌溉，需要靠天吃饭，耕地经济效益无法保证。这部分得不到有效灌溉的旱地主要分布在沿海地区的台地和低丘上。出于各种原因，有些水利设施近几年来甚至逐渐被毁。因此，增加水利投入，是沿海地区搞好特色农业的一项重要措施。

在福建沿海地区，光热资源丰富，只要保证灌溉，耕地生产潜力可以得到大量释放，有些土地单产可以成倍增长。在沿海许多地区，每公顷旱地在天然降水条件下往往只能收获 1500kg 甚至更少的花生果，而在保证灌溉的情况下，其产量可以翻一番。

20 世纪 80 年代后期，国家通过农业综合开发、商品粮基地建设，以工代赈、扶贫等资金渠道，按照项目管理、连片治理原则对部分地区田间灌溉设施续建配套改造，取得了很好的效果，但规模和投入力度远远未能满足需要。

当前，农村水利建设和水利设施的运行遇到的问题众多，影响了农业的发展，包括福建在内的全国许多地方主要存在如下问题：

①产权不清造成水利设施管护责任未落实，工程破损、老化失修，功能效益衰减，无人负责。

②一些灌区管理机构管理不到位，实际上只能“看闸放水”，成了安置人员、养人的地方（冯广志，2004）。

（3）其他投入

表 12－2 示意 1995 年、2000 年、2001 年和 2002 年福建省农业生产投入基本情况，投入特点是：

①机耕地面积比例低，机械播种面积、机械插秧面积和机械收割面积比例极低，几乎都是手工劳动，这是增加生产成本的主要原因。

②化肥施用量方面，近 3 年来氮、磷、钾肥单位面积用量比较稳定，复合肥用量有所增加。据调查，随着化肥施用量不断增加，有机肥施用量却不断减少，有些地方的耕作已经基本上不用农家肥料了。因此，通过施用化肥，耕地单产虽然增加，但实际肥力却在下降。

③旱涝保收面积比重太低，2002 年仅占耕地总面积的 56.75%。

④机电排灌面积比重太低，2002 年仅有 13.96%，而且几年来该比例没有上升。

⑤农药单位面积用量呈上升趋势。农药造成的后遗症不仅表现在食物受到污染，有的农药残留现象严重，也体现在生态平衡受到严重破坏，河湖中鱼虾的数量和品种明显减少，青蛙等益虫数量急剧下降，病毒、病菌和害虫的抗药性却不断增强。虽然高效低毒低残留的农药不断出现并被应用，但是农产品内的农药残留已经成为产品走向世界市场的障碍。因此生物防治等措施应当作为重点运用到农作物病虫害的防治中。

表 12－2 福建省农业生产投入基本情况

年份	耕地面积（10^3hm^2）	播种面积（10^3hm^2）	机耕地面积		机械播种面积		机械插秧		机械收割面积	
			总量（10^3hm^2）	比重（%）	总量（10^3hm^2）	比重（%）	总量（10^3hm^2）	比重（%）	总量（10^3hm^2）	比重（%）
1995	1261.11	2835.09	390.56	30.97	0.26	0.01	0.05	0	3.83	0.14
2000	1187.09	2793.25	405.49	34.16	1.95	0.07	0.69	0.02	18.48	0.66
2001	1172.63	2713.07	424.49	36.2	2.01	0.07	1.03	0.04	23.54	0.87
2002	1160.88	2661.37	429.01	36.96	2.65	0.1	1.08	0.04	26.71	1

续表

年份	氮肥施用量		磷肥施用量		钾肥施用量		复合肥施用量	
	总量（10^4t）	单位用量（kg/hm^2）	总量（10^4t）	单位用量（kg/hm^2）	总量（10^4t）	单位用量（kg/hm^2）	总量（10^4t）	单位用量（kg/hm^2）
1995	51.86	182.92	15.91	56.12	19.05	67.19	18.15	64.02
2000	55.66	199.27	16.83	60.25	23.77	85.1	27.07	96.91
2001	52.09	192	16.09	59.31	23.01	84.81	26.18	96.5
2002	52.14	195.91	16.4	61.62	23.55	88.49	27.82	104.53

年份	有效灌溉面积		旱涝保收面积		机电排灌面积		地膜使用量		农药使用量	
	总量（10^3hm^2）	比重（%）	总量（10^3hm^2）	比重（%）	总量（10^3hm^2）	比重（%）	总量（10^4t）	单位用量（kg/hm^2）	总量（10^4t）	单位用量（kg/hm^2）
1995	936.52	74.26	633.55	50.24	171.93	13.63	0.75	2.65	4.8	16.93
2000	940.18	79.2	623.83	52.55	176.31	14.85	0.98	3.51	5.18	18.54
2001	942.35	80.36	648.07	55.27	170.19	14.51	1.15	4.24	5.28	19.46
2002	938.8	80.87	658.85	56.75	162.07	13.96	1.38	5.19	5.53	20.78

资料来源：福建统计年鉴，2003年。化肥施用量按折纯量计算。单位用量按播种面积计算，指每公顷用的千克数。比重中，机耕地面积、有效灌溉面积、旱涝保收面积、机电排灌面积指其占当年耕地面积的百分比，其他指占当年播种面积的百分比。

2. 集约经营措施

（1）充分认识土地可持续利用的重要性

有些农民对土地的保养认识不清，不在意土地质量的变化将给自己的生产生活带来的影响。所以，应向广大农民宣传保护土地质量和数量、改良土壤、土地可持续利用的重要性，以及土地对子孙后代生存的重要性。

（2）增加机械、信息、科技等方面的投入

福建省土地利用（主要是耕地和园地利用）过程中，劳动力和常规的固定资产投入增加已经不可能明显增加农业产出，而必须增加机械、信息、科技、种子、能源等方面投入，这些正是多年来福建农业生产过程中投入不足的问题。

福建省耕地机械化程度较低，手工劳动方式明显增加农业生产中的劳动成本。在交通不便、人口素质较低、外出务工不方便的地区，耕地仍然不会抛荒，但效益不高，按照2003年的粮食市场价格，种植水稻无法盈利，其他粮食作物或经济作物仅略有盈利（暂不考虑土地质量的变化）。而在沿海地区或经济比较发达的地区，由于耕地生产过程中劳动力成本过高，部分劳动力外出务工，导致部分耕地季节性或常年抛荒。

信息技术的投入是非常必要的，在建设“数字福建”的同时，尤其要重视数字农业的建设，使“数字福建”的建设为发展福建农业服务。要建立农业信息网络，使农民能够方便、及时地了解掌握国内外农业动态，把握农产品出售的最佳时机，选择土地最合时宜的作物种植品种。

要使土地单产增加，农产品质量提高，加大农业科学技术投入刻不容缓。在普及农业科学技术时，还要重视发挥地理学在农业实践中的独特优势。

（二）实行适度规模经营

福建省绝大部分农业土地没有集约经营，主要是因为土地分散，人均经营土地极少，地块小，不利于机械化。要使农业土地得到集约经营，首先必须解决人均经营土地少的问题，即要通过土地使用权流转实行规模经营，提高劳动生产率。

福建省要实现农业可持续发展，必须从土地使用权流转开始，实行土地规模经营，进而才能加大对土地在资本、科技、信息、机械等方面的投入，与此同时，解放农村劳动生产力，使更多的剩余劳动力进入二、三产业。

在 2000 年至 2002 年间，全省农村户均耕地面积和实有劳动力人均耕地面积都呈下降趋势。到 2002 年，福建省每户耕地面积仅有 0.172 hm^2，实有劳动力人均耕地面积仅有 0.091 hm^2（表 12－3），其中经济相对发达的闽东南地区农村每户只有耕地 0.061 hm^2。

表 12－3　福建省耕地经营规模　　单位：hm^2

年份	耕地总面积	户均耕地面积	实有劳动力人均耕地面积
2000	1187096	0.180	0.095
2001	1172634	0.176	0.093
2002	1160876	0.172	0.091

资料来源：《福建统计年鉴》，2003 年。

近几年来，虽然越来越多的农业劳动力进入二、三产业中，但由于福建省二、三产业接纳农村剩余劳动力的能力有限，仍然有相当一部分农村劳动力滞留在农村从事农业生产。2002 年，全省农村劳动力中仅 12.05%进入第二产业工作。分散经营和劳动力人均耕地面积有限、机械化作业推广应用存在困难、农产品生产中劳动力成本过大等使农业生产总成本上升，土地经营经济效益降低。

三、特色农业产业化

农业产业化经营是广大农民在实践过程中创造出来的适应市场经济要求的有效形式，是当前及今后一段时期内农业和农村经济发展的必然选择，对推动我国农业结构实现战略性调整，开辟农业增效、农民增收新途径，提高农业国际竞争力，加快城乡一体化进程等都具有重要的意义。

在发达国家，作为产业的农业已经实现了现代化，不存在农业如何产业化的问题。现代农业生产力有土地、劳动力、资本、科学技术和市场体系等五大要素。人们通常只注意到前三个要素，而忽视科学技术和市场体系这两个关键要素。但是，没有现代科学技术，没有现代农业市场体系，就没有真正意义上的农业产业化，也就没有真正意义上的现代农业生产力。现代农业的实质是农业生产要素组合的高度化，是农业社会劳动生产率的高度化。传统农业中比重最大的要素是劳动力。通过大量劳动力的投入，精耕细作，达到单位面积和总量的高产。我国农业社会劳动生产率不高。列宁早就说过，一个国家农业的好坏，归根到底取决于农业社会劳动生产率。目前我国超小规模的家庭经营方式是农村经济发展缓慢的主要原因。

要办好特色农业，还必须赋予其密集的资本、高新科学技术和有效的市场体系。所以，特色农业产业化是现代农业的重要组成部分。

（一）农业产业化现状

我国加盟农业产业化经营的农户只占农户总数的25%，参加各种专业合作经济组织者仅占农户总数的4%，与发达国家100%的农业产业化相距甚远。1997年2月20日，中共福建省委、福建省人民政府出台的闽委发〔1997〕4号文件《关于加快发展农业产业化的意见》中指出，实行家庭联产承包为主的责任制以来，我省农村经济有了长足的发展。近年来，各地涌现出一大批贸工农一体化、产加销相联结的经营组织，促进了农业产业化的发育，我省农业产业化从总体上看还处于起步阶段，产业化经营规模不大，经营水平和市场化程度不高，发展不平衡，与发达国家和国内先进省、市相比仍有较大差距。

要使农业土地获得高效益，仅靠出售初级农产品是不行的。光靠向加工企业出售农产品，农民无法获得产品加工附加值。二十世纪八九十年代，我国农产品进入国际市场的数量明显增加，国际农产品市场对我国许多农产品需求旺盛，促使具有一定资本的组织介入农业，经营较大规模的土地、生产特色农产品，形成龙头农业企业。也有一些农户，在自身基础上扩大土地经营规模，生产适销对路农产品，形成一定规模的龙头农业企业。

福建省是我国较早实行农业产业化的省份，2000 年全省公布了第一批 6 家农业产业化国家级重点龙头企业，2002 年公布了第二批 8 家农业产业化国家级重点龙头企业。2001 年，重点龙头企业规模扩大，发展实力增强，平均固定资产 2.6 亿元，平均销售收入 7.9 亿元，比 1999 年分别提高了 26.3%和 27.2%。企业与农户利益联结关系也更加紧密，平均带动农户已达 9.9 万户。在监测合格的 137 家企业中，有 121 家设立了专门研发机构，占企业总数的 88%，有 80 家获得国家或省部级科技成果奖，占企业总数的 58%。许多重点龙头企业通过发展订单农业、建立物流配送、开展网络服务等搞活营销，开拓市场能力得到进一步增强。据初步统计，2002 年新认定的第二批国家重点龙头企业平均固定资产 2.5 亿元，销售收入 6.7 亿元，平均每家企业带动农户达 6.4 万户。

2003 年福建省公布了农牧业产业化龙头企业名单，其中福州市 4 家，厦门市 3 家，莆田市 5 家，泉州市 5 家，漳州市 5 家，三明市 5 家，龙岩市 7 家，南平市 7 家，宁德市 8 家，省属 1 家。

漳州市是福建省农业比较发达的地级市，已有较多的农业实验区、农业产业化企业等。2001 年全市有各种农业产业化组织 435 个，固定资产总值 35 亿元，带动农户 38.7 万户（约占全市总户数的 41.78%），形成了国家、省、市、县四级龙头企业群体。2001 年龙头企业销售收入 55.5 亿元，被带动的农户从中增收 5 亿元。在 2003 年前三季度，三明市全市 50 家市级农业龙头企业完成总产值 28.98 亿元，其中 11 家亿元龙头企业完成 22.36 亿元，占 77.2%；实现销售收入 23.95 亿元，其中 11 家亿元龙头企业达 19.15 亿元，占 80%。在上缴税金方面，11 家亿元龙头企业缴纳 1.37 亿元，更是占到了 95%的比例。11 家亿元农业龙头企业也是科技开发的主力军，前三季度，它们投入了 2481 万元的资金，占 50 家市级农业龙头企业投入的 88.4%。此外，在带动农户和带动生产基地方面，亿元龙头企业的作用依然明显。前三季度，它们带动了 18.85 万户的农户，带动 313450hm^2的生产基地，分别占到市级 50 家龙头企业的 62%和 90%。

实践证明，发展农业产业化经营，有利于推进农业结构战略性调整，增加农民收入；有利于推进农业体制创新和科技创新，提高农产品国际竞争力；有利于加快农业市场化进程，提高农民组织化程度；有利于促进农村劳动力转移，加快农村工业化、城镇化进程。同时，农业产业化经营也是在家庭承包经营基础上推进农业现代化的有效途径，是对当前农业土地经营方式的进一步完善和创造性发展。

（二）农业产业化的产品市场定位

鉴于福建省立体式的自然地理条件，特色农产品品种非常丰富。正是这种复杂的自然地理条件，导致特色农产品分布零碎，大规模种植生产及其规模效益难以实现。如何根据福建省省情生产特色农产品，并且发挥土地的最大经济效益，让土地得到可持续利用，使农民的劳动积极性得以充分调动呢？

据福建省农业土地利用的历史，福建省的耕地多年来以种植水稻为主，表 12－4 示意福建省水稻播种面积比重的变化。近 10 年来，福建省粮食作物的种植结构变化不大。

表 12－4　福建省各种粮食作物播种面积占全省播种总面积比重的变化

单位：（%）

年份	稻谷	大小麦	甘薯	马铃薯	杂粮	大豆杂豆
1995	69.71	4.43	13.92	3.30	2.16	6.48
2000	66.85	2.80	15.35	4.84	2.57	7.59
2001	67.02	2.32	15.51	5.01	2.58	7.56
2002	66.43	1.95	15.93	5.24	2.70	7.75

从 2000 年到 2002 年，福建省城镇居民对农产品的消费中，肉类及其制品的人均消费量增长最快，年均增长猪肉为 22.26%，肉制品为 24.25%，禽类为 30.01%，牛羊肉为 12.08%；其次为鲜乳品，达到 11.48%；粮食和油脂类的消费则年均分别下降 5.25%和 5.93%。对全省农民农产品消费分析表明，油脂类、奶和奶制品的消费明显增加，与 2001 年相比，2002 年油脂类人均年消费量增长 18.43%，奶和奶制品增长 45.95%。

搞好农业产业化，就种植业而言，应当弄清以下几个问题：福建省的土地（耕地和园地）种植哪些农作物可以获得最好的经济效益？是否可以改变本省大量购入饲料粮的局面？生产哪些品种的饲料粮？能否优势互补，以福建特色农产品换取本省不具有优势但又大量需求的农产品？

根据福建省的自然地理条件、近几年来的种植实践、农产品消费结构变化的分析，农业产业化中种植业的产品市场定位应当是：

（1）稳定粮食生产，突出饲料粮生产。福建省人均耕地面积少，为保障粮食安全，应当维持一定的粮食播种面积。从多年来的粮食生产与供应看，福建省生产的粮食中，突出问题是饲料粮明显不足和优质口粮不足。这造成了福建省每年需从外地购入大量的饲料粮和优质口粮，而本省农民粮食销售难，同时不得不用稻谷代替饲料，形成粮食供应的结构性不足与过剩并存的现象。从福建省的实际需求和种植实践看，本省所有县（市、区）均可种植玉米，并可获得较好的收成。因此，福建省应当做好以玉米为主的饲料粮生产和优质稻谷生产，缓解对玉米和优质口粮的需求压力，并提高土地利用率和经济效益。

（2）大力发展牧草生产。福建省土地尤其是耕地的牧草产量大大高于北方草原的牧草产量，因此应当把利用荒山草坡生产牧草的注意力转移到利用耕地生产牧草上，采用草田轮作、草果间作等耕作制度，生产牧草，发展饲养业，满足日益增加的乳制品需求和牛、羊肉需求，提高土地利用率和经济效益，使土地利用得到可持续发展。

（3）集中名果生产。福建省生产众多的特色水果，但是市场需求量差别很大。所以，应当集中精力，重点发展鲜果和其加工产品市场需求量大的水果生产，如优质的龙眼、荔枝、枇杷、香蕉、柑橘等，尤其做好产品的保鲜、加工、促销等。

（4）紧紧抓住烤烟和名茶生产。福建省烤烟闻名海内外，特别是闽西、闽西南地区生产的烤烟。如果仅从能否生产和产量看，福建省每个县（市、区）都可以办到，但是产品质量却悬殊。所以，应当重点抓住本省传统烤烟产区的生产，保证用优质产品供应市场，保证对市场的长期占有。福建省是优质茶的著名产地，许多外国人对福建铁观音和优质绿茶赞不绝口。应当加强名茶生产，主要在茶叶质量上狠下功夫。

在产品市场定位的前提下，要调整土地种植结构，实现专门化生产。当前福建省农产品生产还存在着多而全、分散经营的现象，不利于农业产业化经营。一定要重点抓住本省那些市场需求量大、具有本省特色的农产品的生产，并且逐渐形成专门化生产区，才能利于集中管理，方便产业化经营，发挥规模效应。

（三）农业产业化的展望与实现

为了加快发展农业产业化经营，推动农业和农村经济结构的战略性调整，提高农产品市场竞争力，增加农民收入，促进农村小康建设，《关于加快农业产业化经营的意见》(闽委办〔2003〕6号)中对福建省农业产业化经营提出了如下八条意见:(1)深化认识,明确农业产业化经营的目标任务;(2)加快结构调整步伐,夯实农业产业化经营的基础;(3)加快发展壮大龙头企业,突破农业产业化经营的关键环节;(4)推进科技创新,为农业产业化经营提供动力和支撑;(5)扩大对外开放,提高农业产业化经营水平;(6)建立健全利益联结机制,促进农业产业化经营的可持续发展;(7)加大对农业产业化经营的扶持力度;(8)切实加强对发展农业产业化经营的组织领导。

我们可以设想,随着农业产业化经营组织的不断增加、经营规模不断扩大、产品质量不断提高,福建省的农业土地终将被纳入农业产业化经营中,全省将出现各具特色、规模不等、经营方式不同的农业产业化组织。到了那时,现在农户分散经营的土地将集中规模经营,现在的游离式农民,一部分将在农业产业化经营组织中成为农业工人,另一部分将进入二、三产业中。

四、特色农业宏观布局

要发展特色农业,在宏观布局上应当规划专门化生产区。农业生产地区专门化是农业生产社会化、地域高度分工的结果,与自给自足的小农经济相对立。实行农业生产地区专门化,有利于把一定的农业部门和农作物尽可能集中地配置在自然经济条件有利的地区,便于充分发挥机械的效率,有效地提高生产者的生产技术水平,从而大大提高劳动生产率和农产品商品率。专门化生产区域的形成不仅使影响范围扩大、数量提高、规模增加、质量优化成为可能,还促进旅游等行业得到发展,增进了特色农业的水平分工;发展到一定程度后,形成既有垂直分工又有水平分工的混合分工。

农产品生产从区域上可以分为最适宜区、适宜区和不适宜区。不同地区生产的同一种农产品具有产量不同、品质不同的特点。某一种特色农产品生产出来以后,还存在着总产量的多少、市场消化能力等问题。产量多了,可能供大于求,单价急剧下降,生产成本大于产值,如2004年的荔枝就是如此,地头收购价最低至0.4元/kg。面积少、产量低,又无法形成规模效益。所以,要发展福建省特色农业,从全省范围看,也应当在某种农作物最适宜区和适宜区形成专门生产区,发展长期、稳定、需求量大的规模特色农产品生产。

（一）农业专门生产区划分原则

农业土地生产专门化是发展现代农业的重要组成部分。世界上许多国家或地区特别是发达国家或地区在农业土地利用上形成了区域专门化的特点，如美国的玉米、小麦、大豆、棉花等专门生产区，德国的葡萄专门生产区，我国新疆的棉花生产区、东北和其他地区的小麦、大豆生产区等。

福建省在长期的农业生产实践中，已经形成了闽东南地区的荔枝、龙眼生产区，莆田的枇杷生产区、闽南的乌龙茶生产区、闽东的绿茶生产区、永定的烤烟生产区，以及闽中的稻谷生产区等。为了适应中国加入世界贸易组织后全球农业新形势，使福建省农产品能够有效占领国内外市场，农业土地得到可持续利用，应当综合福建自然条件的合理性、社会经济条件的合理性等方面考虑，调整和建立农业专门生产区。

福建省专门生产区的划分原则是：

一、区域差异原则。该原则遵循不同地区自然地理条件和社会经济条件各异，农业专门生产区类型不同的原理。如闽南地区的自然条件适合乌龙茶生产，应为乌龙茶专门生产区；沿海地区的社会经济条件比较发达，耕地利用以综合开发为主，内陆以生产粮食为主等。

二、种类混合原则。一个专门区内可能以一种或若干种农作物为主，如水稻—牧草轮作系统，这种系统既可提高土地经济效益，也可改良土壤。

三、传统特色原则。专门生产区内的农产品生产应以当地传统特色农产品为主，如作为闽西南地区传统特色农产品，烤烟虽然也可在沿海地区种植生产，但质量稍逊，因此不宜在沿海地区划分出烤烟生产区。

四、粮食安全原则。粮食是战略性农产品，要保证本省生产的粮食具有一定的安全系数，就必须安排一定数量的耕地生产粮食，如闽中谷地粮食生产区。

五、市场导向原则。农业专门生产区内农产品生产应随着市场需求的变化而进行比例结构调整。这种调整应主要在一年生的粮食作物和经济作物中进行，而不宜在多年生的园地植物中进行。

六、分区重叠原则。同一用途的土地由于同时适宜多种地方特色农产品生产，因此会出现不同生产区重叠现象，如沿海地区的荔枝、龙眼、香蕉、枇杷生产区等具有重叠特征。

（二）专门生产区类型

综合上述原则，所划分的福建省农业生产区见表 12-5。

表 12-5 福建省农业生产区及其分布

一级区	二级区
以粮食为主的生产区	闽中谷地双季稻—牧草生产区 西部武夷山单—双季稻生产区 鹫峰山—戴云山西北坡山地水稻—马铃薯生产区 鹫峰山—戴云山东南坡山地丘陵马铃薯—水稻生产区 闽东南山地及沿海丘陵粮—经—草生产区 沿海平原—台地农业综合生产区
以水果为主的生产区	沿海荔枝、龙眼、香蕉、枇杷生产区 柑橘生产区
茶叶生产区	闽南—闽中乌龙茶生产区 闽东绿毛茶生产区 闽北乌龙茶生产区
牧草生产区	闽东南沿海牧草区 闽东南低丘陵台地果—牧—草生产区 内陆牧草区
烤烟生产区	闽西南丘陵烤烟生产区

（三）特色农业专门生产区分布规律

福建省农产品专门化生产区的空间布局具有一定的规律，它受自然条件、经济和社会条件、农作物种植历史等影响，总体规律是：

一、内陆农业土地以粮食生产为主，沿海农业土地以多种经营为主；二、特色水果、烤烟、茶叶具有特定的生产区，如闽东南地区以生产亚热带水果为主，闽东南、闽东和闽北生产各具特色的茶叶，闽西南以生产烤烟为主；三、虽然有的特色农作物可以在全省各地种植，但它一般有最适宜区和一般适宜区，不同地区生产的农产品可能产量没有区别，但是质量不同，效益有所差别，所以扩大某种特色农作物的种植面积必须慎重，否则将因种植面积过大、质量水平不齐导致劣质产品而失去市场，也使优质产品受到影响。

（四）特色农业专门生产区

1. 以粮食为主的生产区

现代农业发达国家的种植业结构特征是饲料作物面积占农业耕地面积的 70% 以上，饲料作物、经济作物、粮食作物种植等构成三大产业。而福建省种植业由粮食作物和经济作物种植等两大产业构成，且主要是粮食作物，粮食作物又以水稻为主。福建粮食生产区的分布见图 12－1。

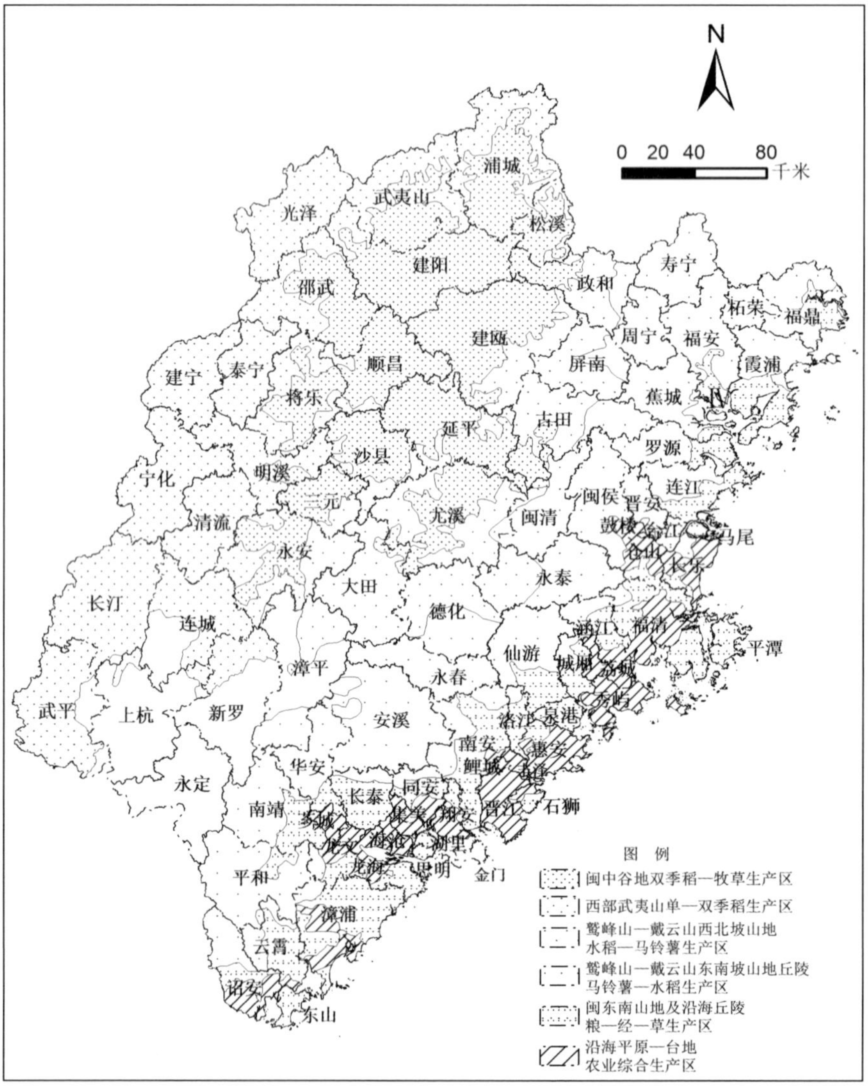

图 12－1 福建省粮食生产区的分布

由于福建省玉米单产（2002 年达到 5250kg/hm^2）明显低于我国北方玉米单产（可达 11250kg/hm^{2}以上），以及其他原因，福建省玉米播种面积一直低于水稻、甘薯、马铃薯等粮食作物的播种面积。在下列以粮食为主的生产区内，虽然没有提到玉米，但是可以根据各地市场行情发展玉米生产，以玉米代替水稻。

①闽中谷地双季稻—牧草生产区

本区位于闽中谷地区，包括建阳、建瓯、南平、顺昌、沙县的绝大部分，浦城、松溪、武夷山、邵武、将乐、三明、尤溪的部分，大田、明溪、古田的小部分，其周围均为海拔 400m 以上的山地丘陵。

本区耕地以水田为主，各县水田占耕地面积的比重均超过 90%。本区耕地利用除了实行福建省农业发展战略目标——粮食安全，以种植粮食作物生产粮食外，另一耕地利用的重点方向是种植牧草，发展奶牛业。可以采取两种方式提高土地经济效益：利用冬闲田种植牧草，实行草田轮作，发展养牛业；利用部分耕地种植多年生牧草，发展奶牛和肉牛饲养，改善居民食品结构。

②西部武夷山单—双季稻生产区

本区范围与地貌分区西部武夷山山地区相同，分布在武夷山脉和玳瑁山海拔 400m 以上地区，包括光泽县、建宁县、泰宁县、宁化县、清流县、长汀县全部，武平县大部分，浦城县、武夷山市、邵武市、将乐县、明溪县、永安市、连城县、龙岩市的一部分，松溪、建阳、沙县、上杭的小部分。区内地下水丰富，耕地主要为水田。由于地形陡峭，耕地以山垄田和梯田为主，仅少量山间盆地和河谷两岸分布平洋田。本区梯田面积占了耕地面积的较大比重，这些梯田的明显特点就是因山坡坡度较大（一般在 10° 以上），面积小（许多耕地称“斗笠丘”“眉毛丘”），很难进行机械化作业。山垄田的显著特点之一则是地下水位浅，许多水田成为“冷烂田”，产量低。区内灌溉水田大宗农作物主要为水稻，海拔 500m 以下地区采取早、中熟搭配适宜种植双季稻，海拔 500m 以上只宜种植单季稻。

③鹫峰山—戴云山西北坡山地水稻—马铃薯生产区

本区位于鹫峰山—戴云山西北坡山地区，包括大田县全部，古田县绝大部分，政和县、屏南县的大部分，永春县、德化县、尤溪县的部分，建瓯市、梅列区、永安市、漳平市的小部分。本区降水量明显少于东南坡相同海拔地区的降水量。如位于本区的大田县年降水量为 1566mm，古田县为 1618mm，政和县为 1624mm，位于鹫峰山和戴云山东南坡的寿宁县为 1909mm，屏南县为 1828mm，德化县为1763mm。本区耕地以灌溉水田为主，水田以山垅田和梯田为主。

本区地表水和地下水均较充足且高海拔地区气温较低，适宜种植马铃薯。区内灌溉水田可以实行水稻—马铃薯轮作制度，以便改良土壤，提高耕地经济效益。

④鹫峰山—戴云山东南坡山地丘陵马铃薯—水稻生产区

本区包括鹫峰山—戴云山东南坡山地丘陵区和闽东南山地丘陵区的部分，其西部边界与鹫峰山—戴云山东南坡山地丘陵区和闽东南山地丘陵区的边界重合；东部因海拔250m以下的丘陵地区风化壳厚，易产生水土流失，耕地利用方式与海拔250m以上地区有所不同，所以东部以海拔250m为界，范围小于上述两区。

本区面向台湾海峡，受地形雨和台风雨的影响明显，自东南沿海地区向西北的丘陵山地，随着海拔升高，降水量逐渐增加。沿海地区的年降水量福鼎市为1663mm，霞浦县为1370mm，罗源县为1621mm，城厢区为1323mm；在鹫峰山上的年降水量寿宁县为1909mm，屏南县为1828mm；戴云山上的年降水量德化县为1763mm。

本区地貌、气候、水分等自然条件适合马铃薯生长，是福建省马铃薯的主要产区。根据本区的自然条件和耕地利用历史，可以实行马铃薯—水稻轮作制度，提高耕地经济效益。

⑤闽东南山地及沿海丘陵粮—经—草生产区

本区与其西面的鹫峰山—戴云山东南坡山地丘陵马铃薯—水稻生产区以海拔250m为界，东面直到沿海半岛和岛屿地区（不含沿海平原—台地区），从北面的闽东地区到南面的闽南地区，包括地貌分区中的半岛岛屿区、闽东南山地丘陵区的一部分、鹫峰—戴云山东南坡山地丘陵区的一部分。从耕地分布的地貌看，山区水田在耕地中的比重大于沿海县（市、区）。在本区西部，耕地以水稻种植为主，在东部尤其是半岛岛屿上，耕地以种植花生和甘薯为主。

在本区的闽南沿海花岗岩丘陵风化地区，风化壳厚（可达到10m以上），风化产物疏松，长期以来是福建省水土流失相对严重的地区。近十几年来，通过种果套种草，有效治理了水土流失，取得了很好的效果。但是果树间种的草已经逐渐被杂草所替代。因此，本区在种好果树的同时，应积极采取牧草替换杂草的方式，实现果—草—牧的良性循环，优化土地利用。

⑥沿海平原—台地农业综合生产区

本区位于沿海平原台地区，是福建省最平坦的地区，总体海拔最低，大部分地区海拔低于 50m。本区光温资源丰富，可以一年三熟，稻谷可以两季晚熟。在平原地区，地势平坦，河流纵横交错，地下水位浅，土层深厚，肥力高，加上农业生态气候条件好，是福建省最主要的农业高产区。

本区是福建省经济最发达地区，尤其是闽东南地区。本区具有以下特点：城镇人口比重大，对农产品如蔬菜、奶类、肉类、水果、油脂的人均需求量均大于其他地区；工业集中、交通网络密集，土地价格高于其他地区；农村劳动力人均耕地和园地较少，有更多的剩余劳动力；农民大量外出务工，较多农田撂荒，区内有大量冬闲田，有些村冬闲田面积占比过半；近年来居民食物结构逐渐发生了变化，主食由以大米—面粉为主向大米—面粉—牛奶转变。

福建省 9 座地级市有 6 座分布在本区，其中包括福州和厦门 2 座大城市。应当围绕这些城市，大力发展城郊设施农业，加大设施投入，加强农村与城市的商品流、信息流、资金流和人才流的整合，大力发展节地型花卉园艺和水果蔬菜种植，充分发挥农业的休闲与教育功能。

所以，应当根据本区的自然地理条件、社会和经济发展条件，把本区建设成为农业综合开发区，利用耕地发展蔬菜、经济作物种植，利用冬季闲置耕地种植牧草，实行草田轮作，发展奶牛业。

2. 以水果为主的生产区

福建省地处南亚热带和中亚热带，又因地形高低起伏大，水果品种十分丰富。从经济效益和供应市场看，水果生产需要规模化，要抓大宗特色产品生产。在福建省，大宗的地方特色水果主要是荔枝、龙眼、香蕉、枇杷、柑橘等。

①荔枝生产区

长期以来的实践表明，福建省荔枝适宜生长在沿海地区。年平均气温的高低会影响到荔枝果实的成熟期。划分荔枝生产区，首先根据荔枝生长对气温的要求，把沿海年均气温小于 20℃的地区划分为晚熟荔枝生产区，大于 20℃的地区划分为早熟荔枝生产区。福清市及其以北的县（市、区）为晚熟荔枝生产区，以南则为早熟荔枝生产区。

荔枝单产显示当地自然条件对荔枝生长的适宜情况，荔枝种植面积占土地总面积的百分比说明荔枝的种植规模，两者都可用来表示该地荔枝的发展状况，并作为今后荔枝生产区的布局依据，但是无法确定哪个因子的影响更大，所以采用模糊数学原理，取单产标准化值和面积百分比标准化值之和作为衡量荔枝生产区的依据，划分荔枝生产区。

根据各县（市、区）标准化值之间的关系，选两突变值分别作为早熟荔枝生产区与早熟荔枝主生产区、晚熟荔枝生产区的界线，这样可将福建省荔枝生产区分为3个区，即早熟荔枝主生产区、早熟荔枝生产区、晚熟荔枝生产区（图12－2）。

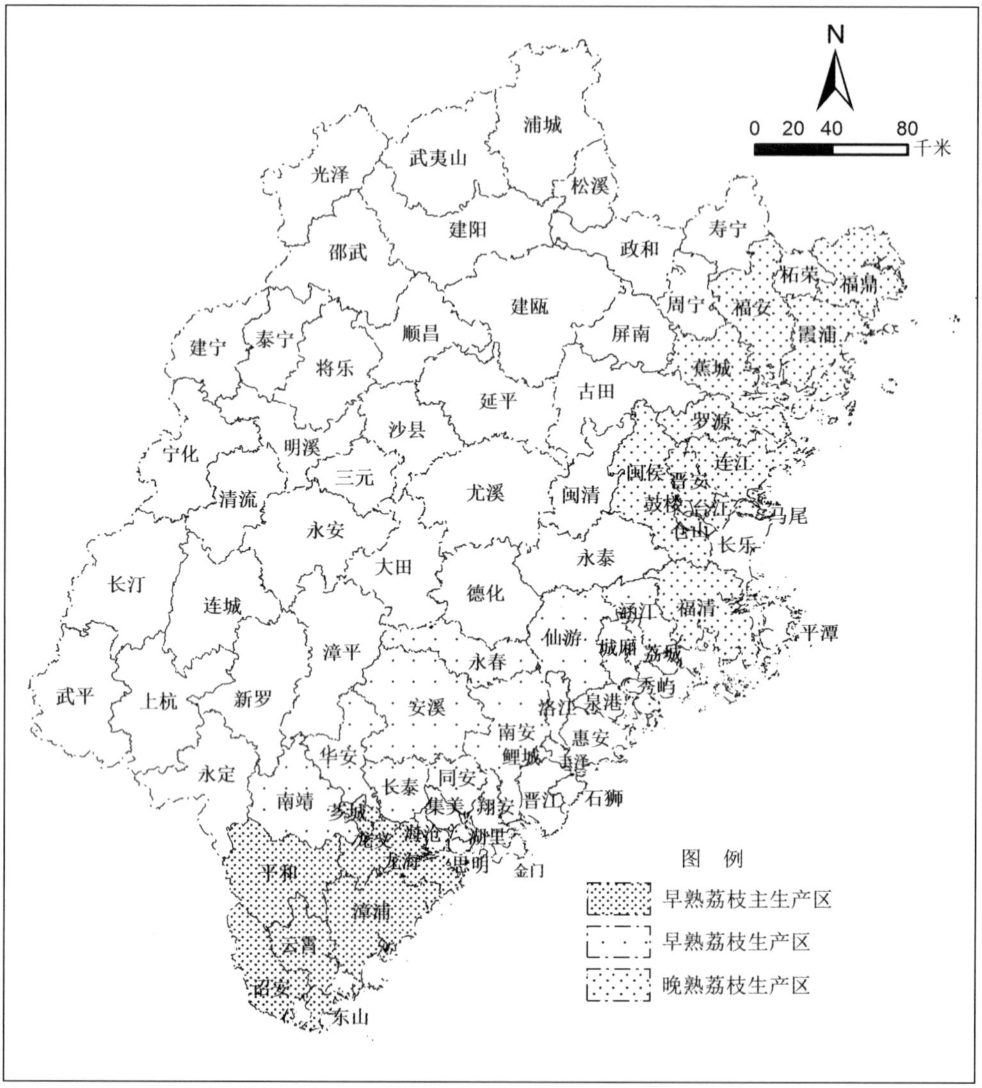

图12－2　福建省荔枝生产区的分布

②龙眼生产区

福建省龙眼的分布范围与荔枝基本相似。同荔枝生产区的划分相同，首先以年平均气温20℃为界，划分出早熟龙眼生产区和晚熟龙眼生产区，再取单产标准化值和面积百分比标准化值之和作为衡量龙眼主生产区的依据。福建省龙眼生产区的分布见图12－3。

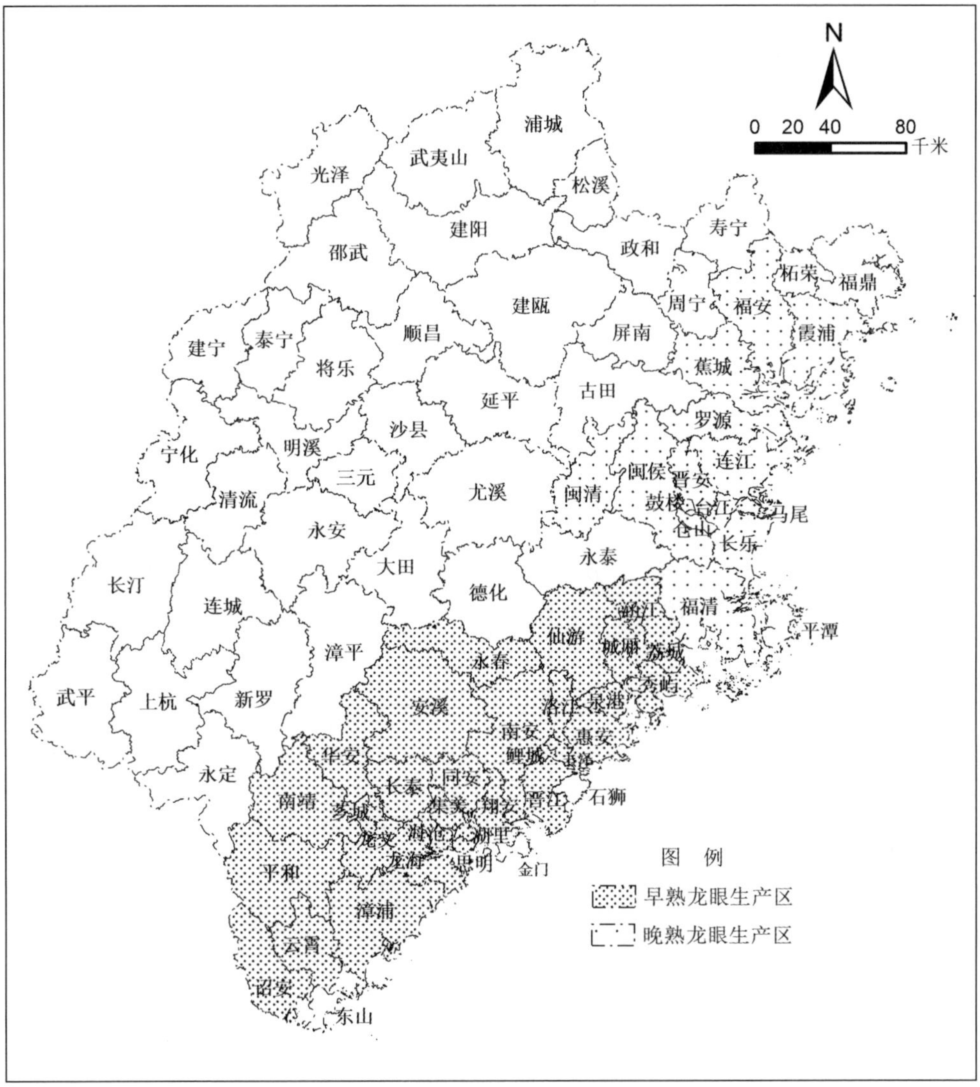

图 12－3　福建省龙眼生产区的分布

福建省龙眼生产区主要分布在沿海地区，区内愈往南部自然条件愈适合龙眼的生长发育。福清市及其以北县（市、区）的自然条件比较适合晚熟龙眼生长，所以划分为晚熟龙眼生产区；以南县（市、区）则因自然条件使龙眼比较早熟，所以划分为早熟龙眼生产区。

③香蕉生产区

香蕉生产与气候关系密切。福建省除了三明市和南平市的大部分县（市、区）由于冬季霜冻易使香蕉发生冻害而几乎不种香蕉外，其他 7 个地级市的大部分县（市、区）都可以种植香蕉，但是香蕉的主要种植区分布于闽南地区。选取 1 月平均气温、10℃稳定期积温、年平均气温等香蕉生态区域区划的气候指标，并根据闽南地区香蕉实际生产历史与现状进行综合考虑，划分出香蕉适宜区和次适宜区，具体的生产区划分见图 12－4。

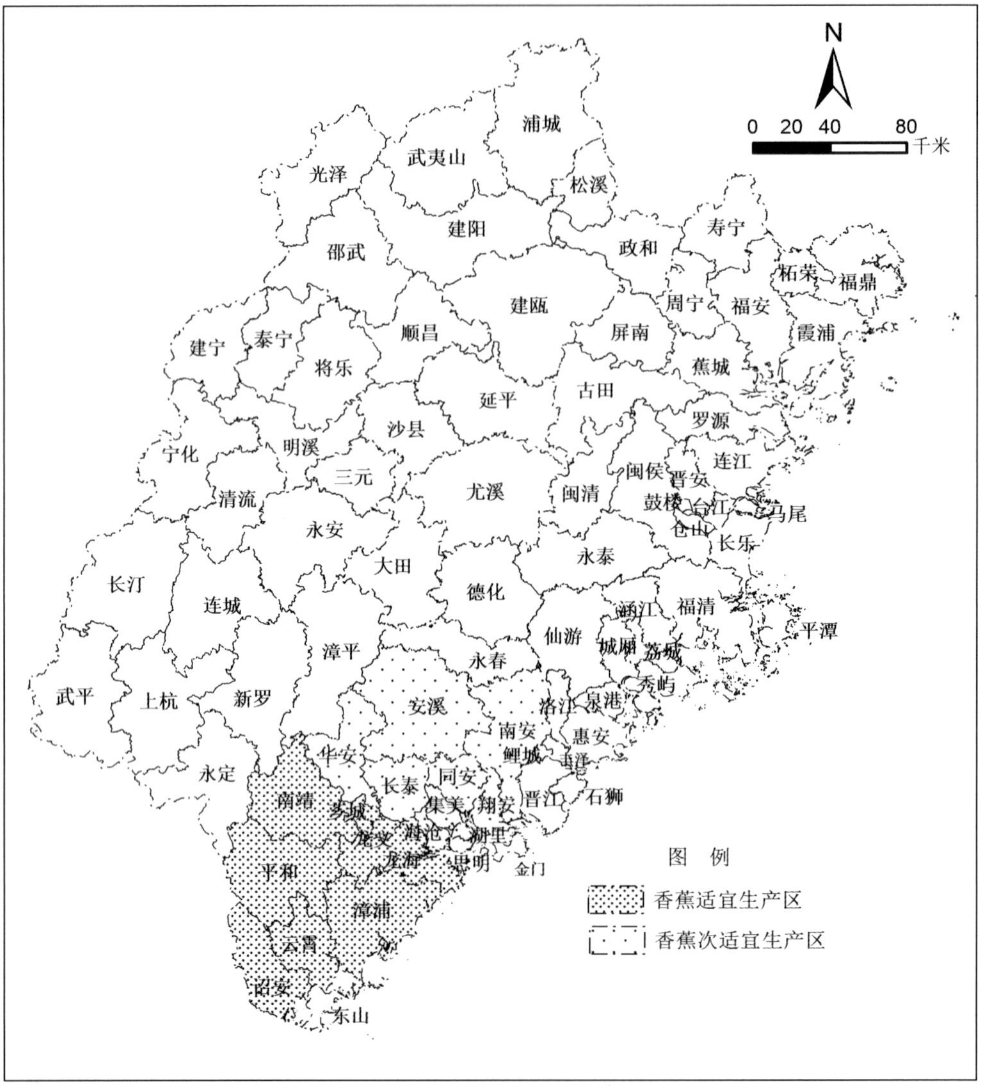

图 12－4 福建省香蕉生产区的分布

漳州天宝香蕉和平和坂仔香蕉是福建省著名的香蕉，二者驰名国内外。应当重点巩固以漳州天宝和坂仔为中心的香蕉生产，保证香蕉的质量。在扩大香蕉种植面积时，一定要慎重考虑，不可盲目扩大。

④枇杷生产区

根据各县（市、区）枇杷单产标准化值和种植面积占土地面积百分比的标准化值之和，福建省枇杷生产区分布在福建沿海地区及闽中谷地的南平市辖区和建瓯市。考虑到枇杷生产历史、产品质量等，福建省枇杷生产区划分为主生产区和生产区，见图 12－5。

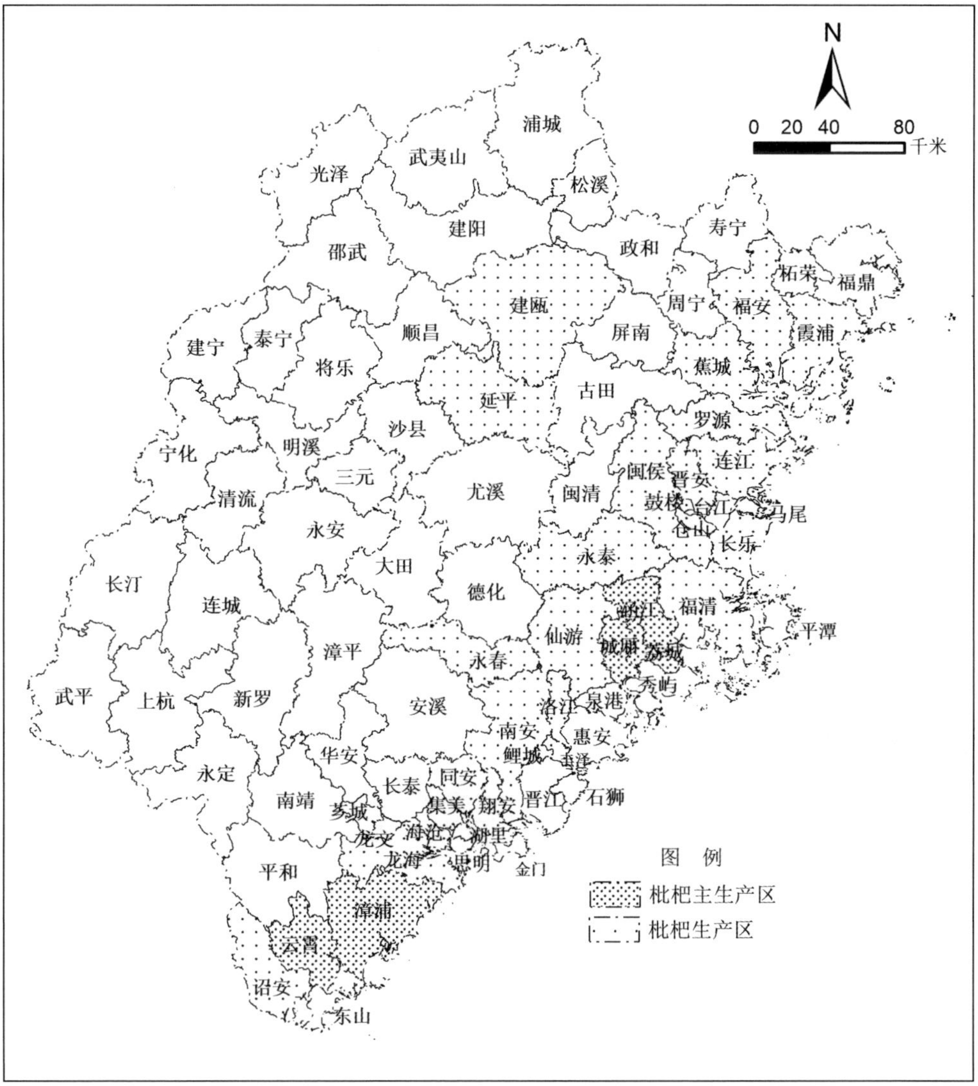

图 12－5　福建省枇杷生产区的分布

⑤柑橘生产区

柑橘是福建省种植面积最大的水果，2002 年全省人均种植面积为 0.016hm^2（0.24 亩），但是经济效益不佳，甚至出现过无人采摘的情况。因此，在今后的柑橘种植中，除了进行品种结构调整、提高产品质量、搞好营销外，还要规划好专门生产区。从全省范围看，除了闽中谷地以生产粮食为主，沿海半岛岛屿地区因气候比较干旱、秋冬风力强劲不宜种植柑橘，沿海平原台地进行综合农业开发，建宁县、屏南县、周宁县、寿宁县、柘荣县等山区县气温较低不宜种植柑橘，诏安县和云霄县优先发展其他水果外，其他县（市、区）都可以规划为柑橘生产区（见图 12 - 6）。由于柑橘在我国南方地区分布广泛，特别是橘类，本省产品与外省产品竞争激烈，所以应当重点发展具有福建省地方特色的柑、柚、橙等水果的生产。

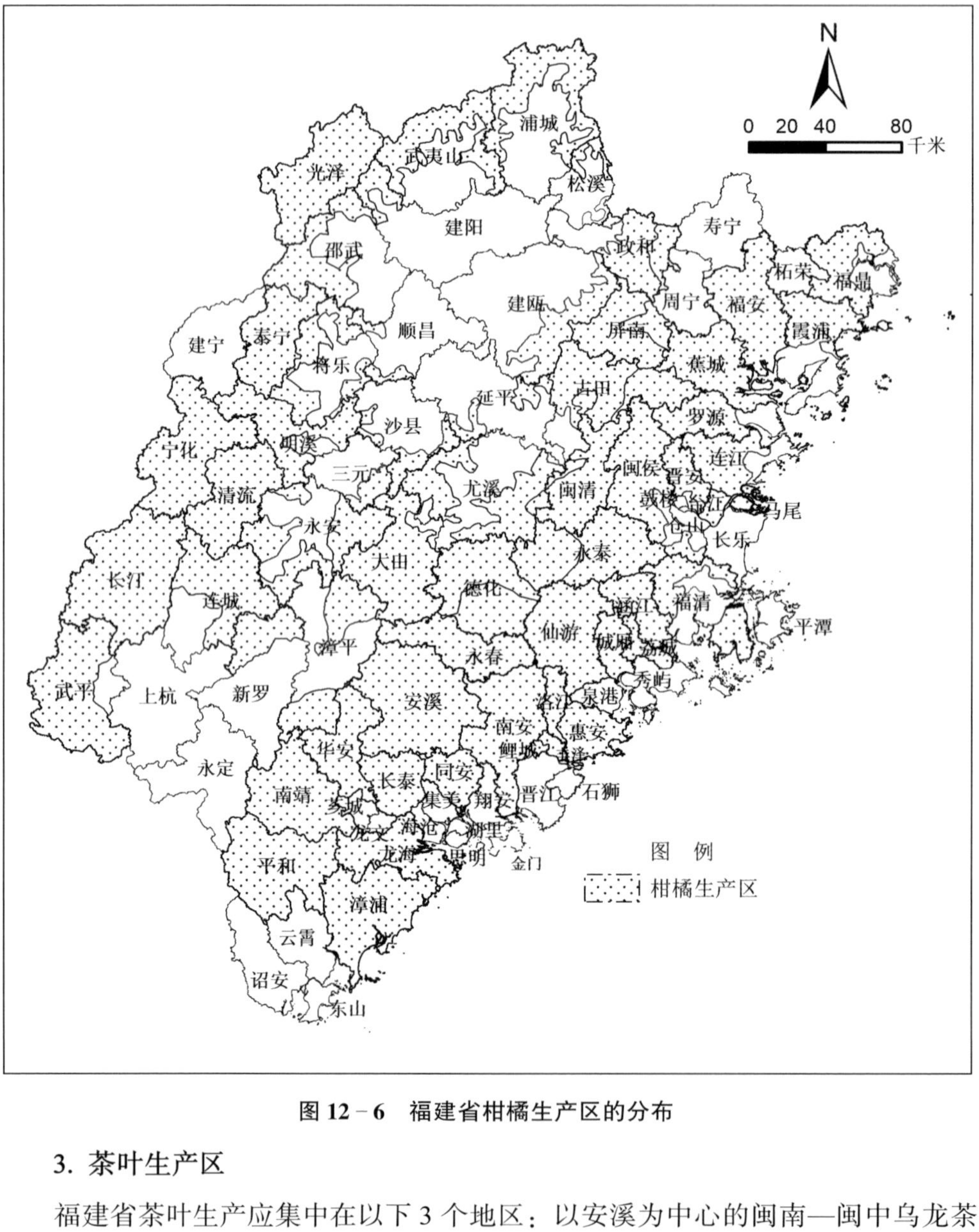

图 12 - 6　福建省柑橘生产区的分布

3. 茶叶生产区

福建省茶叶生产应集中在以下 3 个地区：以安溪为中心的闽南—闽中乌龙茶生产区、以福安为中心的闽东绿毛茶生产区、闽北乌龙茶生产区，见图 12 - 7。

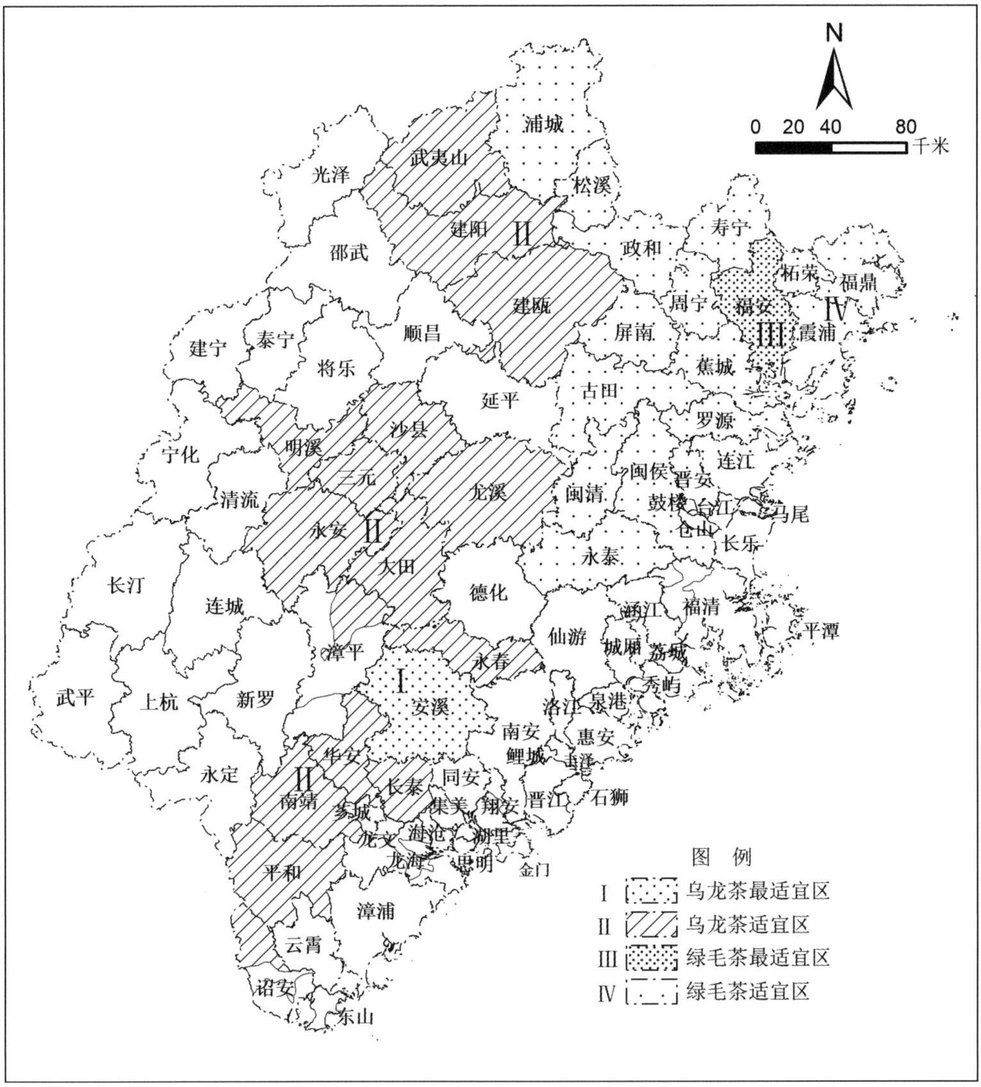

图 12－7　福建省茶叶生产区的分布

①闽南—闽中乌龙茶生产区

包括闽南的安溪县、华安县、南靖县、长泰县、平和县、诏安县和闽中的尤溪县、大田县、永春县，以及闽西的明溪县、永安市、三明市辖区、沙县等。其中安溪县是乌龙茶最适宜的生产区，2002 年茶叶产量占全省总产量的 31.15%。安溪县地处戴云山东南坡，是我国最大的乌龙茶主产区、福建省乌龙茶出口基地县，1995 年被命名为“中国乌龙茶（名茶）之乡”。全县大于 10℃活动积温 7128℃，年降水量 1588mm。气候温和，山区雾日多。山地面积在 $22\times10^4hm^2$ 以上，占总面积 63%。本区多发育酸性岩浆岩风化形成的土壤。独特的土壤、气候条件十分适宜茶树的生长，是名茶铁观音、黄金桂的发源地。

②闽东绿毛茶生产区

包括闽东的福安市、福鼎市、柘荣县、寿宁县、周宁县、霞浦县、屏南县、古田县、宁德市辖区，闽东南北部的福州市辖区、罗源县、闽清县、永泰县，闽北的浦城县、松溪县、政和县等。福安市、福鼎市、柘荣县、周宁县、霞浦县是绿毛茶最适宜生产区，2002 年总产量占全省总产量的 47.66%。本区仍然应以种植著名福鼎大白茶、福鼎大毫茶、福安大白茶、政和大白茶等为主，根据市场需求可以调整绿茶、白茶的生产比例。

③闽北乌龙茶生产区

包括闽北的武夷山市、建阳市、建瓯市。区内主要种植乌龙茶中的珍品武夷岩茶，尤其是岩茶中的大红袍素负盛名，乃岩茶之王。应当继续利用本区土壤土质疏松、腐殖质量高、酸度适宜，雨量充沛、山间云雾弥漫、冬暖夏凉的自然条件，种植适合当地的岩茶。

4. 牧草生产区

（1）发展牧草生产的可能性

现代农业发达国家的食品工业原料结构特征是 80%来自畜牧业，也就是来自奶、肉、蛋，只有 15%来自水果和蔬菜，5%直接来自谷物。在现代农业的种植业当中，人工牧草是主要的。在发达国家，人工牧草的播种面积占发达国家的农业播种面积的比重远远超过经济作物，更超过粮食作物。世界上现代农业发达的国家人工牧草的种植面积都在耕地面积的 60%以上，种草最少的是美国，人工牧草面积占全国耕地总面积的 45%，荷兰、法国、德国、英国种草面积的比重都在 60%以上。

种植牧草养牛的经济效益大于种植粮食作物。如种植一亩苜蓿比种植粮食作物增产蛋白质 70kg，相当于增产谷物 820kg，节省耕地 1.03 亩，一亩地年产苜蓿干草 900kg，正好是一头奶牛日喂苜蓿干草 2.5kg 每年的总需求量。一头奶牛日喂苜蓿干草 2.5kg，每年可增产牛奶 600kg，增产乳蛋白 19.8kg，节省饲料粗蛋白质 66kg，相当于节省谷物 776.5kg，节省耕地 0.97 亩。两项合计，种植一亩苜蓿养一头牛，可增产或节约饲料粗蛋白质 136kg，相当于节省、增产谷物 1596.5kg，节省耕地 2 亩，净增经济效益 1197.375 元（按 0.75 元/kg）；增产牛奶 600kg，净增经济效益 1200 元（按 2 元/kg），合计净增效益 2400 元（周禾等，2004）。福建省气候资源丰富，耕地冬闲田多，有条件扩大牧草种植面积并加快乳业的发展。

（2）人工牧草布局

种植牧草，既可以利用山地丘陵坡地，也可以利用平原台地上的平地，特别是冬闲田。福建省常有大雨和暴雨，山坡地多见裸露岩石，坡面多侵蚀沟谷，种草效果不明显。平原地区土层深厚肥沃，可以种植牧草发展奶牛业。所以，福建省牧草适宜集中种于沿海平原—台地草田轮作区、闽东南低丘陵果—牧—草生产区，以及闽中谷地草田轮作区（见图 12－8）。

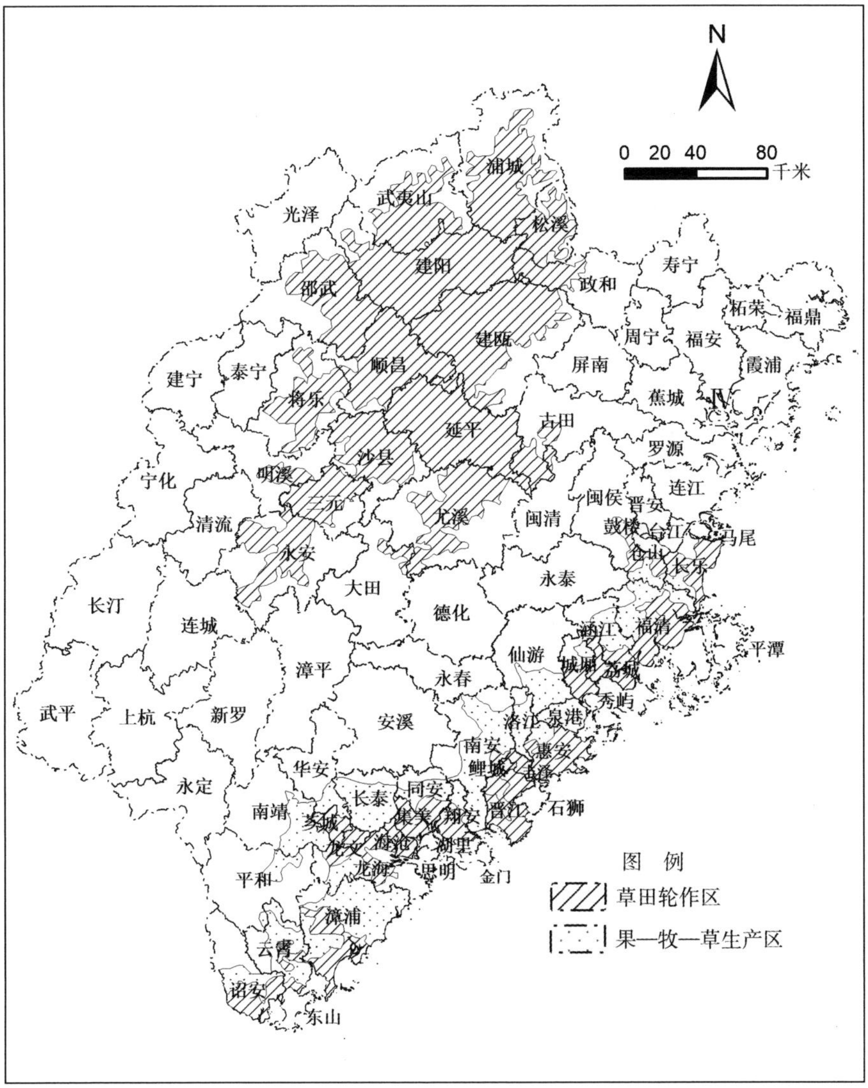

图 12－8　福建省牧草生产区的分布

①沿海平原—台地草田轮作区

种植牧草可以采取草田轮作制度和多年生牧草制度两种。第一，草田轮作制度种植牧草，首先是讲求高效。区内分布着福建省最大的四大平原和最肥沃的灌溉水田等，光、热、水资源丰富，植物生产量大，非常有利于各种植物生长。在本区平原地区，农作物可以一年三熟，因此采用草田轮作，既可解决冬闲田问题，又可明显增加经济和生态效益。

根据在闽南地区所开展的实验的有关研究资料，草田轮作比较成熟的系统有两个：水稻—绿肥系统和水稻—黑麦草系统。水稻—绿肥系统多年前在福建省某些地区施行过，当时利用耕地在冬季种植紫云英作为绿肥改善土壤，现已很少采用这种系统。在当前新的农业生产形势下，水稻—绿肥系统具有新的内涵。在福建省沿海地区，本系统可以采用早稻—晚稻—绿肥系统、早稻—经济作物（如花生）—绿肥系统等，其中绿肥主要包括紫云英、毛苕子、光叶苕子、箭筈豌豆、金花菜、豌豆和蚕豆等。鲜草量一般为 15～60t/hm^2。由于“过腹还田”经济效益高，越来越多的种植者把绿肥作为牧草，收获茎叶用于饲喂畜禽（周禾等，2004）。水稻—黑麦草系统在福建沿海地区可以一年三季，有早稻—晚稻—黑麦草系统、早稻—经济作物（如花生）—黑麦草系统等。一年生黑麦草生长迅速，再生性好，适合饲喂畜禽，在 4 个月的生长期内可割草 4 次左右，产鲜草 60t/hm^2 以上。草田轮作利用本区剩余劳动力和冬闲田资源，实现农业从二元种植结构“粮—经”向三元种植结构“粮—经—饲”的良性循环转变。

第二，多年生牧草制度，福建省沿海地区可以利用部分优质耕地种植多年生牧草。从种植实验看，象草比较适合在本区生长，此外在旱地上也可实验种植柱花草等。象草是适温性牧草，现已遍及我国南方各省，成为主要的收割型栽培牧草。10℃以下象草生长受到抑制，25～35℃时生长迅速，在福建省南部和沿海一带能够自然越冬。象草对土壤要求不高，能够适应各种土壤，但以土层深厚、肥沃疏松的平原耕地土壤最为适宜。

象草在福建省南部种植，产量高，供草时间长，收割次数多，奶牛对其十分喜爱。一年可收割 4 次以上，亩产鲜草 10 t 以上。象草蛋白质含量和消化率均高，优于其他热带禾本科牧草（刘金祥，2004）。在闽东南地区尤其是闽南地区，应当调整一部分耕地种植象草等优良牧草，发展奶牛业。

②闽东南低丘陵果—牧—草生产区

位于闽东南低丘台地区，是福建省水土流失比较严重的地区。为了更好地利用丘陵坡地和台地土地资源，应当重视果树套种牧草，发展饲养业。经过10多年的生长，许多果树树冠的覆盖面积已经达到90%以上，但是通过采取果树的剪枝等措施，地面仍然有一定的阳光照射，可以套种牧草。适合福建沿海地区果树套种的牧草主要有热带型牧草柱花草、宽叶雀稗、白喜草等。应当充分利用这里的土地资源，通过果—牧—草模式发展高效益良性循环的生态农业，使土地得到可持续利用。

③闽中谷地草田轮作区

位于鹫峰山—戴云山以西的闽中谷地区，同沿海地区一样，也可采取草田轮作制度和多年生牧草制度两种。草田轮作区主要利用内陆山间盆地平原耕地和河流阶地耕地，采用早稻—晚稻—绿肥系统、早稻—经济作物（如花生）—绿肥系统、早稻—晚稻—牧草系统、早稻—经济作物（如花生）—牧草系统等。由于内陆气温较低，有些地方可采用两季制，即早稻—绿肥系统、早稻—牧草系统等。

5. 闽西南丘陵烤烟生产区

福建省绝大部分地区都可以种植生产烤烟，但以闽西南地区生产的烤烟质量最好，是生产高级卷烟的原料来源地。其他地区的烤烟也可以适度种植，但是全省仍应当主要在以永定为中心的闽西南地区科学发展烤烟生产（图12－9）。

永定县地处中亚热带向南亚热带的过渡地段，属亚热带海洋性气候，夏无酷热，冬无严寒，雨量充沛，光照充足，是福建省著名产烟区，国家优质烤烟生产基地之一。年均气温20.1℃，日照2024.6h，降水量1606.9mm，冰日6.5天，无霜期305天，热能资源丰富，成熟期日平均气温≥20℃的持续天数逾70天，具备优质烟生产气候条件。永定土壤条件适宜烟草生长，土壤和灌溉水的氯离子含量分别低于20mg/kg和15mg/kg；土壤质地为排水性能良好的低山丘陵红黄壤土。全县宜烟面积$1.8\times10^4hm^2$，种植和调制烟叶有400多年的历史，加工的条丝烟素有“烟魁”之称。2002年全县种植烟草3808 hm^2，全部为烤烟，产量达5929t。永定烤烟质量优良，历史上“永定条丝烟”曾驰名海内外。在1952年的全国烟叶会议上，永定烤烟的质量被评为第一。在1957年的全国烤烟览评会上，永定烤烟无论在质量上还是在外观形态上均居国内其他产区前列，并被认定为清香型代表。

福建省烤烟生产区应重点集中在气候、土壤、水分等自然条件与永定相似的

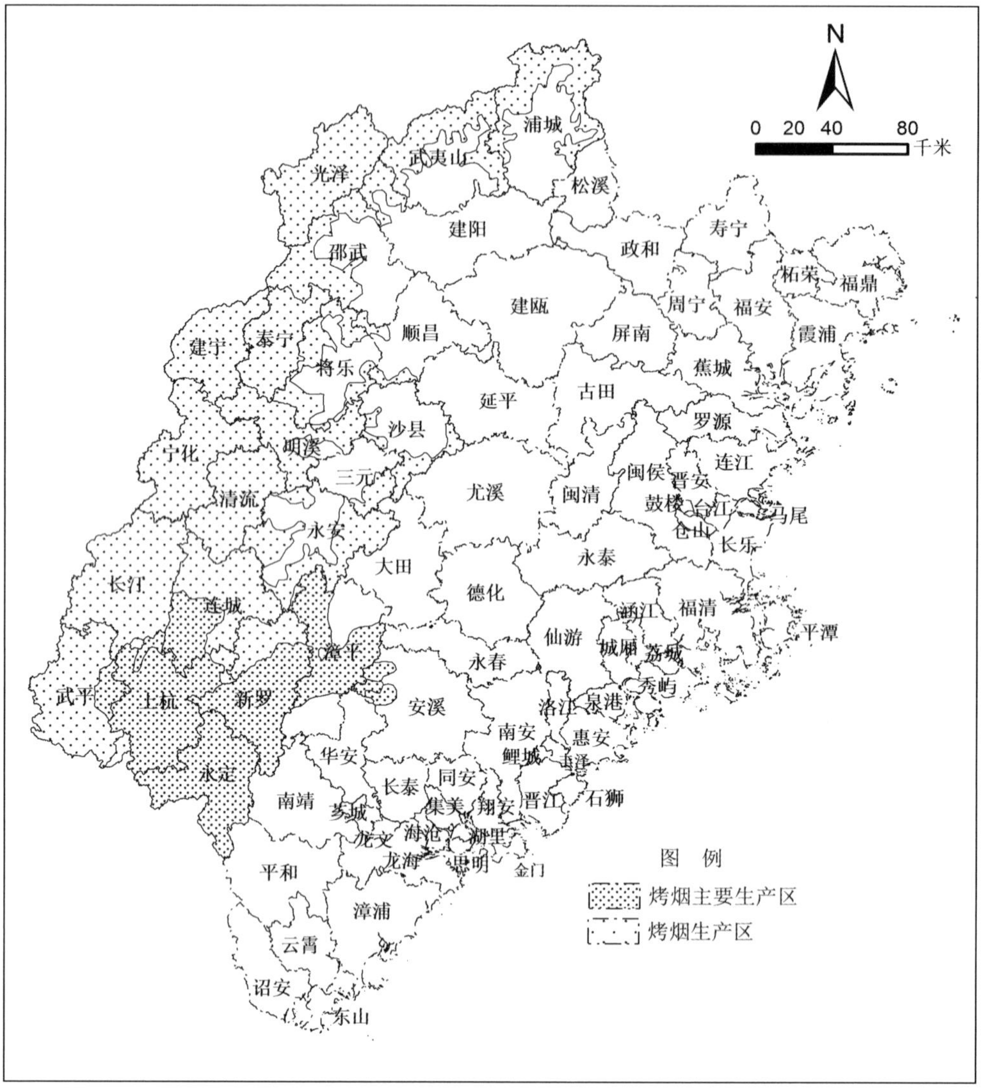

图 12－9　福建省烤烟生产区的分布

闽西南盆地中，包括永定县、上杭县、新罗区，向西扩展到武平县，向北扩展到连城县、长汀县，把耕地主要用于生产烤烟。龙岩市应当集中精力，把闽西南丘陵区建设成为以生产烤烟为主的闻名全球的专门生产区。

【小结】发展特色农业是提高农业竞争力的重要举措。特色农业的布局及分区主要是适应农业自然资源的地域差异，反映农业生产最佳的生物生长效益，但农业生产结构的空间格局具有复杂的经济学与生物学交织的属性，因此发展特色农业不仅要考虑自然地理条件、区域位置的差异，还要赋予其密集的资本、高新科学技术和有效的市场体系。发展特色农业还必须使农产品能够有效占领市场并取得规模经济效益，即农产品产量达到较大规模。所以，要搞好特色农产品规模生产，必须建立长期稳定的专门化生产区，在生产区内采用先进技术和标准，用科学态度进行产前、产中、产后的管理。本研究基于上述思考，对福建省发展特色农业进行区域条件辨识，并提出特色农产品的宏观布局区划。

第十三章　农业资源耦合的功能及其对低碳的贡献

本研究在农业资源禀赋条件的基础上，通过耦合技术，优化区域农业资源配置，形成多时序搭配的时间结构、多区域组合的空间结构和多物种依存的物种结构，进而获取整体优化效应带来的额外效益和对低碳农业的贡献。

一、农业资源耦合：提高农业综合生产能力*

提高农业生产能力的要害在“综合”。农业是对资源依赖性很强的产业，它是直接利用自然资源和社会资源，通过人力、技术、经济措施进行物质生产的综合体系。资源作为农业生产的物质和能量输入要素，在一定程度上决定着区域农业生产发展的方向和模式。长期以来，无论是国际上粮食紧张、农业资源短缺问题的产生，还是我国国内农业生态环境恶化、农业增长乏力问题的出现，都与农业经营者在农业资源开发全过程中缺乏综合开发的意识有关。因此，在经营农业时，必须把各种农业资源要素组合在一起，形成一个完整的农业资源系统。

（一）提高农业生产能力的要害在“综合”

任何一个农业资源系统都是由许多要素组成，任何一种农业资源要素单独对农业生产都很难起到应有的作用，农业生产力的高低往往取决于农业资源各要素的合理配置。只有在系统方式综合思维的指导下，从资源的系统性和层次性出发，将植物生产、动物生产、微生物生产，以及农产品加工业和涉农服务业有机协调地组合起来，充分发挥农业系统各个要素的功能，才能提高整个农业系统的稳定性和生产水平。农业又是一种生物性生产，由于种养对象的生物学特性不同，使得农业资源的开发具有一定的时序性，如林业经营一般要 20 年左右的时

---

* 本文原刊于《福建日报》2005 年 7 月 29 日求是版。

间才开始获利，果树栽培则需 3—5 年，而草业开发往往当年种植、当年获利。农业生态系统的能量流动也是先从第一性生产开始，再流向草食性动物、微生物等。除二氧化碳和光照资源分布一般相差不甚显著外，热量、水分、矿物质和农业技术等资源的分布在区域上则有很大的差异。因此，不同地区的农业生产条件和农业资源开发利用情况有很大的差别。于是，农业系统在陆域上就有了所谓的农区、牧区、林区等农用地利用功能分区，在水域上有功能差异性更大的淡水养殖区、海产养殖区等利用功能分区。只有在农业资源的禀赋条件的基础上，进行优化区域农业资源配置，形成多时序搭配的时间结构、多区域组合的空间结构和多物种依存的物种结构，才可能发挥 1+1>2 的整体效应。

历史上“以粮为纲”的传统种植模式使农业生产往往只停留在植物生产层次上，人类只能利用粮食作物中约 25%的籽实，另外 75%的植物性有机质如秸秆、糠秕等绝大部分被白白地浪费掉，这不仅降低人类对农业资源的利用效率，还因土壤缺乏有机质而降低地力，以致破坏农业生态环境。正确的农业资源开发观是融农业的生产功能和生态功能于一体的，在发展植物生产的同时，要有相应规模的动物生产相匹配，这不仅可提高地力，增强农业生态系统的稳定性和抗逆性，还可以为社会提供更为丰富的食物资源和原料资源，使其生产功能和生态功能相得益彰。农业资源往往具有多种功能、多种用途和多种适宜性。如森林既可以提供木材和林副产品，又可以保持水土，防风固沙，也可以发展生态旅游（疗养和观赏等），它们各自表现不同的系统循环途径和循环速度。目前切实可行的做法是按照循环再生的原理，通过合理地组合和安排好各农业资源的用途，以合理的生物链结构形式实现资源的多级循环和可持续利用。由此看出，农业生产有着层次性、区域性、时序性、多样性等诸多特点，这就要求提高农业生产能力必须着落在“综合”点上。

（二）系统耦合是综合的升级和提高

“耦合”是一个相对于两个或两个以上主体之间物理关系衍生而来的概念。从农业生态系统学的角度来看，“耦合”是指两种或两种以上系统要素（或子系统）之间相互作用、相互演变及其最后发展的结果。系统耦合与系统相悖是一个问题的两面，它们均在农业系统内的生态位、时间和空间三个维度上起作用，前者在系统要素之间表现为紧密依存、互相促进的关系，最终将扩大系统的生产和生态功能，后者在系统要素之间则表现为相互干扰、相互破坏的关系，最终将缩小系统的生产和生态功能。农业系统耦合建设实际上是农业生产从无序到有序、从局部到整体的发展过程，它比“综合”更具有协调性、关联性和整体性，它不仅是农业系统内各要素的相互协调，它还包括磨合、调控、约束甚至限制，所以说系统耦合是综合的升级和提高。

农业生态系统是一个由多种农业资源相互联系、彼此依存、竞相制约的整体。构成农业生态系统的农田、林地、草地、河湖等子系统在能流、物流和信息流的带动和人工技术的调配下相互补充和共同作用，形成了一个有机的耦合系统，可使系统处在良好的状态下运行和发展，表现出功能稳定、内涵丰富、效率提高的再生产过程。当系统耦合时，通过自由能的转移，从一个子系统的输出，由另一个子系统的输入，且随着子系统之间自由能的不断增加，以致使输出和输入变成反复循环时，系统耦合的程度将得到明显加强，此时农业耦合系统的稳定性、输出食品的丰富度及生命支持系统的良性状态都将处于较高的水平。因此，加强农业耦合系统建设，是由传统农业走向现代农业的必由之路。

纵观当代农业发达国家美国的农业史，其农业现代化之路，在某种意义上就是一条农业耦合系统的建设之路。在 1949 年至 1987 年之间，美国南部平原区共调整 214 万公顷耕地用以发展草业和林业，以构建农业耦合系统，还在玉米带、棉花带和加利福尼亚农业区（“两带一区”）进行了不同层次、不同尺度的农牧系统耦合、农林牧系统耦合等农业系统建设。当然，农业系统的系统耦合，若仅从简单的种养结合、草畜配套则还不足以充分体现其内在的联系。只有从生物—环境—社会经济相结合角度出发，在农业系统内部的生态位、时间和空间三个维度上进行多个生产层次之间的耦合，使各生产层次之间或者内部各资源要素之间从简单到复杂、从平面到立体地进行多层次、多尺度的耦合，甚至构建区际、洲际的巨型耦合系统，才能更加充分发挥出农业耦合系统的耦合效益。由此可见，农业系统耦合在微观上表现为农业资源内部的水、热、气、肥、市场等资源与生物资源之间的耦合，在宏观上表现为农业生态系统中各个具有一定地域范围的生态子系统之间的耦合。只有充分地把握好了农业资源开发中的耦合效益，才能通过系统耦合来调节好农业生态系统在微观层次和宏观层次上各耦合单元之间的关系，力争使这些关系处于最佳的状态，才能最大限度地挖掘农业资源系统内在的潜力，充分发挥农业资源效益，达到减少外部资源的投入，获得少投入高产出的效果，从而在微观上实现低耗、优质、高产、高效的农业生产的目标，在宏观上实现农业生态系统的持续、快速和良性发展的目标。

（三）马坪镇农业系统耦合建设经验的启示

漳浦县马坪镇传统的农业生产模式表现的特点是：虽然拥有多种土地类型，适于发展多种经营，但农业生产结构单一，生产体系不完善；尽管土地生产潜力大，但农业综合效益不高；地处沿海开放地带，但市场水平和外向度低；人力资源丰富，但未能充分发挥作用，人均耕地不及 0.15 亩，不断增长的人口与有限的农业资源之间的矛盾日益尖锐，农村剩余劳动力给社会带来很大压力。这些特点在我国东南沿海地区具有一定的代表性。2000 年该镇着手制定规划，其建设目标是根据农业系统耦合的原理，发展和壮大原有农业系统的薄弱环节，在生态、空间与时序三个维度上实施农业系统耦合，以区域植物生产的数量和物质转化的比例来配备相应规模的动物生产和微生物生产。通过农、林、果、草、牧、菌、沼、渔复合经营，改善农业系统中的物种结构，增加农业系统的生态过程，引入许多新的物种（如蜂、牧草、牛、食用菌等），丰富了原有较简单的农业生态系统结构，增加了许多生态环节，如牧草保土、增肥，有机物肥田肥园等，在原有清耕果园中套种牧草或者间种牧草，使之得到大量有机肥改良土壤，取得明显的生态效应。在空间耦合上也下了很大功夫，把各区域生产单元耦合在一起，从有限的平面向立体空间拓展，形成了从空中→陆地→水面→水下的集约型开发格局，表现为空、陆、水三个立体空间层次，而后两个空间层次又复合小立体空间层次：在空中，利用空间资源和亚热带花草资源发展庭院养蜂（可以促进种植业瓜果的坐果率）；在陆地上，海拔由高到低依次发展高丘林业→低丘坡地果、草种植业（果园间种、套种牧草）→低丘台地庭院舍饲动物养殖业和微生物培养业→低平耕地种植业；在低洼水域里，从水面到水下依次发展水面养鸭业→浅层水网箱养殖业→深层水放养业。随着农业系统耦合的建立，劳动密集型的养牛业和种菇业、农业观光旅游业和一大批农业产品加工业从无到有逐渐发展，大大地提高了农业资源的利用率。仅活牛出口一项每年就创汇近 600 万美元，现已成为我国面向东南亚出口活牛最大的基地之一。因而大大地提高了农产品的供应量，更好地适应人民的消费结构变化，提高了食物安全保障水平，有效地增加了系统的总输出。

试验和调查表明，进行系统耦合后，每亩的土地可以多安排 2—3 个农村劳动力，许多养殖场、农产品加工厂和农业观光旅游地开始雇佣外来劳动力，有效地降低了农村闲置（特别是隐蔽性剩余）劳动力的数量和比例。通过各结构要素在生态、空间格局和时序上的相互联系和相互作用而实现系统耦合，变单一物种、单一层次种植为多物种、多层次复合种养，变单一产业的分散经营为种、养、加工和农林牧副渔的复合经营，表现出系统的优势互补，从而提高农业资源的利用率与生产率，达到少投入、多产出，并实现农业资源可持续利用的目的。经过4年的实践，农业的整体效益得到显著的提高，取得明显的效益。自从2000年运行以来，马坪镇国民经济持续快速发展，农民年人均纯收入增长16%，是此前农民年人均纯收入增长值（8.8%）的近两倍。这个经验在漳州市部分地区推广，也取得实效。今天我们强调提高农业综合生产能力，应该重视这一经验。

二、农业资源耦合对低碳贡献的研究*

（一）资源耦合对低碳农业的贡献在于基础性作用

2003年英国政府发布能源白皮书《我们能源的未来：创建低碳经济》（*Our Energy Future：Greating a Low Carbon Economy*），提出低碳经济的概念，其本质是转变经济发展方式，突出低消耗、低排放、高附加值。以此为特征，从农业资源利用的角度选择低碳的路径，以资源系统耦合最为适当。农业是对自然资源依赖性最大的产业部门。我国人均农业资源十分紧缺，加之长期以来农业在一定程度上存在着把单项资源作为生产活动的主要方式，各种资源欠匹配，农业子系统之间配合不够协调，导致农业资源浪费的现象还比较严重。因此农业生产的效率比较低，农业所承受的压力大，“三农”问题突出，已经对我国全面、协调发展构成威胁。特别是当前农业生产存在农业资源过量投入的严重问题，不仅造成农业资源的浪费，还使农业环境受到污染。我国耕地面积仅占世界耕地总面积的9%，但施用氮、磷、钾总养分量占世界总量的25%。我国每公顷平均施用化肥256千克，超过发达国家设计的安全上限225千克。过量施用化肥，不仅造成资源利用效率低，还污染环境。我国的河流、河段已有近1/4因污染而不能满足灌溉用水要求，全国湖泊约有75%的水域受到显著污染，一些地区近海水域因富营养化而发生大面积的赤潮（唐延林、邹先定，2002；秦大河等，2002）。这些都是不合

---

* 本文为作者于2010年6月19日在“海峡两岸低碳农业发展战略与技术对策研讨会”上的报告。

理利用农业资源所造成的恶果，与低碳农业的要求背道而驰。

因此，当前农业生产的紧要任务就是要把农业资源高投入、低产出的生产方式尽快转变为资源低投入、高产出的生产方式。农业资源系统耦合将分散、单一的农业资源要素进行耦合开发利用，并引进新要素，使其优势互补，既提高了农业资源的生产率，又避免了农业发展对资源与环境的破坏，从而实现了农业生产经济效益、社会效益、生态效益的统一。这正是低碳农业所要求的。可以认为，农业资源系统耦合建设实际上是农业生产从无序到有序、从局部到整体的发展过程，它不仅是农业资源系统内各要素的相互协调，还包括磨合、调控、约束甚至限制。只有在微观和宏观层次上调节好农业资源系统各耦合单元之间的关系，力争使这些关系处于最佳状态，才能最大限度地挖掘农业资源系统的内在潜力，充分发挥农业资源系统耦合的效益，达到减少外部资源的投入，实现低投入、高产出、低污染的生产效果。最终达到在微观上实现优质、高产、低耗、低污、高效的农业生产目标，在宏观上实现农业生态系统的持续、快速和良性发展的目标。综上所述，农业资源系统耦合对发展低碳农业发挥了基础性作用。

（二）农业资源耦合对低碳贡献的实证研究

1. 试验区的选择

我们分析了我国传统农业生产的精华所在地——南方地区农业资源系统耦合的结构、功能和特点，与任继周等（1994，1995）在北方草原地区和干旱半干旱地区研究农业系统耦合所取得的系列成果相对比，结果表明南方地区农业生物多样性丰富，农业生态系统结构复杂，农业生产、管理水平也较高，农业生产系统可以实行农、林、牧、渔、农产品加工及涉农服务业的全面耦合，预期会取得比北方草原地区更为明显的耦合效益。于是于 2000 年选择地处厦门市周边、近郊农村典型的马坪镇，建立农业资源系统耦合试验区（朱鹤健、何绍福，2003）。马坪镇农业生产系统生产结构简单，农业资源生产率低，许多的物质和能量均直接从种植业流出系统，物质循环率低，不仅在植物生产与动物生产、微生物生产之间没有协调好相互关系，而且生物生产与后生物生产、生物生产与资源要素之间也都没有协调好相互的关系。其中，畜牧业、食用菌业、农产品加工业和涉农服务业是薄弱环节。因此，我们认为其资源耦合效益的潜力很大，于是设计马坪镇农业资源系统耦合建设方案，改进农业生产方式，充分利用和发挥其农业资源潜力，走低碳农业之路。

2. 实证研究的设计

参照国外相似研究的思路（Van de Koppel J and Rietkerk M，2000；Briske D D et al.，2003），结合我们前期的工作经验（朱鹤健、程炯，2002），根据马坪镇发展农业资源系统耦合的条件辨识，运用农业系统耦合的原理，发展和壮大原有农业系统的薄弱环节（动物生产层、微生物生产层和后生物生产层），以区域植物生产的数量和物质转化的比例来配备相应规模的动物生产和微生物生产，发展多种经营，形成多时序结构的开发模式。加强空间耦合，建立空中—高丘—低丘—平地—水面—水下资源开发的空间格局。同时，将生物生产层向后生物生产层延伸，合理配备农产品加工业和涉农服务业体系，形成农业产业化体系，构成马坪镇农业资源耦合系统（见第九章图 9－4）。

马坪镇农业资源耦合系统由七个子系统构成：庭院养殖业子系统（以养蜂、养牛、栽菇为主）、高丘林业子系统（以生态防护和林业开发为主）、低丘园地果草业子系统（以坡地果园套种、间种牧草开发为主）、平地耕地种植业子系统（以粮—经—饲种植为主）、洼地水域养殖业子系统（以淡水养殖为主）、农产品加工业子系统和涉农服务业子系统。通过各子系统在空间格局上和生态过程中的相互联系，形成物质的多级循环和能量的多级流动，并将上述七个子系统有机地组合为一个优势互补的整体，在空间格局上表现为空、陆、水三个紧密耦合的立体层次（详见本章第一节）。空、陆、水密切联系生物生产过程与后生物生产的农产品加工业（肉牛加工、水果加工等）和涉农服务业（农业观光旅游等），使能量和物质在农业资源耦合系统内部高效地流动和循环，实现农业资源耦合系统的特色种植业—特色养殖业—特色加工业—特色服务业的紧密关联，不断促进以肉牛、亚热带无公害水果和蔬菜为特色的马坪镇农业资源耦合系统高效、持续和稳定发展。

3. 低碳贡献的评价

基于低碳理念设计的农业生产方式，其效益不但要考虑其物质生产能力，还要考虑其对农业生产环境的影响，亦即农业生产的生态环境效益。于是我们设计出农业资源耦合系统生产力评级框架及评价内容（图 13－1）。本设计的生产力不仅包括生物生产力（Biological Productivity）和生产服务力（Services Productivity），还包括生态生产力（Ecological Productivity）。其中，生物生产力是系统物质生产能力的外在表现（表现为物质生产功能），生产服务力是人们对农业资源的深度开发（表现为社会服务功能）。生物生产力和生产服务力是农民经济收入的主要来源，这两个生产力之和可以称为经济生产力。而生态生产力是维持农业资源耦合系统稳定生产的基础（表现为生态调节功能），其生产结果并不直接增加经济财富，但却是农业物质生产的基础，对于人类的生存具有极其重要的意义。根据这一设计，我们计算出农业系统实行耦合前后的经济效益和生态效益，从中比较得出农业资源系统耦合对低碳的贡献。

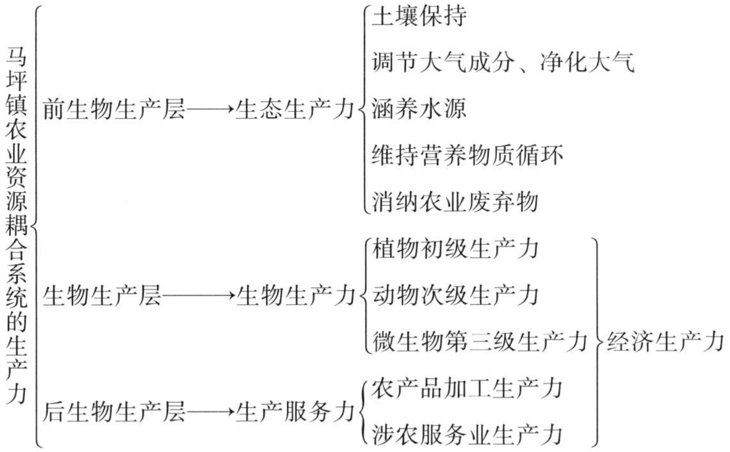

图 13-1　马坪镇农业资源耦合系统生产力评价框架

（1）马坪镇农业资源系统耦合生态生产力评价

根据农业资源系统生态生产力的定义，可知其评价内容主要是调节大气成分、净化大气、涵养水源、保持水土等各种农业生态系统的生态调节功能价值。因此，农业资源系统生态生产力的评价要借助于目前生态系统服务功能的各种评价方法。我们对马坪镇农业资源系统耦合前后的生态生产力评价结果见表 13-1。

表 13-1　马坪镇农业资源系统在耦合前后生态生产力

生态生产力内容	农业资源系统耦合前		农业资源系统耦合后		农业资源系统耦合后增加价值（万元）
	价值（万元）	所占比例（%）	价值（万元）	所占比例（%）	
土壤保持	189.30	0.20	238.45	0.24	49.15
调节大气成分	4378.63	4.69	5566.33	5.69	1187.70
净化大气环境	268.91	0.29	272.85	0.28	3.94
涵养水源	828.52	0.89	959.30	0.98	130.78
维持营养物质循环	87283.99	93.52	89978.65	91.91	2694.66
消纳农业废弃物	384.85	0.41	886.56	0.90	501.71
生态生产力总价值	93334.20	100	97902.14	100	4567.94

注：耦合前以 1997—2000 年的四年平均值计算；耦合后以 2001—2006 年的六年平均值计算，下同。

从表 13－1 中可以看出，农业资源系统耦合前后系统生态生产力的总价值分别是 93334.20 万元和 97902.14 万元。在生态生产力的组成上，农业资源系统耦合前后系统维持营养物质循环的价值均占绝对主体，分别为 93.52%和 91.91%，其次为调节大气成分的价值，分别占生态生产力的 4.69%和 5.69%，而系统土壤保持的价值最小，分别占 0.20%和 0.24%。农业资源系统耦合后，系统生态生产力增加了 4567.94 万元，增加了 4.9%。农业资源系统耦合后，系统的生态效益显著。在增加价值中，以维持营养物质循环价值贡献最大，占 58.99%，其后依次为：调节大气成分价值占 26.00%，消纳农业废弃物价值占 10.98%，涵养水源价值占 2.86%，土壤保持价值占 1.08%，净化大气环境价值占 0.09%。由此看出农业资源系统耦合对低碳的贡献是很大的。

（2）马坪镇农业资源系统耦合生物生产力评价

生物生产力的大小直接决定着农民收入的多少，只有生态生产力而没有生物生产力，农民的生产积极性也无从提高。高生产率也是低碳农业追求的目标之一。因此，生物生产力的效益也不能被低估。我们对马坪镇农业资源系统耦合前后生物生产力开展了评价，结果见表 13－2。

表 13－2　马坪镇农业资源系统在耦合前后的生物生产力

生物生产力	农业资源系统耦合前		农业资源系统耦合后		农业资源系统耦合后增加值（万元）
	产值（万元）	所占比例（%）	产值（万元）	所占比例（%）	
植物初级生产力	2465	60.84	3167.67	44.61	702.67
动物次级生产力	1458.75	36.01	3530.17	49.72	2071.42
微生物第三级生产力	127.60	3.15	402.40	5.67	274.8
合计	4051.35	100	7100.24	100	3048.89

从表 13－2 中可以看出，在农业资源系统耦合前，马坪镇是个典型的以种植业为主的乡镇，其植物初级生产力所占比重达 60.84%，动物次级生产力仅占 36.01%（其中养殖业占 13.98%，渔业占 22.03%）。农业资源系统耦合后，动物次级生产力占 49.72%（其中养殖业占 33.04%，渔业占 16.68%），已超过植物初级生产力所占比重，表明马坪镇已由以种植业为主的传统农业模式发展成为动植物生产并重的较为先进的农业生产模式。相对于植物初级生产力与动物次级生产力来说，微生物第三级生产力所占比重很小，但它也是农业资源耦合系统生产力的一个重要组成部分，其所占比例的大小反映了农业资源系统中废弃物资源的

综合利用程度。总体而言，农业资源系统耦合后生物生产力比耦合前增加了3048.89万元（其中植物初级生产力、动物次级生产力和微生物第三级生产力分别占23.05%、67.94%和9.01%），增长了75.26%。因此，在农业资源系统耦合后，马坪镇农业资源系统的生物生产力的提高也异常显著。

（3）马坪镇农业资源系统耦合总生产力评价

将上述研究所得马坪镇农业资源系统耦合前后的生态生产力、生物生产力、生产服务力三者汇总成总生产力，结果见表13－3。

表13－3　马坪镇农业资源系统在耦合前后的总生产力

生产力类型	农业资源系统耦合前		农业资源系统耦合后		农业资源系统耦合后增加值（万元）
	产值（万元）	所占比例（%）	产值（万元）	所占比例（%）	
生态生产力	93334.20	95.81	97902.14	93.09	4567.94
生物生产力	4051.35	4.16	7100.24	6.75	3048.89
生产服务力	34	0.03	164.33	0.16	130.33
合计	97419.55	100	105166.71	100	7747.16

从表13－3可以看出，在马坪镇农业资源系统生产力组成中，系统生态生产力和经济生产力在农业资源系统耦合前后的价值（生物生产力和生产服务力之和）分别为93334.20万元、4085.35万元和97902.14万元、7264.57万元。耦合前后生态生产力分别为经济生产力的22.85倍和13.48倍，也就是说，在农业资源系统耦合前后，系统每生产1元产品的同时也提供了价值高达22.85元和13.48元的生态服务功能。

农业资源系统耦合后，系统总生产力增加了7747.16万元。其中，生态生产力增加了4567.94万元，经济生产力增加了3179.22万元，分别占系统总生产力增加值的58.96%和41.04%。与传统农业生产模式相比，农业资源系统耦合生产模式的生态效益和经济效益分别增加了4.89%和77.82%，取得了生态效益和经济效益的双赢。尤其是其显著的经济效益，可以不断驱动农民维护并改善农业资源系统耦合。因此，在条件相似的地区广泛推行农业资源系统耦合农业生产模式，将会取得低碳农业的实际效果。

（三）以农业资源系统耦合利用促进低碳农业发展的策略

研究表明，立足区域实情，推进农业资源系统耦合利用，可使农业生产功能和农业生态功能相得益彰。长期以来，人们只重视农业资源系统的物质生产功能，而忽视了农业资源系统巨大的生态服务功能。本研究成果足以说明在重视农业资源系统物质产出的同时，也应重视和保护其生态服务功能，要把农业生态生产力看作为农业资源系统生产力的一部分。这是发展低碳农业的基础。因此必须不断深化农业资源系统耦合利用的研究，积极推动其在农业生产实践中的应用。据此，提出以农业资源系统耦合利用推进低碳农业发展的策略。

1. 树立生态生产力的理念

当前，我国农业资源利用浪费而又污染环境的现象十分普遍。历史上单一种植粮食作物的模式，使农业生产流程往往只停留在植物生产层次上，只能利用粮食作物中约25%的籽实，另外75%的如秸秆、糠秕等植物有机质被白白地浪费掉。这不仅降低了人类对农业资源的利用效率，还因缺乏土壤有机质而降低地力，甚至破坏农业生态环境。我们对1991—2005年福建省九地市的农牧系统耦合协调度的研究表明，福建省农业资源系统的耦合协调度并不高。其中七个地市的农牧系统均属于冲突模式乃至相悖模式，特别是闽东南地区全部属于农牧系统相悖区。闽东南地区是我国对外开放的前沿，是全国实行改革开放最早的地区之一，也是福建省人口和经济分布较密集的核心地区，其陆地面积约占福建省陆地总面积的1/3，占福建省地区生产总值的75.5%。这么重要的地区出现了农牧系统相悖，由此可见农业资源系统耦合利用的迫切性、重要性。然而，这一理念未被多数人所认知。当前，研究生态系统服务和自然资源价值评估的重点都是对森林、草地、湿地等各种自然生态系统的评估，对与人类休戚相关的农业生态系统则研究很少。在强调低碳农业的今天，农业生态系统的各种生态服务功能是不容忽视的。农民在经营果园、农田、旱地等各种土地的同时，也对维护改善环境作出了重要贡献，这一贡献理应得到合理补偿。为此，一些学者致力于农业生态系统的生态生产力经济评价的研究，有的已在实践中发挥作用。美国得克萨斯州等部分地区已经在尝试支付农田吸收CO_2的生态服务费用，某些发达国家已与农业为主的发展中国家进行CO_2排放权交易，农田对于全球碳循环的作用的研究也在积极开展中（朱万斌等，2005）。由于人们对农业资源系统耦合利用与低碳农业的相关性认识不足，没有树立起生态生产力的理念，大部分地区的农业资源低效利用、高污染状况未能从根本上改变。据此，要加强宣传教育工作，通过各种媒体与宣传工具，大力开展农业资源系统耦合利用的宣传教育，使各级领导干部、生产者和社会公众都认识到：农业资源耦合系统是一种多学科交叉、广泛联系农业生产实际、运用生态生产力的理念、拓展农业开发空间的生产方式，是一种集农业的经济效益、社会效益和生态效益于一体的低碳新型农业生产方式。从科学原理上启发人们把推行农业资源系统耦合利用摆在重要位置上。尽管这些理念对人们的影响与约束不具有强制性，但它是一种内在的、更为稳定和持久的软约束。正因为它是内在的约束，其影响不可低估。特别是当前我国公众对农业资源系统耦合利用的思想认识还处于较低层次，大力宣传这些理念尤为必要。它可为公众自觉参与农业资源系统耦合利用打下坚实的思想基础，进而为发展低碳农业作出贡献。

2. 加强资源耦合关键技术研究和推广力度

目前农业资源系统耦合利用的研究尚处于初期阶段，其在理论体系和实践技术等各个方面的研究都还十分薄弱。为此要加强推行农业资源系统耦合利用的科学研究，逐步建立起科学研究网络，提升农业资源系统耦合利用的档次和水平。由于农业耦合系统是一个社会—生态—经济耦合系统，不只限于单项技术，要应用相关学科交叉知识，研究各组成部分之间的整体组合，包括各组成要素的数量比例、空间配置、时序安排、整体管理技术、物质能量转化顺序等一整套耦合技术。要重点突破那些影响农业资源系统耦合利用的关键技术，特别是农业资源耦合利用的集成配套技术，而配套技术可从纵向耦合、横向耦合和生态耦合三个方面展开。纵向耦合是通过自由能的转移，使它从一个子系统的输出，变为另一个子系统的输入（被另一个子系统所吸收），充分挖掘了系统的自由能，合理运用生态驱动力因子。通过各子系统在空间格局上和生态过程中的相互联系，形成物质的良性循环和能量的多级利用。横向耦合是指具有同质耦合键的不同农业生产区之间的耦合，如山地农业生产区之间的耦合、农区和牧区的耦合等。它使农业资源在空间维度上各要素之间从简单到复杂，从平面到立体进行多层次、多尺度的耦合。生态耦合是通过生物耦合键，正确处理生物竞争、互补关系及合理空间配置等，以发挥出系统耦合的生态功能。在研发农业资源系统耦合实践技术的同时，还要对农业资源系统耦合基础理论进行深入研究，构架起农业资源系统耦合的理论框架，使人们对农业资源系统耦合的概念、结构、功能、特性等各方面都有清楚的认识，同时对生态生产力的评估方法作进一步深入研究，使实践技术建立在科学的理论和评估方法的基础上。

推行农业资源系统耦合利用时，必须根据当地自然和社会经济条件的特点，依照系统耦合的理论和原则，运用系统分析的方法，以低碳为目的进行耦合和优化，才能取得最高的耦合效益。我们从闽东南地区的实际情况出发，发挥本区亚热带植物资源多样性的优势，构建了复式耦合利用模式，包括纵向、横向和生态耦合三种方式。纵向耦合利用模式突出亚热带果树的特色，横向耦合利用模式突出土地覆被多样性的特色，生态耦合利用模式突出冬季饲料作物适种性的特色。推行以来，取得良好效益。又如山地农业资源系统耦合模式，要按照山地不同海拔、山形、坡向，结合土壤等其他自然条件，叠加社会、经济、技术等条件组合成不同生产适宜性和限制性，形成镶嵌状、层带状、网状、多样性等多种耦合方式，由此因地制宜选择其最适合的农业资源系统耦合开发模式（朱鹤健，2006）。为此，要扩大实证地区，加大推广力度。特别是对生物多样性丰富的我国南方地区多做实证研究，充实和完善农业资源系统耦合研究的内涵，使我国南方地区拥有的巨大农业资源耦合潜力得到一定程度的发挥。

3. 创建农业资源低碳利用的条件

农业资源系统耦合利用是适应当前形势发展需要而产生的新生事物，现正处于研究与探索阶段，除了思想教育、技术措施外，还需纳入制度化轨道，建立政府大力推进、市场有效驱动、公众自觉参与的工作机制。消除农业资源系统耦合利用过程中的障碍，创造推动农业资源系统耦合利用的良好环境，促进耦合效益的最大化发挥。强化政府行为，把推行农业资源系统耦合利用纳入发展低碳农业规划的一项重要内容，提出推行分阶段具体计划。建立各示范园区，通过试点工作，推行不同农业资源系统耦合模式，以示范经验带动全面发展。与此同时，通过培训工程，在农村培训一批能掌握这一新型生产方式的农业科技人员，主动融入，积极行动，成为农村推行这一工作的骨干力量。

通过设计制度、制定法律政策，使推行农业资源系统耦合利用与经济主体的利益紧密相连。从宏观的财政、金融政策到具体的地方产业政策都应当体现对农业资源系统耦合利用的优惠与扶持，从而形成涉及农业资源系统耦合利用的各个方面、各个环节的一系列配套政策。运用价格与利益机制给推行农业资源系统耦合的经济主体提供充分激励，发挥市场的推动作用。农业资源系统耦合利用是一种资金密集型的农业生产方式，系统的建立和维护需要大量的资金作为保障。因此，推进农业资源系统耦合建设，就需要建立起相应的资金保障体系。农业资源系统耦合利用不仅有经济效益，而且社会效益和生态效益也非常显著。政府应着重从农业资源系统耦合利用的社会性和公益性角度考虑，结合优化投资体制改革，调整和落实投资政策，加大对农业资源系统耦合利用的资金支持。各级政府应调整公共财政支出结构，向农业倾斜，拿出一定数额的资金补贴农业资源系统耦合利用项目。推广应用农业资源系统耦合利用需要较多的资金，一般农户和大多数农业企业还难以承受，因此要开辟多元化的投资渠道，利用外资、股份集资等方式，满足农业资源系统耦合利用的资金需求。同时创新农村信贷制度，以解决农业资源系统耦合利用的农户和农业企业所面临的资金短缺问题。

由于农业资源系统耦合建设需要适度的规模经营，因此要进一步深化农村的土地制度改革，完善农村土地承包经营的流转机制。由于我国农村实行农业生产的家庭联产承包责任制，生产经营主体主要是分散的农户，这些农户基本上是各自进行独立的生产。这种农业生产模式不可避免地会产生经营土地细碎化，而小规模经营也很难适应农业资源系统耦合对多个生产层耦合的要求。推行农业资源系统耦合利用模式必须面对这一现实，必须认识到农业产业化是推行农业资源系统耦合利用的必要条件。要通过“龙头企业+基地+农户”等组织形式提高农民组织化程度，突破小而全的自给自足的小农经济，实现规模经营，使家庭经营也能有效地开展农业资源系统耦合利用。同时积极培育扶持农业产业化龙头企业，壮大产业支柱，实施大户带动战略，增强企业带动农业资源系统耦合利用的能力。

目前自然资源管理分散于各业务部门，各部门对自己管理的资源都有较系统的调查资料，也多已提出开发利用的意见。遗憾的是他们大多数站在各自部门的角度谈论开发利用，强调本业之重要，缺乏农业资源系统耦合开发理念，不能将地区资源作为一个整体予以考虑，这就容易产生片面性。于是有时评价偏高，造成掠夺式开发；有时评价偏低，资源得不到充分的利用，同时也容易出现互不协调、彼此矛盾的现象。例如，山区经营，农业部门管开荒种田，林业部门管造林，商业部门管收购土特产，各行其是，互不通气；滩涂资源利用中的养殖、围垦造田、发展盐业等各有所思，互相矛盾；这些都是缺乏耦合开发理念之表现。没有耦合开发理念，就无法统一规划，其结果是工作效益低，甚至造成不应有的损失。这是当前农业资源系统耦合应用存在的一个重要问题。因此要通过行政行为，协调各行业、各部门，制定统一规划，农业资源系统耦合应用才能落到实处。

【小结】农业资源耦合也是一种生产力。应把农业资源作为一个系统，着力研究资源要素的合理配置。将区域内各种农业资源通过不同角度耦合，以期物质多级循环和能量多级流动，力争使这些农业资源之间的关系处于最佳资源状态，使原来的那些不会做功的能量转变为会做功的能量，从而获得额外效益。农业资源耦合不仅提高物质生产功能，还提高生态服务功能，于是生态生产力的理念应运而生。要把农业资源耦合利用纳入低碳农业规划，发挥其在低碳农业中的基础性作用，务使其与经济主体的利益紧密相连。耦合技术如同生物技术、信息技术一样，在农业科技创新中发挥作用，加强不同地区农业资源耦合利用模式及其相关技术的研究是十分必要的。

第十四章　为发展农业出谋献策

根据“微入宏出”的地理学特色思维，将地理学研究范式应用于农业实践中；在取得微观研究成果的基础上，提出了福建发展农业的战略和具体措施。

一、关于把发展特色农业作为解决“三农”问题突破口的建议*

我带领博士生开展特色农业研究，历时10年，出版3部专著，在《中国农业科学》《自然资源学报》发表多篇有分量的论文，同时在漳浦县马坪镇建立试验区，取得了明显效益。根据研究所得，对福建发展特色农业提出几点认识与建议，以供参考。

目前，我国总体上已经到了以工促农、以城带乡的发展阶段，国家正在逐步明晰以工业反哺农业、以城市反哺农村为特征的“农业新政”，农业开始进入一个新的发展时期。福建省经济总量持续增长，经济实力和“反哺”能力逐步提高。2005年中央一号文件，以“加强农村工作、提高农业综合生产能力”为主题。其中第十七条，将大力发展特色农业作为“推进农业和农村经济结构调整，提高农业竞争力”的重要举措。福建省也出台相关文件，进一步加大对“三农”的支持力度，这必将为解决“三农”问题打开新的局面。从世界农业发展经验和我国农业发展的特殊性来看，解决“三农”问题的突破口应该是推进现代化特色农业建设。福建省有条件和能力在这一方面创造先进经验，走在全国前列。

所谓现代化特色农业，就是运用现代化农业技术，利用区域内独特的农业资源，开发特有的名优产品，并通过现代市场体系将其转化为特色商品和产业的现

---

* 本文原刊于《科技工作者建议》总第139期，2005年6月10日。

代农业。当今世界不乏典型的特色农业范例，展示了极强的生命力。发展现代化特色农业之所以是提高农业竞争能力与促进农民增收的现实途径，主要是因为这条路子解决了农业发展的三个关键性问题：一是运用现代化农业技术，提高了农业产出效率；二是利用区域独特农业资源开发特色产品，有利于优化资源配置和形成排他性竞争优势；三是通过现代市场体系，实现了农业的规模经济。

福建属亚热带气候区，其特点是水热资源、生物多样性及其品种资源丰富，土地生产潜力是全国最高的区域之一。发展特色农业特别是亚热带果蔬，可谓得天独厚。历史上柑橘、龙眼、荔枝、凤梨、香蕉、枇杷等六大名果，久负盛誉，驰名中外。目前安溪茶叶每年外销 7000 多吨，创汇近 3000 万美元，居全国首位，被誉为“中国乌龙茶之乡”。漳州建设水果、食用菌等八大农产品基地，水果蔬菜人均拥有量居全国前列，其中水果人均拥有量是全国平均水平的 8 倍。福建省食用菌产业连续 16 年产值、产量和出口创汇居全国首位。我们在漳浦县马坪镇推行特色生态农业体系模式，历时四年，取得良好的经济效益，农民年人均纯收入增长近 1 倍。我们认为福建完全可以依托资源，充分发挥比较优势，尽快建立并形成以特色农业为突破口的农业产业化体系。

随着全面建设小康社会进程的推进，我国食品消费结构正发生重大变化，已从粮食食品为主向粮食和果蔬食品并重转变，从数量型向品质型转变，从单一化向多样化转变。在这种趋势和背景下，福建发展亚热带特色水果、蔬菜、花卉等农产品，将有广阔前景。比如水果，目前我国人均水果占有量只有 40 多千克，仅为世界平均水平的 65%；发达国家水果加工率达 35%，人均占有果汁在 40 升以上，我国水果加工率不到 10%，人均占有果汁仅为 0.1 升。目前劣质水果占我国水果总产量的 20%，大路货占到 50%，优质水果只有 30%。发展特色优质水果，正逢其时。又比如蔬菜，北方每年约需南菜 1000 万吨，加上我国港澳、日本、东南亚、欧洲、中东等地的潜在市场需求，福建发展蔬菜尤其是特色蔬菜的潜力巨大。

初步估算，未来 5 年内，福建在已有 5.544 万公顷水果（产量 441.68 万吨）、6.316 万公顷蔬菜（产量 1307.82 万吨）的基础上，通过合理布局、扩大规模、优化品种、提高质量，建设 200 万吨水果和 500 万吨蔬菜的加工基地，是完全可能的。预计每年以果蔬为主的特色农业增加产值及加工产值可达 800 亿~1000 亿元，福建省农民人均纯收入可由此增加 2%~3% 左右，特色农业将成为农民稳定持久的收入来源。同时，特色农业及其服务体系还能增加吸纳 100 万农民工和30万相关人员就业，大面积提升县域经济，着实解决“三农”问题。

农业发展的一条重要规律就是农业生产的逐步社会化、市场化和国际化。加入世界贸易组织后，随着我国逐步放宽农产品市场，降低农业关税，外国农产品特别是一些中低纬度国家与地区的果蔬产品正大力抢滩中国，福建特色农业正面临着国际和国内两个市场的激烈竞争，形势尤为严峻。特别是极具亚热带特色的福建水果业，在地理纬度相类似国家与地区的冲击下，已不是在发展，而是在萎缩。福建省农副产品出口在经历了2002年、2003年的低潮后，虽然2004年农副产品出口额17.87亿美元，排在全国第5位，同比增长38.83%，但出口增长速度还是远远落后于进口增长速度。

据福州海关统计，2003年10月至2004年9月，福州口岸对泰国的果蔬贸易已从1年前的顺差45.56万美元，转为逆差37.2万美元。同期，福建全省对泰国果蔬进出口贸易逆差为114.6万美元。2004年的荔枝、龙眼、枇杷等水果，因产量持续增加而销路不畅，价格跌至历年来最低。其中佳果荔枝已由过去的“一果上市，百果让路”变成当今的“荔枝烂市，果贱伤农”的局面，有些地方甚至出现砍荔枝树的现象。2004年福建省蔬菜出口6.32亿美元，同比增长了22.24%，但也仅及山东省同期蔬菜出口金额的一半。传统的北运菜，也因面临北方大棚及两广北运菜的激烈竞争，市场空间受到不断挤压。

面对这些挑战，要用现代农业的思路来指导特色农业发展。从农业生产组织形式看，与泰国等东南亚国家的种植园模式和我国台湾农业企业大多数采取“订单农业”“公司+基地+农户”的经营模式不同，福建特色农业依然是以分散经营为主。面对农业发展的逐步市场化、国际化，以农户为主体的生产组织形式存在三个方面的严重不足：一是农业生产技术推广及其生产标准的普及困难；二是缺乏进入市场的活力，吸纳市场资本能力低；三是很难形成有竞争力的经济主体，缺乏进入国内国际市场的实力，而且也不具备承担相应市场风险的能力。

2004年福建省利用外资平稳增长，但在新签利用外资合同中，投向第一产业的合同金额仅1.27亿美元，同比下降10.5%。从抓特色农业的工作方式看，政府要加强特色农业发展的产业规划引导和产业投资引导，特别要充分调动市场资本和外资资本参与农业开发，以解决经营性农业开发投入的严重不足。

要把福建的特色农业资源转化成产业优势，关键是要适应市场经济发展的要求，着力解决产业规划、生产组织、技术标准、资金投入等问题。为此，建议：

（1）编制福建特色农产品发展规划。规划要把握好几个关键点：一是要在经济全球化和农产品贸易自由化的视野下科学评判福建特色农业的资源比较优势和产业竞争优势，并以发展和动态的眼光，制定切实可行的近、中、远期规划，明确每个阶段福建省最有竞争力的特色农产品类型、市场定位、发展重点和配套措施，以逐步提高福建特色农产品的国内外市场占有率；二是依托区域农业合作特别是闽台农业合作，全面提升福建特色农产品的竞争力，将海峡两岸农业合作实验区政策推广并覆盖到全省，抓紧研究制定相应的实验区建设、闽台农业交流与合作规划；三是突出规划建设中国“南果”“南菜”等特色农业生产基地和福建“南果”“南菜”加工与物流中心，充分发挥产业链的财富效应，提升福建农业经济实力。该项工作应纳入“十一五”专题规划，可由省政府组织相关部门、科学研究机构、高校和行业等科技力量来共同完成。

（2）积极转变当前以分散经营为主要特征的农业生产组织形式，逐步建立起以现代农业大型龙头企业为主体的公司制农业。以企业作为发展特色农业的有效载体，通过现代企业较为先进的管理手段、运作方式和竞争文化来应对当前复杂多变的市场。

（3）加强特色农业资源及其物种多样性的保护，尽快制定与国际市场相衔接的特色农产品的标准。通过标准的实施，提高特色农业产业化水平。普及优质品种，推行无公害、绿色乃至有机食品生产技术，积极顺应世界绿色运动和可持续发展潮流。

（4）大力引进外资参与推进特色农业发展。激活农业发展，尤其需要引入外力，才能启动内力。当前国际农业资本正开始加快进入中国，必须抓住机遇，把开拓农业招商引资作为调整优化外资结构、提高利用外资质量、发展开放型经济的重要方面，组织专门的特色农业招商会，像发展工业那样大力引进国内外企业与资金参与发展特色农业，培植大型龙头企业。

（5）以农业物流建设为重点健全市场体系。结合发展现代服务业，依托物流龙头企业，构建覆盖全省、沟通内外、方便快捷的农产品加工物流体系，支撑特色农业发展。

（6）成立省、市、县特色农业开发领导小组。由各级主管领导及有关部门负责人组成，研究制定有关政策措施，调动各种经济要素向特色农业集聚，协调解决相关问题。

二、发展闽东南地区规模特色农业*

闽东南地区依山面海，独特的地理环境，使其农业生产富有亚热带的特色，这一特色孕育着竞争力，并带来市场与地位，历史上生产一些名、特、优农产品，驰名海内外。这一地区乡镇企业发达。农村的二三产业发展较快，农村剩余劳动力大量转移，有条件积极引导实现农业规模经营，有利于推进农业产业化。

许多地区农业产业化成功的实践多是建立在本区域大宗特色产品的基础之上，而且是农产品产量越大，产业化的基础越雄厚。农业产业化的实质就是将种植业、养殖业等传统农业链条向加工、仓储、运输、销售等环节延伸，其要求就是区域化布局、专业化生产，形成规模效益，闽东南地区具备了上述这些条件。这一地区的工业化、城镇化进程很快，耕地资源供需矛盾日益加剧，但耕地生产潜力大，为闽西北地区的 1.7～1.8 倍；特别是占全区土地总面积近一半的丘陵台地，适于发展特色农业，其中宜园荒地的面积是闽西北地区的 3 倍，所以本区属于全国土地生产潜力最高的区域之一。同时农业劳动力充足，构成了实施农业集约化经营、挖掘农业土地生产潜力的重要基础。本区与台湾仅一水之隔，不仅血缘相连、习俗相近，而且农业技术适应性强，因此本区又是台商农业投资的首选区域，有利于外向型农业的发展。

改革开放以来，闽东南地区经济发展很快，一些地方“重商轻农”思想十分普遍。实际上，拥有 2000 株成果荔枝树的收益可以相当于一个经营很好的小型企业的利润。要改变一些人单纯把农业看成任务的观点，树立农业也可以致富的观念，把发展特色农业纳入发展经济的轨道，作为建立海峡西岸经济繁荣带的一项重要内容。

闽东南地区是我省农业开发较早的地区，历史上不合理的经营已造成较严重的水土流失。因此在发展特色农业的同时，还要关注发展的持续性，做到既发挥土地生产潜力，又重视土地资源与环境的承载力；既以土地利用经济效益为目标，又考虑土地利用对环境的影响。要突破传统土地利用模式大多是“单兵种”和以经济效益为核心的做法，运用现代地理学的景观生态方法论，建立具有区

---

* 本文原刊于《福建日报》2000 年 1 月 14 日求是版。

域特色的、引入适应经济转型的土地利用模式，使土地利用与环境保护之间的关系协调化，达到生态安全、经济高效而又为农户所接受。

历史上闽东南地区曾盛产一些名、特、优农产品，但从现有国际市场来看，多数产品档次不高，规模不够，缺乏竞争力。当务之急，必须有一个宏观调控的科学布局以取得最大的规模效益。为此，必须分析本区特色农业的历史与现状，探讨特色农业发展滞后的原因，打破部门行政分割管理的局限，树立利用区内外两种资源与两个市场的观点，从全区的自然、社会、经济条件出发，全盘考虑，统一规划，调整农业结构，确定特色农业的布局，并发展与之相配套的商品服务体系和市场体系，形成规模生产，打入国内外市场，转化资源优势为经济优势，促进全区农业从传统农业向现代可持续农业转变，推动全省农业平衡发展。

培育特色农业，要着眼于可持续发展。首先要以生态果园为突破口，也就是在丘陵台地种果的同时，还要种草，我们三年来的研究结果证明：这种做法可以降低土温，保持土壤水分，减少水土流失，提高地力。更重要的是，牧草发展了，推动畜牧业；畜牧业发展了，不仅增加食物总量，还为农地提供丰足的有机肥源，保证了土地的可持续利用。农业发达国家的经验证明：种植业要有相匹配的畜牧业规模，才可能可持续发展。上述设计的果—草—牧模式既促使经济效益与生态效益相结合，又符合可持续发展的基本原理。这种模式现在不只停留在试验、示范阶段，有的农户已自发学习，说明它的科学性和经济性。我省的畜牧业是以庭院生产形式为主，从畜牧业还可以延伸到发展沼气、培养蘑菇等系列生产链条，于是庭院农业可包含“畜—沼—菌”等多种生产模式。这不仅提高经济效益，而且是特色农业的经济与可持续发展的支撑力量。可见，生态果园、耕地与庭院三大块的生产系列，是相互联系、互为影响的。我们把它们组合起来，引入林业生态防护系统，构成一个生产单元，呈适度规模。于是，种植业、畜牧业与土地三者形成一个生产系统。把特色农业置于这种综合经营的系统之中，依靠现代科技手段——地理信息系统，通过系统分析，优化选择的方法，使这一系统处于良性循环状态，保证特色农业的发展。现在要组织力量，探索这些组合的优化模式及其扩展的可能性和区域适应性，以求适应性特色农业可持续发展模式的广泛推行。

三、高效利用农业资源，转变农业生产方式*

农业是资源依赖性很强的产业，资源利用方式在一定程度上决定了农业生产方式。致力于农业资源高效利用研究，主要目标是挖掘农业资源的潜力，并使之得到恰如其分的利用，做到农业资源少投入而又能高产出，保证土地资源的可持续利用，试图从农业资源高效利用的角度，寻求一条改变农业生产方式的路径。经过 15 年的实践，我省摸清了土地资源的生产潜力，设计出经济效益与生态效益相结合的土地利用模式，在实验区得到实证，为建立资源节约型的农业生产方式提供了示范。但是，仍有耦合技术应用、地力培养、优势资源转化、生态生产力理念等问题需要解决。必须贯彻落实省委八届九次全会提出的“加快转变”，“在发展中促转变、在转变中谋发展”的精神，做到四个“作为”和四个“一样”，促使农业资源高效利用取得突破性进展，进而改变农业生产方式。

（一）农业系统耦合——农业科技创新的重点

长期以来，农业科研在一定程度上存在着把单项技术作为研发活动主要方式的倾向，缺乏与其他相关技术衔接，致使大量科研成果难以发挥有效作用。同样，任何一种农业资源要素，很难单独对农业生产发挥其应有作用，农业生产力水平的高低，往往取决于农业资源各要素的合理配置。因此，高效利用农业资源非得“耦合”不可。

“耦合”是指两个以上系统要素之间，通过自由能的流动，而形成的紧密依存、相互促进、相互演变的关系，最后构成高一级的新系统，新系统具有的全新性质是原有系统所不具备的。利用这一原理，在农业资源禀赋条件的基础上，通过耦合技术，优化区域农业资源配置，形成多时序搭配的时间结构、多区域组合的空间结构、多物种依存的物种结构，可以获取整体优化效应而得来的额外效益。研究表明，通过合适的耦合技术，生态效益增加 5%，经济效益增加 77%。然而，这些道理目前尚未得到普及。对农业资源配置，人们大多只停留在“综合”“协调”的宏观层面上，还没有触及耦合在微观层面上的许多技术，其中包含不同农业资源耦合利用模式中各组成要素的数量比例、空间配量、时序安排、

---

* 本文原刊于《福建日报》2010 年 10 月 19 日求是版。

整体管理技术、物质能量转化顺序等一整套耦合技术。耦合技术是农业科研中的薄弱环节。按照省委八届九次全会提出的“引导各类投资重点向经济社会发展薄弱环节倾斜”的精神，农业科学研究也要向耦合技术这一薄弱环节倾斜，将其作为农业科技创新的重点，加强研究，使耦合技术同生物技术、信息技术一样，在农业科技创新中发挥作用。

（二）培养地力——农田基本建设工程

资源节约型的农业生产体系需要可持续利用的土地资源作保证，而土地可持续利用又需要足够的有机物质回归土壤，使农业生产良性循环，从而形成土地越种越肥的局面，这是农业可持续发展的重要工程。然而，当前农田基本建设着重于兴修农田水利、平整土地、营造农田防护林等，而忽视培养地力，土壤贫瘠化日益严重，历史上对培养地力十分有效的冬季绿肥耕作制度保留无几，对培养地力有贡献的畜牧业发展一直处于滞后状态，表现出与植物生产发展不甚协调的状况。据测算，全省 8 个设区市中，6 个市农业与牧业发展未达到协调标准。如果植物生产没有相应规模的动物生产相匹配，两者之间难以形成物质、能量的旺盛循环，就不能提供足够有效的有机质回归土壤，最终将导致土壤“饥饿”。统计显示，福建农田土壤中的有机质及氮、磷、钾养分含量，属于贫瘠和严重贫瘠级别的达 60%以上。由此可以看出，发展畜牧业的意义不仅在于供应肉产品，培养地力也有此需求。我们设计的以植物生产、动物生产与土壤三者组成的循环系统为中心的农业生产体系，既能增产，又能提高土壤肥力，减少径流和土壤侵蚀，达到减少外部资源投入、获得高产出的效果，彰显农业发展的后劲。因此，要像抓水利建设一样，抓地力培养。培养地力需要政策导向或立法保证，使土地资源每年有足够数量的有机肥源投入，其中包括在农业耕作体系中应有一定比例的绿肥或养地作物，应对冬季绿肥和果园、茶园套种绿肥的面积进行宏观调控。要大力发展畜牧业，并调整其结构，为培养地力打基础。当前，福建节粮型畜牧业（养牛羊业）比例过小，耗粮型畜牧业（养猪业）比例偏大，这种情况不利于调动农业资源的潜力。因此，从培养地力角度，也需要大力开发草地，发展节粮型畜牧业。

（三）优势资源——转化为特色产业并作为民生项目

增加农民收入，提高农民生活水平，这是重要的民生问题。发展农业要从过去“以农为生”转变为“以农致富”。

从资源利用角度看，富农之道在于尽快把优势资源转化为特色产业。要发展能发挥区域资源优势的特色农业，形成规模，为农民开辟致富之路。我们设计的特色农业生产体系，单位土地纯收入比传统模式高 6 至 8 倍，农民年人均纯收入增长一倍。那种“大而全”“特色不特”的农业生产效益很低。福建属亚热带气候区，其特点是水热资源和生物多样性丰富，发展特色农业特别是亚热带果蔬，具有得天独厚的条件。在当前的国际市场上，除茶叶外，福建多数特产档次不高，规模不大，缺乏竞争力。为此，要把发展特色农业作为改善民生的大事。

要探讨特色农业发展滞后的原因，打破部门行政分割管理的局限，从优势资源着眼，调整农业结构，全盘考虑，统一规划，确定特色农业布局。以企业作为发展特色农业的有效载体，尽快制定与国际市场相衔接的特色农产品标准。通过标准实施，形成规模生产，提高特色农业产业化水平，并发展与之相配套的商品服务体系和市场体系，打开国内外市场，将资源优势转化为经济优势。

（四）农业生态功能——要从生态生产力的高度来认识

省委八届九次全会提出“加强生态省建设”。发展经济忽视生态效益，将造成一系列资源环境问题，最终制约经济发展。解决生态问题离不开经济发展，没有经济发展，就没有解决生态问题的基础和条件。因此，要按照统筹人与自然和谐发展的要求，树立科学发展观，促进经济与资源、环境协调发展。

长期以来，人们发展农业生产只重视物质生产能力，即经济生产力，而忽视了农业生产对维持和改善环境的能力，包括调节大气成分、净化大气、涵养水源、保持水土、维持营养物质循环等各种生态功能。所以传统农业生产是以消耗生态功能来换取经济生产力，在农业物质生产获得增长的同时，付出了巨大的生态环境代价，产生了一系列生态环境问题。随着人们对农业可持续发展的追求及生态环境意识的增强，他们开始对传统农业方式进行反思，提出生态农业、有机农业、可持续农业等各种替代农业生产方式。这些替代农业生产方式，归根结底都是为了改变传统以消耗生态功能为代价的不合理生产方式。因此，应把这些生态功能价值看作生产力，树立生态生产力理念，像重视经济生产力一样，重视生态生产力。

实际上，农民在农业生产活动中，不仅创造了物质效益，而且创造了生态效益，一般农业生产活动所获得的生态效益往往在物质效益的十倍以上。因此，合理评价一种农业生产方式，不但要考虑其经济生产力，还要考虑其生态生产力。当前，要着力研究适合我省情况的生态价值评价的标准和方法，为改变农业生产方式提供科学依据。同时，努力提高生态补偿能力，按照省委八届九次全会提出的“完善生态补偿政策措施”精神，制定适合于不同层次和类型的生态补偿制度，加大生态效益补偿的财政转移支付力度，探索多渠道、多形式的生态补偿方式，拓宽生态补偿市场化、社会化运作的路子，使生态生产力发展有可靠的制度保证。

四、从省情出发　合理配置资源*

可持续发展是全球也是我国当前和 21 世纪发展经济的主题，它要求在提高人口素质、保护环境、资源永续利用的条件下进行经济和社会建设，保持发展的持续性。我国的经济发展战略必须从传统的经济增长战略转变到生态经济发展战略。须知发展与经济增长并不等同，发展必定有经济增长，但仅有经济增长不一定有发展。那些通过大量消耗资源与大规模破坏生态环境的经济增长不可能获得可持续发展。因此，在经济运行中，决策者要有保护资源与环境的长远眼光，不能只追求产量、产值的高增长，而牺牲资源与环境。

我省现在从总体上还处于资源型经济发展阶段，也就是采用资源消耗型的粗放经营这种高消耗、低效率的工农业发展模式，不仅大量消耗资源，而且也导致了环境的破坏。这种生产模式不转变，经济就很难持续发展。尤其我省自然资源家底薄，人均资源量大都低于全国平均水平，更远低于世界平均水平，要经济快速发展就必须尽快走出资源消耗型的生产模式，在工农业生产中努力提高资源配置的效益，做到低投入、低消耗、高效益、高产出，并把节约放在首位。为达此目的，必须应用现代科学技术，全面提高资源的利用程度与利用效率，加快资源的多层次深度开发，从过去加大开发强度的粗放型生产转向提高工艺技术水平的集约型生产，提高产品档次，并发展与资源加工体系相配套的商品服务体系和市场体系，抓住有区域特色的名、优、特产品，形成规模生产，打入国内外市场，实现资源产品的精细化、技术化和高值化。尽管一些自然资源可以在区域之间进行调剂，但还应该看到自然资源的拥有毕竟是经济发展的物质基础，仅有这一基

---

* 本文原刊于《福建日报》1999 年 5 月 28 日求是版，标题原为《合理配置省情资源》。

础而没有高水平的开发能力，仍不能保证经济发展。对我省来说，当前的任务应着力于提高开发能力，转化资源的优势为经济的优势，以突出本区域的特色，这也是经济持续发展的关键所在。要强调开发海、山等自然资源，促其释放巨大潜能，实现持续发展的目标。

我省海洋资源不仅存在没有充分开发、蕴藏巨大潜力的一方面，还存在利用过度、资源衰竭的另一方面。因此，不管是浅海养殖还是海上捕捞都得讲究科学方法，不要一味追求高产值，强调大上快上，而忽视与资源环境相协调。开发海洋是一项巨大的工程，开发上应有层次性，港口建设与以水运为主的交通运输业应是“重点”，养殖业列作“积极发展”，滩涂种植业只能是“适当发展”。

山地是我省重要资源，许多山区目前脱贫致富仍然需要立足于利用本地山地资源，所谓“靠山吃山”。由于林业生产是长周期性的，它不可能处处都成为山区经济收入的主体，而必须与农业、畜牧业、加工业相结合，这个现实不能回避，不能因强调保护山地生态环境，只作封山育林，而不作其他农业开发。积极的态度是要应用新科技手段，在保护环境的前提下，寻求科学的山地开发模式，实施“保中有用”的策略，而不是不敢去开发。何况面对已经破坏的山地资源，还有待综合治理。所以对多山的福建来说，山地科学开发与治理是一项很重要的工程。现在我省确定的“十大科技工程”却没有山地科学开发工程的席位，这说明对“在保护中开发”这个原则认识不足，应该在思想上与具体措施上有所提高和加强。与山地利用相连的，是如何合理开发利用草山、草坡问题。草山、草坡面积是耕地的1.7倍，而且我省又拥有“四季皆青”的气候优势，然而我省畜牧业发展一直受制于粮食生产，节粮型的畜牧业发展处于滞后状态。其中既有技术与管理水平问题，又有经营习惯问题。长期以来，人们对畜牧业已习惯于粗放经营，于是广大草地资源开发不力，管理不善，任其自生自灭，严重退化，质量很差，以致弃而不用，更谈不上精心建设人工草场。因此，如何发挥草地生产潜力，发展节粮型畜牧业，既为提高地力提供有机肥源，又增加食物总量，缓解人口与耕地之间日益加剧的矛盾，这是资源利用方式从粗放向集约转变的又一应走之路。

我省耕地资源虽然紧缺，可土地生产潜力却是很高的，可称为全国最高的区域之一，单位面积农业土地生产潜力是华北和东北地区的1.5~3倍，为西北地区3倍以上。我省土地面积仅占全国的1.26%，而土地总生产潜力却约占全国的3%。我们应该特别珍惜天时地利所赐的如此高的生产潜力，来弥补耕地资源的严重不足。经测算，现有耕地的粮食平均产量只有生产潜力的 55.21%，只要加大投资、提高科技水平，实行集约化经营，把这一部分潜力充分开发出来，就能使粮食产量在现有基础上翻一番。我省耕地资源的利用也不充分。复种指数只有 150%~200%，耕地冬种面积不及 1/4，冬闲时间长达 120 天，可谓地未尽其用，尤其是闽东南地区的宜园荒地面积大于闽西北地区，而闽东南地区耕地生产潜力又是闽西北地区的 1.7~1.8 倍。这就要求重视闽东南地区农业生产潜力的开发。闽东南地区盛产亚热带作物与果树，现有宜园地 56.8 万公顷，其中一、二等地占 67%，还有 8.7 万公顷宜园荒地，这正是发展特色农业的宝地。同时闽东南地区区位优势突出，乡镇企业发达，农村二三产业发展较快，农村剩余劳动力有条件大量转移，这为规模生产、发展农业产业化提供了充分有利的条件。但从现在国际市场需求看，历史上许多名、特、优产品已不适应市场要求，而且规模不够大，缺乏竞争力。现虽已着手建设若干农业高新技术示范区，但还不能形成区域的总体优势。根据这个区域的现状，应不失时机，在技术、政策、资金上给予支持，统一规划，突出亚热带作物和果树特色，以档次与规模为目标，从示范区起步，因势利导，积极推进，从经济基础较好的地区向经济基础较差的地区逐步推开，逐步把闽东南地区建设成国内外有影响力的特色农业开发带。

五、新技术在科学研究中的创新应用*

20 世纪 80 年代我国开始发展地理信息系统。尽管我看到许多报道，但并未在意。这个时期，我三度赴美访问与讲学，见到美国地理信息系统普及应用之广，触动很大。我的学生对我说："在美国能掌握地理信息系统这一技术，不愁找不到工作。"这使我产生了学习与应用这一技术的愿望。

回国后，筹措经费，争取场地，购买仪器，培养人才，从零起步，我把地理信息系统实验室建立了起来，并指导博士生围绕福建当前社会与经济发展中的矛盾焦点之一——人口、粮食、耕地三者的关系，以地理信息系统为手段，以实际数据运算分析为依据，对福建人口、粮食的产需平衡、土地资源及其利用作了科

---

* 本文摘编于吴传钧和施雅风主编的《中国地理学 90 年发展回忆录》，学苑出版社 1999 年版，标题原为《尝到应用新技术创新的甜头》，正文有改动。在此基础上，作者提出的"应用地理信息系统为政府决策服务"的建议获 1999 年福建省人民政府科技工作者优秀建议奖。

学分析，突出研究土地利用的综合性和生态学原则，摆脱了传统概念束缚，走出了人云亦云的圈子，从而获得本省土地资源开发、利用、管理的新思路。

例如在福建，传统的看法都认为闽西北地区人少、荒地多，低产田比例大，生产潜力大，因此，在战略上历来是向闽西北地区要粮食，作为农业的重点。但是我们以地理信息系统为手段，通过综合因素测得闽东南地区的耕地生产潜力是闽西北地区的1.7~1.8倍，而宜园荒地的面积是闽西北地区的3倍。据此我们提出“关于加强闽东南农业开发力度，建设特色农业开发带”的建议，得到福建省领导的重视，书面批示“所提建议很好”，“材料很有新意，政府要认真研究”，“此件提出新概念，应引起重视”等。福建省农业厅的一位领导说：“我长期从事农业的行政工作，总觉得闽东南地区的农业生产潜力要比闽西北地区来得大，可是许多人却提出闽西北地区的农业生产潜力大，但我的看法一直拿不出科学依据，这个研究成果为转变传统看法提供了很有力的佐证。”

于是，福建省科协召开了以“地理信息系统与省情研究”为主题的科技月谈会。福建省委陈明义书记听取了本研究成果汇报，并作了福建省尽快发展地理信息系统工作的指示。随后，福建省政府建立省综合省情地理信息系统领导机构，确立启动经费80万元，本课题成员参与了工作，推动了地理信息系统这一现代化手段在福建省的应用。根据本研究成果提出的“建设闽东南特色农业开发带”的建议，福建省计委认为具有关联性大、影响面广、带动性强等特点，列入福建省可持续发展第一批优先项目，福建省农业综合开发领导小组据此建议，加大闽东南农业综合开发力度。这一成果在社会上反响之大，出乎我的意料。

我总结这一意外的收获，得出这样结论：科学研究要走创新之路，要重视新技术的应用，实践经验加上新技术应用，“如虎添翼”，增加了创新的可能性。于是我更精心于实验室新设备的建设，如今我们实验室已拥有GIS、RS、GPS相关的软硬件，所谓“3S”俱全，这是我尝到应用新技术甜头的结果。

六、“数字农业”总体规划应从速制定*

信息时代的来临，正在改变人类的生存和发展方式。将来的经济模式也正从现行的以自然资源为主的工业经济模式逐步转换为以信息资源为主的知识经济模

---

* 本文原刊于《福建科技报》2000年12月14日第1版。

式。信息技术在农业上的应用，将使传统农业的现代化改造产生深刻的影响，在农业资源环境的宏观调控、作物生长与管理的监测和调控、气候和作物产量与病虫害的预测预报，以及农业机械的遥控系统的建设等方面都显示高效率、高效益和智能化的作用。如中国农业科学院草原研究所应用信息技术建立的“中国北方草地草畜平衡动态监测系统”，将过去用常规方法由上百人 10 年完成的工作量，缩减至现在只需 7 天即可完成，运行 3 年，节约经费 1669 万元。

农业应用的信息技术主要是地球空间技术，包括地理信息系统（GIS）、遥感（RS）、全球定位系统（GPS）、计算机网络等技术与现代农业技术相结合。利用这些手段，可以把农业资源、环境中大量数据自动、快速、有效地提取出来，并加以分析整理，发现问题，然后寻求解决问题的方法。数字是信息的载体，只有通过数字化后，才能运用计算机操作在网络上运行，实现智能化、可视化，所以数字化是信息技术中最为基础的工作，信息农业又称数字农业。

一般常规方法所获得的农业生产状况大都只是面上的概念，通常以平均值来表示，难以掌握具体小区间的差异，而应用地理信息系统所建立的农田自然要素的空间数据库，可以发现各农田之间这些要素的时空差异；遥感技术还能获取农田小区内作物生长过程的大量时空变化的信息；全球定位系统又可以对农田的信息进行空间定位。这些技术的综合应用，要比常规方法洞察到更仔细、更具体的田间作物生长过程中的时空变化，如田间条件和收获量的空间差异，年际产量的时间差异、预测与实际产量差异等，这样就能更好地逐块、逐年制定管理技术措施，使农业措施更精确，管理更精细，可以对症下药，合理调控，达到田地间小区间资源潜力的均衡作用，从而获得高产，并往农业操作的自动化、智能化方向发展，所以信息农业也被称为精细农业。

信息技术在处理数字信息的基础上，进一步发展，还可以模拟现实环境，包括图像、声音、气味等各种信息源，使人们如同身临其境，体验直观感受，这称之为虚拟环境。例如，虚拟大型水库建成后库区周围及其上下游的环境变化，既可为水库修建提供决策依据，又可预判水库建成后可能出现的问题，这样可以更好地制定相应对策，防患于未然，所以信息农业还被称为虚拟空间农业。由此可知，信息农业给农业带来的是科学的判断、精细的管理，从而获得农产品的产量与品质的提高，经济效益的增加。可以说，发展信息农业是农业现代化的必由之路。

现在福建省委已把“数字福建”列入“十五”规划建议之中，“数字农业”

也作为其中的一项应用工程，今后工作任重道远。建议迅速制定出福建省信息农业发展总体战略规划，确定具体目标，提出必须解决的关键技术与应实施的技术体系，安排发展的空间与时间序列，建立示范基地。这不仅支持福建省农业现代化进行技术改造和知识创新，而且也为人多地少、经济快速发展的东南沿海地区提供新技术应用的典型经验。

七、关于我省开展“数字资源”建设的建议*

地理信息系统、遥感、全球定位系统及信息高速公路的迅猛发展与广泛应用，使得从自然资源中获取海量信息并快速传输成为可能。这一新的技术革命，为研究复杂的资源系统提供了快速覆盖全球准同步的丰富数字资源，以及跨越时空局限的分析模型和预测预报的数字处理手段，使人们有条件更清晰地认识和合理利用自然资源。因此，研究自然资源不再是过去单靠地面观测或手工处理所获得有限信息，而是可在瞬息万变的数字海洋中任意选用信息，而且具有大范围、高精度、快速更新、快速获取等特点，从而可以从巨大的信息中作出科学判断，实现合理利用资源所要求的经济效益与生态效益的统一，这就产生了资源科学的前沿——“数字资源”。

数字资源的核心是数字化、网络化和智能化，并最大限度地利用信息资源，使资源得到最优化的配置。当今，信息产业方兴未艾，前途无量，国家正在发展为建立“数字资源”所需的各种技术和能力，这包括各类标准、规范，面向对象技术、空间数据仓库技术、虚拟现实技术、神经网络、专家系统、图像自动解释、多源数据融合和智能化等。

我省应不失时机，抓住机遇，因势利导，推进这项建设。据此，特提出如下建议：

（1）尽快建设全省性资源的空间数据库，存储各部门不同时空尺度的历史数据资料以及数据获取系统所得的现实数据信息，同时定期更新图件和数据。全省应有一个数据管理和应用的协调机构，开展资源数据总体规划，研究数据结构、坐标系统、基础功能、总体框架、数据管理和网络协同等方面工作，保持数

---

* 本文原刊于《福建日报》2001 年 3 月 21 日求是版，并在“为福建‘十五’发展献计献策征文”活动中获奖。

据的完整性和一致性。建立全省性数据管理交换中心与各部门信息网络和专业信息系统，创造充分利用数据共享的条件。

（2）以项目推动“数字资源”建设的进展。根据各单位工作基础与人才结构，设立若干针对省情的项目，既服务社会和培养人才，又推进本项建设的进展。如设立资源环境生态监测网络系统项目，深入研究本省山地与海洋生态系统的变化，并与全国与全球的生态系统研究网络接轨，提高效益，扩大影响；又如开展闽东南区域特色农业决策支持系统研究，将农业资源监测、评价、诊断、管理决策知识程序化，开发出用于构建闽东南特色农业模式、农业产业空间布局，以及“入世”后外来农业投资区位空间模拟等，面向农业资源高效持续利用与管理的计算机决策支持系统，促进闽东南地区农业信息化与决策科学化。以本省社会需求，当有许多项目要做，如区域发展、灾害预警、环境评估等，但要量力而行，不可全面铺开，先集中力量搞好几个项目，以实际效益推动本项建设。确定项目承担单位要采取公开招标方式，鼓励联合攻关，调动各方面积极因素，有条件的单位尽量能纳入这个建设的队伍中来。

【小结】本章选取七篇献计献策文章，聚焦特色农业和数字农业两个主题。这两个建议终生实效，彰显献计献策是地理学通向服务社会的好方法，证明了地理学“微入宏出”的必要性。“把发展特色农业作为解决‘三农’问题突破口”的建议，在福建省“十二五”规划建言献策活动中获奖。特色农业研究进程详见本书第八章至十三章，其中既有特色农业产业化体系的成果，又有特色农业的宏观布局和战略思想的成果，而且研究成果被列入福建省重点科研成果转化项目加以推广。我们的数字农业研究起步于 1991 年，开创福建数字农业研究的先河。1999 年我们提出“应用地理信息系统为政府决策服务”的建议，获福建省科技工作者优秀建议奖；2001 年提出“关于我省开展‘数字资源’建设”的建议，在为福建“十五”发展献计献策征文活动中获奖。应用地理信息系统研究福建农业发展取得新论点，得到政府相关部门的重视与支持。2004 年我受聘福建省人民政府顾问，参加“数字福建”专家组工作，拟定福建数字农业发展规划，在漳州市设点示范，对推动福建数字农业起了龙头作用，达到广泛的辐射效果。

附 录

关联词

四篇附录都与本篇的主旨应用观相关联。郑度院士在《长汀水土保持研究》序中写道："这部专著是具有鲜明创新特色的研究成果。在学术上，为全球环境变化的区域响应研究提供亚热带山地生态系统脆弱区生态恢复的典型案例，丰富了地理学关于环境演变的理论内涵。在实践上，为该研究区正在开展的以水土保持为中心的生态环境建设提供战略性指导和实用性建议，为决策部门制订和实施相应措施提供科学依据。"这反映出"着力解决本土问题，攀登国际前沿"的现代地理学应用观的内涵。朱连奇教授对《地理学思维与实践》评价道："本书还是一本地理学回归学科本色的召唤书，有其现实指导意义。由此我认为《地理学思维与实践》是地理学工作者增强学科自信的好教材，值得认真研读。"程顺祺博士为《地理学思维与实践》撰写评论："不仅将见地及人、以人为本的理念作为地理学的灵魂并贯穿其科学研究的全过程，而且长年累月对农业资源高效利用开展研究，心系'三农'问题，力求回报社会。"上述评价都肯定了服务社会是地理学存在的生命根基这一现代地理学应用观。

附录一 郑度院士：《长汀水土保持研究》序*

中国是世界上生态系统退化和土壤侵蚀最为严重的国家之一。土壤侵蚀不仅造成土地退化、生物多样性丧失、生态环境恶化及巨大的经济损失，而且影响到区域经济的可持续发展和社会的稳定。

中国南方红壤地区人多地少，山高坡陡，雨量充沛且暴雨多，植被一旦遭到

* 本文写于 2013 年 3 月 7 日，作者系中国科学院院士、中国科学院地理科学与资源研究所研究员。

破坏，很容易产生强烈的土壤侵蚀。东南沿海的福建是南方地区土壤侵蚀比较严重的省份之一。地处福建西部武夷山南段，汀江上游的长汀县，在一百多年前还是山清水秀、森林茂密。自20世纪以来，该县连续发生多次森林滥伐、林地滥垦事件，光山秃岭面积不断扩大，植被覆盖率极低，是中国亚热带花岗岩丘陵地区土壤水蚀荒漠化的典型代表。

自1940年在长汀河田建立径流小区算起，土壤侵蚀治理研究历经半个多世纪，是中国南方亚热带红壤丘陵土壤侵蚀治理的一个典型区。许多学者在此开展观测实验，积累了大量的相关研究成果。但过去长汀土壤侵蚀研究的空间尺度基本上以坡面、径流小区为载体，研究内容多以微观的自然过程为主，缺乏基于区域整体性的系统分析和综合研究。

长期以来，朱鹤健先生关注可持续发展与生态环境建设，围绕农业资源开发利用、规模特色农业与农业信息化问题，致力于土壤学与地理学的科学研究和实际应用工作，作出了卓越的贡献。自2000年以来，朱鹤健先生在长汀发挥地理学系统性和综合性研究的学科优势，以地理学理论为指导思想，结合应用系统学、水土保持学、土壤学和生态学等相关学科理论，开展以地理学范式研究水土保持，一直持续至今。

朱鹤健先生等著的《长汀水土保持研究》是他带领多位博士生历经11年在长汀开展水土保持调查和观测实验研究工作成果的集成。由于土壤侵蚀治理不仅涉及自然因素，更与人为因素和社会因素相关，问题的复杂性要求研究应具有综合性、系统性和方法的多样性。这恰好使地理学能够在水土保持研究工作中独显优势，发挥其综合性和区域性，以及具有跨学科交叉与渗透的学科特性。这部专著是从地理学的独特视角，应用区域整体的观点，以人地关系为主线，从时间、空间、序度、变化四大地理学研究要素出发，综合运用地理学各学派思想和地理学系统分析、空间分析及遥感、地理信息系统和全球定位系统等现代化技术手段，开展多因子、多角度、多方法的综合性水土保持研究。

土壤和植物群落的变化是土壤侵蚀区的敏感指标。自2000年通过科学治理以来，长汀土壤侵蚀面积明显缩小，大部分为中度以下土壤侵蚀；土壤肥力随土壤侵蚀强度的降低而呈现一定升高的趋势，土壤各养分绝大多数指标含量都随土壤侵蚀强度的增强而呈递减态势；随着植被覆盖度的增加，土壤养分各指标含量呈现增加态势；土壤微生物类群及数量指标也有这一趋势。

对植被群落的研究表明，生物多样性和活力的分析是建立健康植物群落的基础性手段，乔木层和草本层盖度是影响群落活力的关键指标，地理环境是影响植物群落活力的重要因素。从种类组成看，必须重视芒萁、金茅和鹧鸪草的作用，以促进草本层多样性的维持和提高；研究区马尾松所占比例偏大，在治理后期可以逐步用木荷取代马尾松，以巩固治理效果并提高植物群落的健康水平。

以长汀县河田镇为实例，作者针对不同的自然社会经济基础，采用不同的恢复模式，以获取最大的综合效益。对自然基底较好，人类活动相对弱并容易控制的地区采用自然恢复措施，主要是实施封禁治理；对自然基底极度脆弱，难以自然恢复的地区则采用强化治理措施，如生态林草、低效林改造；对极端侵蚀的崩岗形态则以生物与工程措施相结合，采用上拦下堵中削坡加林草措施；对人类活动频繁地区则采用种果、果园改造、坡改梯等生物工程措施，强调经济效益。

通过侵蚀因子与土壤侵蚀的时空关联性、侵蚀景观时空格局特征演替等研究，作者揭示了在不同社会经济背景和人为因素作用下，土壤侵蚀和治理过程的变化特征，探明了长汀土壤侵蚀的时空分异规律。研究表明，长汀的土壤侵蚀主要集中在坡度 15°以下的区域；坡度大于 25°的区域，虽然重力作用极易发生侵蚀，但由于限制开发，土壤侵蚀发生的概率较低。可见人类活动频繁、开发不当是缓坡地区发生侵蚀的主要原因，而增加植被覆盖度是防治土壤侵蚀的重要途径。

以生态服务价值、环境经济学等理论为指导，作者用能值评价指标，直观地反映出长汀土壤侵蚀的生态经济效应。在国民经济各部门中，受土壤侵蚀影响最大的是农业，必须在治理土壤侵蚀的基础上才能实现生态良性循环的农业发展目标。从地理学人地关系的角度出发，作者指出长汀县生态补偿制度要同时注重人地和人际两个管理机制的建构与整合设计。这有助于深化对人地关系地域系统内在机理的理解和定量表达，对于不同尺度区域生态环境建设具有重要意义。

应用系统耦合理论，作者对长汀生态—经济系统耦合的背景、要素、条件、结合点和效益进行了综合研究，系统分析了由土地、劳动力、市场、技术、资本等要素耦合而成的多种规模种植、养殖模式的效益及其对农户行为和水土保持的影响。研究表明：农业规模化和农业产业化扩大了农户经营规模，提升了农户的组织化程度、市场把握能力和风险抵御能力，在各种耦合模式中均获得了显著的规模经济效益，成为区域生态—经济系统耦合的直接驱动力。建立了朱溪河流域生态—经济系统耦合效应评价 PSR 模型指标体系，提出了切实可行的土壤侵蚀区生态—经济系统耦合战略。

在获取南方丘陵红壤侵蚀区水土保持治理所具有的普遍指导意义规律的同时，作者应用定量与定性相结合的方法，揭示了土壤侵蚀区生态—经济系统的耦合机制与效应，拓展了区域土壤侵蚀和水土保持研究的思路。专著中的许多研究结论都是作者基于现代化研究手段，长期定位观测掌握的丰富的第一手数据资料分析得出，并总结了长汀近年来治理土壤侵蚀的新鲜经验。

朱鹤健先生在总结成果时指出，应当运用人地关系和谐论来指导生态恢复研究与治理工作。他提出“天时、地利、人和”的三个策略，以及相应的三个转变和三个突破，以推动研究成果对区域水土保持工作的实践指导作用。“天时、地利、人和”是治理策略的核心。顺乎天时，就是以自然恢复为主，让自然界的再生能力得以最大限度的发挥；调控地利，实现雨水坡面径流资源的调控再分配、化害为利，构建径流草畜系统，推动水土保持产业化；致力人和，把握住治理和开发两个环节，增加农业产业链，开拓致富之路，保证水土保持的持续性。为此，在观念上要将治理与开发相结合，改善生态与改善民生相结合，走水土保持产业化道路。策略上要从人工建设为主转变到以自然恢复为主，试验结果表明封禁措施使植物群落活力普遍提高；在技术上则要重视土地资源的养护，使土壤肥力不断提高，奠定山地生态恢复的物质基础。生态恢复工作中尚有许多技术问题成为发展的瓶颈，要组织力量突破；空间上要突破以县域为治理单元的传统，建立以小流域作为单元的治理模式；还要调动各方面的积极性，突破部门分割的体制性障碍。

这部专著是具有鲜明创新特色的研究成果。在学术上，为全球环境变化的区域响应研究提供亚热带山地生态系统脆弱区生态恢复的典型案例，丰富了地理学关于环境演变的理论内涵。在实践上，为该研究区正在开展的以水土保持为中心的生态环境建设提供战略性指导和实用性建议，为决策部门制订和实施相应措施提供科学依据。

朱鹤健先生发来书稿，给我提供了学习的机会。但他提出让我为这部专著写序，则让我有点作难，作为后辈的我也只好遵命写了以上的学习心得。希望该专著的出版能进一步推动中国南方水土保持事业的发展，也为南方坡地的改良利用及生态恢复提供有益的借鉴。

附录二　朱连奇教授：注重地理综合，强化生产实践

——《地理学思维与实践》书评*

新时代的中国地理学是推动可持续发展和促进构建人类命运共同体的应用基础学科，不仅要建构和完善现代地理学学科体系，而且要在服务国家需求方面担

---

* 本文原刊于《地理研究》2021 年第 8 期，作者系河南大学地理与环境学院教授。

当重要角色。福建师范大学朱鹤健教授总结长期教学和研究成果，出版了《地理学思维与实践》一书。书中集成了地理学的研究范式，阐明其独特性，为建构和完善地理学现代科学体系作出了新贡献。全书对服务社会是地理学存在的生命根基、地理学研究范式的独特效应和地理学家要积极投身于国民经济的主战场3个论题做了深刻阐释。敬佩作者对地理学精髓孜孜不倦的探求精神。2020年12月中国地理学会发出以地理科学为主体或基础的高校院系应该将“地理”或“地理科学”置于机构名称中的呼吁书，强调地理学回归学科、回归本分、回归初心、回归梦想。这使我对本书增添了新感觉，认为本书还是一本地理学回归学科本色的召唤书，有其现实指导意义。由此我认为《地理学思维与实践》是地理学工作者增强学科自信的好教材，值得认真研读。

一、服务社会是地理学的生命根基

地理学既有探索学科发展前沿的任务，又有解决社会发展实际问题的担当。近代地理学100多年来的发展历程表明：地理学一旦脱离社会需求就会走向衰落。美国哈佛大学地理系1948年的轰然倒闭及2006年的重新复活就是典型例证，足以借鉴。《地理学思维与实践》综述了70多年来中国地理学工作者以国际前沿的视野，国家战略需求的情怀，解决实际问题的视角，投身国家建设主战场，把科技论文写在祖国大地上的许多事例，佐证服务社会是地理学存在的生命根基。书中展示了作者应用地理学思维设计农业生产、生态文明建设和地理学研究范式取得的成果，以福建省长汀县水土保持实践为例，根据研究区自然地理特性和社会经济特点，突出地理学研究的区域性、交叉性和系统性，把自然保护和社会经济发展置于区域整体性、农业资源系统性、人地关系协调性等思维网络节点上相互关联、相互反馈而构成完整的水土保持系统；又以人地关系为主轴，把协调人地矛盾贯穿研究全过程。从时间、空间、序度、变化四大地理学研究要素出发，揭示土壤侵蚀时空变化规律，探究生态—经济系统耦合机制，以人地关系和谐论处理变化过程中出现的矛盾，从根本上解决土壤侵蚀问题。研究从微观入手，沿用地理学野外调查、定位观测、实验分析、农户访谈与问卷调查的传统方法，又以“3S”技术、系统分析、空间分析和数量分析等地理学现代化技术手段作支撑，广辟数据来源，做到全方位真实反映客观实际。通过系统地提炼与升华，提出“三个策略”“三个转变”和“三个突破”的战略建议，被有关部门采纳并付诸水土保持实践，探索出了我国亚热带山地生态系统脆弱区生态恢复的一些规律，又为水土保持实践提供理论指导和技术建议，成为地理学农业实践的成功案例。

二、地理学研究范式的独特效应

《地理学思维与实践》博取地理学诸家之长，把分散的知识点和概念通过系统性整理，科学集成为完整的知识体系，指出地理学的独特性在于其拥有独立的研究范式、边界清晰的核心理念和独到的研究方法。地理学核心思维是人地关系、地理要素之间的相互联系和地域分异规律；地理学研究要从区域、生态、景观生态、区位和数量五个视角审视地理现象，并与人地关系相关联，既孕育着学科的原生理论与次生理论，又使地理学具有服务社会和经济发展的功能；地理学研究方法概括起来有野外调查与室内工作两个部分，是传统和现代的结合，同时，地理学坐落在自然科学与社会科学交叉点上，孕育着多学科交叉融合的特色，成为地理学的脊梁。

朱鹤健教授在《地理学思维与实践》中将地理学的特色思维归纳为：见地及人、微入宏出和落地有声三个方面。见地及人是指对任何地理过程和地理现象的思辨都要和人结合起来，既要思考人类活动对地理过程的作用，又要考虑地理过程和格局的变化对人类社会的影响；微入宏出则是指地理学既研究某个时间段的地理现象，又要揭示地理现象变化的过程和机理，通过机理探求，以宏观决策为成果出口，因此微入宏出使地理学言之有物，是地理学通向社会的重要思维，也是处理地理学研究尺度转换的一个重要研究方法，大量的野外考察和站点观测通过系统的提炼与升华，形成具有重大影响力的政策支持成果，为国家宏观战略决策提供科学依据；落地有声是指地理学研究成果要落到社会经济发展和生态文明建设的实处，落地有声的“地”是指特定空间（区域）、实际问题和实地考察3个方面的内容，强调地理学研究不能只专注数学模型的应用与精准的定量分析，还要结合实地观测验证与定性分析。

三、地理学家要积极投身于国民经济的主战场

当前我国面临着推进生态文明建设、新型城镇化进程、优化国土空间配置、实现绿色发展等现实需求，地理学迎来了难得的发展机遇，因此地理学要进一步加强与社会的联系，地理学家要增强国家情怀。同时《地理学思维与实践》强调地理学家必须具备“三保”与“三防”的特色学术素养：一是保持“见地及人”思维，使得地理学研究既接“地气”，更接“人气”，防止落入单一化陷阱；二是保持微入宏出思维，服务社会，防止走纯自然科学的道路或成果只停留在概念的描述上，失去地理学特色；三是保持定量分析与定性分析相结合思维，防止只专注数学模型的应用与精准的定量分析而忽视实地验证和定性分析，致使研究

成果空泛失真。这些学术素养促使地理学家积极投身于国民经济的主战场，具有针对关乎国计民生的重大问题做出预测、规划、决策和优化的能力，在服务国家战略需求的过程中发展地理学。

附录三　地理学：接地气又要接人气*

虽说早在基础教育阶段就开始学习地理课，但彼时的我，对这个学科的认识尚为粗浅。大学学习地理学专业，伴随对学科理解的深入，心中难免萌生困惑：地理学被视为交叉学科，没有统一的理论体系，其技术应用和方法也多借鉴自其他学科。那么，作为一门独立学科的地理学，到底该如何立足？

这个深埋于心中多年的学科认同问题，终于在朱鹤健先生的《地理学思维与实践》中寻得了答案。《地理学思维与实践》提出的“现代地理学思维脉络体系”，是一系列地理学的概念、范畴和原理所构成的有序集合。为了使其表达得更为形象，该书把地理学描绘为一个有血有肉的“地理人”：以人地关系、系统和空间理论构筑“中枢神经”，在其引领下，由五大学派相互联结构筑躯干，还有以空间分析和系统分析见长的“手”和立足于野外调查和室内工作的“脚”。此外，“地理人”独有的核心思想贯穿于“躯干”和“四肢”中，组成“周围神经”，指导“躯体”与外界进行能量物质交换，获得可持续生长。

作为以自然科学与社会科学的交叉为着落点的学科，现代地理学不仅“接地气”，而且是“接人气”的。对人地关系的认识，素来是地理学的研究核心。从表面上看来，地理学的主要任务是研究地球表层系统各要素的相互关系，但事实上，研究的最终落脚点都在自然环境与人的关系上。20 世纪中叶，西方地理学大师哈维所提出的逻辑实证主义的方法论所表现出的地理虚无主义，就因忽略了人在地理环境中的作用而饱受批判。

说到地理学的复杂性，不妨以现代医学作为类比。现代医学治疗疾病注重客观指标，借助指标查到病变所在、病因所在，即可治疗。然而也有些时候，尽管患者存在躯体不适的症状，但各种临床检查、化验都找不到具体的器质性病变。现代地理学在实证研究上也存在类似的情形，比如，数据处理结果有时不合乎常理或无法解读。朱鹤健敏锐地觉察到了这点，特别对滥用逻辑实证主义所导致的一系列与客观实际相悖的研究结论予以评判，认为不能仅靠数据说话。“缺少人

---

* 本文原刊于《光明日报》2019 年 3 月 4 日第 11 版，作者程顺祺系福建师范大学地理科学学院博士生。

文关怀的科学主义是盲目的，忽视科学精神的人文主义是虚浮的”，朱鹤健在教研实践中一直致力于寻找科学与人文的平衡点。

地理学是经世致用的。朱鹤健主张，地理学者要有地方视角、国家情怀和国际视野。从社会科学注重理论建构的一面来看，地理学无疑是更“接地气”的。我国的自然结构和社会经济结构曾发生过剧烈变化并为之付出巨大代价，突出表现为人地紧张。当前，全球环境变化、经济一体化以及地缘政治结构变化等国际复杂背景和推进新型城镇化进程、产业优化升级、缓解资源环境压力、优化国土资源利用及实现可持续发展等国内现实需求向地理学提出了一系列难题，但也给学科发展带来了新的机遇。朱鹤健不仅时刻关注地理学研究的国际前沿，更极具现实关怀，他始终关注国家需求，密切联系动态变化中的人地关系，立足于本土情况解决实际问题，不断发展地理学的研究范式，并将其应用于指导农业生产与建设，积累了丰富的实践经验，获得了良好的经济、社会与生态效应。他历时15年，在闽南漳浦建立农业资源系统耦合试验区，实现了农业增产、农民增收的良性循环，系统地总结和完善了农业系统耦合理论；历时11年，在闽西长汀实施山地生态重建示范工程，定点观测追踪，以地理学范式研究水土保持，填补了区域尺度上的研究不足。

地理学者应该兼具人文情怀和理性思维。从自然学科侧重物质实体、现象研究的一面来看，地理学是为人而研究的，显得更“接人气”。朱鹤健认为，每一位中国的地理学者都应该时刻关心民族的永续生存和国家的可持续发展，不仅研究科学问题，更要解决实际问题。同时，“地理学是人类活动的空间科学”，这样的双重学科属性，就要求科研人员具有人文情怀和理性思维的双重品质。还是拿现代医学相类比，医者虽以冰冷的数据和医疗器械为诊疗依据，但仍然与病患感同身受，体现出超乎知识、技术之上的仁心仁术。西方医学奠基人希波克拉底还提出，“知道谁得了病，比得了什么病更重要”，强调注重个体差异及环境因素对健康的影响研究，这种态度往往能挽救更多的生命。这一点在朱鹤健身上就得到了充分的展现：不仅将见地及人、以人为本的理念作为地理学的灵魂并贯穿其科学研究的全过程，而且长年累月对农业资源高效利用开展研究，心系“三农”问题，力求回报社会。

朱鹤健长期深耕于这个社会科学和自然科学两大学科体系的交叉中心，事实上构筑了社会科学和自然科学研究的桥梁：其所展现的“地”道解读，宣扬了现代地理学的魅力，体现了现代地理学的内聚力；其所彰显的“人”本关怀，反映出现代地理学在农业实践中的独有优势，展现了现代地理学在国民经济建设中的广阔前景。

第四篇

教育观

新型地理学人才必须具有全球视野、家国情怀，建设人类社会可持续发展与人类命运共同体的专业能力。本篇提出地理学科改革振兴的意见，从顶层设计入手，在培养目标上，突破原有培养地理教师和研究人员的狭窄框框，凭借地理专业教育与育人理念有天然联系的优势，以家国情怀与地理学特色思维交融新定位，构建新型高校地理学科。本篇还展示创新理念在教学实践中涌流所取得的实际效果，畅谈教书育人的感悟，主要论点是爱教育、爱学生、爱读书——“三爱”是搞好教学的生命根基，要把教育工作作为事业来追求，掏心付出是教师最美的修炼。

园丁心怀

甫脱学生服　欣穿教习装
堂中授道理　课外觅良方
奋蹄催骏急　育人盼腾骧
夜灯勉著述　学子有华章
园丁七十载　未敢寸阴荒
耕耘忙作乐　只为桃李芳
追思生平事　荣享暮年光
犹记掌舵杆　后生好远航

朱德健重录于二〇二三年教师节

重录记：本诗写于二〇〇三年教师节，时值教龄50年，今重录时逾20年，容颜变老，教心未改，重录自勉。

第十五章　高等学校地理学科改革振兴的思考*

一、高校地理学科必须改革振兴，以适应新时代的要求

地理学是一门历史悠久的学科，作为一门科学的地理学，从 1871 年柏林大学成立地理学系作为建立近代地理学的标志算起（刘盛佳，1990），已有 150 多年的历史。在我国，100 年前，张相文、竺可桢等地理学家在大学开设地理课程，开创了我国地理学高等教育。中华人民共和国成立初期，地理学从解决实际问题的视角出发，主要力量投入国民经济主战场，在区域考察、国土开发与整治、环境演变与自然灾害研究等方面推出了一系列重要成果，学科得到推广和应用，至今仍见效益。改革开放以来，我国社会经济高速发展，地理学者面对社会经济结构的剧烈变化，提出了一系列的重大问题，在长江三角洲、环渤海沿岸、珠江三角洲等沿海开放区域，开展了区域开发与空间布局研究，提高了区域持续发展的能力，取得了政府和社会认同，显示出其他学科难以替代的作用。许多地理学者成为各级政府专家库的成员。钱学森院士（1991）建议，把地理科学与自然科学、社会科学等列于同等地位，作为现代科学技术十大部门之一，地理学发展备受重视。进入 20 世纪 90 年代后，我国地理学开始转型，研究方向转向以实验为主要手段，机理探讨为主要目的，数学模型表达为主要特色的现代科学特征（陆大道，2015）。地理学论文数量激增，尤其在国外期刊发表的论文数量增多，提高了我国地理学在国际地理学界的显示度。高等院校地理学教育随之蓬勃发展。据不完全统计，目前全国共有 320 多所大学开设地理学专业，拥有地理学博士学位、硕士学位授予单位的数量分别超过 40 家和 90 家，地理科技工作者及在校学生近 20 万人。地理学大学本科毕业生就业形势良好（中国地理学会，2021），高等院校逐渐成为培养地理学专业人才的重要阵地。综观地理学发展史，服务社会是地理学存在与发展的生命根基。美国哈佛大学地理系只因脱离服务社

---

* 本文原刊于《华南地理学报》2023 年第 1 期。

会，并引发自然地理与人文地理学术纷争，于1948年轰然“倒下”，还引得不少大学纷纷跟风效仿。随后，美国地理学发展转向服务社会并重新获得社会认同。于是美国高校把地理学作为核心课程，与自然科学的其他学科处于同等地位，主修地理学的学生数目增加了，地理学者的数量及其社会地位也有了提高。地理学的独特性在美国被重新发现了（美国国家研究院地学、环境与资源委员会地理科学与资源局重新发现地理学委员会，2002）。在这个大背景下，哈佛大学地理系于2006年重新复活。我国地理学发展的经验和美国地理学发展的教训正反两方面都说明服务社会关系到地理学的兴衰。令人关切的是，自20世纪90年代以后，国内高校地理学科独特性呈不断下滑的趋势，表现为以地理学命名的院系逐渐减少了，许多地理学专业的院系挂的是别的学科的牌子（陆大道，2015）。由此社会一些人认为地理学是一门高冷学科，高校地理学专业师生对学科的自信心打了折扣。据此，2021年，中国地理学会发出规范全国高校地理科学机构名称的倡议。

中国特色社会主义进入新时代，不仅面临应对全球环境变化、构建人类命运共同体和推进“一带一路”建设的国际使命，还面临着美丽中国建设、新型城镇化、生态环境保护、自然资源管理、国土空间规划和实现可持续发展等国内现实需求，其中复杂的人地关系所带来的一系列重大的理论问题和实际问题，任何单一学科面对这些问题时都显得单薄无力，唯有地理学胜任有余，这不仅是地理学展示学科优势的难得契机，也为学科发展搭建了广阔平台。为此，高校地理学科必须改革振兴，以适应新时代的要求。首先，明晰地理学是独立学科，理直气壮亮牌办学；再以新定位推进地理学振兴，以新理念优化专业结构，以新学风提高地理学活力。

二、从顶层设计构建新型高校地理学科

为适应新时代的要求，高校地理学科必须凭借地理专业教育与育人理念有天然联系的优势，从顶层设计着手，以家国情怀与学科特色思维交融新定位推进地理学振兴。地理学具有深刻的国家特征，务求学生从全球尺度认识国情，深入领会人类社会可持续发展与构建人类命运共同体的地理学担当，以文理学科深度交叉融合思维，树立服务中华民族伟大复兴的理想信念。在培养目标上，必须突破原有局限于地理风土人情的教育，只培养地理学教师和研究人员的狭窄框框，上升至培养具有全球视野、家国情怀，能担当人类社会可持续发展与构建人类命运共同体的地理学专业工作者的高度，构建新型的地理人才培养体系。在知识结构

上，除原定通晓地理风土人情外，还要学会运用地理学基本理论与研究范式于生产实践中。当前最急迫的问题是明晰地理学既“独”又“特”的独特性，既认定了地理学是一门独立学科，又要发挥其特色思维，服务社会。地理学把地球表层系统中各要素的相互作用过程作为研究对象，研究地球表层系统中各要素涉及许多学科，如气象学、生物学、水文学、地质学和土壤学等，地理学与这些邻近学科不同之处是跨越多个因素综合起来考虑问题。研究各要素的相互作用过程，而且与人类经济活动紧密相连，这是地理学有别于其他学科的最大分水岭，由此构成地理学独立性，在办学中确立地理学科的独立地位，理直气壮亮明地理学学科牌子办学，保障高等院校地理教育的高质量发展。再者突出地理学特色思维教育，构建现代地理学知识结构系统，突破原有分割式专业化教学模式，以文理学科深度交叉融合思维优化专业结构。强化服务社会意识，回归地理学经世致用本色。据此，地理学学生除原定通晓地理风土人情外，还要掌握地理学基本理论与研究范式，并能运用于生产实践中，具有针对关乎国计民生的重大问题进行预测、规划、决策与优化的能力和成为国家各级政府的思想库和智囊团成员的基本素养（图 15－1）。

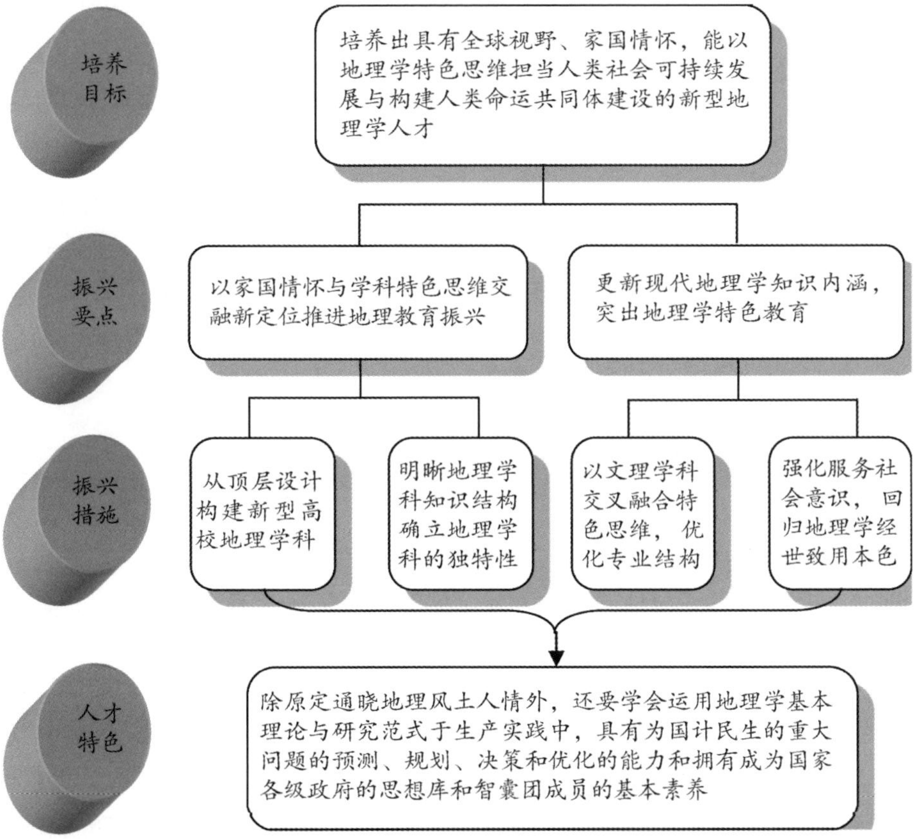

图 15－1　新型的地理人才培养体系

三、明晰地理学科知识结构，在办学中确立地理学科的独立地位

明确地理学在现代学科体系中的位置以及地理科学的研究对象，是认识地理科学和发展地理科学的基础和前提（吴传钧，2003）。地理学研究内容庞杂，原有综合地理学、自然地理学、人文地理学和信息地理学四个分学科，随着对各种自然现象和人文现象研究的深入，分科越来越细，又发展为许多分支学科。其中，仅人文地理学就可列出30多门（林超，1981）。面对内容庞杂的地理学，地理学者只能研究其中的某些方面，各有偏重，对地理学的理解也有所分歧。因此长期以来，对于地理学的定义，难以形成完整统一的认识（陆大道，2015；林超，1981），由此造成对地理学学科独立性理解的偏差。部分高校只因在地理学科建设中侧重地理学某些分支研究，淡化了地理学独立性的理念，轻率易名。一门独立学科竟然不敢把自己名称亮出牌子，遑论学科活力提高和人才培养质量达标。因此，地理学当前的主要任务是明晰地理学科知识结构，把地理学是一门独立学科的道理讲清楚，在办学中确立地理学科的独立地位。作者在长汀水土保持研究中，运用人地关系和谐论作指导，突破历史上治理固守治山、治水的狭窄框框，践行“三步走”创新行动，跨过“生态鸿沟”，走上水土保持与为民解困相结合的路子，获得经济与生态“双赢”效应，结束水土流失治理几经反复的历史，彰显地理学的特色，提高水土保持工作的科学水平，保证水土保持工作在高质量水平上运行，得到社会的赞誉，使地理学作为一个独立学科挺立在国人面前（朱鹤健等，2013）。这个案例说明地理学更张独立性这根弦不仅必要而且是可能的。

独立科学的标志是有明确的研究范围和独立的研究范式，而且构成系统的知识体系显示学科的基本特征。地理学是一门跨越传统学科边界进行合作的多学科文化（美国国家科学院、工程院和医学院等，2021），已经屹立在世界科学之林100多年。地理学是由一系列的理论构成的知识体系，拥有独立的研究范式。这一范式包含核心思维、方法论、研究方法和着落点。地理学核心思维包括人地关系、系统和空间，人地关系思维是灵魂，通过“见地及人”实现研究自然环境与经济社会紧密联系的要求。系统思维是支柱，运用动态平衡论等理论，把传统地理学提升为现代地理学。空间思维是本色，地理学由区域论起家，研究问题落到特定空间（区域）。这三个思维相互依存，形成地理学特有的核心思维脉络，

地理学者研究任何问题都以这核心思维脉络为指导思想，凸显地理学的独立特色。除此，还有区域、生态、景观生态、区位和数量五个方法论。这五个方法论与人地关系相连，孕育着各种不同的指导原则，造就地理学非凡的特色。地理学研究方法概括起来有实地调查与室内工作两个部分，尤其擅长应用数字化手段处理系统分析和空间分析，而且坚持实地调查与室内工作相结合的两条腿走路的特定研究方法。系统分析探讨地理过程机理，寻求整体效应，是探索人地系统优化控制的最佳方法，可从我们农业资源耦合利用研究中得以见证（朱鹤健等，2009）。空间分析探讨地理空间的差异性、多维性、关联性和异质性，是探索地理空间优化、生产力合理布局的最佳方法，见证于我们东南沿海地区特色农业评价研究（章牧、朱鹤健，2003）。因此，地理学对复杂问题研究特别见长。整个学科坐落在自然科学与社会科学交叉点上，构成独立的研究范式，明显有别于其他学科，自然界的整体性需要这种研究范式，任何学科都无法替代。为了清晰阐明地理学的学科结构及其内在关联性，绘制了“地理人”概念模型。该模型把核心思维脉络模拟为人体的“大脑”，将五大方法论模拟为人体的“五脏”。地理学独特的研究方法被模拟为人体的“四肢”。“大脑”指挥“五脏”和“四肢”运行，彰显其间的关系。寓意地理学在核心思维脉络的统领下，五个方法论在不同层次与不同角度各显功能。加以地理学的研究方法催生独特的成果。“地理人”整个躯体坐落在自然科学与社会科学的交叉点上，反映出现代地理学的基本特征。模型形象化展现现代地理学的整体性，佐证地理学是一门独立的学科。地理学凸显学科独立地位，才不会混同于其他学科。更张地理学独立性这根弦，亮牌办学，不仅提高了学科自信和推动地理学科发展，而且保障了高等院校地理教育的高质量发展。

四、以文理学科深度交叉融合思维，优化专业结构

地理学以文理学科深度交叉融合思维，优化专业结构，是地理学科改革振兴的当务之急。现有高校地理学专业通常包括自然地理学、人文地理学和地理信息科学三个二级学科。现在二级学科片面追求“专业化”，缺失地理学最重要属性的学科特色教育，致使学生对地理学认识“分割化”，走单一化道路，表现为：自然地理学专业只止于地理环境的自然规律研究，见地不及人；人文地理学专业缺乏自然环境的微观研究，走纯社会科学道路，失去地理学特色；地理信息科学专业专注定量分析，忽视人地系统复杂性对定性分析的必要要求，致使成果往往

脱离现实。这些短板弱化了地理学科的学生解决实际问题的能力。因此必须以文理学科深度交叉融合思维优化专业结构，组建新的教学形式，建设符合新时代要求的各类跨学科创新课程。首先，从现有的自然环境各要素的交叉，提升到自然地理学与人文地理学的交叉，着力改变历史上自然地理与人文地理对立的格局。人文地理学研究必须联系自然环境基底，自然地理学研究必须研究人对自然环境的影响，要谋求两者融合，进而重构整个课程体系，达到自然科学与社会科学的大跨度交叉，夯实“见地及人”的思想基础，培养出文理思维兼备的新型地理学人才。再者，将当前专业“分割化”教学模式转变为在文理学科交叉性特色思维教育前提下的专业分化的教学模式。地理科学类的学生无论哪个专业，在上专业课前必须修读地理学特色思维的“金课”，视同各专业的“培养基”，孕育以“见地及人”“微入宏出”和“落‘地’有声”为主要内容的地理学特色思维（图 15－2）。

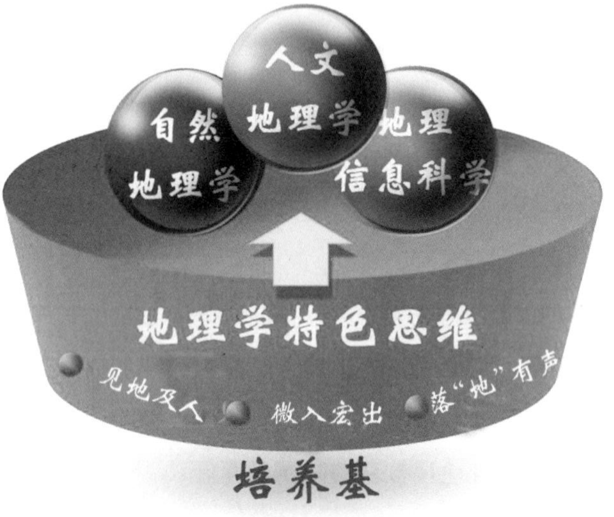

图 15－2 培育地理学特色思维的“金课”设计

“金课”旨在保证学生文理思维兼备，防止落入单一化陷阱；保持微入宏出思维，服务社会，防止走纯自然科学的道路，或只停留在社会科学概念上的描述，失去地理学特色。地理学人的科研工作沿着“实地—实事—实效”的脉络展开，做到“落‘地’有声”。

五、强化服务社会意识，回归地理学经世致用本色

地理学是经世致用的科学，服务社会是地理学存在与发展的生命根基。现在

高校地理学科中的有些人，教学内容淡化服务社会意识，偏离学科经世致用本色。只热衷于研究“机制”“机理”写成论文，无心过问关系国计民生的重大问题。地理人过去常在各类报刊发表引人注目的宏观决策建议，或向各级政府提交各类国情研究等报告，但如今这种热度相比于前期明显降低。地理科学在国家和社会的影响力及显示度下降了，失去现代地理学特有的活力。地理学科到了应该振兴的时候，要竭力抵制这个歪风侵蚀，强化服务社会意识，回归地理学经世致用本色。作者从服务社会出发，坚持实地考察验证工作方法，立足于特定空间（区域），以解决实际问题为宗旨，把地理学基本理论和研究范式应用于农业生产实际，取得富有特色的成果，在社会上铿锵有声（Cheng S Q，2022）。由此感悟到高校地理学科改革创新必须倡导“落地有声”学风。落地有声的“地”是指地理学研究立足于特定空间（区域）、面对实际问题和讲究实地考察三层含义。地理学大量研究要从具体区域出发，由此可以触及国际前沿和国情，这是地理学研究独特性之所在。例如，气候变暖、海平面上升和土地利用与覆盖等国际前沿项目都可以区域响应为基础。又如提高区域持续发展的能力，要使经济、社会、资源、环境和可持续发展能力之间达到优化组合状态，任何单一学科都难解决，唯独既联系着自然，又联系着社会的地理学可以胜任，这是地理学立足区域理论所表现的一种魅力。这就要求地理学者具有强烈服务社会的意识，研究工作要从具体区域出发，实地考察和解决实际问题应成为自觉的行为。因此地理学教育务求学生不仅学会探求地理现象的机理、机制的本领，还要学会从机理、机制中提炼宏观决策，接上“地气”，造就具有针对关乎国计民生的重大问题进行预测、规划、决策与优化的能力和成为国家各级政府的思想库和智囊团成员的基本素养。新型地理学人才必须具有全球视野、家国情怀，建设人类社会可持续发展与人类命运共同体的专业能力，这将驱动地理学成为解决国计民生问题的利器。

【小结】针对我国高校地理学科独特性认识不足与服务社会热度下降的问题，笔者认为必须进行三项重要的改革振兴措施：（1）明晰地理学科知识结构，在办学中确立地理学学科的独立性；（2）以文理学科深度交叉融合思维，优化专业结构；（3）强化服务社会意识，回归地理学经世致用本色。新型地理学人才必须具有全球视野、家国情怀，建设人类社会可持续发展与人类命运共同体的专业能力。

第十六章　创新理念在教学实践中涌流

一、教材创新、教学创新、强化实践：落实创新理念的三环节*

教了几十年书，经历了本科生和研究生教学工作，在同事们合作与帮助下，不断教学实践，悟出一个道理：社会在进步，科学在发展，人才一代要比一代强，这是规律。教师工作要顺乎这个规律，不仅要学生超越自己，青出于蓝而胜于蓝，而且要一届比一届好。要做到这一点，教师不仅要树立创新理念，而且要把它作为教学实践的主旋律，贯穿到教学的各个环节中。现把这一心得体会表述如下。

（一）教材创新是提高教学质量的重要引擎

教书需要一本好教材，好教材有几点标志。首先要反映本学科发展的新成果、新信息，不仅内容新颖，而且体系有所创新。教材不同于专著，它要把基本概念交代清楚，说理要透彻，系统性要强。教材要摆正在专业课程体系中的位置，处理好与相关课程的关系，把相关内容衔接得好，而且篇幅适当。再者结构层次清晰，内容平实接地气，学生好读。1992 年我与同事编写的土壤地理学教材就是按这几点要求来写的，其中特别关注创新性。

在近代，国际上土壤地理学发生重大的变革，土壤系统分类在 20 世纪 60 年代兴起，70 年代在世界上广为传播，成为世界土壤分类的主流。然而，自 1949 年以来，我国土壤地理学一直沿用地理发生学分类体系，并逐渐由发生学分类向系统分类过渡。面对这一实际国情，出版一本既能照顾我国长期使用发生学分类的实际情况，又能掌握本学科发展趋势的土壤系统分类的土壤地理学教材显得十

---

* 本文原刊于《中国大学教学》2008 年第 8 期。

分必要。一方面，我们不能丢了历史，要求学生学了本教材能看懂土壤地理学历史各时期的论述。另一方面，我们又要面向未来，使学生学了本教材就能掌握国际上本学科的新动态。这两者又不是对等的，应该有所倾斜，要从以新替旧的角度来编写教材。将两种思路迥然不同的分类制融会在一个教材中。这不仅在技术上有诸多难处，而且会遇到新旧学术思想矛盾冲突所带来的思想障碍；因为两种分类制不单纯是分类指标上的不同，更重要的是认识土壤在思想方法上的差异。发生学分类是从生物气候带为主因素的环境条件来识别土壤，而土壤系统分类则是从土壤本身属性来识别土壤。显然，从方法论上来看，后者的科学性更强。然而，一种思想方法的转变是很不容易的，何况前一种思想方法已有一定的历史基础。这就造成了构建新教材体系的难度，只有用创新的理念才能处理好这一特有问题。

我对这一点作了长期的探索，1985 年出版的《世界土壤地理》虽已为此转变打下基础，构成新教材体系的雏形，但不急于编写新教材，仍在教学实践中继续求索。及至 1988 年，才把本教材的编写大纲提出来。主要做法是：

（1）从土壤属性入手认识土壤，以此为主线处理教材内容。改变了历史上同类教材应用生物气候带划分土壤类型的做法。每个土壤类型以属性归类，包括诊断层和诊断特性。着力于把定量化的特征提取出来，建立起土壤类型差异主要取决于土壤属性，外部条件只是影响因素而非划分的主要依据的科学概念，而且把土壤系统分类的土壤名称与发生学分类的土壤名称相比照。

（2）突出地理性。精练处理土壤学基础内容，压缩篇幅，使土壤地理学内容占全书的 2/3。这不只体现于分量的加重，更重要的是强化了土壤分布的鲜明空间概念，利用各种图式表述了土壤与地理空间的关系，编制了三个分类制的世界和中国的土壤分布图。其中，中国土壤分布图是根据原始材料独创设计的。每个土壤类型都有一个剖面构型图，加强立体空间感。因此本教材显示鲜明的地理性。

（3）着眼于方便教学。编写教材过程中十分注重学生的可接受性。力求用对比法、关联性表述，做到脉络清晰，相互关联，便于记忆掌握。如各个土壤类型中，都有一个土类关系的三角表，这个三角表看来很简单，但却是精心设计的，非常清晰地表达了各土类的主要特征及其之间的关系。充分发挥插图与表格的作用，注意文字与图表的匹配，如土壤形成条件、基本性状等都采用列表比较的表述方法。这样使得繁杂的内容简化，避免了过多的文字叙述，便于学生掌握。各章节之后精选了思考题，富有启发性，教学适用性强。

（4）土壤地理学是高等学校地理学及其他相关学科的专业基础课程，显示联系有机自然界与无机自然界知识的中心枢纽地位，又要为后续的区域地理学、综合地理学课程作铺垫。因此本教材十分注意与这些相关课程的衔接问题。

由上述特点构成的土壤地理学教材体系完全以崭新的面貌出现，它顺应本学科发展的总趋势，与国际同类教材接轨，又承前启后，立足国情，面向世界，面向未来，改革力度较大，显示本教材独特风格与特色。本教材在 1995 年之所以能获得国家教委高等学校优秀教材一等奖，主要在于有创新理念。

鉴于本教材发行十多年来，现代系统理论和崭新技术不断地向土壤地理学渗透，而土壤系统分类学又在持续发展，特别是中国土壤系统分类迅速进展，其影响越来越大；又加以高等学校课程体系不断革新。面临这一新的形势，为了适应 21 世纪高等教育以培养创新人才为目标的要求，我与同事们决定修订本教材。修订本除仍保持上述第一版教材的特色外，重点从三个方面修订：（1）以现代系统理论为指导，把土壤作为一个系统，调整教材体系；（2）充实土壤地理学新技术的应用和土壤分类的新进展，充分体现当今国际土壤地理学发展新动向和研究新成果；（3）精简篇幅，以适应课程改革的需求。科学在发展，教材要不断更新。我认为，要建立教材更新机制，以保持教材活力。

（二）课堂教学要着力于培养学生的创新能力

教师的职责是传授知识，而知识犹如浩瀚的大海，在有限的课时内，要教给学生最重要的东西应是掌握一门学问的钥匙，培养他们用科学的思维方法去探索新问题。

各学科都有其基本理论、基本原理，掌握这部分知识，就将收到举一反三的效果。因此教师要把它讲深、讲透，不仅要说清这些理论、原理本身的含义，还要教会学生在不同条件下的应用能力。如地学中的地带性学说，用一两节课就可以把其本身含义说清。然而把这一学说应用于各种环境条件中，就会出现许多复杂问题，而学会在不同条件下的应用，这是学生一辈子都应掌握的知识。尽管我讲授土壤地理学是以土壤为研究对象，但我总是把土壤看成我讲授知识的载体。在剖析土壤、认识土壤运动规律、阐释土壤分类的分歧等问题上，所引导的思想方法大都可以适用于其他学科。这样使学生学了这门课，不只学了这门学科的知识，更重要的是学了研究问题的方法。

每一客观事物都是由多因素组成的，而它们之间是相互联系而又相互制约的，并由此形成系统。然而教师在讲课时，却必须逐条讲述单个因素，才能条理清楚。例如，据土壤发生学分类体系，形成土壤有五大自然因素，讲课时只能先后分述。问题的关键是在说清五大因素之后，还要引导学生进行综合分析，弄清在不同条件下，五个因素之间的关系，哪些因素在什么情况下起了尤为重要的作用，使学生通过典型事例的综合分析，树立起对事物进行系统分析的概念。这种思维方法不只运用于土壤地理学的研究，还可运用于其他学科。

知识是无边的，一门课程可延伸的内容也是无限的，但课时总是有限的，如何在有限的课时内讲好无限的内容，这就要把握住本课程内容的精度。通常教材求其完整性，总是面面俱到，然而讲课却不能这样，把精髓的东西讲好就行了。

从讲授角度看，通常可以把教材内容分成三个部分：一是必讲的，这包括本课程的基本知识，必须费力阐释的基本原理及值得学生思考的问题等，这可称为基本点、难点和思考点；另一部分是可以不讲的，这大都属于叙述性内容，学生自己看得懂，讲起来又嫌烦琐的；再者是可讲可不讲，视讲授对象而定，这些内容介于上述两者之间。教师要用力于必讲的部分，并对可讲可不讲部分作弹性发挥，着意于求精不求全。

总之，教师要努力把课堂作为培养学生创新能力的平台，引发学生独立思考。爱因斯坦有句名言，想象比知识更重要。一个很普通的问题：“一般人都认为土壤是固相的，为什么土壤学把它说成由固相、液相、气相组成的？”由此可以引发出一系列思考：土壤的本质特征、土壤结构、土壤内在特性、土壤与外界环境的关系等，这就把土壤学的主要内容串在一起，由联想而形成记忆链。这种联想记忆容易把知识用活，有助于学生形成创造性思维，提高分析问题和解决问题的能力。

要引发学生独立思考，营造环境很重要。首先要营造学生爱听您讲课的环境，讲课很重要的一点，就是要做到语言灵活，说理透彻。若把讲稿背得滚瓜烂熟，说起话来像话剧台词一般，并不产生好效果。再好的内容，照本宣科，或脱稿背诵，都会失之生动，学生听久了还会感到厌烦。

我上课时，一般是在课前掌握授课要点，上课时用自己的语言，通过各种方式，千方百计地把要讲的内容讲清讲透。所以同一内容，我每次讲授表达的语言可能有出入，但把问题讲清讲透这一基本目的总是不变的。表达语言出入，是出于我观察授课对象水平、课堂情绪而灵活应变的。要做到这一点，那就得对本课程拥有足够的基础知识，对教材融会贯通。

再者，营造学术讨论的宽松环境，形成教学互动的教学方式。引导学生敢于对学术问题包括教师的学术见解质疑、评说，通过讨论、提问、作业等多种形式，形成学术的交锋，培养学生的独立思考能力。知识创新是在全面掌握现状基础上的提高，不全面了解现状，就无从创新。因此，教师在介绍本学科全貌的同时，要把生长点、争议点、疑难点摆出来，引导学生独立思考，特别是要破除学生的思想束缚和“人云亦云”的思维惰性。对于学生可能出现一些非科学的想法，教师应该运用科学的思想方法加以辨识澄清，使他们对事物本质的认识更加深化。

（三）强化实践教学是创新教育的重要手段

实践教学是创新的重要基础，只有通过实践教学，才能把理论学活，引出新思路。凡是理论学得好的学生，在实践中都显得思想活跃，思路出新。这说明在掌握一定理论基础上的实践，让人收获更大。我把它喻之为：“堂中授论理，野外寻验方。”

要强化实践教学，首先必须有一个良好的教学实践基地。为此，20 世纪 70 年代，我与同事们在福建武夷山和戴云山两个大山带做了大量系统调查研究，两相对比，最终确定以武夷山作为长期稳定的野外实习基地，至今已有 20 多年历史，形成一套实践教学规范，采用土壤野外调查、室内分析和论文写作三结合的教学方法。学生首先应用已学过的知识进行野外土壤调查，然后根据野外调查的资料和土壤室内分析的数据进行论文写作。实践表明：学生通过实习，一方面把课堂所学的知识与实践结合起来，验证和巩固了课堂讲授的理论；另一方面通过土壤调查研究，产生新思路，写成论文，提高了分析问题与解决问题的能力。

吸收学生参加教师的科研工作，是培养创新能力的一种好办法。学生参与教师的研究课题，可视为师生共创新知识的过程，在这一过程中不仅要调动教与学两个方面的积极性，而且仍然要发挥导师的主导作用。教师要引导学生重视当前地学研究发展出现新的特点：一是高新技术的应用，如地理信息系统和遥感技术的应用，使地学研究从静态到动态，从定性到定量，从局部到全面，从三维空间向四维时空发展，这将引导研究向高水平纵深方向发展；二是多学科的综合研究，从单一圈层的研究发展到圈层间相互作用的整体运动研究，社会经济问题的复杂性需要整体运动研究，这样才能更好地引导学生应用系统理论，对经济社会建设中的热点问题进行综合思考。三是各种不同学术思想与研究方法的交叉，如地理学研究中区域派、生态派、景观生态派、区位派、数量派等各有特色，可以相互渗透应用，要引导学生掌握各派的实质，选择性地运用在自己的选题上。

教材创新—创新教育—强化实践教学三个教学环节，贯穿创新理念，构成系统化教学体系。这是我与同事们共同工作的总结，曾获国家级教学成果二等奖。事物在不断发展，过去的工作随时间推移逐渐淡忘，但创新是推动教学改革的基本动力这一理念却永远记在心中。企盼创新理念在教学实践中涌流。

二、《土壤地理学》教材创新小结*

我主讲本科土壤地理学，将创新理念贯穿教学全过程，着力教材创新。土壤地理学自20世纪60年代兴起土壤系统分类，然而，当时我国土壤地理学仍在沿用地理发生学分类体系。面对这一国情，我探索出版将两种思路迥然不同的分类制融会在一本的教材，这不只在技术上有诸多难处，更会面临新旧学术思想矛盾冲突所带来思想障碍。我于1985年出版的《世界土壤地理》，为此打下基础，及至1988年提出本教材的编写大纲。1992年出版的《土壤地理学》教材，既与国际同类教材接轨，又立足国情，显示其独特风格与特色。1995年本教材获国家教委高等学校优秀教材一等奖。随着教改深入，土壤地理学课程时数被压缩，面对新形势，本教材经历了2010年第二版、2018年第三版的修订。二次修订都在“新”“精”风格基础上提高，以“新”带路，在体系、内容和文字上均作更新。教材第一章、第二章为土壤学基础部分，以系统论思维构建新体系，以崭新的面貌出现，改革力度较大，其他各章也相应补充新内容。第二版、第三版教材分别作为“十一五”“十二五”普通高等教育本科国家级规划教材发行至今。由于新版教材与时俱进而创新，才能立身于地理教育之中，第二版教材于2019年被中国地理学会授予全国优秀地理图书（普通高等教育教材）。同时，以教材建设为切入点，延伸到整个课程改革，获国家级教学成果二等奖。我个人也被评为全国教育系统劳动模范。

本教材经过长期探索，不断完善，一、二、三版累计印刷30次，累计发行近十万册，教材的主要特色及创新如下：

（1）以系统论为指导，新建土壤地理学基础体系。视土壤为一个系统，将土壤看作一个从形态、物质组成、结构和功能上可以剖析的物质实体，而且为物

---

* 本文写于2020年11月。

质流与能量流所贯穿的一个开放性体系。以土壤系统的组成、结构、功能、动态四部分来表述土壤地理学基础的主要内容，这不仅是形式上的改变，而且是观点的更新，成为本教材的一大特色。

（2）从土壤属性入手认识土壤，以此为主线处理教材内容。教材第四章土壤类型，改变了历史上同类教材应用生物气候带划分土壤类型的做法。这既符合认识事物应主要根据事物内因而不是外部条件的科学认识论，又回应了信息时代对事物定量化、标准化和国际化的要求。在对认识土壤最主要的“成土过程”和“主要性状”两个章节上，教材编写着力于把定量化的特征突出出来，建立起土壤类型差异主要取决于土壤属性，外部条件只是影响因素而非划分依据的科学概念。

（3）吸收土壤地理学研究的新成果。把土壤地理学发展新动向和研究新成果融入本书各章节写作中。新增中国土壤系统分类内容，梳理了土壤发生学分类和土壤诊断学分类的关系，以适应国际上两大土壤分类制并存的学科特点，更好地体现了学科经典理论与当代进展的结合。

（4）突出地理性。强化土壤分布的鲜明空间概念，在“土壤分布”一章，利用各种图式表述了土壤与地理空间的关系，同时编入了发生学分类、系统分类、联合国分类三个分类制的世界和中国的土壤分布图。在阐述土壤学基础时，力求与地理环境联系起来；在介绍成土条件时，注重地理环境与土壤特性的密切联系。本教材与同类教材相比，具有更鲜明的地理性。

（5）融价值塑造、知识传授和能力培养于一体。教材对土壤类型的阐述，立足中国，面向世界，充分反映了中国土壤地理学的研究成果。土壤资源评价时以人地关系视角，从全球到中国论述了土壤资源的特点，并引进了土壤质量的概念，为切实分析中国土壤资源的现状、问题和出路提供了途径，注重培养学生的人地协调观。

（6）着眼于方便教学。遵循教学规律和人才培养规律，内容清晰，文字简练，充分发挥插图和表格的作用，使繁杂的内容简化，便于学习掌握。书后附有中国土壤系统分类14个土纲的土壤剖面照片，增强直观性。对于延续学习所需的资料，提供文献来源或列在书末主要参考文献及推荐读物中。各章节之后精选了思考题，富有启发性，激发学习兴趣并培养创新能力，教学适用性强。

在全国高校《土壤地理学》教材教学研讨会上，到会教师对教材评价道：“体系新颖、内容翔实、图文并茂，吸收了本学科最新成果，把握了本学科教材改革的正确方向，是我国高校土壤地理学教材建设的一大进展，对提高教学质量发挥积极的作用。”一些单位使用后也给予高度评价，认为：“本教材是国内近年来出版的较有特色的土壤教材，体系较新，重点突出，富有创造性，地理性强，学生获益良多”；“该教材在教学适用性、科学水平、思想水平、风格特色及图文搭配、文字表述等方面均达到相当高的水平，受到广大师生好评”；“在内容安排上，深入浅出，逻辑性强，利于学生素质培养；在科学性上属于开创性著作；在内容取舍上准确严谨；在适教性上符合教育学、心理学原理；内容清晰，启发性强，文字规范、流畅，图文并茂，便于教学”；“具有开创性、系统性和前沿性，结构完整，分量适当，图文并茂，使抽象的理论知识变得具体、形象、生动，便于老师教学和学生学习”。

《土壤地理学》（第三版）是地理科学类专业课教材，拥有广泛影响力，被全国许多高校地理科学类、农林类院系选用，深受广大高校师生欢迎。

三、四十年磨一剑——记《土壤地理学》教材编著*

中国近代著名教育家陆费逵曾经指出：“国立根本，在乎教育，教育根本，实在教科书。”课堂教学以教材为蓝本，在一定程度上，教材决定课堂教学的质量。笔者意识到教材在提高教学质量中起引擎作用，萌生为正在讲授的“土壤地理学”本科生课程写出一本好教材的念头。当时国际新兴土壤系统分类，国人了解不多，便以引进土壤新分类为主线，以期写出具有特色的教材，历时 4 年写成。1992 年，《土壤地理学》由高等教育出版社出版发行，并于 1995 年被国家教育委员会评为高等学校优秀教材一等奖。社会在进步，科技在发展，教材要跟上时代要求，在教学实践中又获悉教材使用的反馈，修订教材成为自觉的要求。2010 年，以系统观认识土壤的新理念修订的第二版教材发行，被中国地理学会评定为全国优秀地理图书（普通高等教育教材），列入普通高等教育“十一五”国家级规划教材。2019 年，以提升适教易学品质为目标修订的第三版教材发行，被列入“十二五”普通高等教育本科国家级规划教材。第四版教材目前正在修订，将党的二十大精神融入教材，充实土壤地理学的最新成就，融合现代信息技术手段，务求在现代化、精品化、生态化、创新化四个维度更上一层楼，形成具有新时代特征的教材。

---

* 本文写于 2024 年 9 月。

本教材自 1992 年发行至今达 32 年，屡受好评。总结编写过程，本教材之所以能获得读者较好反馈，笔者得到以下几点体会。

（1）启智润心是教材的灵魂。教材是育人育才的重要载体，是学生最可靠的智慧源泉。笔者编写教材以育人为目标，以社会主义核心价值观为导向，在编写过程中不断强化“启智润心”理念。及至第四版认识进一步提高，把“启智润心”提升为教材的灵魂，表现在知识的选择、组织与呈现中自觉地体现新时代思想，把中国式现代化、高质量发展、新质生产力、生态文明等理念融入教材。在介绍中国土壤地理学家的成就和中国土壤地理学的新进展中，弘扬“中国智慧”精神，激发学生立下为中华民族伟大复兴事业献身的志气。在土壤资源评价章节中，以人地关系视角，从全球到中国论述了土壤资源的特点，并引进了“土壤质量”“土壤健康”“土壤资源精准管理”“土壤生态系统碳汇调控”等新概念；在土壤形成过程章节中强调人类活动对土壤生态功能及其相关属性的影响；在土壤肥力概念章节中强调生态因素，其用意都在于以润物细无声的方式使学生领悟新理念的真谛，把“润心”育人理念蕴含在“启智”专业知识的传授中。保证教材的知识体系，既能体现知识本身的科学性和体系的逻辑性，还要将知识、能力与价值观的培养有机结合起来，在浸润中让新理念入脑入心。

（2）创新是教材的主调。本教材以创新为主调，在 4 个版次中不断把土壤地理学发展新动向和研究新成果融入各章节中，介绍中国土壤系统分类创新特色，体现内容的新颖性。而且不仅仅追求内容新颖，更强调激发学生知识创新思想，使他们搭建起全面的学科知识体系。如以“学理化”“系统化”理念引导学生更新对土壤的认识，树立科学的土壤观。本教材从土壤属性入手认识土壤，以此为主线梳理教材内容，在对认识土壤最主要的“成土过程”和“主要性状”两个章节上着力把定量化的特征凸显出来，建立起土壤类型差异主要取决于土壤属性，外部条件只是影响因素而非划分的主要依据的科学概念，改变了历史上同类教材应用生物气候带（外在条件）划分土壤类型的做法，树立了认识事物要揭示事物的本质，而不是停留在事物表象上的“学理化”理念。辅以对立统一规律解说“地质大循环与小生物循环”“分解与积累”“淋溶与淀积”“氧化与还原”的土壤形成过程，证明土壤演化动力来自土壤内在的矛盾性，帮助学生掌握“学理化”理念并学习唯物辩证观。

本教材又以系统论认识土壤，重建土壤地理学教材的土壤学基础体系。把土壤作为一个系统，将土壤视为一个从形态、物质组成、结构和功能上可以剖析的物质实体。以土壤系统的组成、结构、功能、动态四部分来表述土壤学基础内容，这样处理把传统教材中分散的土壤化学、土壤物理和土壤生物性质的知识点系统化归纳成为一个以肥力为中心并为物质流与能量流所贯穿的一个开放性体系，视土壤为自然环境中物质循环和能量转化的重要环节和活跃场所。从土壤系统开放性视角阐述土壤形成因素与形成过程，彻底改变传统土壤地理学教材中土壤学基础体系，面貌焕然一新，改革力度大，在同类教材中凸显特色。这一变革表面上看似乎只是内容序列上的变化，实际上是塑造新的思维力，帮助学生由分析性思维向系统性思维转换，更好体现土壤各要素之间内在关联性，寻求整体效应，形成有助于思维培养的逻辑结构。

（3）适教易学是教材的关键。笔者写过专著与教材，感悟到教材写法异于专著。专著是面向读者展示作者对书主题的论点及其研究成果，其内容往往只反映书主题学科的局部。教材是编者面对教师和学生展示主题学科的全部内容，而且要做到方便教学。教育家赫尔巴特说：教材是横亘于师生之间的“第三者”，既界定教师教的任务，又界定学生学的任务。其关键在于必须有适教易学的特色。教材首先要摆正学科在专业课程体系中的位置，土壤地理学是高等学校地理学及其他相关学科的专业基础课程，处于联系有机自然界与无机自然界知识的中心枢纽地位，又要为后续的区域地理学等课程作铺垫。因此要设计许多接口，处理好与相关课程的关系，把相关内容衔接好。笔者从教学实践中体会到学生对教材最感兴趣的是理性说解，即对一个问题的来龙去脉、前因后果、互相关联讲得清楚，这样就好记忆，而最讨厌的是烦琐强记的知识。笔者编写过程中十分注重学生的可接受性，力求符合认知规律，由浅入深，叙述明确简练，逻辑性强，并用对比法、关联性表述，做到脉络清晰，说理透彻。尤其对基本理论做到讲深讲透，务求学生不仅要理解，还要学会应用理论去解决实际问题，而且论述基本理论时还要罗列诸家论点，加以点评，加深对基本理论的理解，激发学生学习兴趣及培养思考、创新能力。基于学生对各种土壤属性知识零散难记的反映，在各个土壤类型中，设置土类关系的三角表，这个三角表看来很简单，却经精心设计，非常清晰地表达了各土类之间的关系，这样把原先零散的知识转化成学生能学爱学的图表，增强教材的感染力和吸引力，这个三角表是国内同类教材中独有的。本教材充分发挥插图与表格的作用，注意文字与图表的匹配，如土壤形成条件、基本性状等，采用列表比较的表述方法，这样使得繁杂的内容简化，避免了过多的文字叙述，便于学生掌握。各章节之后精选了“重要概念和术语”“思考练习题”，富有启发性。土壤地理学是地理学与土壤学的交叉学科，不同于土壤学，必须突出地理性。历史上许多土壤地理学教材中的土壤学基础体系，大都与土壤学雷同，笔者打破了这一传统做法，独树一帜，以系统观重组土壤学基础体系，并根据专业需求，以“必需”“够用”为尺度，压缩土壤学基础内容，腾出篇幅，强化地理概念，利用各种图示表述土壤与地理环境的关系，这样不仅做到篇幅适当，还具有鲜明的地理性，使其有别于土壤学，真正做到土壤地理学名副其实。

（4）教学和科研是教材优化的保证。笔者把教材建设、课堂教学和实践教学有机联系起来，三者形成良性互动，构建系统化教学体系，全面提高学生的知识水平、科学素养和实践能力。这一教改成果于 1997 年获国家级教学成果二等奖。此教改成果驱动笔者从课堂和实践教学中源源不断地为教材建设提供新信息和新成果，有力推进本教材不断升级优化，彰显搞好教学是优化教材的保证。笔者还从科研成果中获取编写教材的思路，创新教材内容。20 世纪 80 年代，笔者以土壤学的微观研究与地理学的宏观分析相结合的方法为支撑，研究红壤丘陵区土壤，从两科交融中，涌现许多新思路。这些思路成为本教材新的“生长点”。地理学的人地关系论、区域论、生态景观论和文理融合思维在本教材中留下许多印迹，使本教材具有浓厚的“地理味”，异于同类教材，颇有新意。笔者承担国家自然科学基金重点项目“中国土壤系统分类研究”课题中富铁土、铁铝土、雏形土、淋溶土研究工作，课题成果获得国家自然科学奖二等奖；主持国家自然科学基金变性土项目，在中外期刊上发表系列论文；出版《水稻土》《福建土壤与土地资源研究》《福建山地土壤研究》等专著，这些科研成果不仅充实教材中相应土类的内容，而且在编写相应土类时增添“切身体会”的贴近感。笔者在福建山区和沿海地区建立试验区，定点观测，研究土壤与土地资源的优化配置，总结出包括土壤在内的农业资源耦合理论，设计了具有区域特色的农业资源耦合模式，并探讨其定量化评价的方法，以及长汀水土保持的变革性创新研究，这些研究成果写成《土壤学与地理学交叉研究》《农业资源系统耦合模拟与应用》《长汀水土保持研究》等著作，这些科学研究成果提升了教材中土壤资源利用的编写水平。综上所述，本教材经久不衰实际上是教学和科学研究源源不断地提供新信息和新成果的结果。

（5）教材建设要有久久为功的韧性。从收集资料、凝结问题、拟出提纲及至第四版修订，本教材经历四十年打磨，是笔者最费心的一部作品。好教材不是一蹴而就，需要时间磨炼。即使教材写成，也不能一了百了，还要继续把握教学改革脉络，汲取新理论、新技术和读者的反馈，持续优化。可以说编写教材是“慢功夫”“长期活”，要求编者能沉下心来，只有以久久为功的韧性专心编教材，才能保持教材活力，经得起实践和历史的检验。在当前编写教材的奖励远不及科学研究的情况下，要建立鼓励机制，驱动有条件的教师挺身而出编写教材，因为教材乃国之大事。回忆40年前，笔者把编写教材作为自己的使命，以“认定目标不动摇，遇到困难不放弃，简单重复不厌烦”的“三不”工作格言自励，下决心写出一本好教材。以高水平、有特色为目标，投入一切情感，排除外来干扰，兢兢业业、一丝不苟地做好这项工作，实现认定目标不动摇的诺言。编写时遇到许多困难，又以“遇到困难不放弃”诺言自励，产生一股不断前进的力量，排除困难，专心致志，从事其业。首先遇到的困难是教材必须引用国际新兴土壤系统分类，当时国人知之甚少。笔者对于新的土壤系统分类，也只是在20世纪70年代参加非洲土壤调查时见过这些名称，对整个分类体系并不理解，为此笔者借鉴美国出版的《土壤系统分类学》（*Soil Taxonomy*）原著，为教材创新打下基础。1985年，本人出版《世界土壤地理》，成为我国引介国际新兴土壤系统分类的先行者。另一个难题是旧的土壤分类制历史已久，遍及本学科的历史文献。倘若教材完全以新代旧，学生读了本教材之后，将看不懂历史文献，于是笔者精心思考新旧交融的办法，设计新旧并存但又倾斜于新，从旧趋新。这样精巧处理既顺应学科发展的总趋势，与国际同类教材接轨，又立足国情，承前启后，又一次克服了难点。此外，还解决“接口”“交叉”等难点，可以说本教材在克服诸多困难中成长起来，其动力来自“遇到困难不放弃”的诺言。初版发行后，在教与学之间反复循环中，关注读者反馈和学科进展，驱动三次修订，修订教材是一项简单重复的工作，本着简单重复不厌烦的诺言，认真对待，做到在重复中寻求新突破，每次修订都增添新意和特色，成为一个“升级迭代”的过程，推动教材与时俱进，精雕细刻，持续升级，不断优化，因此即便是“简单重复”也有新收获的感受。笔者感悟到编写教材犹如酿酒，好酒必须花时间酿制，也验证了“三不”工作格言的功力，更感受教材建设要有久久为功的韧性。

四、创建土壤地理学系统化教学体系*

土壤地理学是地理专业的专业基础课，针对教育对象的特点和培养跨世纪人才的需要，不断探索教学改革的新途径，从现代化着眼，研究分析本学科的发展趋势，改革教学内容，建立教材新体系；以系统论观点，把各教学环节组成有机整体，以提高教学质量为目的，对各教学环节按不同方式实施改革，力求配套成龙，全面推进，经10余年实践，创建了系统化教学新体系，提高了教学质量。

（一）引进学科新成果、改革教学内容、建立教材新体系是提高教学水平的基本条件

二十世纪六七十年代以来，土壤地理学有了重大的发展，特别是土壤诊断学分类的崛起，标志着学科发展达到了新的水平，并成为当今世界土壤分类的主流。然而当时我国土壤地理学仍多沿用发生学分类体系，教材也不例外。遵循教育必须面向现代化、面向世界、面向未来的指导思想，要提高教学质量，培养合格的跨世纪人才，首先必须改革教学内容，引进学科发展的新成就，建立新的教材体系。鉴于土壤诊断学分类与发生学分类正处于交替时期，而且预计这个交替过程在我国可能要比发达国家需要经历更长时间，在新教材改革中，一方面要充分反映本学科的最新研究成果，以土壤诊断学分类和从土壤属性入手认识土壤作为主线索，另一方面也不能割断历史，对发生学分类也应作必要的介绍，以照顾我国长期使用发生学分类体系的实际情况，同时可反映土壤地理学的发展进程。另外，土壤地理学又不同于土壤学，必须突出地理性，在建立必要的土壤学基本理论的基础上，应将其重点放在土壤分类、类型、分布和土壤资源利用与保护上。这样，改编后的《土壤地理学》教材体系既顺应学科发展的总趋势，与国际同类教材接轨，又承前启后。

教学实践表明，这样做提高了学生的知识水平，让他们对本学科最新研究成果有了更多的了解。特别是通过对发生学分类和诊断学分类的比较，使他们认识到，前者是以生物、气候等为主的外界环境条件来识别土壤，后者则是从土壤本

* 本文为教改成果小结，该成果于1997年获国家级教学成果二等奖、福建省优秀教学成果一等奖。

身的属性来识别土壤，更符合科学的认识论，从而对诊断学分类的科学性有了正确的认识，加深了对诊断学分类的理解。

（二）强化实践教学是理论联系实际的重要措施

土壤地理学是一门理论性和实践性都很强的学科。因此，历年的教学始终都把理论联系实际，加强对学生能力培养作为一个重要教学环节。

要强化实践教学，首先必须有一个良好的实践教学基地。十几年来，以武夷山作为长期稳定的野外实习基地，同时也加强对实验室的建设，不断改善实验室条件，建立了较先进的土壤地理实验室、土壤资源室和地理信息系统实验室，为实践教学提供了良好的条件。其次必须形成一套理论联系实际的实践教学规范。采用的土壤野外调查、室内分析和论文写作三结合的教学方法，符合认识论的观点。学生首先应用已学过的知识（前人实践结果）进行野外土壤调查，然后根据野外调查的资料和土壤室内分析的数据进行论文写作，达到了从理论到实践，最后上升到新理论的认识论全过程。

教学实践表明，学生通过实习，一方面把课堂所学的知识与实践结合起来，验证和巩固了课堂讲授的理论；另一方面充实和提高了土壤调查研究的基本方法，通过论文写作，提高了分析问题、解决问题的能力。

（三）教学与科研相结合是提高教学质量的必要手段

教学与科研相结合，包含两层含义，一是教师进行科学研究，以科研促进教学，以教学带动科研。多年来，教师一方面积极进行科学研究，把科研成果充实到教材内容中去，进一步深化教学内容，提高教学水平；另一方面，又根据教学的需要，进行科学研究。比如对本省土壤进行了研究，并把研究结果充实到教学中去，使教学与本省实际紧密结合起来。二是吸收学生参加教师的科研工作，培养学生的科研能力。师范生是否需要具备科学研究能力？从教育必须面向未来这一角度出发，必须从中小学起就要培养学生科研意识的教育思想出发。因此对师范生的培养目标必须是既能从事教学工作，又能进行科学研究。实践证明，学生参加科研工作，是培养学生科研能力行之有效的方法，特别是参加一些对国民经济建设有重大作用的课题研究工作，既能提高学生的科研能力，又使学生能为经济建设服务作出贡献。

这里必须指出，上述教学改革只是从纵向考虑如何加大各教学环节的改革力度。从整体改革的思想出发，进行教学改革，在不断完善教学环节的同时，还必须把各教学环节——课堂教学、实习、实验、科研、课外实践乃至考试等有机联系起来，形成系统化的教学体系，才能达到全面提高学生的知识水平、科学素养和实践能力的目的。

（四）加强师资队伍建设、提高教师水平是搞好教改的有力保证

十几年来，致力于教学改革的同时，还十分重视对教师队伍的建设。除加强对教师政治素质的培养，树立良好的职业道德和敬业精神外，还在提高教师业务水平上狠下功夫。在当今世界科技发展日新月异的形势下，如何加速教师的知识更新，了解学科发展前沿动态并掌握学科发展的最新成就，是提高教学水平的关键所在。

因此，在大力开展科学研究的同时，又通过积极参加国内外学术交流，与国内外同行保持密切联系，派遣教师出国留学深造及经常性开展各种教研活动等，不断提高教师的业务水平，掌握本学科发展的最新成就，并付诸教学实践。目前已形成了以朱鹤健教授为学术带头人的一支在职称结构和年龄结构上均较合理的师资队伍，全体教师团结协作，敬业奉献，为教学改革创造了良好的条件。

五、创新成为指导博士生的主旋律*

1991 年我开始指导地理学博士生，把创新作为主旋律，寻求创新落在五个点上：一、实践前要博览研究领域内前人的研究成果，写好文献综述，设计起点要高，不要重复前人研究。二、实践需要鲜明的理论指导，理论是魂，纲举目张，研究没有理论指导，就找不出要害问题，也得不到高水平的成果。我指导的农业资源高效利用研究应用了系统方式下综合的地理学核心思维；水土保持研究应用了人地关系理论，这是创新的灵魂。三、坚持地理学视角观察问题，凸显了地理学特色。通过多学科、多因素、多方法和多视角的交叉，从界面上寻求创新空间。界面过程隐含着大量未被开发的环境信息、地理信息。研究界面过程能有效地研究开放系统间的物质、能量与信息的交换，从而深化地理科学的理论。我

---

* 本文为 2020 级地理学博士生课程“地理学思维与实践”小结。

指导的多个博士生做了农业资源系统耦合研究，就是基于这个想法去寻求创新空间。四、数据是研究成果的主心骨，不能空口说白话。数据除了少部分可以引用他人研究成果作为借鉴外，主要靠自己动手挖掘，自己获得第一手数据才是真功夫。地理科学数据有野外调查、GIS 处理和 RS 解译等多种来源，要重视新兴技术的应用，GIS 处理和 RS 解译都得用上。但我告诫博士生：不能只停留在室内工作寻数据，还要从实地中挖掘数据验证。因此在现场设计中，观察什么项目，采集数据怎么做到科学性、标准化成为师生对话的中心议题。五、贯彻现代地理学"微入宏出"特色思维，通过各种手段探讨地理景象的机理。"地理不讲理，学科立不起"。微观分析方案的设计很重要。有的博士生完成微观分析取得大量数据，进而发表若干论文后，自以为大功已成，要交卷。我还要求他们基于自己微观分析的结果，提炼出创新性的宏观决策。创新不仅限于机理创新、方法更新，还要有宏观决策创新。我把培养博士生视为师生共创新知识的过程，在这一过程中不仅要调动教与学两个方面的积极性，而且要发挥导师的主导作用。于是我围绕两方面内容向学生展开面授：一是介绍本学科研究的学派、研究动态及其发展的趋势；二是介绍我个人在教学与科研实践中的见解与经验，其中包括掌握基础理论、突出学科特色、呈现系统化思想方法及创新活动等具体经验。这样的教学要求使我在博士生的教学实践中要不断吸收学科发展前沿的信息，不断总结个人在教学与科研中的新鲜经验。这两个"不断"使我有可能取得指导的主动权，起着一位导师的主导作用，并以此调动博士生的学习的积极性，这一工作主要体现在以下三个环节的把握中：

第一个环节是倡导互动的教学方式，凭借我个人野外的丰富阅历，并在理论上加以提高，吸引学生对理论联系实际的重视，又诱导学生对我个人的学术见解进行评说，通过讨论、提问、作业等多种形式，形成学术思想的交锋，培养学生独立思考的能力。

第二个环节是创建博士实践基地，在闽南与闽北各设立一个博士生工作基地，取得有关部门的经费支持，为博士生创造好的实践条件。

第三个环节是把好学位论文质量关，要求论文"四要"：一要全面掌握本研究领域的动态；二要有自己的第一手材料；三要有创新的见解；四要自成体系，务求有理论意义和实际价值。

我指导博士生研究还关注"二特"，即发挥区域特色与个人学术特长。举一个例子，一位美国路易斯安那州立大学博士生 Chris Coggins 向教育部申请来我校做博士论文。这缘于我在美国路易斯安那州立大学所做的“中国湿润亚热带地区山地开发与管理”的学术讲座引起他的兴趣。我从“二特”视角考虑，选择人为干扰相对较小的闽西梅花山地区为基地，突出福建区域特色，又鉴于他在土地利用方面已有一定基础，确定学位论文题目为“土地利用的变迁与农业生态稳定性的关系”。研究成果表现独特，学位论文不仅在路易斯安那州立大学通过，而且在美国出版社出版。我尝到“二特”的好处，这个体会用于指导其他博士生也得到的验证，于是成为我指导博士生“取胜”的一张处方。

【小结】本章介绍我对教学创新的体会：掏心付出是软件，勤奋读书是硬件。要把创新理念贯穿到课堂教学、实践教学和编写教材的三个环节中。课堂教学是教学创新的主战场，掌握理论说透、教学互动、引导思考三个要点是摆脱“应试教育”陷阱的关键。将强化实践教学作为创新的重要手段，抓住野外实践、室内分析、论文写作三个要素，是萌发新思想的基础。教材创新立足于建立新体系、引进新观点和新技术及方便读者阅读三个方面，把编写教材作为提高教学质量的引擎，以久久为功的韧性，对高等学校本科教材《土壤地理学》做了40年的打磨。现在高校教师科研积极性胜过编写教材，要建立教材编写的激励机制，调动编写教材的积极性。总之，教学创新的要诀是建设好软硬件，而且落实上述的贯穿三个环节、掌握三个要点、抓住三个要素、立足三个方面的各项工作。

第十七章　教地理悟育人

一、掏心付出是教师最美的修炼*

我于1953年初入教坛，68年的教师生涯使我逐渐明白，掏心付出是好教师的一个标杆。父母爱子成才，倾心付出，是天性，自然而生。教师爱生成才，掏心付出，是“师性”，需要修炼。因此，掏心付出是教师最美的修炼，美在既成就了学生，又充实了自己。

（一）掏心付出是我前行的动力

2003年，恰逢执教50周年，我于教师节写下《园丁心怀》一诗自勉，道出我教书修炼的过程。诗是这样写的：

甫脱学生服，欣穿教习装。
堂中授论理，野外觅验方。
奋蹄催鞭急，育人盼腾骧。
夜灯勉著述，学子有华章。
园丁五十载，未敢寸阴荒。
耕耘忙作乐，只为桃李芳。
追思生平事，荣辱悉忘光。
犹记擎桅杆，后生好远航。

诗中描绘了我教书思想转变的四个阶段：

第一阶段，“甫脱学生服，欣穿教习装。堂中授论理，野外觅验方”，说的

---

* 本文原刊于《中国教育报》2021年11月10日教育家周刊，由朱鹤健口述，程顺祺整理。

是初入教坛，对教书理解较浅，只要求自己备好课，上课时能朗朗上口，野外实习会指导，就满足了。该阶段主要把教书当作职业，为自己成长而教书。

第二阶段，对职业的理解更为深刻，多了一些对学生的牵挂，有了“奋蹄催鞭急，育人盼腾骧”的心情。

第三阶段，领悟到必须把教书当作事业来追求，教书的目标定为“只为桃李芳”，期盼自己培育的对象能够成才，能够超越自己。学生的进步成为我快乐的源泉，我感受到一种“耕耘忙作乐”的愉悦感。每当我遇到不愉快的事情时，投入教学，一切烦恼皆烟消云散。于是，虽然行政事务繁多，但我宁可开夜车也不耽搁教书。

最后是步入老年的第四阶段，掏心付出已成为我不断前行的动力，我眷恋讲坛，对学生牵挂更甚，醉心教学，乐此不疲。此时“成就学生”一直搁在我的心上，“追思生平事，荣辱悉忘光。犹记擎桅杆，后生好远航”，全身心把教书育人的担子挑起来，年复一年讲课而不厌烦。

正因为有掏心付出这一动力，在写下这首诗后，“成就学生”4 个字又陪伴了我 18 个春秋。现如今，我传道授业更起劲，成就学生之心更迫切，即使跌到骨伤，也忍痛上课；指导学生更主动，想学生之所想，急学生之所急，积极解学生之难。这让我感受到实现自我价值带来的快乐。

（二）课堂、实践和教材三驾马车

曾经，我以为教书只是按照现有教材与讲授大纲按部就班地去讲课，课终考试，评上成绩，就算是完成教学任务。

实践表明，这样的授课方式会使许多学生落入死记硬背基本理论、基本概念而不求甚解的陷阱。我方才领悟，教师必须以学生为本，致力于解决学生的知识困惑，引导学生独立思考。

于是我在课堂、实践和教材三个教学环节上用心解惑引思，多方设法启发学生思考，调动学生的主动学习热情，培养学生勇于质疑的精神，并留有空间让他们自己去探索、发现，使学生能逐渐自求得之。

课堂是解惑引思的主要平台。课堂解惑引思重在精心选取内容。知识犹如浩瀚的大海，要上好课，就要在有限的课时内启发学生思维，引导学生思考，让学生掌握做学问的门道。

与编教材讲究完整性不同，我以解惑引思为目标，精选课堂内容，用心讲好精髓。按照课前准备的授课提纲，我依据所观察到的学生水平、课堂情绪，用灵活的语言，通过各种方式把本课程必讲的基本原理与知识、难点和思考点等讲清讲透；叙述性内容学生自己看得懂，大都可以不讲；其余内容，视讲授对象弹性发挥。紧紧把握启发学生思维、引导学生思考这一主线，在教学互动模式的基础上启发学生思维，鼓励学生勇于思考。

通过课堂讨论、提问等形式，引导学生大胆质疑，解除学生的思想束缚，改变“亦步亦趋、人云亦云”的思维习惯，形成师生学术的交锋，使课堂呈现师生互动共议问题的氛围。再辅以课外思考题考查学生的理解程度，运用科学的思维方法对学生常见混淆之处加以辨识澄清，使他们对事物本质的认识更加深化。点评学生作业是师生互动的另一种形式。学生没有理解透，教师应做反思，下一步要想办法在授课方式上再做调整。

此外，还要通过提问引导学生关注相关学科研究对象的差异，逐步建构其知识体系，以提高学生综合分析和解决问题的能力，形成创造性思维。

能否引导学生往学科的深处去思考，这是衡量教学水平的一项重要指标。这个深处应指本学科中新崛起的理论、研究方法和正在发展着的学科生长点。教材通常不能完全包罗这些内容，因此教师要洞悉学科发展前沿，把握学科发展的脉搏并凝练重点发展目标，最后及时反映在授课内容上。这样，不仅会给学生更多的思考，还会使整个教学与时代的发展相协调。

实践教学是解惑引思的重要手段。“堂中授论理，野外觅验方”，实践教学引导学生应用已学过的理论与知识说明现场，可以考验课堂教学的成效。

地理学所研究的人地系统不是一个纯自然的系统，它有许多不确定因素，甚至出现与教师课堂所授的典型规律相悖的情形。但也正因如此，实践教学成为思路出新的好机会。教师要引导学生观察并解释这些异常情况，最大限度地提高学生的观察能力和思维能力。因此，野外实习不容小觑，不可将其全权托付给新教师，应该由有经验的教师承担。

为了拥有一个良好的教学实践基地，我与同事经过十数年大量系统的调查研究，弄清福建省两个大山带的垂直分布，两相对比，最终确定以武夷山为长期稳定的野外实习基地。这个实习基地至今已有 40 年历史，形成了一套理论联系实际的实践教学规范。

其中，博士生实践教学不仅要解惑引思，也要使创新成为其主旋律。为更好地让实践教学引领创新，我在闽南与闽北各设立一个博士生工作基地，并常到现场与学生共商问题。我指导博士生寻求创新落在三个点上：一是实践建立在博览既有研究成果的基础上，设计起点要高；二是实践需要鲜明的理论指导，以理论为魂；三是坚持以学科视角观察问题，凸显地理学本色。通过多学科、多因素、多方法和多视角的交叉，从界面上寻求创新空间。界面过程隐含着大量未被开发的环境信息、地理信息，研究界面过程能有效地研究开放系统间的物质、能量与信息的交换，从而深化地理科学的理论。我指导的多个博士生做了农业资源系统耦合研究，就是基于这个想法去寻求创新空间。

教材是解惑引思的重要引擎。教育家赫尔巴特说：教材是横亘于师生之间的“第三者”。这句话既界定了教师教的任务，又界定了学生学的任务。我认为，教材是师生解惑引思的重要引擎。

教材不似通俗读物，重在系统传授本学科基本理论及新成果、新信息；教材又不同于专著，重在把基本概念交代清楚，说理要透彻，系统性要强。好教材要在解惑引思上下功夫，解惑引思不只是体现在内容与体系上，还要处理好与相关课程的关系，而且篇幅要适当，以便学生学习。

我为本科生编写的《土壤地理学》就是遵循以上思路，特别关注解惑引思力度。为了能让学生既熟悉我国长期使用的发生学分类的历史，又掌握当时处于发展前沿的土壤系统分类，我做了长期的探索。1985 年出版的《世界土壤地理》为两种不同分类在同一教材的融会打下基础，初步构建了新教材体系。3 年后，我确立了教材的编写大纲并继续在教学实践中求索，最终于 1992 年出版《土壤地理学》，前后历时 7 年。这本教材顺应学科发展的总趋势，与国际同类教材接轨，承前启后，立足国情，面向未来，解惑引思力度较大。为了指导博士生，我开设了“地理学思维与实践”这门课，与课程同名的教材也于 2018 年出版，这是我近 30 年积累的教学与科研成果，用实践论述地理学是什么、做什么、学什么，强调地理学要回归学科本性，给学生留有很大的思考空间。虽然博士生课程目前不要求有配套教材，但编写这本教材使我讲课更加主动，用力在说理与引发学生思考上，那些叙述性内容、具体研究方法都可让学生自学，讲课效率顺势提高了。

编写教材是“育人盼腾骧”的要务，尽管出版教材的奖励远不及课题立项、科研论文等，但我仍希望教育工作者重视教材建设，因为它是关系到人才培养的大事。

（三）读书成为我生命活动的必修课

空袋子不能自立，何能付出？生动活泼、引人入胜的课堂须建立在教师拥有跨学科知识以及丰富实践经历的基础上。

土壤地理学涉及地理学、农学、化学、生物学、物理学、地质学、数学等多门基础学科，对课程知识融会贯通的程度实际上与掌握这些基础学科的深度有关。若再拥有对自然景观的感性认识，又有文学修养，讲起课来就会妙趣横生。

现在很难说哪些跨学科学问对哪一门课程直接有用，但可以肯定地说，作为一名教师，博览群书会提高讲课生动性，许多知识会不知不觉地与所教学科发生联系，一旦联系上了，会给学生一种“始料不及”的感觉，有时会引发“轰动效应”。

“园丁五十载，未敢寸阴荒”，教师要把课讲好，就得读书。大学教师担负着教学与科研两项任务，更要读书。读书要勤，要坚持不懈。如今虽步入老年，我平日或多或少都要看一些书，读书如同散步一样成为我生命活动的必修课。即使置身于车站、码头候车室喧闹环境中也可静心看书。

但光“勤”读书还不行，还要“活”读书，这样才能把课讲活。我在教师生涯初期多为任务驱动而读书，直至修炼到教书掏心付出时，才确立了读书的“检索、梳理、思索、新解、验证”五部曲。

五部曲先是检索，书海无边，我以教学、科研中的难题为主题来检索文献并界定阅读范围，依据内容分别采用通读、精读和选读办法。阅读过程中，再以主题为中心进行联想、渗透，相互印证，起到了知识的“聚合效应”，读书效率就大大提高了。

读书不仅要记住，还要把各家说法融合在一起，以自己的文字或语言通畅表述，梳理成的读书笔记或文献综述最终还能发表，由此化为自己拥有的知识。

梳理过程自然萌生思考，往往发现存在各家说法不一的现象，即使说法相同也会存在历史局限性，这时就要靠独立思考。

尽信书不如无书，读书既要尊重前人研究成果，还要催生新见解、新想法，这是读书升华的重要阶段。催生新见解的过程蕴藏许多期盼，但须持续钻研，有时自己编写教材的一些新见解甚至是在半夜醒来时产生的。

有了新见解就要通过各种方式公之于众，这叫验证，是读书深化的过程。别人的意见会使自己再读书更有针对性，让新见解在学术界、评论界中锤炼，促其成熟，可谓“循环论证”。我的新见解的第一听众是研究生，通过青年学者的敏锐思想来加工自己的初成品。打磨到一定程度，在学术刊物上发表，让同行争鸣，在争鸣中验证。

上述读书五部曲让我把书读活了，也把课教活了，还带来成就感，又鼓励我再读书。我在教学实践中语言表达逻辑清楚、条理清晰，也归功于读书思考的过程。

（四）把学生看作共创新知的伙伴

掏心付出不只激励我读好书，还成为推动我不断前进的力量。一批批学生的成就犹似生活的滋养，不断激励我再耕耘，催我奋进。

我把学生看作共同创造新知识的伙伴，在教学实践中分享着年轻人的活力与创新所给予的滋养。这种滋养激发我对地理学思想理论体系的思考与总结，也使我对该体系的形成与发展有了科学、系统、全面的理解和把握。我在高龄仍能写出《地理学思维与实践》专著，构建了更为清晰与丰满的现代地理学思维脉络体系，这实为掏心付出的回馈。

人才一代比一代强，学生也一届比一届好，欣喜之余，我也更注重自己的道德修养，给学生做个好榜样，做到言传身教，正面影响学生的世界观、人生观、价值观。教育为了学生，掏心付出之美在于成就学生，也在于充实自己，这是我68年教书育人生涯的真切感受。

二、在教育路上与爱同行*

【颁奖词】“犹记擎桅杆，后生好远航。”这位与泥土打了一辈子交道的老师，把目光放在遥远的前方。远方是理想，它让我们永不止步；远方是希望，它让这位老人将自己的平生之学，为学生支起远航的风帆。

我是一位很普通的老教师，57年教学生涯，培养了我爱教育、爱学生、爱读书的一份感情。今天获此荣誉，我认为，这体现了社会对教育，对教师的一种尊重。今天典礼上，我看到九位“感动福建”人物的感人事迹，我要以他们为榜样，激励自己，继续远行。任何事物运动都要动力。自然界生态系统经历着低等植物（苔藓）→草类→灌木→乔木演替过程。植物能够这样不断地演进，靠

* 本文为作者于2010年4月12日在2009年度“感动福建”十大人物颁奖典礼上的致辞。

的是太阳能给它的动力。搞好教学也要一个动力，依我体会，那就是教师的工作精神。什么是教师工作精神？我以为是“三爱”——爱教育、爱学生、爱读书，这是搞好教学的生命根基。爱教育、爱学生，两者紧密相连，相辅相成。如果教师把教育工作作为事业来追求，丢掉自己要成名的私心，就会全身心地把教书育人的担子挑起来，想学生之所想，急学生之所急，实施差异式教学，针对性地帮助学生，期盼学生成才，爱生之情自然而生。一旦有爱生之心，期盼学生进步与成就，如同农民期盼有个好收成，就会安心过着年复一年的讲课生涯而不厌烦，责无旁贷地解学生之难，千方百计地呵护学生，期待桃李芬芳，那就会自然地爱上教育。我有这个体会，曾以“奋蹄催鞭急，育人盼腾骧”述怀。我把学生看作共同创造新知识的伙伴，在我近六十年的教学实践中，分享着年轻人的活力与创新所给予的滋养剂，一年比一年新，一年比一年好。坚信青出于蓝而必胜于蓝，学生的进步成为我快乐的源泉，这种良性循环使我更热爱教育、喜爱学生，真心真意献身于教育，乐于直接面向学生授课。如今步入老年，仍依恋讲台，醉心教学，有人不甚理解，这实为出于“耕耘忙作乐，只为桃李芳”的一种爱教育之心怀。每见一批学生毕业，就像农夫喜见丰收一样，策励我再作耕耘，又犹似生活的滋养剂，催我奋进。每当我遇到了不愉快事情的时候，投入教学，一切烦恼皆烟消云散。这般心情与举止的确是出于爱教育、爱学生的精神力量的支撑，也出于对民族和国家的一种责任感与感恩，这是新中国培养出来第一代大学生必有的烙印。爱学生使我更注重自己的道德修养，要给学生做个好榜样。在教书育人的同时，不断教育与充实自己，为人师表悬于心头，不断提醒自己行为举止规范。至于说到爱读书，人人都要读书，从广袤书海中汲取前人智慧，是学会怎么做事与做人的基本功。大学教师负有教学与科研两项任务，更要读书。读书是教学创新的基础，因此教师读书不只是个人爱好问题，要上升作为使命感和责任感，也就是说要更好地为教育与学生服务而读书。爱教育、爱学生、爱读书，这“三爱”与我结了逾半个世纪之情，现在情未了，愿今后的道路与爱随行，掏心对待教育，善心对待学生，勤心对待读书。

三、授课贵在广、博、精、深*

我在大学教书 43 年，从当助教及至当教授，教学上屡屡得奖，曾获得“条

---

* 本文原刊于《福建高教研究》1996 年第 4 期，有删节。

理清楚，深入浅出，活泼生动”等评语，这实际上是表面现象。我认为，教学效果要好，须用心“广、博、精、深”四个字。

讲课很重要的一点，就是要做到语言灵活，说理透彻。若把讲稿背得滚瓜烂熟，说起话来像台词一般，并不会产生好效果。再好的内容，照本宣科，或脱稿背诵，都会失之生动，学生听久了，还会感到厌烦。

我通常不写完整讲稿，只写授课提纲，然后掌握授课要点，用自己的语言，通过各种方式，千方百计地把要讲的内容讲清讲透。所以同一内容，我每次讲授表达的语言可能有出入，但把问题讲清讲透这一基本目的总是不变的。表达语言出入，是出于我观察授课对象水平、课堂情绪而灵活应变的。

要做到这一点，那就得有本课程足够扎实的基础知识，对教材融会贯通。授课重在“解惑”，而“解惑”能力的大小与教师的基础知识拥有量有关。我讲授的一门课程是“土壤地理学”，这门课涉及的基础学科有地理学、农学、化学、生物学、物理学、地质学、数学等多门学科。对土壤地理学教材融会贯通的程度实际上与掌握这些基础学科知识的深度有关。

一些青年教师不懂这个道理，以为把教材内容看懂了，就可以登台讲授，而不从基本功打起，讲起课来，尽管语言抑扬顿挫，但总像话剧演员一样，学生听起来不够味，其毛病就出在没有足够的基础知识去理解领会教材的内容，未能做到对教材的融会贯通。

我当助教时，带土壤学实习，内容大多是土壤分析，这都是一些操作过程：不是甲药加乙药，就是加热、搅拌、振荡等操作。由于我拥有较好的化学基础，在讲授时，不仅说明操作程序和注意事项，而且更着重阐释为什么要这样操作。加热5分钟，多了或少了又会怎么样；甲药加乙药，如果顺序颠倒过来，乙药加甲药又如何。把这些道理讲得清清楚楚，学生就能更好地掌握操作程序。

当年的学生，如今有的已成教授，仍对我的讲授方法记忆犹新。我不贪图讲多，只求讲的内容说理至深，从而取得很好的教学效果。所以说，授课要功底广，通常说的“要给学生一滴水，教师自己要拥有长流水”就是这个道理。

讲课要做到生动活泼，引人入胜，还得靠教师的博学，即要拥有跨学科的知识和丰富的人生经历。就我讲授的土壤地理学这门课来说，拥有对自然景观的感性认识，再加以文学修养，讲起课来就妙趣横生。

再者，土壤虽是非生物的，但对其剖析，其形体和运动规律的许多方面可以与人体相比拟，若有些医学知识，讲授时，又会增添许多情趣。现在很难说哪些跨学科学问对哪一门课程直接有用，但可以肯定地说，作为一名教师，博览群书会提高讲课生动性，许多知识会不知不觉地与自己学科发生联系，一旦联系上了，会给学生一种“始料不及”的感觉，有时甚至会引发“轰动效应”，这种效应只有来自教师的博学。

作为一名教师，切记给学生最重要的东西是掌握一门学问的钥匙。在讲课时，要注意发挥画龙点睛和举一反三的作用。我在课堂问题上所引导的思想方法大都可以适用于其他学科，这样学生学了这门课，不仅学了这门学科的知识，更重要的是学了做学问的方法。能否引导学生往学科的深处去思考，这是衡量教学水平的一项重要指标。即使上述广、博、精都做到，若缺了一个“深”，就会给人以肤浅的印象，这就涉及水平问题。囿于更新再版的周期差，教材通常难以及时追踪学科前沿，因此要靠教师不断阅读本学科新文献，把握本学科发展的脉搏，然后及时地反映在授课内容上。这样，不仅会给学生更多的思考，还会使整个教学与时代的发展相协调，保证了教学质量。

我的体会：教书容易，教好书难，实际上其他行业也是这样。谨以这些点滴经验奉献给教育战线上的青年朋友们。

四、勤奋学习，立志成才*

今天，我很高兴受邀参加本届科技节的开幕式。对一所中学来说，周期性地开展科技节活动，以此来培养学生爱科学的热情，激发他们学科学的兴趣，普及科技知识，确实是新鲜、有意义的。为此，我向附中第三届科技节的举行表示衷心的祝贺，并利用这个机会，向同学们讲几句话，希望同学们能积极、认真地参加即将开展的各项科技活动。

邓小平同志指出：“四个现代化，关键是科学技术现代化。”党的十一届三中全会以后，党的工作重点转移到社会主义现代化建设上来，把发展科学技术，推动科技进步列为一项基本国策，确定了经济建设必须依靠科学技术、科学技术工作必须面向经济建设的战略方针，实行科技体制的改革，加快科技成果向生产的转化，有力地推动了国民经济的迅速发展。但是，与科学技术先进的国家相比，我国在很多科技领域还有较大的差距，急需培养和造就一大批的科技人才。

---

* 本文为作者于 1990 年 12 月 22 日在福建师大附中第三届科技节上的讲话。

中学时期，正是一个人逐步形成世界观、学习知识、发育身体的重要时期，也是人才打基础的重要阶段。我想以一个科技工作者的身份，借鉴中外科学家的经验，结合自己几十年工作的体会，向同学们谈谈青年成才的几点看法：

（一）要培养高尚的志趣，立志成才

“有志者事竟成”，这句在我国广泛流传的格言，通俗而深刻地表明了立志的重要性。

大凡在某一方面有成就的人，都是从青少年时代就确立了坚定正确的志向，拼搏的力量来自高尚的志趣。数学家陈景润上初中的时候，就想到“数学是什么事也少不了它的”，立志在数学方面为祖国作出贡献；生物学家达尔文，中学时期就热衷于采集标本；物理学家爱因斯坦，16 岁时就考虑到光速问题。

同样是中学生，同学们也会冒出这样那样的思想火花，也会有自己的愿望和理想。因此，同学们要正确地认识自己，培养兴趣，选择切合实际的奋斗目标。许多心理学家的研究表明，青少年时期的兴趣和爱好是未来成才的起点。

达尔文在自传中说：“就我记得我在学校时期的性格来说，其中对我后来发生影响的，就是我有强烈的多样的趣味，沉溺于自我感兴趣的东西，喜爱了解任何复杂的问题和事物。”从达尔文的这段话中，同学们是不是可以领悟到什么？

当然，培养兴趣，立志成才，应当与国家的前途、人民的幸福联系起来。我们每个人都有责任、有义务为人民服务，为祖国作出奉献。像李国豪、谢希德等老一辈科学家将毕生精力献给祖国科学事业的精神，是值得同学们学习的。同学们应该锐意进取，勇于拼搏，努力把自己培养成社会主义现代化建设的接班人。

（二）苦下功夫，打下基础

富兰克林有句名言：“空袋子，难以直立。”意思是说知识贫乏的人难以有所作为。

我国有句老话：“少壮不努力，老大徒伤悲。”同学们精力充沛，求知欲强，正是掌握知识、发展能力的最佳时机，一定要合理地安排时间，勤奋学习，充实自己的头脑。

附中是福建省出类拔萃的少数几所重点中学之一，不仅有雄厚的师资力量和仪器设备，而且有良好的教风、学风，有比较优越的学习环境，曾培养了陈景润、侯德榜、高由禧等一批科学家，近年来也培养了陈元松、李坚等国际奥林匹克学科竞赛的获奖者。可以说，同学们所拥有的学习条件是许多中学所无法比拟的，有许多人对你们羡慕不已。如果同学们不珍惜这种条件，虚度年华，那是说不过去的。

我的体会，在中学阶段要扎扎实实地学习，打下基础，做到“基础厚，知识面广，适应性强，后劲足”。所谓“基础厚，知识面广”，就是不仅要学好课本知识，还要多参加第二课堂活动，多阅读课外书籍，开阔视野，增长见识；所谓“适应性强，后劲足”，就是要多学习有益的、有用的东西，把所学知识应用于课内外活动和日常生活中，提高动手能力，为升入高一级学校或参加社会工作打下坚实的基础。只有这样，才可能成为一名优秀的中学生。

顺便讲一下，打基础与培养兴趣两者可以结合起来，一方面要拓宽自己的知识面，另一方面也要有意识地培养某种或某些兴趣爱好，这样会有利于成长。

（三）善于观察，勤于思考

善于观察，勤于思考，是所有科学家所具有的心理品质。但这不是他们与生俱来的，而是从青少年时代甚至是儿童时代逐渐养成的习惯。俗语说，常用的钥匙总是发亮的，自行车久不用会生锈，动脑筋会延长寿命。勤于观察、思考的人总是聪明的，希望同学们能从我做起，从现在做起，认真观察周围的事物，开动脑筋，多问几个为什么，多思考一下事物的前因后果。如果你坚持这样做，或许有一天，你就会觉得受益匪浅。我在这边举几个例子：

第一个例子讲讲法国著名的医学家雷内。有一天，雷内路过一个公园时，看见许多小朋友在玩跷跷板，忽然一个男孩用手敲着板的一端，一个女孩把耳朵贴在板的另一端仔细地听着。看到这种情景，他心里猛然一动，跑上前去，学着女孩的样子，也把耳朵贴在板上，听到了“砰！砰！砰!”声音。回到家里，他立即用纸卷了一个圆筒，一端放在病人的胸廓上，另一端贴紧自己的耳朵，奇迹出现了：这种间接听到的心音和呼吸声要比直接听到的清楚好几倍。后来，雷内经过反复地研究，终于制成了听诊器。

第二个例子讲讲英国科学家罗素。有一回他在河边散步，发现河中一条小船冲起的波浪和平时所见的不大一样，它不是一波未平，一波又起，也不是波峰波谷延绵不断，而是只有波峰，没有波谷，一尺多高、三尺多长的激浪好像是一座后退的斜坡。罗素经过长途跟踪，证明并不是自己视觉上的错误，后来就提出“孤立波”这个流体力学中的新概念。

从以上两个例子可以看出，善于观察、勤于思考的品质，往往会促进新发明、新发现的诞生。也许有的同学会说，雷内和罗素只不过是运气好而已，没有什么了不起的，但是，有一点可以肯定，机遇总是偏爱善于观察和思考的人，如果同学们没有养成观察和思考的习惯，不仅难以发现新事物，而且在成长道路上将会遭遇许多意料不到的障碍。这个问题也请同学们思考一下。

（四）多做笔记，积累知识

我是研究地理学的，在中学时代就知道两位酷爱笔记的科学家，一位是明代地理学家徐霞客，他几乎走遍祖国的名山大川，每天都记下了当天的见闻，这些笔记有着丰富的科学内容和很高的文学价值，其中关于石灰岩地貌的考察和研究，比欧洲早一个多世纪。另一位是著名气象学家竺可桢，他数十年如一日地观察、记录物候现象，在临终前一天，还用颤抖的手在病床上做了最后一次笔记，他写的论文《历史时代世界气候的波动》与《中国近五千年来气候变迁的初步研究》，深受国内外学术界的推崇。

从这两位科学家身上，我们可以得到启示：做笔记是很重要的。就本人来说，很早就注意记录、积累资料，岁月留痕造就我的实力。同学们虽然年轻，记忆力强，但要学习的知识非常广泛，不可能把所学的知识全部储存到头脑中，必须借助于笔记和卡片，争取做到“不动笔墨不读书”。

那如何做好笔记呢？我给同学们提三个建议：

（1）分门别类地记录。可以多准备几本笔记本，归类记录。也可以记在单页纸上，过一段时间再分类装订和保存。

（2）及时地记录。特别是观察、实验的结果和突然迸发的想法，要及时记录下来，以防遗忘。

（3）有的放矢地记录。笔记可用来摘录书中的精华，但更重要的是对材料进行初步加工，不能简单地抄录。读书笔记应该记录对书中观点的意见：赞成或反对，发扬或批判，或者读书时所联想到的独特见解。

（五）树立集体观念，培养合作精神

随着边缘学科、交叉学科的发展，现代科学研究呈现出从单一性的个体研究进入合作性的集体研究的特征。任何一项重大的科研活动，都需要多方面的协作和配合，个人的力量显得很渺小。

在这种趋势下，作为青年，同学们应该自觉强化集体观念，培养合作精神，互相支持，互相学习，汲取百家之所长，增长自己的才干。

（六）参加社会实践，完善智力结构

实践出真知，实践出智慧，任何人的能力都是在实践中不断得以提高。我们要培养的是德、智、体、美、劳全面发展的社会主义事业接班人。目前，由于功课压力等种种原因，中学生较少接触实际，接触工农，缺乏切身体验，独立思考与分析、解决问题的能力比较差，这对培养合格人才来说显然是有欠缺的。同学们在课余时间和寒暑假期间，要通过多种形式，深入工厂、农村，与工农群众交朋友，虚心向他们学习，走与工农群众相结合的成长道路。

同学们！20 世纪末和 21 世纪初，是实现中国社会主义现代化建设总体战略目标的关键阶段，也是中华民族兴衰荣辱的紧要关头。希望同学们响应时代的召唤，勤奋学习，刻苦钻研，立志成才，为社会主义祖国的繁荣富强作出贡献。

五、朱鹤健先生在《现代地理学新探》首发式上的发言*

尊敬的各位领导，各位同事、校友，老师、同学们！

为了我的一本小书，福建师范大学与海峡出版发行集团联合举办这么大的盛会，劳驾大家从四面八方赶来参加，我十分感动，刚才又听到诸位的勉励，更为振奋，谨向您们鞠躬，表示谢意。感动、振奋之余，说一些感想。

第一个感想，我是新中国培养的第一代大学生，经受党的教育路线的洗礼，张思德、白求恩等一系列正面形象扎入心坎。感悟到人生过得好，奉献是个宝，使我从原先把教书当职业来对待，提升到把教书当事业来追求，有了掏心付出是教师最美修养的感受，萌发出爱教育、爱学生、爱读书的“三爱”思想。在 70 年的教学生涯中，乐于教书。尽管有 20 年担任校、系两级行政职务，但始终站在教学课堂的第一线，做一位精神纯粹的人民教师，这是我学术生命延续的重要思想基础，感恩党的教育和培养。

---

* 本文原刊于《华南地理学报》2024 年第 1 期。

第二个感想，在我70年教学生涯中，后30年是面对博士生教学，从师徒式面授到正儿八经编教材开班讲课，这实际是探索现代地理学的过程。从土壤地理学向地理学转身，也是从理科思维向文理思维交叉跨越。这30年的时光隧道，正处在我人生的老年期，教学科研本来应该偃旗息鼓，而福建师范大学却为我提供持续探索的很好条件，师大人热情相助，又增添我这个跨越的勇气。地理学当前列入理科行列，而福建师范大学却破例授我“文科资深荣誉教授”的光荣称号，使我更有底气响亮提出地理人必须树立现代地理学本体文理交叉的科学观，这是发展现代地理学的关键。感恩福建师范大学领导的关怀和师大温暖环境的呵护，提供我这个跨越的保障，深化了现代地理学的认识。造就我在老年期还能向博士生持续授课，以独撰或第一作者的方式出版了8本书，感悟到学习不见得是年轻人的专利，老人同样享有这个权利。

第三个感想，我在兼任华东师范大学博士生导师期间，得到陈吉余和李春芬两位先生的学术指导，陈吉余先生又与中国科学院地理研究所陈述彭先生联名推荐我申请加入国际欧亚科学院当上院士，接受了更广阔的学术空间熏陶。3位先生像一盏明灯指引我的学术道路，他们不只学术造诣高深，而且倾心服务社会，成为国家专家库的重要成员。我以他们为榜样，秉持认定目标不动摇，遇到困难不放弃，简单重复不厌烦的“三不”精神，于1992年开始先后带领8位博士生以挖掘土地生产潜力为目标，少投入多产出为目的，运用生态系统基本原理研究闽东南特色农业发展问题15年。2000年又以地理学范式研究闽西长汀水土保持，四代人薪火相传，坚持至今达23年之长。第一批参与研究的博士生陈志彪，如今成为教授仍在坚持这项研究，并获得全国脱贫攻坚奖创新奖。我以这些研究成果为案例，总结出现代地理学的应用观：现代地理学是解决国计民生问题的利器，服务社会是地理学存在与发展的生命根基。而且把应用观概括成更接地气的4个字，称之为“落‘地’有声”。这个“地”涵盖实地、实事和实果。即地理学研究要落实不同尺度区域上，以解决本土问题为重点，通过区域响应方式，攀登学科前沿；以问题为导向，倾心解决国计民生的实事上，所获成果应该是可重复、可推广的实果。这些提法实际上是3位学术领路人的身影的反照。也就是说，3位先生的榜样力量催生出现代地理学的应用观。现在他们都在天堂，我深深怀念他们，祝他们在天堂安好。

第四个感想，30年我面对博士生授课，说实话，博士生们掌握当代新技术和审查问题的敏锐性都超过我，但我用以下两点方式取得了教学的主导权。

一个方式是我用自己的实践经验来解译基本理论，把书本上条文式的理论化解成可以应用的知识。举个例，讲到地理学核心思想人地关系时，联系到生态学基本原理，学生们普遍都知道生态系统的功能是1+1大于2，若问为什么会大于2，没有几个人会说得清楚，再问要大于3怎么办，更是茫然。我把其中道理用实例说深、说透，使他们如梦初醒、恍然大悟，使他们从应试教育的泥坑中走出来，我领会到唤醒学生的思考比传输知识更加重要。

另一方式是引导学生对我讲课内容提出质疑，创建师生互动、共议问题的活跃局面。举个例子，我以我设计的“地理人”概念模型作靶子，引发学生挑毛病，他们会提出各种想法。我一一做了点评。一位博士生说这个模型前人没有说过，课堂讲讲还可以，拿去公开发表一定会受到争议。我说见不到太阳的植物长不大，学术思想只有在大众的锤炼下才能成熟。一位学生拿着我修改的作业找到我，他说：我这段话有根有据，是从书里抄来的，您怎么也改了呢？我说：我改的若有不对您可以提，但书上说过并不意味着就不能改，我还出许多书，都可以让大众评判。我是这样引导学生从“人云亦云”的思想束缚中解脱出来，并告诉学生：读书重在独立思考，科学的思维方法，重在创新，背书与模仿都不会出大智慧。我的课堂贯穿着师生对话，呈现一起一落的波浪式讨论氛围。一位博士生在作业上用英文评价我：“Despite being old，one is still open-minded”（年纪虽大，思想还蛮开放的）。

我就靠上述2个招数，受到学生们的欢迎，才有条件授课直到今天。有人问我，你是老马识途，备课应该不花多大时间吧！其实不然，我是顶肯花时间备课。我不想用已备好的课件照本宣科，而是在每个新学期开始、每节课前用心考究授课对象的理解度。我在两方面用心备课：一是怎么表达能使受业者更容易接受，不因说法枯燥而走神；二是怎么总结我在探索现代地理学新的心得，丰富内容，使学生不因内容平淡而逃课。学生走神和逃课我看作是我懈怠造成的过失，那是浪费年轻人宝贵的青春时光的一种罪过。5年前，班上一位女生经常打瞌睡，我很纳闷，我想我一定在备课上出了什么问题，才出现这种现象。课间休息，我找她谈话，她告诉我，她患一种病，吃一种药，吃后就很爱睡。我说既然是这样，那你就安心睡去吧，能听多少，算多少。事过5年，这事我早已忘却。今年春节她给我寄电子信件，说她已在某高校任教，并附了当年我给她谈话的照片，感谢我对她的宽容。我真的还想不起当年这个照片怎么拍下来的。一位博士生毕业时深情对我说，他很调皮，别的课程他经常逃课，唯独我的课，他一课不落。互动碰撞出思想火花，是交汇升华的助推剂。

年轻人的活力与创新精神，使我对地理学理论体系的形成与发展有了科学、系统、全面的理解和把握，催生了今天“三观”的形成。我的掏心付出，也得到博士生的反哺，赢得丰满回报。2016 级博士生把我的课堂讲授录音下来，整理成书面材料，我在这份材料的基础上重新整理写出《地理学思维与实践》这本书，2018 年由科学出版社出版。今天发行这本新作是与这本书一脉相承，可视为续集。但又有所提高，提高到科学观、应用观、教育观这“三观”的新水平上。在互动中，我也发现学生们文理思维不交融的短板：自然地理专业的学生善于微观研究，喜于探讨地理景象的机理，而忽视从中总结宏观战略服务社会；人文地理专业的学生善于写出近乎于社会科学的论文，而忽视必要的自然地理微观研究做底色，失去地理学的特色；地理信息系统专业学生专注数学模型精准的定量分析，而忽视复杂的人地关系对定性分析的要求，成果往往失真。由此触发我从顶层设计、专业结构优化、文理课程融合和学风改进等 4 个方面提出高校地理学教育改革创新的意见，从而诞生了现代地理学的教育观。

今天听到很多赞语，都赞扬我 92 岁老人还会写书。如果没有上面我所说的培养教育、关怀温暖、明灯引路、反哺滋养这些好背景，我有什么能耐能写出这本书，我的许多论点都是在这些爱的沐浴下形成的。这本新书旨在宣扬地理人要树立现代地理学科学观，有了这样的科学观就可引申出服务社会的应用观和培养文理思维交融的新型地理学人才的教育观。科学观是“三观”之本。但是这个书还蕴含着三个期盼：一盼高校地理学专业今后不再有挂着别的学科牌子办学的现象。二盼社会有更多人认识到地理学是解决国计民生问题的利器。我在《中国自然资源报》发表过一篇文章，题目是《从长汀水土保持看地理学应用》，一个网站转载这篇文章，却把题目改成《看似高冷的地理学，原来可以这样应用到我们的工作中》。好端端解决国计民生问题利器的地理学被说成高冷学科，我很难受。我的同事告诉我，他觉察到社会对我们学科的看法有些冷，但没有觉察到社会还把我们学科看成高新科学。我说，您想得美，高与冷相结合，那是贬义词，其意是高高在上，用不着。希望社会上这样的误解不再出现。三盼建国以来地理学先辈为国家战略需求作了大量贡献，成为各级政府思想库的重要成员，地理学在社会上的显示度很高，这样的场面能重新出现。

这三个期盼压在我的心头，沉甸甸的。这也是我为什么还要出版这本书的一个原因，这本书实际上是我释放内在心事的一种表现。众所周知，高龄老人智力与精力都有限，书中疏漏与缺点，在所难免，敬请读者指正。现在我探索现代地理学已经上路，成为生活的一部分，人虽老，情未了，刹也刹不住。我以“春蚕到死丝方尽”自勉，会认真倾听读者的意见，持续探索远行。

谢谢大家！

朱鹤健

2023 年 11 月 23 日

【小结】七十年教学生涯，我最深的体会是“掏心付出是教师最美的修炼”，美在成就了学生，而又成长了自己。它的同义词是“人生过得好，奉献是个宝”。我把教书当作事业来追求，目标定为“只为桃李芳”，期盼自己培育的对象能够成才，能够超越自己。学生的进步成为快乐的源泉，感受到“耕耘忙作乐”的愉悦感。如今步入老年，这句自勉词已然成为不断前行的动力，依旧眷恋讲坛，对学生牵挂更甚，醉心教学，乐此不疲。此时“成就学生”一直搁在心上，“追思生平事，荣辱悉忘光。犹记擎桅杆，后生好远航”，全身心把教书育人的担子挑起来，年复一年授课而不厌烦。这一切让我感受到自我价值实现所带来的快乐。爱教育、爱学生、爱读书，这“三爱”与我结了逾半个世纪之情，现在情未了，愿今后的道路仍与“三爱”同行，掏心对待教育，善心对待学生，勤心对待读书。

附 录

关联词

教师的责任不仅要传授专业知识，更重要的要把立德树人摆在首位。本附录3篇可以看出学生的爱激励我不断前行，以及我以教育为己任，教书育人萦绕于怀、乐此不疲的情怀。

附录一 陈松林教授：漫漫求索六十载 广博精深乐耕耘

——记朱鹤健教授*

“授奖在于激励，我年事已高，无个人求发展的念头，而回报社会之心却日益迫切，这一激励，使我重新思考怎样更有效地回报社会。”这是朱鹤健教授在2009年10月获得中国地理学会授予的“中国地理科学成就奖”时所说的一番话。由此他也成为福建地理科学界获得“中国地理科学成就奖”的第一人。这是一个著作等身、胸怀祖国的学者披肝沥胆的话，他用自己长达59年的科学研究为自己、为地理学的发展作了最好的诠释。

在半个多世纪的科研历程中，朱老立足于中国红壤丘陵区，着眼于理论和技术的创新，以创建交叉体系为目标，以土壤学的微观研究与地理学的宏观分析相结合的方法为支撑，从两科交融中，发现学科发展新的空间，推动两学科交叉前沿性应用理论和技术体系的发展，并显示农业研究的地理学范式的特色。正如地理界泰斗陈述彭院士所言：“这些宝贵的经验，来之不易。既要有高屋建瓴的真知灼见，又要有求真务实的实践能力……朱教授所走过的正是一条符合中国国情、自主创新的道路，正是大师们走向成功的星光大道，正是研究型大学的典范。”

---

* 本文摘编自《弦歌盈耳——福建师范大学建校一〇五周年纪念文集》，海峡文艺出版社2012年版，作者陈松林系地理科学学院教授。

一、放眼世界，胸怀祖国，开创科研新路

1973—1974 年，国家派朱教授前往非洲塞拉利昂共和国考察土壤，他利用英国学者提供的美国土壤系统分类图件与调查资料，研究了美国土壤系统分类在红壤的应用，写出塞拉利昂季节性沼泽区土壤调查报告，成为中国实践土壤新分类法的先行者。并以此为基础，朱鹤健教授写出了《世界土壤地理》（55 万字，高等教育出版社，1986 年），该书被认为是“中国学者撰写的第一部有关世界土壤地理的专著，具有特殊重要意义”。

20 世纪 80 年代，他以武夷山与戴云山土壤垂直分布带对比研究，总结出红壤区域土壤垂直带谱规律性，否定了传统将黄壤带确定为黄棕壤的说法，认定本区红壤未有灰化作用，其土壤自然肥力并不低。这一研究成果被日本学者认为“对于认识日本的红壤、黄壤等类土壤的发生学过程是非常有价值的”。他观察到高海拔地区土壤可能出现的三水铝石，提出通行以胶体的硅铝率、硅铁铝率作为划分红壤风化壳依据的局限性；还提出游离铁、岩性在鉴别红壤上的意义和多种土壤空间变异模型，揭示特定地理环境对土壤特性变异的关系。他应用土壤新分类法，把福建一种砖红壤性红壤划定为变性土，并探明其成因，科学总结出其管理的特殊性。这些成果均被《中国土壤系统分类：理论·方法·实践》所引用。

上述红壤研究成果，先后在 *GeoJournal*、*Pedosphere*、《土壤学报》、《自然资源学报》等刊物上发表，并被选入刊于中国土壤学会编的 *Recent progress of soil research in the People's Republic of China* 一书（1986 年）。他也获得国家自然科学奖二等奖（参与），福建省科学技术进步奖二等奖（主持）。1984—1985 年，朱教授应邀到香港大学地理与地质学系讲授中国热带亚热带土壤，并指导那里的学生进行土壤地理野外实习。1989 年，他在苏联举行的全球山地环境变迁学术研讨会上交流其成果时，引起国际同行瞩目，先后受邀到美国路易斯安那州立大学（1992 年）、美国南俄勒冈学院（1994 年）讲学。1996 年又指导美国路易斯安那州立大学博士生完成研究山地红壤的博士学位论文。1991 年享受国务院政府特殊津贴，1992 年被评为福建省首届优秀专家。

朱教授还率领他的研究团队，融学科理论与实际应用于一体，联系福建省情，提出很有区域特色的农业开发模式和战略，对福建土地资源、生态经济、数字农业研究作出了系统性的贡献；拟定了福建省数字农业发展的总体战略规划；

运用生态承载力理论，开展了福建省生态功能分区研究，定量研究生态省建设的指标体系；提出了“三种模式”“四重战略”和“五色开发”等土地开发方案，对指导福建农业可持续发展发挥了重要作用，得到省内和全国学术界重视，有的已被有关部门所采纳，产生较大影响和社会效益。1997 年他被福建科协评为十名优秀学会理事长之一，1999 年获福建省政府科技工作者优秀建议奖，2004 年获国土资源部科技进步奖二等奖。

二、执鞭课堂，躬身先行，尽显大家风范

朱教授 1953 年从教，讲授两门课程至今，执教 59 年。半个多世纪来，他师德高尚，深受师生爱戴，培养出的大批人才已成为教育、科研和经济战线的中坚力量，许多学生已是教授、副教授。他热心培养青年教师，甘为人梯，把自己积累的教学、科研经验与资料毫无保留地传授给青年教师，指导青年教师讲课，开展科研，撰写论文，出版著作。

他曾在其专著《土壤学与地理学交叉研究》的自序中满怀深情地说：“我 1953 年大学毕业留校至今没有离过校门……教过本科生、硕士生和博士生，以教育为己任，教书育人萦绕于怀，乐此不疲。我曾有过这样的心情表述：‘奋蹄催鞭急，育人盼腾骧，耕耘忙作乐，只为桃李芳。’每见一批批学生毕业，就像农夫喜见丰收一样，策励我再作耕耘，犹似生活的滋养剂，催我奋进。每当我遇到不愉快事情的时候，投入教学，一切烦恼皆烟消云散。如今步入老年，依然眷恋讲台，醉心教学，有人不甚理解，诚是‘犹记擎桅杆，后生好远航’。这都出于爱学生、爱教育之心怀。事实上在教书育人的同时，也不断教育与充实自己，为人师表悬于心头，不断提醒自己行为举止规范。”

这就是一位造诣精深的大学者的博大情怀，一位优秀老教育工作者高尚的精神境界。他先后招收博士生 26 名，已授予博士学位的 22 位，并担任过美国路易斯安那州立大学的博士生导师。他所培养的博士已成为国内外科技、经济和教育战线的高级人才。在学生心目中，他就是位宽厚仁爱的长者。自 1991 年以来朱老因教学优秀频频受奖：教授期间被评为全国教育系统劳动模范，之前被评为校、省级优秀教师 7 次，晋升工资奖励 4 次，又获曾宪梓教育基金会高等师范院校教师奖二等奖。这一系列殊荣说明他在教书育人岗位上的辛勤耕耘不是表现在一时一事，而是贯穿在整个教学生涯中。他有着“园丁五十载，未敢寸阴荒”的工作精神。2010 年 3 月由海峡都市报、中国建设银行福建省

分行、福建教育电视台主办的2009年度“感动福建”十大人物评选中，朱鹤健教授榜上有名。

回忆起自己的从教生涯，朱老曾经作诗一首：

甫脱学生服，欣穿教习装。
堂中授论理，课外觅验方。
奋蹄催鞭急，育人盼腾骧。
夜灯勉著述，学子有华章。
园丁五十载，未敢寸阴荒。
耕耘忙作乐，只为桃李芳。
追思生平事，荣辱悉忘光。
犹记擎桅杆，后生好远航。

这首《园丁心怀》也许就是朱老最好的精神写照。正如文前提到的，其饱含着“回报社会之心却日益迫切”之激励。朱老先生的严谨学风、和蔼亲切之言行必将诲导更多努力求学的地理学子们，其毕生精力所投入的地理事业亦将焕发更灿烂、更远博的光辉。

附录二　福建师范大学地理科学学院：朱鹤健教授为我院2022级新生讲授开学第一课*

2022年9月16日上午，地理科学学院、碳中和未来技术学院2022级新生开学第一课在旗山校区图书馆大会堂隆重举行。我国著名地理学与土壤地理学家，国际欧亚科学院院士，福建师范大学原校长朱鹤健教授为全体新生讲授“走进地理学，学好地理学”开学第一课。校纪委书记林月恩，学院党政领导、关工委主任、教师代表、2022级全体本硕博新生等共500余人参与本次活动。活动由院长吴福忠教授主持。

朱鹤健教授以新中国成立以来一代又一代地理学家们艰苦奋斗、砥砺前行所取得的辉煌成就为切入点，从中国基本国情、国计民生两方面阐述学习地理学的意义，结合自身实践经历，通过长汀水土保持成功范例，深入阐明了人地关系、系统、空间这三大地理学核心思维，强调地理学不应只停留在理论研究层面，要

* 本文由地理科学学院2021级林舒萍采写。

真正落“地”有声、见地及人、微入宏出，带领新生走进地理学，领略地理学科的独特魅力。

在如何学好地理学的问题上，朱鹤健教授用“认定目标不动摇、遇到困难不放弃、简单重复不厌烦”的“三不精神”来勉励2022级新同学。他认为，学好地理学，既要有全球视野，求索国际前沿，又要脚踏实地，解决本土问题，夯实家国情怀，实践区域响应，提升担当国家发展战略的使命感和服务社会的责任感。他希望新同学们响应新时代的召唤，勤奋学习、刻苦钻研、立志成才，努力学好地理学，挑起宣传、实践现代地理学的责任，为中华民族复兴伟业贡献地理人的力量。

朱鹤健教授虽已92岁高龄，但他不忘初心，扎根祖国大地，潜心科学研究，矢志报国；牢记使命，钟爱教育事业，坚守三尺讲台，培桃育李。

附录三　记朱鹤健教授一堂讲座*

不知不觉，我们福建师范大学将迎来她的第105个生日。这是多么值得纪念的时刻啊！回首一看，作为2010级学生的我们，也已经入学快两周年了。当谈起师大的故事，我的思绪不经意间被牵回新生的开学典礼上……

福州九月的天气仍然“热情”不减，太阳火辣辣地炙烤着大地。辅导员电话通知，让2010级新生全部都去听讲座。在这火热的天气下，懵懂的我们心里犯着嘀咕：讲座有什么可听的？况且这么折磨人的天气……哎！一声长叹后，我们还是硬着头皮去听了。但是后来的结果，让我有了全新的体会……

给我们开讲座的是朱鹤健教授，听学长学姐们说：2010级是幸福的，一开学就可以一睹朱老师的风采；朱老师是地理科学学院的领头人，也是我们师大的前校长；他是一位朴实的学者，他是一位精益求精的领导者，他的高风亮节让每个人钦佩不已……伴着这些介绍，我顿时觉得心潮澎湃。这一回，可以一睹大家的风范了！

时钟像耄耋老人般不肯走得快些，我坐在教室里有些紧张地等待着，脑袋里充满着对老师的遐想：他会和我们说些什么呢？他要教给我们什么技能呢？他对

---

* 本文摘编自《弦歌盈耳——福建师范大学建校一〇五周年纪念文集》，海峡文艺出版社2012年版，作者吴瑶瑶系地理科学学院2010级本科生。

我们有什么要求呢？

想着想着，朱老师已经缓缓地进入了我的视线。

“亲爱的同学们，你们好！非常高兴能在开学的时候和你们见面，看到你们，我就感受到青春的活力，一股力量迎面袭来！”说完，老师呷一口水。我仔细地打量着朱老师，健硕的体态、炯炯有神的眼睛，一副黑框大眼镜架在他那高耸的鼻梁上，显得恰到好处。辅导员在一旁介绍，朱老师今年已经80多岁了，但是他老人家仍然笔耕不辍，仍然在学术园地辛勤地耕耘。他老人家还在积极地投身于地理科学的研究！听罢，我内心的敬佩之情油然而生。我想，这就是师大精神吧：奋斗拼搏，永不止步！

整场的讲座，我都在认真地听着。我把朱老师的讲座总结为三大部分。开始时他谈及土壤地理学的研究历程。“很多同学肯定有这样一个疑问，那土壤有什么好研究的，不就是黑的、红的，还有黄的……哈哈，此言差矣！同学们，光土壤的分类也许就得花上几代人的努力啊！你们别只看它的颜色，土壤的性质、土壤的成因，以及土壤与农业的关系，这里面可都是大学问啊！也许你们会觉得很无聊，可是孩子们，当你们真的深入研究进去的话，那片领域可是其乐无穷的！”说完这段总结，朱老师给我们举了鲜活的例子：武夷山的山顶和山脚的气候略有不同，导致两处的土壤及其地理要素的差别，通过这些不同，我们就可以做出很多农业、商业等方面的决策。你们说说看，研究土壤地理是不是很重要啊！说完，朱老师会心地向大家笑了笑，多慈祥！

我听得越来越有精神，朱老师开始讲野外实习经历了。当中最为有趣的是他提及带研究生们去野外勘察地形的经历。他就对研究生们说：“孩子们，我们是要去跋山涉水，不是去旅游，可不要穿高跟鞋、带旅行包，到时累了，走不动了，男同胞们可不会绅士哦，他们不背你们，你们得自己一脚一脚走回来……哈哈！”老师俏皮地讲着这个例子，让在场的我们体会到他的幽默风趣，体会到地理人吃苦耐劳的精神，同时也对自己的专业多了份憧憬！

听着朱老师的例子，讲座也渐渐接近尾声。朱老师对我们提出了殷切的希望：“同学们，我一辈子和地理打交道，我热爱这份事业。我们国家研究地理的程度还不够深。它的发展需要青年们的努力，需要你们一代一代的耕耘。你们知道吗？很多重要的成就，包括地理学的不少理论都是以外国人的名字命名的，我真的希望，将来大量的地理学的理论也能以中国人的名字命名，那是一种荣誉，是对你们所作贡献的褒奖！”

“我希望看到你们茁壮成长，希望你们在地理这块土地上挥汗如雨！希望我们国家的地理事业越发蓬勃！”话音一落，会场顿时掌声雷动。在经久不息的掌声中，朱老师和我们告别了。老师离场了，循着那高大身躯留下的背影，我若有所思……

朱老师就是师大精神的代表，“读万卷书，行万里路，心怀祖国，兼济天下”。我庆幸，在开学伊始，就接触到了这样的灵魂人物。他是航海时的灯塔，给迷茫的我们指引今后学习的方向；他是旅行时的路标，给疲倦的我们注入精神力量！没有华丽的外表，没有绚丽的语言，没有矫情的谈论，有的只是朴朴实实、真真切切！我记这样一堂课，以致我敬爱的朱鹤健教授！

主要参考文献

蔡运龙，1998. 在深化可持续发展研究中发展地理学［J］. 地理研究，17（1）：17-22.

蔡运龙，陈彦光，阙维民，等，2012. 地理学：科学地位与社会功能［M］. 北京：科学出版社.

陈红兵，2008. 复杂性科学对近现代科学范式的转型［J］. 山东理工大学学报（社会科学版），24（3）：12-15.

陈静生，1994. 地理学、生态学、环境科学与“人类与环境相互作用”研究［J］. 地球科学进展，9（4）：1-7.

戴汝为，李耀东，2004. 基于综合集成的研讨厅体系与系统复杂性［J］. 复杂系统与复杂性科学，1（4）：1-24.

冯广志，2004. 农业灌溉工程的投资与效益［N］. 中国经济时报，02-13（1）.

傅伯杰，冷疏影，宋长青，2015. 新时期地理学的特征与任务［J］. 地理科学，35（8）：939-945.

高群，2003. 生态-经济系统耦合机理及其恢复与重建研究——以三峡库区为例［D］. 北京：中国科学院.

葛全胜，吴绍洪，朱立平，等，2003. 21 世纪中国地理学发展的若干思考［J］. 地理研究，22（4）：406-415.

葛绥成，1948. 地理丛谈［M］. 上海：中华书局.

顾恒岳，艾南山，陈国祯，1983. 中国农业气候的动态分析［J］. 兰州大学学报（自然科学版），19（4）：144-151.

关琰珠，朱鹤健，2003. 区域生态环境建设的理论与实践研究［M］. 北京：中国环境科学出版社.

哈维 D，1996. 地理学中的解释［M］. 高泳源，刘立华，蔡运龙，译. 北京：商务印书馆.

黄秉维，郑度，赵名茶，等，1999. 现代自然地理［M］. 北京：科学出版社.

黄朝永，2000. 广东外资空间分布与变化研究［J］. 地理学与国土研究，16（2）：88-92.

黄胜利，2001. 区域资源优势的定量评价［J］. 资源科学，23（2）：85-87，92.

卡列斯尼克 C B，1957. 普通地理学原理（上册）［M］. 唐永銮，王正宪，译. 北京：地质出版社.

凯斯特洛特 C，巴尼奥利 L，2024. 自然地理学与人文地理学的关系：以史为鉴［J］. 丁雁南，译. 热带地理，44（1）：1-12.

李春芬，1948. 现代地理学与其展望［J］. 地理学报，15（1）：21-30.

李新通，朱鹤健，1999. UCCO 镶嵌农林复合系统的可持续性研究［J］. 福建师范大学学报（自然科学版），15（2）：101-108.

李新通，朱鹤健，2000. 闽东南沿海地区农业景观变化及其驱动因素——以大南坂农场为例［J］. 资源科学，22（1）：35-39.

李双成，2013. 自然地理学研究范式［M］. 北京：科学出版社.

李旭旦，1979. 现代地理学的几个问题［J］. 地理知识，（9）：1-2.

里昂惕夫 W，2011. 投入产出经济学［M］. 崔书香，译. 北京：商务印书馆.

厉以宁，章铮，1995. 环境经济学［M］. 北京：中国计划出版社.

林超，1981. 试论地理学的性质［J］. 地理科学，1（2）：97-104.

刘春腊，刘卫东，陆大道，2014. 生态补偿的地理学特征及内涵研究［J］. 地理研究，33（5）：803-816.

刘金祥，2004. 中国南方牧草［M］. 北京：化学工业出版社.

刘盛佳，1990. 地理学思想史［M］. 武汉：华中师范大学出版社.

陆大道，2003. 中国地理学发展若干值得思考的问题［J］. 地理学报，58（1）：3-8.

陆大道，2015. 地理科学的价值与地理学者的情怀［J］. 地理学报，70（10）：1539-1551.

陆景冈，1994. 土壤地质［三］［M］. 北京：地质出版社.

陆景冈，1997. 土壤地质［四］［M］. 北京：中国农业出版社.

罗怀良，2012. 综合自然地理学［M］. 北京：科学出版社.

霍洛韦 L S，赖斯 P S，瓦伦丁 G，2008. 当代地理学要义——概念、思维与方法［M］. 黄润华，孙颖，译. 北京：商务印书馆.

美国国家研究院地学、环境与资源委员会地球科学与资源局重新发现地理学委员会，2002. 重新发现地理学——与科学和社会的新关联［M］. 黄润华，译. 北京：学苑出版社.

美国国家科学院、工程院和医学院等，2021. 促进地理科学的变革性研究［M］. 程昌秀，高培超，宋长青，译. 北京：商务印书馆.

培根 F，2017. 新工具［M］. 许宝骙，译. 北京：商务印书馆.

彭建，蔡运龙，2005. 复杂性科学视角下的土地利用/覆被变化［J］. 地理与地理信息科学，21（1）：100-103.

秦大河，丁永建，穆穆，等，2012. 中国气候与环境演变：2012（第三卷 减缓与适应）［M］. 北京：气象出版社.

秦大河，张坤民，牛文元，等，2002. 中国人口资源环境与可持续发展［M］. 北京：新华出版社.

钱学森，1991. 谈地理科学的内容及研究方法（在 1991 年 4 月 6 日中国地理学会“地理科学”讨论会上的发言）［J］. 地理学报，46（3）：257-265.

任继周，贺达汉，王宁，等，1995. 荒漠—绿洲草地农业系统的耦合与模型［J］. 草业学报，4（2）：11-19.

任继周，万长贵，1994. 系统耦合与荒漠—绿洲草地农业系统——以祁连山—临泽剖面为例［J］. 草业学报，3（3）：1-8.

任美锷，1990. 最近十年来中国地理科学的进展［J］. 地理学报，45（2）：132-138.

史培军，王静爱，陈婧，等，2006. 当代地理学之人地相互作用研究的趋向——全球变化人类行为计划（IHDP）第六届开放会议透视［J］. 地理学报，61（2）：115-126.

宋长青，冷疏影，2005. 当代地理学特征、发展趋势及中国地理学研究进展［J］. 地球科学进展，20（6）：595-599.

孙正聿，1998. 哲学通论［M］. 沈阳：辽宁人民出版社.

唐延林，邹先定，2002. 试论我国农业可持续发展及其对策［J］. 贵州农业科学，30（4）：47-50.

王成璋，张效莉，何伦志，2007. 人口、经济发展与生态环境协调性测度研究综述［J］. 生产力研究，143（6）：149-150，159.

王恩涌，赵荣，张小林，等，2000. 人文地理学［M］. 北京：高等教育出版社.

邬建国，1991. 耗散结构、等级系统理论与生态系统［J］. 应用生态学报，2

(2)：181–186.

吴传钧，1991. 论地理学的研究核心——人地关系地域系统［J］. 经济地理，11（3）：1–6.

吴传钧，2003.《重新发现地理学——与科学和社会的新关联》序——我们更需要重新发现［J］. 地理教育（2）：74.

吴传钧，2008. 人地关系地域系统的理论研究及调控［J］. 云南师范大学学报（哲学社会科学版），40（2）：1–3.

徐冠华，葛全胜，宫鹏，等，2013. 全球变化和人类可持续发展：挑战与对策［J］. 科学通报，58（21）：2100–2106.

徐海鹏，朱忠礼，莫多闻，1999. 水土保持学科理论体系初探.［J］. 水土保持研究，6（4）：54–61.

杨青山，梅林，2001. 人地关系、人地关系系统与人地关系地域系统［J］. 经济地理，21（5）：532–537.

杨万江，徐星明，2001. 农业现代化测评［M］. 北京：社会科学文献出版社.

叶岱夫，2001. 人地关系地域系统与可持续发展的相互作用机理初探［J］. 地理研究，20（3）：307–314.

虞依娜，彭少麟，2009. 生态恢复经济学［J］. 生态学报，29（8）：4441–4447.

约翰斯顿 R J，2010. 地理学与地理学家——1945 年以来的英美人文地理学［M］. 唐晓峰，李平，叶冰，等，译. 北京：商务印书馆.

詹姆斯　P，1982. 地理学思想史［M］. 李旭旦，译. 北京：商务印书馆.

曾从盛，郑达贤. 2006. 福建典型区生态环境研究［M］. 北京：中国环境科学出版社.

章家恩，徐琪，1999. 退化生态系统的诊断特征及其评价指标体系［J］. 长江流域资源与环境，8（2）：215–220.

章牧，朱鹤健，2003. 东南沿海地区特色农业评价与信息化技术［M］. 北京：中国农业出版社.

张九辰，1997. 本世纪上半叶中国近代区域地理学的特色及地位［J］. 自然科学史研究，16（2）：174–182.

张九辰，1999. 中国近代对“地理与文化关系”的讨论及其影响［J］. 自然辩证法通讯，21（6）：62–67，61.

张其昀，1936. 近二十年来中国地理学之进步（三）［J］. 地理学报，3（1）：

119-202.

张淑焕，2000. 中国农业生态经济与可持续发展［M］. 北京：社会科学文献出版社.

郑度，杨勤业，1998. 杰出成就 卓越贡献——庆贺黄秉维先生 85 华诞［J］. 地理科学进展，17（1）：1-4.

郑粉莉，王占礼，杨勤科，2004. 土壤侵蚀学科发展战略［J］. 水土保持研究，11（4）：1-10.

中国科学院国情分析研究小组，2001. 两种资源、两个市场——构建中国资源安全保障体系研究［M］. 天津：天津人民出版社.

中国地理学会，2021. 关于规范全国高校地理学科机构名称的倡议书［EB/OL］.（2021-01-27）［2021-02-01］. https://www. sohu. com/a/447167036_120054500.

周禾，董宽虎，孙洪红，2004. 农区种草与草田轮作技术［M］. 北京：化学工业出版社.

朱鹤健，1985a. 水稻土［M］. 北京：农业出版社.

朱鹤健，1985b. 世界土壤地理［M］. 北京：高等教育出版社.

朱鹤健，谭炳华，陈健飞，1989. 福建省变性土特性的研究［J］. 土壤学报，26（3）：287-297.

朱鹤健，陈健飞，陈松林，2019. 土壤地理学（第三版）［M］. 北京：高等教育出版社.

朱鹤健，钱乐祥，曹文志，2002. 基于 GIS 的福建农业生态环境区域分异［J］. 地球信息科学（1）：58-60.

朱鹤健，程炯，2002. 闽东南特色农业生态模式研究［J］. 自然资源学报，17（3）：313-318.

朱鹤健，何绍福，姚成胜，2009. 农业资源系统耦合模拟与应用［M］. 北京：科学出版社.

朱鹤健，何绍福，2003. 农业资源开发中的耦合效应［J］. 自然资源学报，18（5）：583-588.

朱鹤健，2006. 土壤学与地理学交叉研究［M］. 北京：科学出版社.

朱鹤健，章牧，2007. 农业信息化研究进展及其示范应用［M］//廖克，等. 地球信息科学导论. 北京：科学出版社：419-451.

朱鹤健，陈志彪，林惠花，等，2013. 长汀水土保持研究［M］. 北京：科学出版社.

朱鹤健，2018. 地理学思维与实践［M］. 北京：科学出版社.

朱鹤健，2019. 从长汀水土保持看地理学应用［N］. 中国自然资源报，08-22（3）.

朱万斌，邱化蛟，常欣，等，2005. 农业生态系统生产力的概念及其度量方法［J］. 中国农业科学，38（5）：983-989.

左大康，1990. 现代地理学辞典［M］. 北京：商务印书馆.

Briske D D，Fuhlendorf S D，Smeins F E，2003. Vegetation dynamics on rangelands：a critique of the current paradigms［J］. Journal of Applied Ecology，40（4）：601-614.

Cheng S Q，2022. Essential attributes of modern geography：A review of Geography Thinking and Practice［J］. Journal of Geographical Sciences，32（4）：783-786.

Clark W C，Munn R E，1986. Sustainable development of the biosphere［M］. Cambridge：Cambridge University Press.

Fu B J，Zhao W W，Chen L D，et al.，2006. A multiscale soil loss evaluation index［J］. Chinese Science Bulletin，51（4）：448-456.

Goudie A，1994. The human impact on the natural environment［M］. 4th ed. Cambridge：MIT Press.

Graf W D，1992. Sustainable ideologies and interests：Beyond Brundtland［J］. Third World Quarterly，13（3）：553-559.

Hartshorne R，1958. The concept of geography as a science of space，from Kant and Humboldt to Hettner［J］. Annals of the Association of American Geographers，48（2）：97-108.

Hartshorne R，1959. Perspective on the Nature of Geography［M］. Chicago：Rand McNally & Co.

Lambin E F，Baulies X，Bockstael N，ctal，1999. Land-Use and Land-Cover Change（LUCC）：implementation strategy：IGBP Report No. 48 and IHDP Report No. 10［R］. Stockholm：IGBP Secretariat.

Naveh Z，Leiberman A S，1984. Landscape ecology：theory and application［M］. New York：Springer-Verlag.

Naveh Z, 1987. Biocybermetic and thermodynamic perspectives of landscape functions and land use patterns [J]. Landscape Ecology, 1: 75-83.

Naveh Z, 1988. Biocybernetic perspectives of landscape ecology and management [M]. Montreal: Polyscience Publications.

Nicholis G, Prigogine I, 1977. Self-organization in nonequilibrium systems: from dissipative structures to order through fluctuations [M]. New York: Wiley.

Odum H T, 1996. Environmental accounting: emergy and environment Decision Making [M]. New York: John Wiley & Sons.

Onish T, 1994. A capacity approach for sustainable urban development: an empirical study [J]. Regional Studies, 28 (1): 39-51.

Van de Koppel J and Rietkerk M, 2000. Herbivore regulation and irreversible vegetation change in semi-arid grazing systems [J]. Oikos, 90 (2): 253-260.

Zadeh L A, 1975. The concept of a linguistic variable and its application to approximate reasoning (Part 1) [J]. Information Sciences, 8 (3): 199-249.

Zhu H J, 1990. The present state and developmental orientation of land utilization in mountainous red earth regions in China [J]. GeoJournal, 20 (4): 375-379.

Zhu H J, Chen T H, Zheng J F, et al., 1995. Properties, formation and fertility of vertisols in Fujian province [J]. Pedosphere, 5 (1): 11-20.

Zhu H J, 2015. Ecological restoration strategies in fragile subtropical mountain ecosystems in China based on long-term research in Changting County [J]. Journal of Resources and Ecology, 6 (3): 139-145.

作者著述要目

以下著作为独著或第一作者

□水稻土

（农业出版社，1985 年）

□世界土壤地理

（高等教育出版社，1985 年）

□土壤地理学

（国家级规划教材，何宜庚、陈健飞、陈松林先后参编，高等教育出版社 1992 年第一版，2010 年第二版，2019 年第三版）

□福建土壤与土地资源研究

（农业出版社，1994 年）

□Sustainable Development and Land Utilization

（published by China Hong Kong Yearbook Press in 1997）

□土壤学与地理学交叉研究

（科学出版社，2006 年）

□农业资源系统耦合模拟与应用

（何绍福、姚成胜参著，科学出版社，2009 年）

□长汀水土保持研究

（陈志彪、林惠花、何承耕等参著，科学出版社，2013 年）

□地理学思维与实践

（科学出版社，2018 年）

□现代地理学新探

（福建人民出版社，2023 年）

以下著作为第二作者

□福建省山区草地生态系统持续发展研究

（与朱连奇合著，中国环境科学出版社，1999 年）

□福建土地退化灾害研究

（与钱乐祥合著，中国环境科学出版社，1999 年）

□福建省花岗岩地区土壤侵蚀与治理

（与阮伏水合著，中国农业出版社，1999 年）

□福建省农业生态系统的特性与调控

（与曹文志合著，中国农业出版社，2000 年）

□福建山地土壤研究

（与陈健飞合著，中国环境科学出版社，2001 年）

□闽南地区的土壤侵蚀与治理

（与黄炎和、郑达贤合著，中国农业出版社，2002 年）

□福建耕地优化利用

（与张文开合著，中国农业出版社，2003 年）

□区域生态环境建设的理论与实践研究

（与关琰珠合著，中国环境科学出版社，2003 年）

□东南沿海地区特色农业与生态持续发展

（与程炯合著，中国农业出版社，2003 年）

□东南沿海地区特色农业评价与信息化技术

（与章牧合著，中国农业出版社，2003 年）

□福建特色农业研究

（与张文开合著，中国农业出版社，2004 年）

□Study on Sustainable Development of Grassland Ecosystem in Fujian Mountainous Areas

（coauthored with ZhuLianqi, published by China Environmental Science Presss in 2004）

后　记

2018年科学出版社为我出版《地理学思维与实践》一书，原以为是收官之作。我以本书为教材，继续向博士生授课。在四年授课中又获得两点新认识：第一点新认识是以科学观、应用观和教育观诠释现代地理学最能体现其独特性，是“独立学科”最有效的身份证。第二点新认识是地理学人树立“三观”应成为发展现代地理学的需求。

面对青年的博士生授课，坦诚地说，他们新知识承载量和思考灵敏度都超过我。但我讲授的内容，他们仍觉得新鲜有味，很在理，很爱听。正因为有此效果，自2011年这门课被正式定名“地理学思维与实践”以来，即使以后列入选修课也不失听众，持续至今达12年。听课的博士生向我建议道：您讲授的内容早听则早受益。

修完地理学本科和硕士研究生课程的博士生对我讲授的地理学认识论这些基础性内容仍有需求，反映中国高校地理学教育对学科本体性质教育的缺失，触动我对中国高校地理学科改革振兴的思考，写出树立培养文理思维兼备新型地理学人才的教育观的见解。又看到一些地理学人醉心于模型写论文的现实，地理学在社会显示度下降的趋势，触动我更迫切强调服务社会的地理学应用观。然而树立这“二观”必先树立科学观。因为树立本体交叉科学观必定引申出服务社会的应用观和培养文理思维交融新型地理学人才的教育观。本体交叉科学观是“三观”之本，驱动地理学人文理思维兼备，服务社会，积极投身于国民经济建设主战场。

于是地理学人必须树立“三观”理念在我的脑子里浮动，而且这是发展现代地理学，预防地理学潜在危机发生的需求。这思想的出现萌发我再写书的念头，发表学术见解，以期有助于发展现代地理学。想归想，考虑到年事已高，不敢真的去动手，处在犹豫状态。福建人民出版社副编审程顺祺博士是我的2016级博士生，他听课专注，又善于思考，先后为我的《地理学思维与实践》一书写了三篇文章：

（1）《地理学思维与实践》授课录音整理记述作为书的后记；（2）中文书评《地理学：接地气又要接人气》刊于《光明日报》；（3）英文书评“Essential attributes of modern geography：A review of Geography Thinking and Practice”刊于《地理学报》（英文版）。他不仅理解我的学术思想，更理解我对中国地理学潜在危机的忧心。当他获悉我有出版新书的念头，包揽了出版的具体事务，让我专心写书。本以为把日常的讲稿、见于报刊和网络的文章按“三观”为纲，摘录结集成册是很轻松的事，然而动起手来却陷入碎布成衣难的尴尬，好在程顺祺博士出谋献策，我们最后商定按“遵从原貌、节内统一”的原则整理，对部分已公开发表的文章进行微调；地图则严格按照公开出版审核管理规定的要求，按最新的行政区划做了调整，而相应的区划名称等文字表述仍尊重原著。在他的帮助下，我才能把新认识公之于众，也了却了一桩心事。以“三观”诠释现代地理学是我新的尝试，还有待大家的批评指正。我认为见不到阳光的植物长不大，学术见解只有在大众的锤炼下才能成熟，我会虚心倾听读者的评说。出版本书除了这个用意，更希望能让中国地理学的潜在问题引发人们关注，并予以解决。

朱鹤健

2023 年 10 月 5 日

图书在版编目（CIP）数据

现代地理学新探：科学观·应用观·教育观 / 朱鹤健著. --2 版，增订本. --福州：福建人民出版社，2025. 9. --ISBN 978-7-211-09745-6

Ⅰ. K90

中国国家版本馆 CIP 数据核字第 2025V0D046 号

现代地理学新探：科学观·应用观·教育观

XIANDAI DILIXUE XINTAN：KEXUEGUAN·YINGYONGGUAN·JIAOYUGUAN

（增订本）

作　　者：朱鹤健

责任编辑：程顺祺

美术编辑：林　玲

责任校对：李雪莹

出版发行：福建人民出版社　　**电　　话**：0591-87533169（发行部）

网　　址：http://www.fjpph.com　　**电子邮箱**：fjpph7211@126.com

地　　址：福州市东水路 76 号　　**邮政编码**：350001

经　　销：福建新华发行（集团）有限责任公司

印　　刷：福州德安彩色印刷有限公司

地　　址：福州市金山浦上工业区 B 区 42 幢

开　　本：787 毫米×1092 毫米　1/16

印　　张：21.75

插　　页：2

字　　数：390 千字

版　　次：2025 年 9 月第 2 版　　2025 年 9 月第 1 次印刷

书　　号：ISBN 978-7-211-09745-6

定　　价：158.00 元

审 图 号：闽 S [2023] 109 号